海德格尔文集

孙周兴　王庆节　主编

早期著作

张　柯　马小虎　译

2016年·北京

Martin Heidegger
Frühe Schriften
Gesamtausgabe Band 1
Herausgegeben von Friedrich-Wilhelm von Herrmann
© Vittorio Klostermann · Frankfurt am Main · 1978

本书根据德国维多里奥·克劳斯特曼出版社1978年全集版第1卷译出

国家社会科学基金重大项目成果

中文版前言

德文版《海德格尔全集》于1975年启动，迄今已出版了80余卷（按计划将编成102卷）。已出版者包含了海德格尔著作（含讲座、手稿等）的基本部分（即全集第1—3部分），余下未出版者多为书信、札记等（全集第4部分，第82卷始）。随着德文版《海德格尔全集》出版工作的顺利推进，世界范围内的海德格尔翻译和研究已呈蓬勃之势，目前至少已有英、法、意、日四种文字的全集版翻译，据说西班牙文和阿拉伯文的全集版翻译也已经启动。相比之下，汉语的海德格尔翻译仍然处于起步阶段，甚至不能与亚洲邻居的日、韩两国比较，严肃的译著至今只有十几种而已。这种状况是令人羞愧的。

为让中文世界更完整、更深入地理解海德格尔思想，经反复酝酿，我们计划根据《海德格尔全集》版，编辑出版中文版《海德格尔文集》，收录海德格尔的代表著作30卷，其中前16卷为海德格尔生前出版的全部著作（我们依然认为这一部分是《海德格尔全集》中最值得关注的，包含了作者已经稳定下来的思想），而其余14卷为海德格尔的重要讲座稿和手稿。我们假定，这30卷属于海德格尔的"基本著作"，基本上已能呈现海德格尔思想的总体面貌。当然，我们也并不因此否认其他卷本（讲座稿和手稿）的意义，而且我们也愿意认为,中文世界对海德格尔思想的深入研究和完整理解,仍然要基于对《海德格尔全集》的系统译介。但我们选译的30卷至少已经走出了第一步,也或可为将来可能的中文版《海德格尔全集》的工作奠定一个基础。

所选30种著作中,约半数已有成熟的或比较成熟的中文译本,少数几种已经译出了初稿,其余约十余种则有待新译。已出版的译著在编入《海德格尔文集》时,将根据德文全集版重新校订,因为其中有几种原先只是根据单行本译出的,也有几种在译文品质上是稍有欠缺的。

由于是多人参与的多卷本(30卷)译事,又由于众所周知的海德格尔语文表达方面的奇异性,中文版《海德格尔文集》在译文风格上是难求统一的,甚至在基本词语的译名方面也不可能强行规范划一。这是令人遗憾的,不过也可能为进一步的义理辨析和讨论留下空间。我们唯希望能够尽量做到体例方面的统一,以便至少让人有一套书的整体感。

按照我们的计划,中文版《海德格尔文集》每年出版5种左右,约五六年内完成全部30卷的翻译和出版工作。我们希望藉此为中国的海德格尔研究事业提供一个基础性的讨论平台,也愿学术界有识之士为我们的工作提供批评、建议,帮助我们做好这项大型的学术翻译事业。

孙周兴　王庆节

2011年12月8日

原文 译文
Martin Heidegger 马丁·海德格尔
Gesamtausgabe 全集

原文	译文
Wege—nicht Werke	道路—而非著作

Die Gesamtausgabe

ist

meiner Frau
Elfride geb. Petri
gewidmet

Ihr inständiger Beistand
auf dem langen Weg
war die Hilfe,
deren ich bedurfte

M. H.

原文	译文
Die Gesamtausgabe	此全集
ist	献给
Meiner Frau	我的夫人
Elfride Heidegger, geb. Petri	艾尔弗莉德·海德格尔
gewidmet	（婚前姓佩蒂）
Ihr inständiger Beistand	您的迫切支援
auf dem langen Weg	在漫长道路上
war die Hilfe	乃是
deren ich bedurfte	我所需要的帮助
M. H.	马丁·海德格尔

目 录

现代哲学中的实在性问题(1912) …………………………… 1

逻辑学的新研究(1912) ………………………………………… 20

书评(1913/1914) ……………………………………………… 53
    一、F.欧曼编注:《康德书信选》(1913) ………………… 53
    二、尼考拉·冯·布普诺夫:《时间性与无时间性》(1913) … 55
    三、弗兰茨·布伦塔诺:《论心理现象的分类》(1914) …… 57
    四、查理斯·森托尔:《康德与亚里士多德》(1914) ……… 60
    五、F.格豪斯编:《康德门外指要》(1914) ……………… 67

《早期著作》单行本第1版前言(1972) …………………… 68

心理学主义的判断理论(1913) ……………………………… 72
    前 言 …………………………………………………… 74
    导 言 …………………………………………………… 75
    第一编　判断由统觉性精神活动的基本属性推导而来
           （威廉·冯特）
        第一章　介绍 ………………………………………… 79
            第 1 节　判断与其结构 ……………………… 79

第2节　判断形式 ························· 83
　　第二章　批判性评论 ························ 88
　　第1节　对冯特判断理论的内在审视 ··············· 88
　　第2节　证明和评论冯特判断理论中的心理学主义疑难设置 ··· 91

第二编　判断的本质要在构成判断活动的行为中寻找
　　　　（海因里希·迈尔）

　　第一章　介绍 ···························· 102
　　第1节　判断 ···························· 103
　　第2节　判断结构 ························· 106
　　第3节　判断形式 ························· 109
　　第二章　批判性评论 ························ 114

第三编　判断被刻画为一种基本的心理现象
　　　　（弗兰茨·布伦塔诺和安通·马蒂）

　　第一章　介绍 ···························· 126
　　第1节　表象和判断 ························ 127
　　第2节　判断和实存句 ······················· 130
　　第二章　批判性评论 ························ 132

第四编　判断的本质在于对象所要求的心理主体的行为
　　　　（泰奥多尔·里普斯）

　　第一章　在其发展历史中介绍这一学说 ·············· 136
　　第一发展阶段 ··························· 138
　　第1节　哲学与逻辑学 ······················· 138
　　第2节　判断与判断结构 ······················ 140
　　第3节　判断形式 ························· 142

第二发展阶段 …………………………………… 145
    第1节 判断与判断结构 …………………………… 145
    第2节 判断形式 ………………………………… 147
    第3节 判断基础与思想规律 ……………………… 150
   第三发展阶段 …………………………………… 152
    第1节 判断、对象与要求 ………………………… 152
    第2节 判断结构与判断形式 ……………………… 157
   第二章 批判性评论 …………………………………… 159
 第五编 批判性研究的成果与纯粹逻辑学判断理论的展望
  第一章 批判性研究的成果 …………………………… 170
  第二章 对一种纯粹逻辑的判断理论的展望 …………… 174
   第1节 逻辑对象与有效性 ………………………… 175
   第2节 意义 ………………………………………… 180
   第3节 判断 ………………………………………… 182
   第4节 判断的要素 ………………………………… 186
   第5节 否定判断 …………………………………… 189
   第6节 非人称判断 ………………………………… 193
 文献说明 …………………………………………………… 196

邓·司各脱的范畴学说与意谓理论(1915) ……………… 198
 前　言 …………………………………………………… 200
 导　论 对经院哲学进行一种问题史考察的必要性 …… 201
 第一部分 范畴学说。对意谓理论之理解的体系性奠基 … 216
  第一章 "一"、数学的实际性、自然的实际性

　　　　　　以及形而上学的实际性 …………………… 224
　　第二章　真、逻辑实际性和心理实际性 …………… 300
　　第三章　语言形态与语言的意谓内容；意谓领域 …… 337
　第二部分　意谓理论 ………………………………………… 356
　　第一章　意谓与意谓之功用；意谓理论的诸原则 …… 357
　　第二章　意谓的形式理论 …………………………… 410
　结论　范畴问题 …………………………………………… 490

作者自述(1917) ……………………………………………… 504

历史科学中的时间概念(1916) ……………………………… 506

文献说明 ……………………………………………………… 529

编者后记 ……………………………………………………… 532

人名索引 ……………………………………………………… 537

术语索引 ……………………………………………………… 540

译　后　记 …………………………………………………… 551

现代哲学中的实在性问题

关于外在世界问题,那位机智风趣的法国人,布吕纳蒂耶①,以他标志性的风格写道:"Je voudrais bien savoir, quel est le malade ou le mauvais plaisant, et je devrais dire le fou, qui s'est avisé le premier de mettre en doute 'la réalité du monde extérieur', et d'en faire une question pour les philosophes. Car la question a-t-elle même un sens?"[我非常想知道,第一个在他的脑袋里质疑外在世界之实在性并使之成为哲学家的一个问题的人,是什么样的病人,或者说,是什么样的糟糕的开玩笑者——我也必须说——蠢人。这个问题究竟有意义吗?]②但这个批评的头脑,这位创造了"科学之破产"这一新词的批评家,在此却并未有足够深刻的洞见。他对"健全人类知性"的诉求——关于这种诉求,康德曾写下过一种目标明确的看法(《未来形而上学导论》,莱

---

① 布吕纳蒂耶(Ferdinand Brunetière,1849—1906),法国著名文学批评家,文学史家。布吕纳蒂耶在19世纪后二十年的欧洲文学批评界享有很高声望;当其在晚年皈依天主教后,他的主要努力就转向了对天主教信仰的捍卫并试图证明,孔德的实证主义与天主教信仰并不冲突,反倒是,以实证主义为代表的现代思想本身就保藏着天主教信仰的种子。——译注

② 布吕纳蒂耶:《在信仰之路上:第一步,实证主义的运用》,巴黎,1910年,第8版,第25页注释。——原注

比锡,第 34 页)——事实上还远远达不到那种要求,即,要对我们的问题进行一种有方法的—科学的探讨。谁若区分了这两种立场——一种是稚真的、但对于实践生活而言也足够完善的观点,这种观点认为,对实在之物的切中乃是一蹴而就之事;另一种是针对各种实在性所进行的科学的、由方法所引导的、思想性的设定和规定——谁就会看到这当中是存在着一个难题的。从一种臆想的自明性所具有的那种压迫性的铅之重量(Bleilast)①中坚决摆脱出来,这恰恰是对那个迫切任务的解决达成更深觉察的必要前提。

I

为了获得探讨这一问题的历史学基础,应简要指出,希腊哲学的思想方式是通过一种批判性的实在论而被定向的;新柏拉图主义者们以及中世纪和现代的哲学家们也都是以实在的方式进行思考的。尽管对于实在的规定可以找到丰富的变式修整(Modifikationen),但还是有一致性统治着对超主观性东西的那种设定(über die Setzung eines Transsubjektiven herrscht Einstimmigkeit)②。实在论的位置首先是通过贝克莱③而开始动摇的。

---

① 铅是一种很重的金属。这句话乃是意指,那种认为实在性乃是不言自明、不成其为问题的观点,虽然是一种臆想,但在现实中却具有相当大的影响力。——译注

② 此句意指:尽管人们对"实在"的理解和规定纷繁多变,但却异中有同。——译注

③ 参看 Fr. 克里姆克:《一元论和它的哲学基础》,弗莱堡,1911 年,第 382 页以下。这部著作的标题很难令人预想到其中所探讨的大量观念,在此书第 4 卷即第 371—533 页中,它探讨了——当然是在认识论的一元论的视角下——意识主义和现象主义这些思想流派,而这些流派也是我们要在接下来予以考察的。——原注

伴随着他的"esse-percipi"[存在—被感知]理论,伴随着他对存在和被感知的等同设定,贝克莱断言了物理性东西和心理性东西的同一性。一个独立的物体世界的那种超越意识的实存被废除掉了。从心理学的角度来看,贝克莱事实上仍然是一个实在论者,这表现在,他在灵魂实体之外还设想了许多精神实体的存在。作为贝克莱的后继者,休谟把他的感觉论坚持不懈地思考到了极致。实体和因果性这些基本概念被剥去了它们的客观的、实在的特征,前者消解为"一束感觉",后者则被还原为一种主观的强制感,正是依据于这种强制感,那些以联想的方式结合起来的、对某些同时发生的感觉的再造(Reproduktionen)就在一种客观的联系中被思考了。康德则想要把英国经验论的那些构成威胁的片面性都克服掉,并且想要为人类确保一种对于所有人都有效的、必然的知识,但这种知识本身又是只在某些界限内才是有效的;但当康德达到神秘的"物自身"之设定时,他却再也不能前行了。并且,当人们想到,通过其对纯粹的数学、自然科学和形而上学(理性主义意义上的)之如何可能的研究①,康德最终只是把他的先验方法应用于形式科学之中,那么人们也就可以理解,在康德的认识论中,实在性问题是不能找到任何位置的。尽管康德直到其生命终结时还在努力尝试去铺设从形而上学到物理学的桥梁;但他却不再可能找到

---

① "……主要问题始终在于,没有一切经验,知性和理性能够认识什么、能够认识多少……",《纯粹理性批判》,第 2 版,莱比锡,第 1 版前言,第 XVII 页。此外,关于这个先验的主要问题的三个部分,参看康德《未来形而上学导论》,莱比锡,第 57 页以下。屈尔佩正确地注意到,康德虽然对"界限之逾越"有如此剧烈的警告,但他并不忠实于自己,恰恰是他使得一种"科学一般"(Wissenschaft überhaupt)的理论从形式科学的那种理论中产生了。——原注

解决方案了。在康德之后紧接着出现的哲学——它伴随着黑格尔的过度夸张的(verstiegenen)①唯心主义②而抵达了终点——始终一再地远离了实在性,远离了对实在性之设定和规定的理解,这一事实已是相当清楚了。伴随着黑格尔哲学的衰落,具体科学都坚决地从这种哲学的监护中摆脱了出来,并且威胁着要把这种哲学完全给镇压掉(人们只需关注一下在实证主义中哲学的那种尴尬处境和不自主的任务),这时,人们就在"回到康德去"的这种返回中看到了唯一的拯救。如此,当今的哲学就是在呼吸着康德的精神,但是它也同样多地受到了英国和法国的经验主义的趋势的影响。人们因而可以有很好的理由在休谟③那里看到时代哲学的真正的精神领袖(Spiritus rector)。当前盛行的那些认识论流派因而就把自身的特性刻划为意识主义④(内在主义)和现象主义⑤,这两种看法想要阐明的是,实在的规定是不被容许的也不可能的,甚至——如第一种看法所坚持的那样——连对独立于意识的外在世界的单纯设定都是不被容许的也不可能的。与现代哲学的繁荣同时发生的是,经验性的自然科学研究坚持不懈地在一种健全的实

---

① 此词在德语日常语用中另有"在攀登高山时迷路"之意,此处似乎有此双关语义。——译注

② 亦可译为"观念论"。——译注

③ 参看《哲学年鉴》,第 23 卷,1910 年,第 2 期,第 161－182 页;E. 瓦尔茨:《大卫·休谟与实证主义和唯名论》。——原注

④ "意识主义"(Konszientialismus)这种哲学理论认为,认识的对象是仅仅作为意识的内容而实际存在的,也就是说,实际性被限定为在意识中被给予的东西了。——译注

⑤ "现象主义"(Phänomenalismus)这种哲学理论认为,我们只能依照于对象如何向我们显现的方式来认识对象,而不能依照于它自身如何存在的方式来认识它。感觉或经验的对象只是一种不可知的"物自身"的显现方式。——译注

在论的意义上推进着它的工作,这种实在论已经引导它取得了辉煌的成功。

那么,在哲学理论和自然科学实践之间存在着的那种分裂是一种现实的分裂吗?或者说,实际性立场和作为"转动着和翻转着形式主义之思想观念的学科"的现象主义或许已经过时了吗?一种认识论的研究——这种研究在把先验方法应用于一种成熟科学的那种应用中看到了它的任务,对于我们而言因而就是要试图去解决这一问题:经验性的自然科学是如何可能的?——依据于其结果将必然会对上述问题予以肯定答复。按照上述所说,我们也就可以理解,奥斯瓦尔特·屈尔佩在他的《德国当前之哲学》一书的结尾处(莱比锡,1911年,第5版,第136页)为何会这样写道:"实在性问题位于……未来那种哲学的临界处"。这位波恩的哲学教授胜于其他一切人的地方看似在于,他把他特别的研究工作奉献给了这一问题。在他随后的一些较新的作品中,他也多次触及这同一问题;在今年于博洛尼亚举行的哲学家大会上,他也提交了一篇探讨实在性概念之历史的论文①;并且,在其去年出版的著作《认识论与自然科学》中,他也对实在性问题,在对自然科学的特别关注下,进行了一番积极的探讨②。

如同曾经指出的那样,自然科学的那种不容否认的、划时代的

---

① A.鲁格:《"在那两座钟塔之下"——记博洛尼亚的哲学家大会》,载《工作日》,第99期,1911年。——原注

② 我们接下来将会如此标引屈尔佩的下述著作:《伊曼纽尔·康德》(莱比锡,1908年,第2版),简称《康德》;《哲学导论》(莱比锡,1910年,第5版),简称《导论》;《认识论与自然科学》(莱比锡,1910年),简称《认识论》;《德国当前之哲学》(莱比锡,1911年,第5版),简称《哲学》。——原注

事态已经把我们的问题带到兴趣的注目点中了。当生物形态学家规定了植物形体和动物形体的形式构型时,当解剖学家解析了生物及其器官的内在结构时,当细胞生物学家致力于对细胞、细胞结构及细胞之发展的研究时,当化学家研究了材料的元素和它们的结合时,当天文学家计算了天体的位置和轨迹时,所有这些不同科学领域的研究者们都是具有这样一种确信的,即,他们并不是在对单纯的感觉进行分析,或者说,并不是在对纯粹的概念进行加工,而毋宁说,他们是在对不依赖于他们自身也不取决于于他们的科学研究的那些实存着的、实在的客体进行着设定和规定。

这种实在化,更确切地说,对超主观化的这些客体的设定和规定,是如何可能的?然而,在对上述问题作出积极回复之前却必须要先有一种批判性的奠基,这种奠基所要决定的是:一种对意识之实际性(Bewuβtseinswirklichkeit)的超出,一种对实在性(Realitäten)的采纳和特性规定,究竟是不是被容许的,以及,它是不是这样一种研究——这种研究最终会走向与意识主义和现象主义的争辩。整个问题因而就被驱迫着来到了下述四种轮廓分明的分节问题中(《认识论》,第 9 页以下):

1. 一种对实在之物的设定是被允许的吗?
2. 对实在之物的这种设定是如何可能的?
3. 一种对实在之物的规定是被允许的吗?
4. 这样一种规定是如何可能的?

为了能在方法的指导下进展顺利,我们将从对第 1 个和第 3 个问题的探讨开始入手,然后探讨其他两个问题,最后再回到对屈尔佩的这部著作的讨论中来。

II

1. 在之前的导言中我们已经指出了休谟对于现代认识论的发展所具有的重要意义。在我们这个时代,英国的经验主义已经经历了多种多样的变式修整。理查德·冯·舒伯特-饶德恩提出了一种唯我主义(*Solipsismus*)①的理论,并且把这种理论看作是一种自明的事实,它不需要任何进一步的证明。认识的对象乃是认知者的意识且仅仅是这种意识。内在主义的哲学的主要代表是徐佩(Schuppe)。在其《认识论的逻辑》(波恩,1878年)一书中,徐佩阐明了他的立场并试图予以论证。一切存在都是意识(Alles Sein ist Bewuβt-Sein)②。在意识(Bewuβtsein)这一概念中包含着被意识的主体和被意识的客体。但这两个要素只有在抽象中才能被分开。由此就形成了思想和存在的那种不可分解的连结。我们也还必须把阿芬纳留斯的经验批判主义(*Empiriokritizismus*)③看作是与内在主义哲学有亲缘关系的一种哲学理论,阿芬纳留斯在他的三部主要著作④中都将其目标设定为,去确定那唯一正确

---

① 这种哲学理论认为,"本己自我"是唯一实存的东西,外在世界的一切对象包括与本己自我不同的其他一切自我都只是本己自我的意识内容或表象。——译注

② 德文词"Bewuβtsein"(意识)的构词中本身就包含着"sein"(是/存在),其字面意可勉强理解为"被意识"或"(被)意识之存在"。——译注

③ 这种哲学理论认为,事物只有作为意识的现象才是可理解的,经验概念因而只具有一种描述性的规定。——译注

④ 《哲学作为对世界的思考,按照费力最小原则》,柏林,1903年;《纯粹经验批判》,莱比锡,1907年,第2版;《人的世界概念》,莱比锡,1905年,第2版。——原注

的世界概念。最终我们还要提一下恩斯特·马赫①,所谓的感觉一元论的创始人。他在《感觉的分析》(1906 年)一书中对其观念有最好的阐明。事物,物体,物质,仅仅是要素(亦即感觉)的关联而已,亦即只不过是颜色、声音等等这些所谓特征的关联而已(同上,第 17 页以下)。

通过对意识主义的一种反驳,实在主义至少被表明为一种可能的立场。当这种反驳把它的主要注意力集中在对意识主义之核心思想亦即内在性原则(*Immanenzprinzip*)②的凸显上时,这种反驳就走在那条最可靠的道路上了。对"实际性立场"进行否定的那些否定性的论据——它们要对实在主义的那些通常都会被提出来的肯定性的论据予以动摇(例如,把因果性规则应用到意识内容本身中去)——都毫无例外地遭受了这样一种逻辑错误,即,它们所依据的那种内在性原则本身恰恰是应首先得到论证的。更为深入的考察将会得到一些直接的、肯定的论证,克里姆克把它们归结为以下三种③:先验论的论证、经验性的论证以及方法论的论证。

第一种论证想要在一种独立于思想的"存在"概念中发现一种矛盾。通过思考这样的一种实在性,这种实在性将会独立于思想并因而独立于意识之实际性(Wirklichkeit)④。但被思考了的存在

---

① 屈尔佩对其思想进行了一种深刻批判,参看《哲学》,第 23 页以下。克里姆克的相关批判则参看《一元论和它的哲学基础》,第 416 页以下。——原注
② 参看屈尔佩:《导论》,第 149 页以下。克里姆克对此亦有一种概括性的表述,参看《一元论和它的哲学基础》,第 431—451 页。——原注
③ 屈尔佩区分了逻辑的、经验的、形式的、目的论的以及发生学的论证。——原注
④ "Wirklichkeit"是德国哲学中的一个关键概念,不仅在谢林和黑格尔哲学中发

着的东西就绝不会与思想中的存在相同一了。这里的"存在着(seiend)"(在现象意义上)乃是这样一种概念，它的内容是意向性地关系于那种超验的存在(das transzendente Sein)的。一种概念的心理性的实存和概念内容的那种理想的存在是完全不同的东西。诚然，实在的存在是通过概念而被思考的，但它却绝非因此就被纳入到主体中并被改造为一种心理性的存在了。在我看来，盖瑟尔的下述话语是不无道理的："所臆想出来的全部困难都只不过是辩证法的假相逻辑的一种令人目眩的诡辩而已"①。只要人们从程序中——这种程序要对概念的活动和内容予以鉴定——抽离出结果来，那么就可以看清，倘若上述做法是正确的，则每一种理智生命就都要陷于停滞了。倘若这种活动对于内容而言乃是本质性的，那么，为了使这种内容可以多次在其同一性中得到思考，则这同一种活动以及伴随着这同一种活动的那种意识氛围就应每次都会出现。但是，从心理事件在持续流动这一事实却能看出，这种要求乃是一种不可能的要求，因为，按照经验，每一个瞬间都表现了心理生活的 种变化了的图景。

就其内容而言，经验性的论证具有这样一种主张：事实上被给予的东西只是意识事实；每一种认识都是从这些意识事实中内在

挥着重要作用，而且也在19世纪后期至20世纪初期的德国哲学(如洛采和屈尔佩的哲学)中具有重要意义，这也对早期海德格尔的问题思路产生了深刻影响。就其在德国哲学中的含义而言，它不仅仅指客观实在性，而且也指那种超越的真实(例如逻辑中的真实)。既有汉译多将其译为"现实"或"现实性"，就义理而言并无不妥，但在某些语境下可能会构成理解障碍，因为汉语中的"现实性"多使人想到客观现成的实在性而很难使人读出超越之真的意味。故本书将尝试采用更具兼容性的"实际性"之译名来翻译这个难译的概念，但在某些情形下也会采用"现实"之译名。——译注

① 盖瑟尔:《逻辑学与认识论的基础》，明斯特，1909年，第62页。——原注

地形成的,这种形成并不需要任何一种向度上的超验的要素。然而,意识资料的那种纯粹的加总(应由谁来做这个加法,并且,应由谁来认识这个总和本身?)并没有造成任何认识。对感觉和表象的一种无原则的排序必然会导致一种混乱的图景。我们所发现的毋宁是:一切认识活动的基本原则,逻辑的原理,在不可动摇的、绝对有效的道路中引导着知识。但是,意识主义想要如此这般地阻挡我们的道路,它会认为,存在于思想活动的结合之中的实在的规律性恰恰也就是心理的事态和心理事件的因果规则,因而也就不存在什么反对我们之主张的论证了①。这里再度暴露出了把心理活动和逻辑内容予以等同设定的那种错误。逻辑的诸原理并非被归纳地奠定的并因此而有效的主观心理事件的因果规则;倒不如说,我们在它们中看到了直接明见的、客观的、理想的原理,"它们的内容展现了在意向性思想和(逻辑意义上的)对象之间的那些最普遍的关系"②。最终,我们所说的这个经验性的论证就与心理学的经验陷入矛盾对立之中了。这是因为,对意识内容的"当前之具有"(Gegenwätighaben)的那种觉察(Innewerden)已经在自身中包含了一种对既有的意识领域的一种超出。并且,那种既有的、被给予的意识领域根本不会在此提供经验的源始事态;这种源始事态只有通过一种抽象的、超越了直接的被给予者的思想活动才能被剥

---

① 此句中的"我们之主张"显然应是指"意识主义的主张"。——译注
② 盖瑟尔:《逻辑学与认识论的基础》,明斯特,1909年,第275页;至于这里提到的那个普遍的问题,参看胡塞尔:《逻辑研究》,第1卷,1900年,第17节以下;并且参看 A. 梅瑟:《感觉与思想》,莱比锡,1908年,第163页以下。——原注

显出来①。此外,科学知识所必需的一种可靠性又应如何只是通过对意识事实的具有而被获得呢?

第三种论证即方法论的论证认为,科学的目标无疑是其命题的绝对的可靠性和普遍有效性。但这种绝对的可靠性和普遍有效性并不会建立在被任意提出来的前提和假设的基础之上;只有意识中的那种直接的、不可驳回的被给予者才能提供那种唯一可靠的、不可侵蚀的基础。与此相对地,应该注意到,这种可靠性是不可以通过纯粹的事实(也不可以通过被看作是心理行为的判断)而得到规定的。事实或存在或不存在。只有知识是可靠的,并且,如同我们在上面所看到的那样,这些知识是不会仅仅从意识内容而来就能得到的。就这种特别是被马赫所要求的可靠性,屈尔佩写道:"这种可靠性当然是不可动摇的,但不是因为它在争执中证明了自己,不是因为它克服了并经受住了矛盾,而是因为,在它那里,根本不可能有什么争执和矛盾"②。

2. 就意识主义而言,我们刚刚已经证明,它的论证并不是令人信服的,最终,我们关于它的那个问题也就完全不存在了。现象主义的认识论向度则不会表现得如此极端。现象主义认为,实在之物的设定是可能的和必要的,但也仅仅如此而已。在现象主义的"法典"中,一种对实在之物的规定是被禁止的。一个未知的 X,那个谜一般的物自身,是作为基础而运作着的,它所支撑的乃是主体中的那些由外而来被刺激的感官感觉。现象主义的经典代表人

---

① 参看 W. 冯特:《心理学纲要》,莱比锡,1911年,第10版,第34页以下。——原注
② 屈尔佩:《哲学》,第27页。——原注

物乃是康德。在他看来,直观知识和知性知识的先验条件事实上具有发生学意义上的先天的、主观的特征,这正如他在其"先验要素论"(transzendentalen Elementarlehre)中所试图揭示的那样①。我们对事物的认识因而只是在主观的遮掩中发生的,正如它们向我们所显现的那样。此外根本无需多论的是,从直观与知性形式的先天性和主体性推论出现象主义的看法,这种做法是不正确的,无论乍看上去这个问题会表现成什么样,那种断言,认为这些形式在主观意义上具有某种变化了的行为的那种断言,都始终是一种纯粹独断的看法。要为这样的成见提供证明,始终都是不可能之事。当康德把纯粹知性概念和它们的演绎弄成他的研究对象时,康德本人就放弃了他的那一论题——只有直观的东西才是能够被思想的,知性因而就没有什么特殊的对象。当康德写道:"我们因而将追踪这些纯粹概念,一直追踪到它们在人类知性中的最初的萌芽和天资,这些萌芽和天资已然备好地存在于知性中,直到它们终竟通过经验之机缘而发展起来,而且,它们也正是通过这同一种知性而摆脱了那些强附于它们之上的经验条件,被呈现在它们的纯净性之中"②,如此,这种思想工作就只有在这样一种前提下才能被实施了,此前提即:非直观的东西,"纯粹概念",也是能够被思想的。同样地,与康德之主张相对立的是,没有范畴也是可以思考的。屈尔佩合理地指出:"即便一种无秩序的、混沌的感觉质料——这是康德所预设的感性认识的材料——可以被思想,但却

---

① 《纯粹理性批判》,A 版第 17 页以下,B 版第 31 页以下。——原注
② 《纯粹理性批判》,A 版第 66 页,B 版第 91 页。——原注

几乎不能被表象而且肯定不能被体验。倘若思想必然结合于范畴之运用,那么这样的一种混沌就根本不能被思想了"①。进而言之,概念、判断以及推论在逻辑学中都被提升为思想对象了;在这里,如同在对普遍定律的表述那里一样,非直观的东西也被思考了。康德的那种经验主义的看法,那种关于一切思想对象的直观性的本性的看法,因而就站不住脚了。或许正是被给予的东西,被发现的东西,才造就了我们的那种思想活动——对自行在被给予者中显示的那种实在性的思考——的物质性的基础。并且,科学的目标正是对这种思想活动的规定,而不仅仅是实在性的显现。康德通过知性而对经验材料的那种加工是在一种与实在化恰恰相对立的意义上进行的,而不是消除了那些主观的附属物,这就导致了,认识对象通过诸范畴所经受的仅仅还只是一种加强了的主观化而已;认识活动愈发地远离了它真正的对象。

　　不难看出,对于对所设定的那些实在性作出一种规定的那种可能性而言,对经验和思想之间的关系作出一种正确的确定,是具有重要意义的(daß für die Möglichkeit einer Bestimmung der gesetzten Realitäten eine richtige Fixierung des *Verhältnisses von Erfahrung und Denken* von fundamentaler Bedeutung ist)。新近心理学中的感觉主义认为思想活动并不具有一种独立的特征。但思想活动事实上是具有一种独立于感官活动和联想进程的活动的,这种活动掌控着经验考察的结果(Befund),采纳着这种经验考察的结果并按照客观的、普遍有效的和理想的原则来对之进行加

---

① 屈尔佩:《康德》,第 85 页。——原注

工,并且是作为分析着的和补充着的活动显现在这种结果面前。当屈尔佩写下下述文字时,他可能是与我们的看法相一致的:"若人们问道,思想活动的那种定律性(Gesetzmäβigkeit)究竟存在于何处呢,倘若思想活动对其对象根本没有影响的话——那么就可以这样回答:思想活动是对准于[①]其对象的。思想活动的定律就是其对象的定律,并且,康德为其认识论所要求的那种哥白尼式革命(即对象应该对准于思想活动[②])因而就并不适用于思想活动";"人们完全可以通过这样一种可能性来对思想活动做出特性规定,此可能性即去意指某种东西的可能性,这种东西的实存和本质并不取决于意指活动和进行意指活动的主体"(《康德》,第98、97页)[③]。

伴随着对意识主义和现象主义的驳回,对实在性的设定和规定就被表明为是可能的了。实在化的这两种向度[④]尽管看上去是彼此反对的,但它们事实上都间接地、彼此挤迫地来到了对当前问题的一种深刻的理解中和一种全面的、得到确切论证的解答中。

---

① "对准于"(sich richten nach),亦可译为"取决于"。——译注
② 此处括号内文字为海德格尔所加。——译注
③ 对于"思想活动的对象性特征"这一问题,A. 梅瑟在其《认识论导论》("哲学丛书",第118卷,第2章,第4节,第14页以下)中有很好的报道。在此书中,作者探讨了稚真的实在主义和批判的实在主义,参看该书第41—61页。其对稚真的实在主义的思考得到了特别清晰的凸显。但"从宗教性的怀疑方面而来的"第一种抗辩看上去却不是很有说服力。——原注
④ 这两种向度是指"稚真的实在主义"和"批判的实在主义"。按《杜登综合词典》,实在主义是这样一种思想向度,其基本主张是:有一种独立于意识而实存的实际性,人们可以通过感觉和思想来获得对这种实际性的认识。稚真的实在主义认为,外在世界就像它们被感知的那样而存在;批判的实在主义则认为,认识与实际性的关系是有疑问的,因为对象始终只是就其依照表象而来的映象而被给予的。——译注

为了能够积极面对我们的任务,接下来就要考察这样的一些问题:对实在的客体的设定和规定是如何可能的?

3. 实在化(Realisierung)的目标在于,通过去除掉认知主体的那些有所改变的理解方式和其所附加的东西,去在被给予的东西、被发现的东西自身中规定这种东西。诸经验对象的那种时空性的行为,它们的共存与相继,各种感觉的停顿,那些不可以被我们的意愿所规定的、向我们拥迫而来的意识内容之间的关系,都无可争议地显示了一种不依赖于经验活动之主体的定律性。那种设定,对超越于意识的诸实在性的那种设定,首先是被这样一种事实所要求着,即,同一种客体对于不同个体而言是可以直接被传达交流的。盖瑟尔在不同的语境下对我们的论题也进行了一番深入的、富有洞见力的研究,他切合实际地写道:"这种传达交流乃是事实,并且,对于建立一种普遍有效的经验科学的那种可能性而言,这种传达交流绝对是奠基性的"①。

去按照稚真的实在主义的方式,把感知内容——如其向我们所呈现的那样——设定为客观的实在性,这是一种匆忙草率的做法。那些感觉器官,更确切地说,那些感觉神经在末梢上的纤维化,是被那些机械的、物理的、化学的作用所激发的。感觉纤维把这些被引发的刺激朝着某些特定的中心点转达过去(weiterleiten),如此就使我们意识到了外在世界的事情进程。刺激阀、刺激度、生理学组织的干扰(完全的或部分的色盲,视敏度的差异)都是现成存在着的,这样的一些事实清楚地揭示出:不仅感觉的实存

---

① 盖瑟尔:《经验心理学之奠基》,波恩,1902年,第89页。——原注

是本质性地依赖于主观因素的,而且其内容也是本质性地依赖于主观因素的;我们因而在感知内容中具有了一些借助于主体而产生的、呈现于我们面前的现象的构成物(phänomenale Gebilde)。那些关联项,我们的感觉所具有的那些定律性的关系正是在这些关联项之间浮动着,无论它们依据于特定的感官能量的定律能够经验到什么样的主观上的变式调整,这些关系本身都必须被确定为客观—实在的定律性。对主观因素的那种抽离(特殊的客观化的任务的否定性的表现就在于此),把客观事态从"意识实际性"之世界中摆置出来的那种凸显,都只能通过经验和思想活动才能得以实施。对于对理想的存在或实在的存在的那种决断而言,纯粹的思想活动并不是一个具有审判职权的法庭。实在的对象是否实际存在,对此的认识,只有经验才能给予我们,但这也并不是说,经验是在独一无二的绝对权力中对此予以决断的。感觉印象本身并非已然是实在的东西;它们并不能被直接用来效力于一种实在主义的规定。只有在那里,在经验的和理性的要素共同起作用的地方,事情才会有顺利的运作。倘若外在世界被设定为我们的感觉的原因,这里就有一种混合的标准在起作用了。这一标准自叔本华以来获得了特别的意义,但屈尔佩恰恰并不认为这种标准是完全切合实际的,他写道,"自然科学的实在主义的本真目标被错认了,而且激发起了这样一种假象,即,好像可以从主观的效果中推论出客观原因的性质似的"(《认识论》,第 24 页)。外在世界和感官感觉之间的一种因果性关系将必然是无可置疑地存在着的;但是以此方式却并没有对那种激发性的原因的性质作出什么澄清来。如同科学的经验所揭示的那样,感官刺激(激动之事情)并不可以与诸如颜色、声音、气味、味道这样一些感觉对象相比较。当屈尔佩在外在世界中看到了"我们感觉印象的非定律性关系的那种承载者"时,他就已然为我们把这一标准带到了另外的但也更明确的一种表达中了,这样做显然是为了阻止一种错误的意见。按照与一种物理学现象(被迫运动)的类比,他把这些关系规定为被迫的、"被迫使接受的"关系。显然,这里仍然存在着一种因果性关系。

4. 现在就出现了这样一个特殊的问题:对实在性的规定,也就是说,对强迫性的因素(erzwingenden Faktoren)的规定,是如何可能的? 这种规定是通过那些被查明了的关系而在内容上被规范化的,也就是说,它必须是这个样子,即,那些关联项被表明为是有能力去施行实在的事件的。屈尔佩把这种思想简要地记述为:"自然实体是那些能力——这些能力使得与它们联系在一起的那些实在的关系、状况和变化得以发生——的完美化身(Inbegriffe)"(《认识论》,第27页)。对被设定的实在性做出一种完全有效的和适宜的规定,始终是实在科学的一个理想的目标。即便一切可经验的关系也都得到了揭示,也还是要看到,还是有非独立的实在的东西的,这种东西是我们凭借我们的感性认识所不能达到的,并且即便我们的感官配备上了最精密的工具,我们也还是做不到这一点。并且还要问的是,实在性的那种真正的本性是否如此才能得到明确的规定? 尽管如此,对于科学而言,始终还是有一片广阔的田地有待耕耘的。除了物质性的进步之外,科学的历史也明确地显示出在对客体的标准性规定上的一种突进。

然而,一种在批判的实在主义意义上被寻求的实在性规定必然不会在那种拦道木——它看上去是通过感性性质的主体性原理而被设立起来的——面前停止不前吗？通过遵循这种主体性原理，实在性当然也就将失去其直观性的特征；但是实在性本身却并不因此就被取消了。这必然会打破感觉主义的那种认识论的教条，即认为一切认识都始终附着于直观的那种教条。这种教条，这种成见，并不了解实在科学的那种事实的、实践的行为①。

15 面对着今天那些已经多种多样地被实用主义的（就学术性而言委实很肤浅的）思想观念所渗透灌输的思想方式，屈尔佩也试图尝试着去回答这样一个问题，即，在这种视角下（它对于科学而言当然也不是唯一的权威的视角），批判的实在主义是否还有值得一提的意义。对此的回答是肯定的，也是合理的。凭借着他非常生动的表述方式，屈尔佩揭示出，意识主义和现象主义的那些对立的看法最终是把实在科学的那一任务和对此任务的实行工作给推到一条死路上去了。他写道："最令人不快的事情莫过于那些自然科学家的那种运用附加条款来补充说明的表达，这些人在（意识主义）这种认识论的意义上一直想使人确信，他们虽然选用了实在主义的种种表达，但他们却想要不言自明地不与任何实在主义的看法相关联。一种令他们的领域感到陌生的见解，被他们引入了此领域之中，他们忘记了，谨慎不仅是智慧之母，而且也是懒惰之母。只有相信实在之自然的可规定性的人，才会致力于对此的认识"②。

---

① 在心理学领域中，维尔茨堡心理学学派针对更高层面的精神生命的研究工作恰恰开启了一种与感觉主义的心理学的坚决告别，后者只是在感觉和感觉的再造中看到了独特的意识要素。参看盖瑟尔：《思维事件的心理学导论》，帕德博恩，1909 年；此外可参看 N. 考斯特勒夫：《维尔茨堡学派的成果：对思维的客观研究》，载《哲学评论》，第 25 卷，1910 年，第 12 期，第 553—580 页。——原注

② 屈尔佩：《认识论》，第 38 页。——原注

即便人们不能完全赞同屈尔佩的观点——这首先指的是他对"归纳的"形而上学的理解以及他对这种形而上学之假设性特征和其论证的理解——,他的功绩也仍然不可磨灭,此即,他把远离正道而陷入迷途的认识论给重新置立于它真正的任务面前了[①]。亚里士多德式的—经院哲学的哲学一向就是切合实际地(realistisch)[②]进行思考的,新的认识论运动将不会让这种哲学消失于视域之外;我们必须对这种哲学展开积极的促进性的研究工作。

---

① 哈特曼(Ed. v. Hartmann)的影响和他的"先验的实在主义"所造成的影响已经从哲学而来为一种实在主义的思维方式做了最大的准备工作。——原注

② 此词亦可译为"以实在主义的方式"。——译注

逻辑学的新研究

I

自世纪之交以来,那种科学的逻辑学已经实现了对其诸原则的一种阐明。这样一种批判性沉思的可能性和事实必然从根本上动摇了那种传统的观念,该观念认为,逻辑学是由那些不可深究的思维形式和思维规则所构成的一种不可增益的总和。伴随着对这种传统思维方式的"Aufhebung"[扬弃]——这个词完全是在黑格尔的意义上使用的——逻辑问题包括那些未耕作的研究领域的持存就得到了保证。对所说的这种原则之斗争(Prinzipienkampf)的意义和幅度的那种彻底的获悉,自动从那一断言(断言逻辑问题的持存)中取得了一种异样的特征,但也同时积极地照亮了对这些难题予以指示的那条道路。因而接下来工作的那种普遍结构就已经变得透明了。尽管如此,我认为,对方法问题做一个附加说明,并不是多余之举,因为,无论是在我们所要述及的那些工作的特性那里,还是在我们的以概观和定向为目标的探讨工作的特征那里,方法问题都绝不会直接出现。

几乎不值一提的是,我们所要规避的乃是这样一种做法:对所要述及的工作进行一种外在的、完全是严格按时间顺序执行的编排,以及,对这些工作做出一种通常性的内容提要。倘若我们把下述任务确定为最普遍的目标,即,使得对当前逻辑问题的一种知悉得以可能,那么,由此而来,对于这一任务的实行而言,就出现了一种二重性的东西。

首先,因为诸问题在哲学中是并蔓连生的,彼此间是互相招致又交替的,所以某种确定的、即便严格说来并不系统的内在关联就应被努力寻求了。在今天大量的未被解决的问题那里,去构造一种完整封闭的系统,这种做法,是一种过于大胆的冒险,也会使我们远离上述任务。另一方面,这也为对有待参阅的文献的选择提供了一个原则。那些对基本含义的研究,那些推进着研究的作品,以及那些提供了批判性的进攻点的工作,都应得到查明列举。逻辑学以及此类东西的整体表述常常是自然而然地保持为未被说出的状态(但却绝不意味着由此而来就给出了一种价值判断),然而我们的注意力却更多地集中到那些具体研究上了,对于这些具体研究的价值,当前的那种科学的哲学已经学会了对其的赏识。对于那一事实——在所有这些东西当中,内容和表述上的某种不平衡性始终是存在着的——仲裁者或许有最好的了解。

在继续向前迈出每一步之前,都应尝试着(这也是合乎当前目的的)去回答这样一个问题:什么是逻辑?我们在此业已站在了一个问题面前,而这个问题的解决仍然是被保留给未来的。但就根本而言,这种持存着的缺陷(无法对逻辑达成一种明确的、一致的定义)却并不能妨碍这种研究突进到它的领域中去。这种不相干性也绝不会使我们免除于对逻辑的真正的本质和对象的一种深刻的自觉。这种要求在本文开篇处所提到的那种原则阐明中得到了实现,与这种原则阐明恰好叠合的乃是一种对心理学主义的坚决离弃。心理学主义不应该被解释成一种"哲学家们的怪癖",对于这个判断,一种问题史式的沉思是能够轻易证实的。那种膨胀了的、被迂腐的激情所驱动的心理学研究,那种在伦理学和美学的研究中存在着的心理学立场,那种在教育学和法学实践中居支配地位的心理学方法,那种在文学和艺术中近乎过度紧张的心理学式的过度敏感,都解释了"心理学时代"这句话的意思。因而,倘若心理学事物的那种普遍特征也"传染"到了逻辑中,我们也几乎不必为之而感到惊奇了。但情形恰恰相反。那种在批判的唯心论中展开的心理学方法和先验方法之间的对抗,更确切地说,那种长期以来居支配地位的,通过叔本华、赫尔巴特、弗里斯而得到奠基的对康德哲学的心理学的解释,伴随着蒸蒸日上的自然科学,已经把心理学提升成那种包罗万象的含义了,并且造成了一种"意识的自然化"。O.伊瓦尔德进一步地展开了对心理学问题的探讨,并且是结合着那个具体的历史学的——但不是语文学的——问题而展开的,此问题即"奠基于康德哲学之本质中的是心理学主义还是先验主义(Transzendentalismus)"[①]。这个问题在今天或许是朝着有利于先验逻辑的理解(transzendentallogischen Auffassung)的方向而得到了裁决,这种理解自上世纪70年代以来是被海尔曼·柯亨及其学派以及文德尔班和李凯尔特所持有的。按照这种理解,康德在其"批判"中所追问的并不是认识的那种心理学的本源,而

---

① 《康德的方法论及其基本特征》,柏林,1906年,第29页。——原注

是在追问认识的有效性的那种逻辑的价值(dem logischen Wert ihrer Geltung)。对于当前的问题而言,我们所说的这种逻辑性的康德阐释和深造加工只有在下述情形下才是有意义的,即,通过这种阐释和加工,逻辑性东西的本己价值得到了凸显。那托普因而能够合理地指出,"对于他们[马堡学派]而言,对于胡塞尔(在《逻辑研究》第 1 卷中)所做的那些漂亮阐释,我们就只能愉快地表示欢迎,但事实上此外却根本不能从中学到多少东西"①②。但我们却想指出,胡塞尔的那些深邃钻研着的、有极其出色之表述的"研究"③事实上是具有一种深远意义的;因为它们已经真正地打破了心理学的魔咒,并且把前述那种"原则阐明"带入了实际运作之中。这位作者④毫不迟疑地注明并感谢了他从奥地利的数学家和哲学家 B. 博尔扎诺的《知识学》(1837 年)一书中所获得的刺激和推动。这部著作现在已变得稀罕少见,它的重印版已得到规划,或许很快就能面世。与之相关地,我还想让一个德国数学家的名字浮现出来。在我看来,G. 弗雷格的那些逻辑的—数学的研究还没有

---

① 《康德与马堡学派》,柏林,1912,第 6 页。——原注

② 海德格尔所引用的这段话由于是摘录,多少割裂了原文语境,故语义不是很清晰。那托普本人是新康德主义马堡学派的成员,正义中的"他们"和"我们"(原文如此,译文只是照之进行了直译)其实同义,都是指马堡学派的学者。这里有必要把那托普《康德与马堡学派》的那段原文译出并附录于此:"就算康德(也可以算上柯亨)在他最初的那些著作中并没有谨小慎微地去规避心理学的语言,但先验的观点与心理学的观点间的那种深渊性的差异事实上仍然得到了持续强调。如此,考虑到这一点,我们[马堡学派]对于胡塞尔(在《逻辑研究》第 1 卷中)所做的那些漂亮阐释就只能愉快地表示欢迎,但事实上此外却根本不能从中学到多少东西"。——译注

③ 《逻辑研究》,哈勒,第 1 卷,1900 年;第 2 卷,1901 年。——原注

④ 指胡塞尔。——译注

在其真正意义中得到承认与尊重,更谈不上被充分汲取和使用了。弗雷格在其作品中就"意义与意谓"(Sinn und Bedeutung)①②、"概念与对象"③所写下的东西,是任何一种数学哲学都不可以忽视的;但他所写下的这些东西对于一种普遍的概念理论而言也同样是有价值的。倘若说弗雷格或许是在原则上克服了心理学主义,那么就可以说,胡塞尔在其"纯粹逻辑导言"④中首次系统地和全面地分析阐明了心理学主义的本质、它的相对主义的结论以及它在理论上的无价值性。胡塞尔的批判特别针对的是约翰·斯图亚特·密尔、克里斯托弗·西格瓦特、布鲁诺·艾尔德曼以及泰奥多尔·里普斯。但是里普斯近来似乎离开了他此前的立场,这可能会使得他对心理学及其任务的理解得以简便[更易于为人所明见],他的这种理解在很多方面都显示出了与胡塞尔之理解的近似性。但是始终还是有人试图去坚持心理学主义的,G. 海曼斯的那部机智过头的著作《科学性的思想活动的定律和要素》⑤就证明了

---

① 《哲学与哲学批评杂志》,第 100 卷,1892 年。——原注
② 如何翻译德国哲学中的"Bedeutung"一词,向来是一个难题,大体上来看,此词可等同于"Sinn",也就是说,亦可译为"意义"或"含义";但另一方面,包括弗雷格、胡塞尔等人在内的德国学者又的确区分了这两个词的哲学意蕴,早期海德格尔也曾为此给出了这样一种区分:Bedeutung 是 Sinn 的组成部分。这就迫使我们要用另一个词语来翻译"Bedeutung",并且由于此词在本书中主要是在语法理论意义上出现的,故我们将主要采用"意谓"之译名来翻译此词。——译注
③ 《科学哲学季刊》,第 16 卷,1892 年。——原注
④ 《逻辑研究》,第 1 卷。——原注
⑤ 《科学性的思想活动的定律与要素》,第 2 版,莱比锡,1905 年。这部作品,在它的几乎每一页中,都会激起矛盾,而我们之所以要考虑它,只是为了更加具体地刻划出心理学主义的特性;此外,考虑到逻辑研究的现状,我们认为,每一种对心理学迷误的反驳,已然是一种多余无益的工作了。——原注

这一点。

  心理学的原则、方法以及论证方式在逻辑之运作中所具有的那种支配性地位,被人们理解成最一般意义上的心理学主义①。逻辑处理的是思想。毫无疑问,思想是要被编排到那种"事实复合体"中去的,后者呈现出的是心理事件的整体。由此而来就直接形成了这样一种要求,心理学作为真正的基础科学必须正式地把逻辑吸纳到自身中来。支撑这种要求的根据还可以进一步得到强化。逻辑所从事的事情除了别的之外也是包括"思想定律"的,并且现在应该去认清这些思维定律的重要意义。但是这些思想之"定律",除了在凭借着精确科学的手段而展开工作的"实验心理学"那里,难道还会在别的什么地方凭借一种更敏锐的、方法上的可靠性而得到凸显吗?海曼斯还扩展了心理学的任务并提升了心理学的权能。心理学应该去检验那些意识事实(知识和科学信念的那些被给予的意识事实)的被意识到的和未被意识到的(!)原因。"对思想现象的这样一种心理学的研究能够导致对这些思想现象的一种辩护";"……一种关于我们知识的认识价值的裁决,只有通过心理学研究的道路才能在方法引导下得到寻求"。海曼斯直截了当地谈到了一种"认识论的实验";他把这种东西既理解为在意识中对证据的当前具有,同时又理解为由此而被引致的科学信念,最终仿佛是理解成了一种实验时必须遵守的规定,认识活动的本质和定律都能够依照这种实验规定而得到研究。其所声称的

---

  ① 作为一种思想立场,心理学主义(Psychologismus)的特点在于赋予心理学以极高价值,视心理学为所有科学学科的基础。也可译为"心理学至上论"或"心理学至上主义"。国内学界通常将此词译为"心理主义",似不甚妥。——译注

认识论与化学间的那种十足的相似性使人完全确信，他真的是把认识之理论当成了一种经验科学。现在，他对更狭隘意义上的逻辑所持有的那些看法也就变得完全可以理解了。这种逻辑是把实在性—心理实际性当作其对象的。所谓的那些思想活动的基本定律都是事实定律（*Tatsachengesetze*），正是它们调控着心理的思想进程。它们的必要性和普遍有效性的根据存在于理智的某种逻辑的—心理的组织结构中。但在海曼斯看来，这样说却绝不意味着，这种理智的结构才是唯一可能的和必要的组织结构，换言之，人类也是必然能够按照其他定律而思考的。

在此，心理学主义的那种经验主义的、相对主义的倾向就明显地暴露出来了。胡塞尔曾经全面地论证过和运用过这样一个论据：心理学主义一般都是内在地矛盾着的。盖瑟尔的一篇有价值的论文也对心理学主义进行了批判①。即便说他的这篇论文在批判性的观点方面并没有在本质意义上带来什么新的东西，但这篇论文事实上还是有价值的，这特别地体现在它的第二部分亦即历史阐述部分中，在这一部分中，作者揭示出，心理学主义并不是从今天才开始有的。对于这一判断——康德按照其批判性的基本倾向实际上可算作是心理学主义者——我认为是不可以单纯地将其搁置起来的，而必须不顾那些表面看起来反对我们这种立场的文本段落而把它给否定掉，但也不必为了强化我们这个主张而转到

---

① 盖瑟尔：《对认识活动的人类学式理解的一种系统的和历史的阐述》，载《基督教教育学协会年鉴》，第 98—183 页。我们将在适当的时候回到对这位作者的另一作品即《逻辑学与认识论的基础》的讨论上来（既有评论可暂时参看《文学评论》，1911 年，第 287 页）。——原注

极端的新康德主义者的立场上去。

那种区分,对心理行为和逻辑内容的区分,对在时间中实在地进行着的"思维事情"(Denkgeschehen)和在时间之外理想地同一着的"意义"(Sinn)的区分,或者更简要地说,对"存在着"(ist)和"有效"(gilt)的区分,对于我们认识到心理学主义的荒谬性和其在理论上的无益性,始终是具有基础性作用的。这种纯粹的、自在地持存着的(in sich Bestand habende)①意义乃是逻辑学的对象,逻辑学也因此从一开始就被去掉了经验学科的特征。作为思想活动之规范的逻辑基本定律的那种"功用"——按照一种更为深入的观察——表明自身乃是一种派生性的因素。矛盾律、排中律这些定律,是一般思想对象之间的理想性的、内容性的关系,对于这些定律而言,下述事情是无关紧要的,即,它们是否被思考、何时被思考、如何被思考。我们因而要始终避免用"定律"这样的名称来称呼这些意义关系,这样做也是为了在语言表达上与自然定律区别开来。

只要这些基本的区分得到了澄清,对一种纯粹逻辑的本质和任务的规定也就可以在可靠的道路上进行了。认识的最终目标在于,对认知内容达成一种自成一体的、客观的统一性。这种统一性是通过"论证之关联"——亦即通过"定律"而实现的关联——的统一性而造成的。在纯粹的理论科学中,研究工作将会遭遇到基本定律,这些基本定律是根本地凌驾于每一种知识关联的。经验科学为了其持存想要从理论科学中得到什么,它就会从那种"研究定

---

① 此句亦可直译为"在自身中拥有着持存"。——译注

律"的学科中将其汲取出来。

现在可以看出,逻辑学的基本问题就在于一般知识的条件。逻辑学是理论的理论,是知识学(Wissenschaftslehre)。除了研究原初理论性的东西(Urtheoretische),研究基本概念(范畴),研究这些基本概念之间的关系和体系之外,逻辑学也研究诸具体科学的逻辑结构,试图去揭示它们的结构和方法中的那种决定性的因素,去把它们各个都作为特别的领域而彼此区分开来,并力求最终在科学体系中再度达成统一性。为了实现这一任务,逻辑学就必须始终处于其他科学的联系中;同时也就可以看出,这一任务,尽管有值得嘉许的和尚未被充分利用的准备工作①,却并不会很快就能得到解决。

在对心理学主义的考察和批判中,心理性东西与逻辑性东西之间的那种异质性,亦即时空意义上的一般实际性与逻辑性东西的实际性之间的那种异质性,就显现出来了。有效着的东西的那一领域(dieses Reich des Geltenden),现在必须按照其全部范围(这种东西之对立于"感性的—存在着的东西",正如它对立于"超感性的—形而上学的东西")被凸显到它的纯粹的、本有的本质性中去。这样一种要求,在整个哲学史的进程中还从未以完全自觉、一以贯之的方式得到满足。把逻辑性东西"实体化"(Hyposta-

---

① 我这里指的是冯特的《逻辑学》,但首先更是指西格瓦特的"方法论",即他的《逻辑学》的第 2 部分,此书现在已经出了第 4 版,由 H. 迈耶尔编辑。同时也应指出,洛采的《逻辑学》出了新编版本("哲学丛书"第 141 卷,莱比锡,1912 年)。洛采的这部著作,尽管在某些方面——判断理论、伦理学化的倾向——上被超过了,但始终还应被看作是现代逻辑学的地权书(Grundbuch)。——原注

sierung)为形而上学的存在者,这始终是典型的柏拉图的做法。拉斯克在一种对"哲学的逻辑"①的广阔而深入的研究中已经清楚地道出了上述要求,因而也就同时为下述工作铺平了道路,即,对哲学作出精确的概念规定,将其规定为价值科学。这一工作就整体而言乃是一种在先验学的批判主义的地基上生长起来的对康德的先验逻辑的深化和改造,之所以称之为"改造",是因为拉斯克反对康德的那一做法,即把范畴问题仅仅局限于"感性的—存在着的东西"的那种做法;拉斯克为范畴赢得了一个"新的应用领域",即哲学本身。拉斯克所追求的东西因而只是一种包拢着可思想的东西的整体——它的两个"半球"即存在着的东西和有效着的东西——的范畴理论,并且他的这一尝试完全可以被归入到那些伟大的、致力于构建范畴理论的尝试之行列中去。

存在范畴的逻辑是被康德所建立的。为了理解这些存在范畴,需要注意的是:"存在"(Sein)已经失去了它的超逻辑的独立性;"存在"已经被彻底改造为一种先验逻辑的概念了。但这却并不意味着,诸对象被"烙印上了纯然的逻辑性的内涵";只有对象性,与实在物相对的物性,与存在者相对的存在,才是具有逻辑性的价值亦即逻辑性的形式内涵的。形式(范畴)与质料的那种紧密结合被称作"意义"(Sinn)。对于先验哲学而言,认识活动完全就意味着,用范畴来包围(感性)质料。逻辑学,它的认识对象恰恰就是范畴,因而只能再度通过一种新的包围(用其他形式来包围既有

---

① 《哲学的逻辑和范畴理论。一种对逻辑形式之统治领域的研究》,图宾根,1911年。——原注

形式)才能认识既有的这些形式。这种哲学的范畴因而就是形式之形式。正如"存在"对于感性—直观的质料而言乃是"领域范畴"(Gebietskategorie),"有效"(das Gelten)对于非感性的质料而言亦是建构性的范畴。那种迄今为止作为一种简单形式而得到承认的东西,表明自己乃是"有效着的东西"和"有效"的一种彼此交融(ein Ineinander von Geltendem und Gelten)①。"有效"这种逻辑形式就一以贯之地再度存在于"有效"这种范畴中了——如此,我们就得到了形式的形式的形式。对于这里所出现的无限后退,拉斯克并没有对之作出错误判断;这种无限后退仅仅意味着,"入乎无限的范畴能够成为范畴的质料"(第112页)。现在,一种建构性的含义内容的两行性即成对性(Zweireihigkeit, Paarigkeit)就贯穿于整个范畴体系中了。独一无二地凌驾于一切之上的,只是那绝对纯粹的逻辑的形式。"对建构性的存在与哲学上的建构性的含义内容之彼此共存进行研究的那种理论,为对任何一种普遍逻辑形式的任何一种理解提供了基础"(第138页),它有助于理解这些普遍逻辑形式是如何存在于反思范畴中的。作为反思性范畴之典型的同一性②范畴被拉斯克置为了他的探讨工作的基础。迄今为止,感性的或非感性的质料一直被看作是纯粹逻辑形式在那两个建构性领域中进行意谓区分工作的要素。但是"主体—客体—二重性"也是能够以造就着意谓的方式起作用的。主体性是反思领域的创造者。我们把同一性看作是它的领域范畴,同一性乃是

---

① 亦可译为"有效者和有效活动的一种相互交融"。——译注

② 参看文德尔班:《论等同性与同一性》,载《海德堡科学研究院哲学与历史学分类会议记录》,1910年,第14卷论文分册。——原注

"某物一般"的范畴。在反思性范畴中,范畴的含义内容的每一种区分都消失了,由此而来,它的那种仅仅是形式性的而非事实性的意谓就得到了阐明。即便反思性领域把它的"存在"归功于主体性,但倘若它一旦获得了持存,它就客观地有效了;存在着这样的一些形式的关系,它们在其有效性中脱离了思想活动的"任意"(Willkür),但这一情形得以实现的前提是,它们始终是隶属于思想活动的那种权力(Macht)的,也就是说,思想活动能够据有每一种内容而不必考虑它的特殊的建构性的特征。普遍的意谓(generelle Bedeutung)因而就具有了那些反思性形式。拉斯克进而探讨了反思性范畴和建构性范畴之间的关系,探讨了这些哲学范畴所构成的范畴表(第169页),并专辟一章探讨哲学的认知活动,他对理论哲学中的哲学范畴问题写了一条富有启发性的历史性的按语,以此结束了他的工作。

这一批判在其本有的兴趣中将会克制那些明确地进行概览描述的阐述,而且将会等待被允诺了的那种自成一体的逻辑学体系。

II

在我看来,这种克制也要提供给一种全新的科学,这种科学在我们的问题语境中也是必须要有所触及的:此即迈农和他的学生所持有的那种对象理论[①],这一理论在其首次出现时曾引发了一

[①] 《对象理论和心理学之研究》,迈农编,莱比锡,1904年;此外参看《哲学与哲学批评杂志》,第129卷(1906年)和130卷(1907年)。——原注

些迥然有别的评判。倘若在一种新的、广泛的科学（这正是迈农的对象理论所想要成为的）突然出现之际也仍然会有怀疑被直接激起，那么我们的首要职责就必须仍然还是，去寻求理解。"一切是某种东西的东西，都叫做对象。——对象的领域因而绝对地包括了一切东西，而无需顾及，它被思考了还是没有被思考或者它究竟是否可被思考。尤其要指出的是，'存在着'或者说'实存'、'持存'也并非对象的一种规定。每一种对象都是某种东西，但不是每一个'某种东西'都存在着。"

每一个对象都有一种本质存在（$Sosein$）①，这种"本质存在"是不取决于它的"存在"（$Sein$）的，而"存在"乃是这样一种命题，这种命题在其反面是无效的。一个具有矛盾着的本质存在的对象（圆的四边形）是不能存在的，是一种不可能的对象。迈农把"存在"和"本质存在"称作是客观的东西（$Objektive$）——并且它们是诸对象所应有的——非存在和存在一样，都是一种"存在之客观"（$Seinsobjektiv$）——在更狭隘的意义上，他也把它们称作是客体（$Objekte$）。

这样的一些术语上的规定具有很大的跨度，但在我看来，它们的"对象"对于哲学而言绝不是什么新的东西。这些研究只不过希望被当作暂时的研究而并不想要提供结论性的东西。阿梅瑟德试图把迄今为止已被认识的和已被命名的对象予以划分编组，"即使还并不相应地存在具体的划分"。他划分了这样两个基本组，即

---

① 此词常被误译为"如此存在"，但它在德国哲学中事实上却是意指"本质、内在本性"。——译注

"非被奠基的对象"(Nichtfundierungsgegenstände)和"被奠基的对象"(即"比较关系")。

归属于第一组的是"物对象(Dinggegenstände)"(物质),唯有它们是客体,因为客观的东西从来都没有实际性(die ausschließlich Objekte sind, da Objektive niemals Wirklichkeit haben)。此外,这一组还包括"感觉对象",即颜色、声音等。这些对象或许能够存在,但并不能实存(diese Gegenstände können wohl sein, aber nicht existieren)①,和它们同时"一并被理解"的是时间与地点之规定。阿梅瑟德凸显了一些存在于"被理解的东西"和"一并被理解的东西"之间的关系,例如,颜色要求着地点规定,但不是要求那种明确的地点规定。等同性、相似性以及差异性是被视为比较关系的。在后二种关系之间,阿梅瑟德确定了某种关系,例如"重合"(Koinzidenz)②,也就是说,"两个对象若不能彼此差异,它们也就不能彼此相似,反之亦然,它们若不能彼此相似,它们也就不能彼此差异"(第100页)。

在我看来,这种反转并不是绝对有效的。但是这位作者始终是在量的意义上来理解"差异"的。相似性与差异性因而仅仅存在于同一种类型的对象之间。另一种类型的对象——比如说"三角形"和"静电计"——因而不是不同的,当然也同样不是等同的。人们在任何一个地方都找不到被规定了的"相似性"的概念。把"切近"规定为时间或地点上的相似性并且同样地把与之相对的"遥

---

① 此句亦可译为"这些对象或许能够'是',但并不能实存"。——译注
② 更确切地说,这一术语意指"两种事件的同时发生"。——译注

远"规定为时间或地点上的差异性的这种做法使人猜想到,这两个概念只是在量上发生差异的;如此,在这位作者看来,无限的遥远就是没有价值的切近。这种对量之因素的片面的重视使得阿梅瑟德并未突进到"相似性概念一般"(Ähnlichkeitsbegriff überhaupt)那里去,虽说相似性概念在数学中获得了一种清晰的规定。但是,这个数学概念是否是一个一般的相似性概念而不是一个特殊的相似性概念,这一问题始终还是悬而未决的。但无论如何,一个锐角三角形和一个钝角三角形始终是两个三角形,正如切近和遥远始终是两种距离;但是,凭借着它们的这种差异,却绝不会产生出相似性来。

阿梅瑟德进而谈到了"造型对象"和"结合对象",例如"a 和 b"。在后一种对象那里(这些对象是具有一切量值的),"和"与"+"之间的区分应该得到清楚界定①。

为了效力于一种真正的批判,前文中并没有对特殊的问题展开深入探讨;前文中所应表明的只是,对象理论的那些研究是面临着实际的问题的;这些研究是否归属于一种特有的、有待新建的科学,现在应该予以简要探讨。对于我们的问题语境(Zusammenhang)而言,那一问题是可想而知的(并且也正因此,对象理论才被触及了),即,对象理论是否构成了逻辑学的一个分科。迈农则对此问题持否定态度。这种否定态度与他对逻辑学的那种理解(视之为理论的—实践的学科)是分不开的。逻辑学应该确定规则

---

① 参看李凯尔特的《一个、统一、一:对数字概念之逻辑的评论》,载《逻各斯》,第 2 卷,1911—1912 年,第 50 页以下。——原注

和定律,这些规则和定律导致了认知的最高值。然而,逻辑学作为技艺理论所预设的乃是理论性的东西,就其自身而言它是绝对不能被看作是科学的。若人们回想一下我们先前对"纯粹逻辑"的概念规定,那就不难看清,对象理论是归属于逻辑学的。为此就出现了这样一种外在的情形:迈农(第 22 页)明确地写道,胡塞尔在其《逻辑研究》中所力求达到的目标与他自己的目标是"同样的一些目标"。迈农也把"符号逻辑"、"数理逻辑"明确地称作一种对象理论,同样地,他也把数学看成是一种特殊的领域,这一领域与那种倾向(把数学纳入到逻辑学中去)是精确重合的。

因而只有概念之名称和那并不完全单薄的术语集才是新的。但由此却不应否认的是,当前的这些研究——首先是玛利(Mally)的研究——是富含深刻犀利的思想观念的,这些思想观念对于一种始终尚还缺乏的系统性的关系理论而言还是有其重要意义的。同样地,判断理论首先可以从"客体理论"中汲取出丰富的刺激,但也能够从那种尚还疑问重重的"否定理论"中汲取出激发之力。并且最终,这种新的术语集(Terminologie)也不可以完全被当作累赘,因为在逻辑学中实际上还是有一些东西未被认知的,我所指的是那些精细的区分,这些区分是通过持续展开的意谓分析才被揭示出来的。

不能不指出的是,在这些研究中我们看不到那种纯粹逻辑的特征。虽说迈农原则上也是表示反对心理学主义的,但在他和他的学生所做的这些研究中,除了那些形而上学的"包含"(第 91—92 页)之外,也还是可以看到编织到心理学中去的那些紧密结合的。这些倒退到心理学中去的难以避免的"旧病复发"导致了这样一种想法,即,对逻辑学与心理学的那种清晰分离或许是不可实行的。我们在此必须要进行区分。问心理学是否在原则上奠定了逻辑学并确保了其有效性价值是一回事,问心理学是否只适宜于作为逻辑学的第一活动范围和运作基地则是另一回事,这是两个不同的问题。后一种发问才是我们所要讨论的主题(它事实上意指逻辑性的东西被嵌入到心理性的东西中去了),因为我们所必须与之打交道的恰恰就是那种特有的、把一些或许永远都不可得到完全阐明的问题隐藏于自身之中的事实。但是心理学的这种刚刚被确定的立场却还需要一种更确切的说明。对于逻辑学而言,实验心理学始终是无关紧要的。然而,在某种立场看来,连这种所谓的观察着自身的心理学也会首次变得有用。这种研究所探讨的是意谓,是行为的意义,这样,它就变成了意谓理论,变成了意识的现象学[1]。伴随着对心理学主义的关键性的驳回,胡塞尔同时积极地在理论上对现象学进行了奠基,并且亲自在这一困难的领域中展开了卓有成效的工作。从刚刚确定的那种意义的角度看来,心理学将始终处于与哲学的关联中,即便它通常想要——这也是合理的——把自己建构成一种与自然科学相并列的研究领域,它也仍然处于上述关联之中。

在讨论了这些普遍的逻辑问题之后,我们现在将要来讨论那些特殊的问题。

当康德清楚地看到批判哲学的基本问题并寻求一条能借以

---

[1] E. 胡塞尔:《作为严格科学的哲学》,载《逻各斯》,第 1 卷,1910—1911 年,第 289—341 页。——原注

"发现一切纯粹知性概念的主线"时,他认为是必须要回溯到判断上去的。康德在"判断表"中寻求庇护的那种做法在今天的多种多样的考察中都被当作是错误做法而被否定掉了。但是,当康德通过"判断"而凸显出认识活动的"神经"时,这里还是存在着一个真理内核的。"但我们是能够把知性的一切行为都回溯到判断上去的,以至于'知性一般'能够被表象为一种进行判断活动的能力。"新近的逻辑学的功绩就在于,使得判断本身成为了问题。判断理论在今天具有一种巨大的多样性,这可以作为论据来解释为何要重视这一问题的难度。

判断活动是一种心理进程,是诸表象的一种特有的遇合和共在。判断是以语法性的命题的形态而与我们相照面的。通过这样一种规定——每一个判断都在"真—非真"这一选言推理中占据了一个位置——判断的那种特性就得到了标明;因为这种选言推理既不能被应用于单纯的表象,也不能被应用于意志行为和心灵活动。那么什么是真的或不真的?按照此前的说法,真乃表象之遇合(Nach dem Vorausgegangenen das Zusammentreffen von Vorstellungen)。但是说一种"进程"是真的或不真的,能这样说吗?一种发生事件存在或不存在(ist oder ist nicht),因而是外在于真或不真的那种"不是……就是……"之抉择的。毋宁说,真乃是表象内容,即我们所意指的东西,亦即意义。判断即意义。我们因此就赢得了从心理学通向逻辑学的那条通道。"金子是黄色的"这一判断的意义具有一种确定的结构。若我们认识这一结构,我们也就能够去规定:从逻辑的角度看来,判断是什么。前文中曾经讲过,判断似乎获得了固定的形式,它是在语法性的命题语句中呈现出来的。在其通常的形式中,这种命题语句表现为主词和谓词通过系词所达成的一种结合。由此而来,我们进而不得不直接说,判断把主词表象的内容和谓词表象的内容给结合起来了。

但语法果真是一位能使我们达成对逻辑的判断结构的认识的可靠向导？某人大喊"火！"(Feuer!)——这声呼喊可以是真的或不真的,因而是一个判断。但主词和谓词——它们理应是通过系词而结合起来的——存在于何处呢？在"打雷了！"(Es donnert!)这个判断中,我们找不到主词表象,也找不到系词。这三种语言表达中的哪一种应当为对逻辑性的划分的发现指明方向？"火！"这声呼喊的逻辑意义难道不比单独这个词语的逻辑意义要来得丰富吗？并且,哪一种意谓存在于那个"Es"中①？在这个"Es"中可以看到主词吗？设若判断通常是两个表象内容的结合,那么人们必须如何进一步地对此二者间的那种关系的特性作出规定呢？"金子是黄色的"这句话想要说的是金子归属于"黄色的"这一概念的范围吗？但这种解释绝不可被强行施加于"a 是大于 b 的"这一判断上。当莱曼②解释道,两个概念的同一性,更确切地说,那些通过概念而被认识的东西所具有的那种同一性,是通过判断而得到断言时,那么,在这种定义那里(倘若这种定义根本上是靠得住的),"倘若温度下降到 0 摄氏度,水就结冰"这样的假言判断就被完全排除掉了。

无人称动词和实存命题（Impersonalien und Existenzialsätze）③自古以来就是科学的逻辑学所背负的"十字

---

① "Es"为德语的无人称代词。——译注
② 《哲学教科书》,第 1 卷,第 3 版,1909 年,第 55 页以下。——原注
③ 德语中的"无人称动词"只能与形式主语"Es"结合在一起,表现为第三人称单

架"。但是它们大多数时候也敦促着人们去对语法命题和逻辑判断的那种区分做彻底的沉思。人们因而不应使自己受到这样的诱骗,即,去让逻辑学以语法马首是瞻。更何况,许多语句形式根本就不表达什么判断①。然而,在一些情况下,那些对语言的描述性的—心理学的研究所取得的成果是不应低估的。我首先开始想到的是那一问题②所带来的难题,此难题既不可被纯粹逻辑性地解决,也不可被纯粹心理性地解决。

逻辑学与语法在彼此领域间的那种完全的陌生性,已被拉斯克③在其关于判断问题的作品中有力地揭示出来了。

此问题即:那种一义性的(einsinnige)"对陈述之存在的划分"奠基于何处,主词与谓词之间的那种"不可交换的"关系向度奠基于何处?那种理论性的意义结构是应该回溯到对象的构成机制上去的,但是对象之构成机制这种东西,并没有逾越逻辑事物之领域,仅仅只是成功地达到了以康德为圭臬的那种逻辑学。在指出了这种理论性的源初划分之际,我们就应重新指向先前提到过的拉斯克的那部作品④。在那里,拉斯克把"意义"称作是范畴性的

数,此外不能有任何人称形式。——译注

① A. 迈农:《论假设》,莱比锡,1902 年,第 2 章,第 6 节。此书于 1910 年出了第 2 版,但我手头没有此版。迈农想要证明的是,"假设"乃是表象和判断之间的一个领域。我们首先要思考的是假设的那种逻辑的尊严。——原注

② 此"问题"并没有得到广泛的探讨;对于此问题之"本质"的探讨并没有形成最终的结果。读者可参看斯塔德勒:《作为认识活动之原则的问题及〈纯粹理性批判〉的"导论"》,载《康德研究》,第 13 卷,1908 年;Cl. 克莱比锡:《理智性的功用:对逻辑学、心理学以及认识论的边界问题的研究》,莱比锡,1909 年,第 65 节。克莱比锡把此问题看作是一种复杂的现象并把它归入到"类似于判断的那些思想观念"中去了。——原注

③ 《判断理论》,图宾根,1912 年,第 44—79 页。——原注

④ 指拉斯克的《哲学的逻辑和范畴理论:一种对逻辑形式之统治领域的研究》,图

形式和范畴质料的紧密结合。认识活动因而意味着:用形式来包围质料。与之相应地,在判断中,范畴性的形式(谓词)是对作为主词的非逻辑性的质料进行断言的。凭借着他的谓词理论,拉斯克试图把亚里士多德和康德带到一种尽可能近的彼此切近中。对于康德而言,做判断意味着,把感性的—直观的质料归摄到范畴性的知性概念之下。在亚里士多德那里也有这样一种观点,即,诸范畴乃是"实体"这种基本范畴的谓词;然而,这些谓词却具有超逻辑的本性(metalogischer Natur)。"a 是 b 的原因"这一判断,在语法理论那里将会得到这样的解释:a 表示主词,"b 的原因"是谓词。拉斯克则把这一判断分解到质料(a 与 b)中去,并将其分解到因果性范畴中去。他的理论可以没有障碍地应用于无人称动词。"打雷"(donnern)这种感性的—直观的质料是处于实存范畴中的。拉斯克详尽地应对了一种困难,此困难表现为:在诸判断中,对非逻辑性的质料和逻辑性的形式的那种区分并不是始终可以直接得到实行的,倒不如说,那些业已完成了的概念亦即那些得到塑形的质料是出现在主体立场中的。范畴仿佛是通过那些业已发生了的范畴性的"包围"而抓住那种源始的质料的。这种源始的质料因而能够多种多样地按照不同向度被范畴性地切中。判断要素(质料和形式)之间的那种关系,系词,在拉斯克的理论中具有"关涉性一般"(Bezogenheit überhaupt)这样一种中性的[①]特征。那些先前的尝试把"ist"一会儿规定为同一性(洛采),一会儿规定为"把一种对

宾根,1911 年。——译注

① "中性的"(indifferent),亦可直译为"无差异的"或"随遇的"。——译注

象纳入到另一种对象的内容中去的那种编排"(艾尔德曼),又或甚至把它直接规定为实存(布伦塔诺)①。

拉斯克在先验哲学的意义上所力求的那种东西,恰恰是盖瑟尔在亚里士多德的基础上和相关道路上所试图获得的东西,同时亦是克莱比锡在其上述研究中所寻求的东西。我们应该认识到,盖瑟尔的工作是具有原则性意义的,因为它是在亚里士多德的—经院哲学的立场上首次打破了对逻辑学的那种传统的理解与探讨并把那一难题给摆置到视域中心了。

盖瑟尔研究了一种被对象性地标准化了的(gegenständlich normierten)认识所具有的那些形式和原则。这里所出现的这种对象概念②必须得与那种严格的对象概念区别开来。判断的对象(主词)是"那种实在的或不实在的东西,对其的表述是被那些判断观念所意图的,这种东西因此是作为尺度和规则而对立于那种意向的"(第51页)。对象是"客观的被给予性"(objektive Gegebenheit)③,这种被给予性是"作为肯定或否定的标准"而效力于一种判断的(第54页)。这种判断之裁决(Urteilsentscheidung)因而就支配着意向性的思想观念通过对象所造成的那种被充实性或未被充实性;同样地,在拉斯克看来,这种判断之裁决是被置于这样

---

① 对这些不同的判断理论的定位工作,参看 J. 盖瑟尔:《逻辑学与认识论的基础:一种对客观真的认识的形式和原则的研究》,明斯特,1909 年,第 172 页以下;克莱比锡:《理智性的功用:对逻辑学、心理学以及认识论的边界问题的研究》,第 161 页以下。——原注

② 指上句中的"对象性地"一词。德文中的"gegenständlich"除了有"对象性的"之意,还有"具体的"之意。——译注

③ 此句亦可译为:对象是"客观的既有事实"。——译注

一种问题面前了,即,"合真性"或"背真性"(Wahrheitsgemäβheit bzw. Wahrheitswidrigkeit)是否应归于当前的这种意义。这两种理解表面上有多接近,它们在事实上就有多么远的分离。道路之分歧是在客观性概念那里发生的。

在我看来,盖瑟尔对"超个体的自我"[①]的批判并不是完全正确的。对概念的那种立意(Konzeption)恰恰源生于这样一种努力,即,去使真理和其有效性独立于个体性的主体。概念应该被纯粹逻辑性地理解为那些有效着的认知形式所构成的体系,这些认知形式在实际的认知活动中当然是被贮藏在个体性的主体中的,正如盖瑟尔必须要为纯粹的意向性的思想观念要求一种"承载者"一样。盖瑟尔的"纯粹的思想观念"接近于迈农用"客观者"[②]所指称的那种东西。并且我认为这种现象是有疑问的,但这不是就其持存而言的,而是就其"本性"和结构而言的。

判断理论的一个特殊的难题存在于否定的判断中。就认识之等级而言,肯定的判断无疑是具有优先地位的。若深究其逻辑结构,二者则是同等的。在肯定中,那种"意义碎片",亦即,范畴和范畴质料间的那种在价值上保持中性的关系,所应具有的是那种"合真性",而其在否定中所应具有的却是"背真性"。判断之裁决的

---

① 参看 J. 柯恩:《认识活动的前提与目标:对逻辑学之基本问题的研究》,莱比锡,1908 年。柯恩的理论源出于 H. 李凯尔特的那部著作,即《认识的对象》,第 2 版,图宾根,1904 年。对于把逻辑学奠定为价值科学的那种奠基工作而言,李凯尔特的这部著作是决定性的,此书很快就出了第 2 版,作者在新版中进行了一番扩充工作。雷姆克的一位学生最近出版了一部专著,试图对此进行批判。参看 O. 施伦克:《海因里希·李凯尔特的意识理论》,莱比锡,1911 年。——原注

② 《论假设》,第 7 章,第 150—211 页。——原注

"根基"在这两种判断类型中是同一种根基①。在盖瑟尔看来,"否定判断并不是肯定判断的简单的对立面,倒应说,否定判断比肯定判断在逻辑意义上要更丰富,它比肯定判断多一种思想观念"。否定判断存在于"对引导性的肯定判断的否定之中"②。或许盖瑟尔是受那种在命题中出现的"不"的引导而获得他的那种理解的,这个"不"表达的是主体中的意向性思想观念的那种未充实。与之相反,肯定判断则把意向设定为被充实了的,这种设定并没有明确的语言上的确认。在我看来,盖瑟尔的判断理论本身要求着对肯定判断和否定判断的协调。此二者都是对那个价值中立的问题——"意向性的思想观念"是否在对象中得到了充实——的裁决③。先行于否定判断的那种"综合性的意向"看上去是与那些"肯定的假设"相同一的,迈农让这些"肯定的假设"参与构成了否定判断。盖瑟尔虽然想看到这样一种情形,即,他的分析被当作了一种逻辑性的分析,这种逻辑性的分析与心理学的那一问题(否定判断是如何形成的)没有任何关系;然而,那种"被尝试[作出]的肯定判断",那种每每都应为一种否定判断进行奠基的肯定判断,绝不是什么逻辑性的、特定的因素,因为在这种确定的肯定判断之前还可以先行有一种"被尝试[作出]的判断"。因而我们所要追问的,不是关于对象的一种确定的否定判断是如何可能的,而是,所作出的这种否定判断的意义是什么?

---

① 拉斯克:《判断理论》,第181页以下。——原注
② 盖瑟尔:《逻辑学与认识论的基础》,第149页以下。——原注
③ 同上书,第54页,第169页以下。——原注

III

在判断理论的进一步的进展中,我们将不考虑对那些按照量①、关系和模态所做的划分展开一种详尽的评论。但应该注意的是,在那些重要的逻辑学家们(洛采,文德尔班)那里,量的和模态的那些划分原则是作为非纯粹逻辑性的东西而被排除在外了的。然而,那种得到许多讨论的假言判断还是应该被略微提及的。"若气压增加,液体的沸点就会提高"(克莱比锡)这一断言是由两个语句组成的,但却只是一个判断。更确切地说,这一断言的对象既不是后置句,也不是前置句。倒不如说,这里所陈述的是"根据和结果之关系的现成存在"②。康德早已给出了这同一种规定,即,通过这种判断而得到思考的只有后果,并且他对此也明确地补充说道,这里始终没有得到澄清的是,"这两个语句本身是不是真的"③。如同已经指出的那样,前置句和后置句并不包含什么判断。迈农④对它们的内容进行了一种分析,把它们都理解为"假

---

① A.希尔在其论文(《逻辑学论文》,第2版,莱比锡,1912年)中对概念的范围和有效性领域所做的区分具有重要的认识论意义。这些首次发表在《科学的哲学季刊》(第16卷,1892年,第1页以下,第133页以下)的论文在今天仍不减其意义,还是需要逻辑学家予以关注的。——原注

② 盖瑟尔:《逻辑学与认识论的基础》,第226页。克莱比锡的下述话语表明他与盖瑟尔的看法是一致的:"……假言判断中的那种断言的关键在于那一事实,即条件和被规定者之间的那种不可倒转的依赖性关系"(《理智性的功用》,第166页以下)。——原注

③ 《纯粹理性批判》,A版第73页,B版第98页。——原注

④ 《论假设》,第79页以下。——原注

设"。"正常情况下",在"倘若……就……"中是找不到关于一种语境关系的判断的。假言判断是一种推论,"只不过不是什么判断推论,而是一种假设推论"。在这样的一些判断甚至绝大多数的这类判断中,思想的重音或许是落在了后置句上。但在这里这并不重要。逻辑学的目标乃是对客观的意谓的凸显,而且,假言判断所谓述的乃是根据与结果之关系。

迈农的理论就下述向度而言始终还是有价值的,即,这种理论对前置句和后置句都一一做了考察。但是迈农在他的假设理论中对那种语言形式[1]是非常依赖的。上述那一例子的意义也可以相应地表达为:液体的沸点是被气压之增加所规定的。就我所看到的而言,这里既不存在一种假设,也更不会有一种假设推论。

在这种推论理论中,逻辑学家始终一再地遭遇了三段论的认知价值这一问题。自从皮容(Pyrrhon)断言了[三段论的]那种看似可信的无价值性后,这一论题看上去就归属于逻辑学的那种不可动摇的持存了。直到西格瓦特出现,才有人再度反对 J. St. 密尔以试图拯救三段论。但只要逻辑学还始终处于图式之中、处于钻牛角尖的概念倒卖之中,而不是力求与那些实际科学取得活生生的联系,它就必然始终不能赢得新的洞见。然而,一种已有的对于三段论在数学整体结构[2]中的功用的瞥见是理应激发起批判性的沉思。同样地,倘若一个判断是从一种以归纳方式获得的大前提中演绎出来的,而且这个判断并不包含在先前的归纳材料中,

---

[1] 指假设句。——译注
[2] 参看 H. 庞加莱:《科学与假说》,莱比锡,1904 年。"论数学推论方式之本性",第 1—17 页。——原注

那么,三段论在自然科学研究中还是具有延展下去的意义的。如此,这样的一些三段论就得到了控制并且同时也巩固了那种通过归纳而获得的认识。当大前提没有被看作是普遍的范围判断时,此时,唯有在此时,人们才能逃脱三段论中的那种圆圈。我们有必要怀有这样的希望,即,盖瑟尔①对三段论这一问题所做的那些阐释将通过对数学的引纳而得到充实。归纳法的那个具有广泛性的难题,是上述那一问题所拒绝和反对的,我们在这里也不打算予以展开②。

只有当逻辑性的思想进程在判断和推论中被认识到时,我们才可以成功地对那些逻辑原理的内容和意谓做出某种澄清。它们的不可证明性是得到普遍承认的。它们是"直接明见的"。逻辑学家们很少会着手探讨明见性问题,对它的探讨是很慎重的,倘若它没有被当作心理学的问题而被忽略的话。真理被定义为客观的互相协调(Zusammenstimmung),但并没有对那些彼此和谐着的成分和那种和谐的类型做出具体的特性规定,在实际的认识活动中,真理将被从它的隔离中解放出来,也就是说,它将成为效力于一种认知主体的真理。自我的这种真理断言要求着先行的真理洞见。这种互相协调必须被体验到③。

在对这种"体验"的理解中,诸多观点出现了分歧。在心理学主义之地基上的那种明见性是对由于理智性的生理组织而产生的

---

① 盖瑟尔:《逻辑学与认识论的基础》,第351页以下。——原注
② 可参看布普诺夫的论文:《归纳法的本质和前提》,载《康德研究》,第13卷,1908年,第357页以下。——原注
③ 胡塞尔:《逻辑研究》,第1卷,第189页以下。——原注

一种"必须且必然如此思考"的婉言表达（Umschreibung），是对心理性的强制感的另一种说法。倘若我们想要规避人类中心论的那些后果，则这种明见性就不可以在纯粹心理学的意义上被规定和评价。明见性"绝不是什么附加的感觉"（胡塞尔），而是对那些客观事态的洞见（Einsicht）。真理是"通过判断观念的那种看而在感知对象中"被认识到的（盖瑟尔）。汉斯·施密特昆茨最近也撰文对明见性问题展开了深入探讨①。

一个判断是真的，这对于认识而言是并不足够的，因为这个判断也可能是一种不理智的（einsichtsloses）判断——这个判断也必须是有根据的（berechtigt）。明见性作为合理性（Berechtigung）乃是判断的特性，更确切地说，无论是对确然判断还是可能性判断而言都是存在着明见性的。施密特昆茨提出了这样一个根本性的问题，即，这种特性是"事实特性还是价值特性"？明见性并没有给一种判断在质料上附加了什么新的东西，它乃是"形式的"，也就是说，明见性为那种"已然切中真理"（Wahrheit-getroffen-haben）提供了保证。因此，明见性的特性并没有在心理学的意义上被规定为单纯事实，而是"越过了其[心理性的]来源而被推进到那种合法性证明和核准认可中了"。那么我是从哪里知道"我知道"呢？施密特昆茨区分了一种关于事物的明见性（或者说"明白易懂性"）和一种关于人的明见性（或者说"洞见"）；前者是唯一的，后者则在形式上有多种多样的变化修整。对明见性的一种在纯粹经验意义上

---

① 参看施密特昆茨：《逻辑明见性理论的基本特征》，载《哲学与哲学批评杂志》，第146卷，1912年，第1—64页。其对心理现象的分类工作（第3节和第4节）——我把它看作是那些做得极好的工作之一——可能被忽视了。——原注

进行的心理学的分析始终是不充分的;"那种最为活泼的经验（Empirie）①还并不就是意指有效性"。一种超经验性的分析必须得到尝试。明见性要求的是无矛盾性,它是在那些"平和性的关系"（Verträglichkeitsrelationen）②中显现出来的。一种明见性的判断凭借什么而是平和的？施密特昆茨并不惧怕那种"圆圈"（Zirkel）,他是这样回答的:凭借别的那些明见性的判断。不可否认的是,"……只有在这种圆圈中我们才能发现一种明见性的判断。问题之关键只还在于,去认清这里所点出的平和性本身。这样的一种认识……是实际存在着的……更确切地说,是作为逻辑学而实存的。"这种明见性的东西必须满足那些逻辑性的要求。"那种合理地证明了自身的东西是明见性的,（[亦即可明见到]它是如何真的,它证实了什么）。"这些判断,这些导致了明见性的判断（明见性之支撑）,被施密特昆茨称作是"明见性的质料"。就明见性的类型而言,它可以分为直接的、间接的以及方法上的明见性。

我们并没有谈及那种真理定义,即那种在语言表达上可能会让人强烈地回想起实用主义者的那些陈词滥调的真理定义。施密特昆茨对明见性的理解是在试图以有益的方式远离心理学主义的那种可疑的维度。倘若这些平和性关系仿佛是从一种判断移动到另一种判断中去并如此推进而入乎无限,则我们就永远不可能通过一种有限的判断序列而获得一种完全的明见性。例如,矛盾律应通过哪一种明见性的质料而得到支持？并且,对于一种判断而

---

① 此词同时有"经验性方法"和"经验性知识"等意。——译注
② 此词亦可译为"容易相处的关系"。——译注

言,一种"明确的"(明见性的)质料是按照何种原则而被选择的?那种合理性证明应该只有在"无限中才是可实现的";只要这种无限的循环过程始终是不可实现的,则对这种无限性的诉诸就是一种徒劳的事情。这少数几个问题就可以揭示出,所谈到的这种理论不能使逻辑性的良知得到满足。

思想活动必须最终要回到那些本源性的材料——正是从这些材料而来,那些根本性的逻辑"定律"的意义才直接得以形成——中去吗?这些逻辑的原理应该不是从诸判断中演绎出来的,它们是从思想活动一般的源初持存部分(Urbestandstücken)即对象和判断中汲取到它们的内容和它们的有效性的。依据于"一切逻辑原理的这些被确定了的普遍条件",盖瑟尔试图做出一种相应的推导。

为了阐明盖瑟尔的表述,有必要举出同一律。这个原理按照上述规定对对象之存在(=可遇见的存在)谓述了某种东西,并且是对指向该原理之表述的那种判断内容做出了某种谓述,由此,盖瑟尔给予这一原理以如下意义:"与对象之所是相应的只有这种思想,即认为它是这种东西,而不是那种思想,即认为它不是这种东西。因此我们说的是一种肯定的和否定的思想,这些思想想要表现的就是那种存在,肯定的思想是真的,否定的思想则是假的。"

对于同一律的内容,逻辑学家们绝没有达成一致看法。考虑到人们所试图做出的那些规定的多样性,去在当前之定位中持有一种批判性的立场就变得不可能了,更谈不上说去检验其他的那些"思想定律"的意义了。盖瑟尔的理论之所以被提及,是因为它在那种"推导"中走上了一条新的道路。这条道路是否确实可行,这里暂且搁置不论。同一律是否能够进入那种功用——即盖瑟尔认为应以物归原主的方式归还给同一律的那种功用——之中,在我看来,这是可以反驳的,因为,在他的表述中,他并没有谈到同一性东西的真正意义,不如说只是谈到了符合与一致。

逻辑学中的一种新的流派认为它取得了这样一种功绩,即,它用它的那些方法已经完全地和系统地把逻辑学奠基于一些新的不可定义的概念和二十个不可论证的原理之中了。

"数理逻辑"或"符号逻辑"的那一理念早已被莱布尼茨呈现在他所思考的那种"普遍文字"(Characteristica universalis)中。

在上世纪后半叶,诸方法在数学中得到了精致化。数学家们的研究的目的在于达成对诸概念的一种更深刻的理解,同时也在于,对他们的那种科学的主导原则和根基进行一种体系性的确定。这些被哲学地定向了的努力导致了对集合论和群论的论证。同时,人们也开始去扩展形式逻辑以使之超越那种传统的归摄逻辑(Subsumtionslogik);人们创造了属于诸关系的那种普遍逻辑,在那里,代数方法和代数符号被用来探讨逻辑问题。这两种似乎彼此接近着的运动使得数理逻辑得以产生。数理逻辑构成了数学的那种逻辑性的图样(Aufriß)[①]。数理逻辑问题的系统性和完整性在伯特兰·罗素[②]那里有最为深远的表现。当罗素与 A. 怀特海一起对《数学原则》的第 2 卷进行修改时,罗素认识到,他的研究对

---

① 德文"Aufriß"是对建筑学术语中的"正视图"和"侧视图"的统称,是一种非透视性的图样。其中,从物体的正面观察,物体的影像投影在背后的投影面上,这投影影像被称为正视图;相应地,从物体的侧面观察,物体的侧面投影影像被称为侧视图。它们所反映的是物体的正立面形状或侧立面形状以及物体的高度和长度及其上下、左右的位置关系。——译注

② 《数学原则》(The Principles of Mathematics),第 1 卷,剑桥,1903 年。——原注

象已变得更加膨胀了,但同时,先前表述中的一些东西也仍然还是"可疑的和昏暗的"。罗素和怀特海因而创作了一部全新的作品,它的第1卷已经面世①。

"判断演算"、"分类演算"以及"关系演算"所处理的是逻辑的基本概念和功用。通过那一证明——这些且只有这些基本的现象才支撑了数学的结构——逻辑和数学的那种同一性就被给予了。伴随着这一理论,从逻辑中就出现了一种新的领域界定任务。要解决这一任务,在我看来,首先应指明,数理逻辑根本不是源出于数学的而且是不能推进到那些真正的逻辑问题中去的。我认为,数理逻辑的界限就在于其对数学的符号和概念(首先是函数概念)的应用,判断的意谓和意谓变化正是由此而被遮掩了。诸原理的那种更深层的意义还始终处于黑暗中,例如判断演算就只是一种凭借判断而有的计算而已,数理逻辑并不认识判断理论的那些问题。数学和那种对逻辑问题的数学性探讨是有其界限的,在那里,它的概念和方法都不起作用了,也恰恰是在那里存在着它的可能性的诸条件。

这里所勾勒的工作应该首先得到实施,但它却并不会像对心理学主义的克服工作那样立刻得到解决。数学和纯粹自然科学的那些哲学性的问题与我们的问题也始终是一致的,这些问题自笛卡尔以来就不再能够获得安宁了,而且,通过数学的那些出乎意料

---

① 《数学原理》(*Principia Mathematica*),第1卷,剑桥,1910年,第666页。对数理逻辑的一些在严格性上稍逊一筹的表述可参看:路易斯·库图哈特:《数学原理》,巴黎,1905年。此书已由 C. 西格尔译为德文,作为"哲学与社会学丛书"的第7卷出版:《数学的哲学原理》,莱比锡,1908年。——原注

的进步，这些问题变得更加复杂了。伴随着最后的一些思考我们转入了一种辽阔的问题领域：逻辑学和具体科学的系统学所具有的那些问题，在时机到来的时候应该获得一种特殊的表述。

书评(1913/1914)

一、F. 欧曼编注:《康德书信选》

这个书信选集收入了康德在其八十年生命中所撰写的那三百封书信的大约一半。在结尾处,编者还附上了"格言诗(Denkverse)①、笔记以及最终意愿"。它的那些注释并不想给出什么哲学的评论,毋宁说只是想刻画出那种处境,即这些书信所由之而生的那种处境。哲学家的人格因而是"通过它的直接的、私人性的表明"而生动地显现出来了。

但是,在我们这个"书信文化"的时代,所有人都找到了他们所寻求的东西了吗?即便这些书信并非全部都是相当平淡乏味的,它们不仍是缺少了一种深邃的丰富人格的那种显著的、沸腾着的、异常吸引人的东西吗?确实如此;因为它们是被康德所写下的,而康德的生命是本真地在这样两个极点之间运作着的:他的那些学术性的难题和他的单身生活所具有的那些琐碎与欠适。但是,恰

---

① "Denkvers"通常意指"(押韵的、帮助记忆的)口诀歌",但康德的这些作品大多是为纪念去世的朋友和同事而作,具有悼念和生平提炼的双重任务。这里勉强译为"格言诗"。——译注

恰是在这种坚持不渝的自律中，在这种对生命之工作的坚忍不拔的布置中，在这种力求超越生活之琐事的奋斗中，开显了一种高尚的道德力量。然而由此却还谈不上什么对康德的狂热崇拜，他的性格上的那些缺陷是不应被忽视的。

  但从学术性方面来看，这些书信毕竟始终是有价值的，因为它们提供了对康德思想的形成史特别是他的那三部基本著作即三部"批判"之形成史的一种生动的洞见。

二、尼考拉·冯·布普诺夫：
《时间性与无时间性》

［论一种决定性的、具有典型形态的"理论的—哲学的"
对立及这种对立对于现代哲学理论的意义］

当前的这一非常具有现实意义的作品是对那个特有事实的一种清楚明白的证实，此即，巴门尼德与赫拉克利特或许是不朽的；下面的话不是为了形象化表达，而直接就是问题所在：那条鸿沟，横亘在抽象思想的那种无时间的实际性和感性知觉的那种时间上的实际性之间的那条鸿沟，应如何被跨越？思想还仍然坚持于这种搏斗的状态中。作者在其论著的第一部分很好地避免了那些次要的问题而着重凸显了这种历史性的问题发展进程的主要阶段。自柏拉图和亚里士多德做出那些大胆的解决尝试以来，我们发现，伊利亚学派的思想在历史中是一种起着主导性作用的因素，这种因素在斯宾诺莎那里几乎再度达到了它的"本源性的雄浑伟大"。康德试图通过对极端的克服来在他的体系中把理性主义和英国经验主义（英国经验主义意味着在赫拉克利特的意义上的一次决定性的突进）给结合起来。这部论著的第二部分探讨了那种"基本对立"的多种多样的铸型（洛采、胡塞尔、拉斯克）。

在这种问题语境中，博尔扎诺是不应始终未被提及的。作者更为详尽地讨论了价值理论。他正确地看出，在价值理论中是没有对那一任务的终极解决的。在我看来,至少就价值理论的当前形态而言,它始终还是困陷在心理学主义中的。人们也会必然赞同作者对柏格森的那种极端的赫拉克利特主义的否定。

仅就在他的那些批判性的评论中可以看到的东西而言,作者本人是走在通向该问题之解决的正确道路上的。这种解决可以通过对该问题的逻辑学方面、认识论方面和形而上学方面的一种更为清晰的分离而得到本质性的促进。

三、弗兰茨·布伦塔诺：
《论心理现象的分类》

［新的版本通过附录一章
"经验立场的心理学"而得到很大扩充］

我们现在就应对这一著作的出现表示欢迎，在这里，我们看到了哲学中的活生生的思路涌现，这些涌现着的思路应得到如此这般的特性刻划：它们是布伦塔诺思想的独立的进一步深造，它们中的一部分也可以说是布伦塔诺思想的本质性的"拐弯"；因为，进一步要说的是，心理学本身在当前已经变成了问题，心理学的对象、方法以及把心理学纳入到一种普遍的科学理论中去的那种做法都已经在或多或少的细致研究中得到了讨论。布伦塔诺的那部现在已经很难弄到的作品《经验立场的心理学》(1874年)也随着当前这部研究的出版而获得了一种替代物，至少是部分的替代。虽然我们在当前研究中通过大量的脚注和那篇逾40页的强大附录而对所缺失的那部作品做出了相当程度上的补偿，但是，该书没有被采用的那部分内容（第1卷和第2卷的第2章及第3章）对于布伦塔诺的"分类尝试"而言恰恰具有理论上的决定性意义，并且也因而可以说，对于对当前这部研究的完整理解而言，没有被采用的那部分内容几乎是必不可少的。

布伦塔诺的分类工作事实上是完全正确的，他并没有按照一种先天的图式来分类，而是从心理现象的本性来进行分类。当前文本所缺少的那些章节对心理现象的探讨是在一般意义上进行的，并且把它们规定为这样的一些现象，"它们在自身中意向性地包含了一种对象"。在布伦塔诺看来，指涉于作为客体的某物的那种心理关系可以是一种三重性的关系；因而就区分了三种基本分类：表象，判断，心理活动（感觉和意愿）。

布伦塔诺对表象和判断的区分以及那种与此有关的判断理论已经变得非常有名了。但是逻辑学家并不能像布伦塔诺那样在心理的承认行为中看到判断的本质。逻辑学只是运作在意义的领域之中。只有当判断的逻辑得到确保时，判断活动的心理学才能赢得它的目标明确的进程。并且，心理现象的分类也就可以取得另一种向度。人们终究将会把这种分类的任务向后回置，使之与先前已有的一种对"意识"的现象学研究构成对立。但是，在我看来，布伦塔诺恰恰为现象学提供了强有力的——虽说不是直接的——激发和有价值的指示，这特别是指那种在心理学中也很少得到研究的"情感"体验问题。

这篇附录使得本书更为清晰地与现代的那些疑难问题联系起来了，其中需要点出的是第 10 节"论把逻辑学予以数学化的尝试"和第 11 节"论心理学主义"。布伦塔诺的那种判断，他对数理逻辑及其对于逻辑学的本真问题而言所具有的那种价值的判断，将会得到人们的赞同，但也的确会使人想到，数学性的逻辑已经为一种普遍的关系理论的改造做出了相当重要的贡献。相反，当布伦塔诺抗议道，他也参与了心理学主义的那些具有相对主义性质的结论，此时，他说的也是对的。他始终仍然是一个心理学主义者。虽然"认识是一种判断"是没有疑问的,但是判断却并不是"归属于心理领域的",至少可以说,只要判断具有认识价值,它就恰恰不是归属于心理领域的。

四、查理斯·森托尔：
《康德与亚里士多德》

森托尔是莫西尔的一位学生，《康德与亚里士多德》这本书是他在1906年为响应"德国康德协会"首次举行的有奖征文活动而提交给该协会的一篇论文即《论康德的认识概念并与亚里士多德相对比》的扩充版本。这篇论文和S.艾舍的那篇论文（载于《康德研究》第6卷增刊，1907年）共同得到了嘉奖。虽然这篇论文的学术性特征由此得到了承认，但却绝不意味着不能对其进行批评。森托尔说他"并不辩护，而是要阐释"（"作者序"，第6页），但他却并非没有这样一种意图，即要"让亚里士多德相对于康德的那种优越性清楚地彰显于光明中"（同上）。但若不对之进行批判和分析运用，对这种倾向的追踪就是不可能的。也正是对它的批判和分析运用才使得这本书变得有趣，而且提升着它超越了一种对亚里士多德和康德的引文汇编，成为对材料的一种更自由的加工探讨，成为对疑难问题的重视。考虑到本文篇幅所限，这里不可能对此书做出一种全面彻底而又清楚明白的内容提要。此书的篇章标题或许可以对材料的分组给出简要的勾画：导论：对康德和亚里士多德的认识论的简要概览；第一章：亚里士多德的实在论的教条主义；第二章：康德所理解的真理；第三章：康德所理解的感性的实际性；第四章：康德所理解的先天概念以及经验的综合；第五章：康德所理解的形而上学的理念;第六章:亚里士多德所理解的形而上学的学术;附录:康德的宗教哲学。但相较于这些冗长的内容提要,对这本书做出一些评论将可以更好地让我们认清这部研究的价值。

首先值得注意的是,森托尔是把整个康德对立于亚里士多德的,而不仅仅是把那个写了《纯粹理性批判》的康德对立于亚里士多德。就这方面而言,第五章和附录是有价值的。

但是,在把这两位思想家对置起来之前,人们还是可以先来问一下,这种对置究竟是否可能。无论如何,森托尔对这两位哲学家分别所处的思想史上的不同的处境氛围关注得太少了。这导致了这样一种后果,即,康德式的那种问题提法的特性并没有得到足够犀利的凸显。当森托尔写道,"那个人(亚里士多德)首要关注的是存在着的东西(das Seiende)①,这个人(康德)首要关注的则是实际的东西(das Wirkliche)"(第29页),亚里士多德思想的特性因而就在下述意义上得到了正确的刻划,因为,对于亚里士多德而言,认识对象乃是完成了的大小之量(事物),是理智所必须要接受的东西。亚里士多德的认识论因而(通过运动理论和第一推动者理论,参见该书第27页以下)从一开始就背起了形而上学的沉重负担,与之相对,康德思想则具有更多的前提(这与森托尔的观点

---

① 由于此术语在相应的亚里士多德语境中的特殊性(亚里士多德没有明确区分存在和存在者,而是一并从"存在着"的角度来统合这种二重性),在把"存在"理解为动名词的前提下,此句亦可译为"亚里士多德首要关注的是存在"。下文中《早期著作》第1版"前言"对布伦塔诺博士论文书名(Von der mannigfachen Bedeutung des Seienden nach Aristoteles)的翻译亦同此理。——译注

相反)①。亚里士多德和康德一样,他们都必须把认识的可能性设为前提,即把那事实上发生了的东西设为前提,并且他们中的每一位都不会让那种从一开始就是荒谬的认识论得以发生。通常流行的那种做法(并不存在于森托尔那里),通过那种剥离生存基础的历史观来"反驳"康德的那种做法,事实上应该永远地消失。对于康德来说,恰恰是认识的对象(不是实在地实存着的东西,而是就其意义而言的东西)成为了疑难问题,并且对对象的认识也因而成为了疑难问题。倘若人们弄清了这种问题提法的意义,人们就会理解,康德为什么以及如何按照数学和自然科学的那种有效着的意义持存(Sinnbestand)来为数学和自然科学设定前提。这一前提——森托尔迫切地要求读者应把它看作是一种教条性的东西(第9页以下,第302、317页)——被确立起来了,为的是使这一前提本身最为严格地成为问题,也就是说,以便揭示它的合理性证明。"假设"只有在下述情况下才是教条的,即,把它作为一种未经检验的基础来在其上构筑进一步的知识。但这却并非先验问题的实质所在;先验问题始终是内在于前提之中的并且是想要在前提的构成性要素中来理解前提。康德的问题提法(虽然它片面地定向于数学和自然科学)是科学理论的(*wissenschaftstheoretisch*)②;与之相反,亚里士多德的问题提法则更多是人类学的,是

---

① 认为"康德思想具有更多的前提"是海德格尔的观点,森托尔认为康德思想较之亚里士多德思想具有更少的前提。——译注

② 尽管德文的"Wissenschaft"较之通常所谓"科学"有更为丰富的含义,但由下文(与亚里士多德的对比)可知,此词在此不宜译为"知识论的"或"学术理论的",而这里所谓"片面地",主要是指康德的提问没有涉及包括历史科学在内的文化科学。——译注

个体心理学的。这种本质性的差异在森托尔那里并没有得到凸显。如此也就缺少了一种对亚里士多德和康德的客体—客体性概念的清晰对比(第319页以下)。森托尔或许会说：上述话语切合康德问题的实质么，这已得到如此确切的澄清了么？我想用一种思想来回应他，而这种思想恰恰是他就亚里士多德而道出的："亚里士多德并没有直接探讨第一种矛盾(这种矛盾包含了真理的概念)，但是从他的理论而来——倘若人们无偏见地阅读这种理论——是可以引出这样一些要素的，人们能够把这些要素统合成一种令人满意的、对这种意义上的真理问题的回答"(第34页，着重号为论者所加)。这种合理的和有价值的对亚里士多德思想的更为自由的阐释(参见第34页以下，第302页以下)也应更坚决地应用于康德思想。在森托尔的这部著作中，其参考书目(第15页)也缺少柯亨、斯塔德勒、那托普、文德尔班、李凯尔特等人的研究。人们或许会拒绝"马堡人"①的"本源逻辑"，但这种逻辑事实上已为对康德的正确理解所需要的那种开路工作做出了持久的贡献。里尔的《哲学批判主义》虽然得到了重视，但是在本书的那些关键位置上，这部经典著作的影响恰恰是找不到的。如此，只有那种主观主义的—心理学主义的、令人回想起叔本华思想的康德阐释(第9页，第11页以下，第32页以下，第110页以下，第123页以下，尤其参见第317页以下)得到了强调；因此，森托尔是如何把那种正确的看法——"后几何学"(Metageometrie)并不是什么对康德的抗辩——带入协调中的，这对我而言就变得模糊了(第246页以下)。

---

① 指马堡学派人士。——译注

我还想请读者同行们注意森托尔的判断理论,森托尔在其著作中(第1章和第2章)是结合亚里士多德的思想而发展出这种理论的。凭借着对判断的中心意谓的清晰认识,森托尔把真理问题中的"二律背反"给非常分明地凸显出来了。"……要么人们拥有那种对比(为了获得真理而要求有这种对比)的那两个环节,亦即思想和事物,然而[事实上]却没有进行一种对比的可能性,要么人们拥有一种实际的对比,但这种对比却不是在所想要的那两个环节之间发生的"(第43页)。森托尔试图通过引入"存在学的真理"(ontologischen Wahrheit)来解决第一种二律背反,并且以某种方式把实际性和知性给结合起来。存在学的真理是在"存在着的事物"和"它是什么"之间的那种同一性关系(第51页)。判断(作为主词和谓词之间的一种同一性关系)的逻辑真理存在于那种"与存在学的东西的一式性"之中(第53页)。判断之所以真,是"由于它与一种客观的对象成分是一致的,这种对象成分最终必然以某种方式是事物(实际性)本身"(第62页,注释1)。

在我看来,这里十分清楚地显示出了"存在学的真理"的那种有疑问的特性。什么叫做"客观的对象成分"?这种客体性依据于何处?这种存在学的真理并没有解决问题,而只是把问题再度尖锐地表达了出来(参见第70页)。并且,把判断理解为同一性关系的那种理解是可行的吗?系词的那个"sein"——它被理解成了"客观同一性的标志"(第78页)——把一种"关系"(同一性)绝对化成了那种判断关系。这种判断关系难道不应得到进一步的理解吗?系词性的"Sein"的那种基本特征难道不是隐藏在有效(Gelten)之中的吗?在我看来,那种最普遍的、同时也把那种特有的、逻辑的实际性(或"非实际性")表达出来的系词形式,是通过那种谓述性的含义内容才获得其意谓区分的,以至于,范畴确定性的多种多样的丰富性恰恰与这些判断最为紧密地纠缠在一起了。——理想的、数学的对象性问题,特别是从它与理想的—逻辑的实际性东西的那种复杂的区分所反观到的这一问题,在我看来,乃是那些最困难的问题中的一种,但这一问题,森托尔还并没有看到。他只是强调了一种归摄性的普遍之物[①]的抽象要素(第79页以下,第98页),他忽视了最重要的事情,亦即,忽视了数学的对象性的那种关系特征和结构特征。逻辑难题是始于那种数学的"分析"的。对于"那些具有实际秩序的判断的真理问题"而言(森托尔只想为这一问题的解决指出道路),仅就我所看到的而言,一种对实在科学之逻辑特征的彻底遵循是不可避免的。并且,如同我认为结构概念在数学的理想事物的领域中是建构性的,我认为关联概念对于自然科学和文化科学而言也是建构性的,当然每一种特殊科学都是有特有的意谓规定的。自然科学(物理学):运动关联;生物学:有机体;历史科学:原型和历史的时间概念。直到今天,亚里士多德—经院式的哲学仍缺乏这种科学理论的态度。森托尔因而也就没有达成对最终的认识目标的明确规定。一旦最终的认识目标是"不可言说的个体性"而不是真实的实际性(第308页),则就再度只有那些(普遍化着的)一般判断才是科学性的了。此二者也对也不对。因为,每一种科学性的知识,无论它是把对个体性东西的表述定为目标还是把对普遍性东西的表述定为目标,都是在

---

① 亦可译为"一种概括性的共相"。——译注

普遍有效的意义上是普遍的。李凯尔特的一种本质性的功绩就在于,他通过他的方法论研究而把清晰性带到了这些问题之中。

就那些彻底科学性的、应认真对待的康德研究而言,我们在天主教这方面所展开的此类研究在量上还远未达到丰富。森托尔的这部著作堪称一次显著的进步,并且,对法文原稿(它现在也付印了)的德文翻译——这是海因里希斯①所实现的——也可以被视为是对德国的亚里士多德和康德研究文献的一种事实上的丰富和充实。虽说此研究对若干问题的解决也不是完全令人满意的,但在我看来,这项研究的主要价值在于,森托尔并没有心怀畏惧地、凭借过于频繁的对"健全人类知性"的诉求而回避了那些问题,而是径直地面对了那些问题。这就必然为这本书确保了持久的学术上的重视。

---

① 路德维希·海因里希斯,该书德文版译者。该书原文为法文。——译注

五、F. 格豪斯编:《康德门外指要》

[从康德的著作、书信和口头意见中摘编出的一种对康德的世界观和人生观的表述,适用对象为具有一定文化但没有受过专业教育的读者]

编者从康德的著作中成功地突出了那些文本段落并对它们进行了一目了然的编排,这些文本段落在它们所承负的普及工作中显示出某种细微的差异化进程,并且如此就把与一种"门外指要"(Laienbrevier)相宜的生动性赋予了这种思想。第一章("知识")触及了传统的理性主义的形而上学,使先验哲学的基本思想与之构成对照,并阐释了先验哲学对待数学和自然科学的方法,最后是以康德关于"生活—学者—学院"的那些风趣的且常常也是讽刺性的思想来作为该章之结尾。第二章("观点")介绍了"判断力批判"的诸原理,第三章("信念")和第四章("作用")包含了康德的那些众所周知的宗教信念和道德信念。结论部分("生活")使我们特别清楚地看出了哥尼斯贝格的这位孤独者所具有的那种典型德国的和十分健康的意义。在"结语"中,格豪斯为康德以及其在精神生活中的立场勾画了一幅基本切合实际的全景。但遗憾的是,这本"门外指要"却本不应给那种日益高涨的哲学的"知道主义"(Dilettantismus)提供新的营养的。只有通过一种"彻底的"、但也绝不"无聊的"研究,我们才能赢获对康德的本真理解。

《早期著作》单行本
第 1 版前言(1972)

55　　当前的这些文本严格说来是一些无助的早期尝试,当时把它们写下来的时候,我还并不知道那种后来逼迫着我的思想的东西。

尽管如此,这些尝试还是揭示了一种对于那时的我尚还锁闭着的道路开端:处于范畴问题之形态中的是存在问题,对语言的追问则是以意谓理论形式出现的。这两个问题的共属性当时是处于黑暗之中的。那时,对这两个问题的探讨方式不可避免地依赖于"判断理论"对一切"存在—逻辑学"(Onto-Logik)所具有的那种统治性的指示,这种依赖性甚至连对那种"黑暗"的预感都不允许。

上述问题领域当然处处都是要回指到亚里士多德那里去的,在撰写当前呈现出的这些早期著述之前,我已经在亚里士多德的文本中,足够笨拙地,尝试着去学习思想了。但要把中世纪思想与亚里士多德思想之间的那种历史性的回指关系恰如其分地给一并呈现出来,那时的我还不能够去做出这样的冒险。

那个精神世界——未被道出地规定着我的早期尝试的那个精神世界——的若干特性在一次简短的就职演讲中得到了命名,此演讲是我在 1957 年被海德堡科学研究院接纳时发表的。所言如下①：

"在每一次逗留中，那条得到指引的道路，无论是对于回顾而言，还是从前瞻中而来，都会显现在不同的光线中，都会伴随着不同的声调并激起不同的阐释。但若干特性(它们对人而言几乎是不可辨识的)却会按照同一种方式贯彻思想之地带。这一地带的面貌在我于1947—1948年间写的小册子《田间路》中得到了显示。

我于1903至1909年间先后就读于康斯坦茨和弗莱堡(布莱斯高)②的文科高中，在那里，我跟随着那些杰出的教授希腊语、拉丁语和德语的教师们进行学习，所获良多，受益匪浅。在同一时期，在学校课程之外，那注定会成为持久者的东西，也归属于我了。

1905年，我首次读到了斯蒂夫特③的《彩石集》。1907年，我的一位父亲般的朋友，后来成为弗莱堡大主教的康拉德·格约伯博士，把弗兰茨·布伦塔诺的博士论文《论亚里士多德思想中"存在"的多重含义》(1862年)交到了我的手上。论文中大量的且篇幅也往往[较正文]更长的希腊

---

① 参看《海德堡科学研究院会议记录》，1957/58年分册，第20—21页。——原注

② 为与瑞士的弗莱堡相区别，德国的弗莱堡常被称作"布莱斯高的弗莱堡"。"布莱斯高"是德国历史地域名称，指德国南部莱茵河与黑森林之间的区域。由于本书语境仅涉及德国的弗莱堡，在以下译文中将不再一一标注"布莱斯高"。——译注

③ 阿达尔伯特·斯蒂夫特(Adalbert Stifter, 1805—1868)，奥地利作家，崇尚古典主义，以对故乡波希米亚森林的描写著称，作品文笔优美，富于诗意。《彩石集》系其短篇小说集。从海德格尔与伊丽莎白·布洛赫曼的30年代通信以及其与恩斯特·荣格的60年代通信来看，海德格尔一直都非常推崇斯蒂夫特的作品。——译注

文引文弥补了我那时还缺少亚里士多德著作集（Aristotelesausgabe）的遗憾。然而，一年之后，[希腊文的]亚里士多德著作集就被我从寄宿学校的图书馆借出来、置立在我的斜面桌①之中了。那时，那个仅仅是昏暗地、摇曳地、无助地表现出来的、对存在之多样性的单一性的追问，经过许多次的倾翻、迷途、无措，始终是二十年后出现的那部论著即《存在与时间》的独一无二的持续不断的动机。

1908年，通过一本我今天还保存着的雷克拉姆袖珍版荷尔德林诗集，我找到了通向荷尔德林的道路。

1909年，我在弗莱堡大学开始了四个学期的神学学习，在结束神学学习的接下来的几年中，我在那里学习了哲学、精神科学和自然科学。自1909年起，我开始尝试钻研胡塞尔的《逻辑研究》，但却没有得到真正的引导。通过参加李凯尔特所开设的那些讨论课，我了解了埃米尔·拉斯克的著作，拉斯克在李凯尔特和胡塞尔之间起着居间调停的作用，但他也试图去倾听希腊的思想家们。

在1910与1914年间的激动人心的年月里所发生的事情，并不会使自身被恰如其分地道出，而只能通过一些选择性的列举而得到些许暗示：尼采《权力意志》的第二个、内容上得到成倍扩充的版本；克尔凯郭尔和陀思妥耶夫斯基著作的德文译本；日益增长的对黑格尔和谢林的兴趣；里尔克的诗与特拉克

---

① 旧时的一种学生用书桌，顶盖为斜面，供站着写作或阅读用，揭开后可放置书本于桌中。——译注

尔的诗歌；狄尔泰的《著作全集》。

　　对我此后本己的大学教学活动而言，那种对之有决定性作用并因而无法言传的东西，乃源出于两位先生，在此我要特意道出他们的名字，以示纪念和感谢：一位是系统神学教授卡尔·布莱格，他是来自图宾根思辨学派传统的最后代表，这一学派通过与黑格尔和谢林的争辩而赋予了天主教神学以重要地位与开阔远景；另一位是艺术史学家威廉·弗戈。这两位教师的每一节讲座课都会从始至终地激荡着我的那些漫长的学期假，受之影响，在这样的假期中，在故乡梅斯基尔希的父母家中，我总是持续不断地工作着。

　　在接下来的时间，在我所踏上的那条道路上，那些事情——我成功做到的和我未能如愿以偿的事情——避开了那种自我描述，因为，自我描述只能去说出那种我们本不宜有的东西。一切本质性的东西尽在于此。"

　　把我早期的这些文本重新出版，是出版家克劳斯特曼博士先生的建议，我有所犹豫地听从了这一建议，但现在，对于它的出版，我要予以感谢；此外也要感谢费克博士女士和弗莱堡大学讲师冯·海尔曼博士先生为复制这些文本所做的谨慎细致的检查工作。

马丁·海德格尔
1972 年 3 月于弗莱堡

心理学主义的判断理论
——批判性且肯定性的逻辑学论稿

献给我的父母

前　言

眼下这篇论文追寻的东西,将在导论和研究过程中简要谈论。或许与其它任何科学中的尝试不同,哲学中的初次尝试总是不完满的,这是由于哲学的本质和它解决问题的可能方式。初始者多么需要自立,他也就多么迫切地需要激励与引导。因而,我必须衷心地感谢施耐德教授先生,他给予这篇论文亲切而又持续的关心。同样,我要感谢枢密顾问李凯尔特教授先生,他使我看到且理解了现代逻辑学的疑难。我也要感谢我敬爱的数学老师和物理老师,他们教给我的东西容我在以后的研究中呈现。同样不可忽视的乃是枢密顾问芬克教授先生对我的熏陶,他以一种最热心的帮助使我这个非历史的数学家爱上并理解了历史。

导　言

心理学研究蓬勃发展,硕果累累,这些毋庸置疑。而且,其成就并不局限于心理学的狭小范围。伦理学和美学研究,教育学和法学实践,都试图通过心理学得到深化和澄清。如若深入探究,就连现代文学和现代艺术也深受心理学思想的影响。这就是"心理学时代"。设若心理学的这种普遍影响竟没有延伸到哲学,特别是作为"思想之学说"的逻辑学,反倒令人诧异了。事实正好相反。那种在批判的唯心论中展开的心理学方法与先验方法之间的对抗,更确切地说,那种由叔本华、赫尔巴特以及弗里斯所奠定和促进的、长期居主导地位的对康德的心理学阐释,连同蒸蒸日上的、力求构建世界观的自然科学,已经把心理学提升到那种广泛的和令人着迷的意义上去了,并且导致了意识的自然化。对康德阐释之问题的裁决,目前很可能有利于那种先验的-逻辑学的观点。19世纪70年代以来,海尔曼·柯亨与其学派,以及文德尔班与李凯尔特,他们都坚持这种观点,即使不是在完全相同的意义上。这种对康德的逻辑学阐释和重构,不仅深刻地摆出了"纯粹理性批判"的真东西——康德的"哥白尼式行为",而且首先为认识逻辑事物本身做了许多预备工作。那托普因而可以合理地说:"对于他们(马堡学派)而言,胡塞尔(在《逻辑研究》第1卷中)所做的那些漂亮阐释,我们只能愉快地表示欢迎,但事实上此外却根本不能从中学到多少东西"①。然而,恰恰是胡塞尔的那些原则性的、措辞极其出色的研究才突破了心理学主义的道路,为澄清逻辑学及其任务开辟了道路。因此,人们可能会把心理学直观活动看作多余的工作;倘若谁能"有血有肉地经历到"逻辑事物的自立性及其与心理事物的分离性,那么他就不会不同意李凯尔特的那句非常清楚的话:"对这种其荒谬度与流传度成正比的偏见的排除(即心理学主义的偏见),这最多不过是逻辑学的基础知识"②。

然而,只要人们敢于接近逻辑学的特有疑难,并且决心获得可靠的解答,那么就会看到:心理学主义的思想方式在这里依旧占据着如此强大的主导地位,心理学主义的种种出发点和道路如此多样地交织在一起,这些都是一种纯粹逻辑必须要避免的。只有认识了心理学主义各种可能的理论,才能在种种越轨与倒退面前获得可靠性。

只有通过这样的批判研究,才能在内容上确切地确定心理学主义概念③。特别是要研究各种判断理论,因为在判断中,必定能考察那种堪称细胞的东西、作为逻辑学的源始要素的东西,必定能彻底揭示心理事物和逻辑事物的区别,因为逻辑学必须从判断出发去完成自己的本真建构。于是,可以把安罗斯·里尔(Alois Riehl)的一句话作为本研究的箴言而放在前面:"改革逻辑学,那就是要改革判断学说"④。

---

① 《康德与马堡学派》,柏林,1912年,第6页。——原注
② 《逻各斯》(第2卷),1912年,第241页。——原注
③ 参看后面第4编。——原注
④ 《逻辑学与认识论》,《当代文化》I,6,第二版,1908年,第81页。——原注

本研究立足于展示各种不同的理论,主要关注对判断本质的设问方式。分别研究四种理论,有助于看透每种理论与其解答的关联,有助于借助一种解答看透另一解答的局限。于是,很显然:那些受到质疑的心理学判断理论,虽然互相协调一致,却是不同种类的心理学主义。这些种类的形式决定了我们探讨的顺序。威廉·冯特①关注判断的产生,海因里希·迈尔②关注判断如何由划分行为组成,泰奥多尔·里普斯③特别关注判断过程的完成。弗兰茨·布伦塔诺④通过极其宽广的设问(对心理现象作分类)通达其判断理论。我们在里普斯之前先行讨论布伦塔诺,这是因为后一种判断理论最接近纯粹逻辑学,并且构成了勾画纯粹逻辑学的过渡。第五编的第二章并没有要求,最终解决那个与终极认识论问题相关的判断疑难。它是且始终是一种"展望",一种初步的基础性把握。

最后,没有在所有细节上展示这些判断理论,这始终是恰当的。除了一般的判断定义,我们只考虑否定判断、非人称判断、假

---

① 威廉·冯特(Wilhelm Wundt,1832—1920),德国生理学家、心理学家、哲学家。他在1879年创建第一个实验心理学研究所,被视为实验心理学的创始人。——译注

② 海因里希·迈尔(Heinrich Maier,1867—1933),德国哲学家,斯科瓦特(Christoph Sigwart)的博士与女婿。他属于新康德学派,主张批判的实在论,强调意志与情感对思想的影响。——译注

③ 泰奥多尔·里普斯(Theodor Lipps,1851—1914),德国哲学家、心理学家。他被认为是德国心理学主义的主要代表。哲学家马克斯·舍勒(Max Scheler)曾是他的学生。——译注

④ 弗兰茨·布伦塔诺(Franz Brentano,1838—1917),德国哲学家和心理学家。弗洛伊德(Sigmunt Freud)、迈农(Alexius Meinong)、胡塞尔、海德格尔,都深受其影响。——译注

言判断和实存判断,因为它们往往向判断理论提出疑难,而且恰好可以用于检验每一种判断定义。

第一编　判断由统觉性精神活动的基本属性推导而来(威廉·冯特)

第一章　介绍

效力于心理学的研究者依据其最本己的专门科学和偏爱的科学视角去探讨判断之疑难,我们很容易一开始就如此猜想。但是,冯特并不是粗略地考察逻辑学,而是描写了一个全面的"逻辑学";这部逻辑学习惯上被人们归入洛采、西格瓦特和艾尔德曼的经典研究序列;对他的判断理论作批判性研究,不能仅仅依靠猜测,也不能依靠精心挑选引文来证明其心理学主义。相反,要在他的个性中去把握判断疑难,并依据他在逻辑学整体中的立场考察判断疑难。

第 1 节　判断与其结构

通过修补主观的判断理论和客观的判断理论,冯特为判断下定义。主观的判断理论认为,判断是思想形式,时而把判断规定为"概念联结或分离的形式",时而把判断规定为"关于两个不同概念之统一或关联的表象"[①]。冯特认为,这些常见规定不足以区分判断与其它概念联结。同样,判断形式是符合事物现实联结的思想

[①] 冯特:《逻辑学》第 1 卷,1906 年,第 145 页。——原注

形式,或者,在判断中表象连接的客观有效性进入意识,这些客观的判断理论也无法认识判断自身。人们没有超出亚里士多德的定义——判断是一个要么真要么假的命题。在冯特看来,这"只不过是同义反复"①。

作者提醒人们注意,"如果说判断联结着概念或表象,那么这不是一个恰当的表达,至少就判断作用的原初表达而言"②。判断不是把分别产生的诸概念组合起来,而是把原本就来自统一表象的诸概念分解开。判断是"把一个整体表象拆解为它的组成部分的拆解活动"③,只有这一说法才真正切中了真实的事态。

判断产生于对整体表象的拆解,这一看法与判断作用之客观说明紧密相连。感知内容将自身分离到组成部分中去,相对稳定的对象则在变化的性质与状况面前彰显自身;在一个统一的表象复合体内部,不同的部分彼此进入了不同的关系中。这些过程发生在判断对表象进行划分的过程中。不过,上述判断定义还有待扩展,以便不仅适用于感知内容,而且适用于抽象思想的构成物。因而,冯特对判断作如下规定:判断乃是"把思想拆解为它的概念性组成部分的拆解活动"④。任何判断皆可称之为一种分解作用。"判断是思想之解说,为了作此解说,它把思想拆解为思想的组成部分、诸概念。判断并不是由概念出发把思想组合起来,而是把思

---

① 冯特:《逻辑学》第 1 卷,1906 年,第 146 页。——原注
② 同上,第 146 页。——原注
③ 同上,第 147 页。——原注
④ 同上,第 148 页。——原注

想分解在概念中"①。

即使上面点出的那些客观条件(对感知内容的划分)发挥着不可低估的作用,由之产生的判断之二重划分结构也还是没有得到真正的说明。这一结构的根据在主体中,确切而言,在我们思想的推理性质中。我们的思想不能同时进行多种表象联结,但总能在一个单独的行为中,从一个表象前进到另一个表象。虽然人们现在理解了思想行为的统一过程,但是人们还没有认识到,那种与具有同样自成一体之进程的联想序列相对立的判断究竟有什么特别之处。这只有通过回溯到自身意识才能办到。自身意识,作为恒定的东西,区别于那些变化着的意识内容,而且恒定的自身意识与变化着的统觉材料的基本区别在材料本身的领域中不断重复着。此处我们遇到了相对持存的意识内容(诸对象)和消逝变化着的表象(诸状态和诸属性)。这就清楚了:为什么原始判断(das primitive Urteil)主要活动在诸对象和诸变化之间。同时也表明了,判断被拆解为"两个部分"的必然性。其中一部分是对象之表象,另一部分是状态或属性之表象。

判断的主词乃是对象,属性或状态则处于谓词的位置。在更为发达的思想阶段会出现范畴的转变(Verschiebungen),也就是说,状态或属性概念会变成对象概念,如"躺"(liegen)和"有"(haben)变成"位置"(Lage)和"财产"(Habe)。在这些概念形式的转变中,一个有效的要素构成了语法形式。尽管有那种朝向对象概念的发展变化,判断的基本特征始终不变:"主词刻画着思想的

---

① 冯特:《逻辑学》第1卷,1906年,第148页以下。——原注

对象,谓词中思想的可变的组成部分与主词对立出现"①。主词概念在其语法的名词形式中显示出更大的恒定性。前文提到的范畴的转变和主词—谓词的划分有一个共同目标,就是把思想提升到抽象和一般的领域,同时确保思想最大可能的活动自由。

判断的二重划分从一开始就排除了第三个必要的组成部分——系词。系词是"我们思想的后期产物"②,因为在系词的语言形式中原来有一个内容丰富的含义。不过,首先需要注意,系词,就其整个发展而言,从属于谓词;系词是同一个动词性含义的最后剩余部分,故而从属于谓词;而且系词也表明,与系词相连的概念"应当在谓词意义上去思考"③。尽管系词的含义受到限制而且是从属性的,可是逻辑学却一再致力于,通过特殊的系词去形成判断。人们想以此把主词与谓词的关系搞清楚。冯特认为,他发现了另一个促使逻辑学家"无意识地"去作这种语言转换的理由。通过剔除系词,谓词概念就总会变成对象概念,并且像主词概念一样,属于对象概念这一范畴。于是,对这两个概念的比较首先变得可能了;对这两个概念的关联有浓厚兴趣的逻辑学,例如归摄逻辑(Subsumtionslogik),将会特别重视对主词和谓词之相同的范畴形式的建立工作。这种还原还是有特殊价值的,特别是对于"普遍有效的认识内容在其中得以被记下的那些判断"④。而"是"(ist)这种抽象的动词形式刚好允许人们在两种对象概念之间随意地去

---

① 冯特:《逻辑学》第 1 卷,1906 年,第 152 页。——原注
② 同上,第 153 页。——原注
③ 同上,第 154 页。——原注
④ 同上,第 156 页。——原注

制作判断联系。此外,系词,特别是在谓词包含一个事件的情况下,会变成强迫的思想形式。于是,在"A 是 B"的判断中,这个"是",可以表达两个概念的相同,可以表达 B 从属于 A,或者,B 是 A 的属性。

第 2 节 判断形式

与康德范畴表结构中的偶然性和非连续性相反,冯特要为判断形式的分类寻找基于判断自身本质的原则。依据主词、谓词和它们间的关系这三个(!)组成部分,可以区分出主词形式、谓词形式和关系形式。"最后还要"加上被冯特概括为有效性形式的否定形式和模态形式。依据导论中所确定和说明的基本命题在冯特区分和讨论的判断形式中,我们只详细解说如下判断:非人称判断(一种主词形式)、假言判断(一种关系形式)和否定判断(一种有效性形式)。

不定判断的通常刻画是:"无主词的判断",语法上的"非人称判断"。冯特认为,这种刻画在逻辑上是不恰当的,倒不是因为它缺少主词,"而是因为尚未被规定"①。这种未规定性被语言冠以"es"或屈折变化后缀的恰当表达。这种语言形式可应用于任何可能的对象,因而也可以应用于那些我们出于某种原因未加规定的东西。一旦阳性名词或阴性名词进入了这一中性名词的位置,这种未规定性就会消失。导致上述后一类情形的原因通常会在"对主词的无知"中去寻找,而谓词是应与主词相关的。特别是,当一

----
① 冯特:《逻辑学》第 1 卷,1906 年,第 166 页。——原注

种状况或性质,简言之,当一种短暂的、变化着的现象应被陈述时,就缺乏一种对于主词的更贴切的规定。我们太专注于一个过程的出现,一个突然的变化,以至于相关现象之运行所围绕的那个对象却总是处在黑暗之中。于是,那种未加规定的判断也要给予补充,并不是要人为地把它转化为一个实存句,例如,"下雨了"(es regnet)这个判断被完整地规定和表述为"云下雨了"。过程的主词,即使不是由一个可表达的对象概念刻画出来的,也要"在普遍的东西中被概念性地一并思考"①。冯特驳斥了那种观点——把这一问题中出现的这种判断理解为"不成熟的"甚或"最简单的"②判断。

假言判断应被归入关系形式中,更确切地说,关系必须被更进一步地规定为一种"依赖性"关系。依赖性判断的任务是,把经验对象之间的或概念之间的依赖性方式表达出来。依赖性判断可划分为两个或多个互相相关的判断。划分出来的主要部分不是某些概念,而是"子判断"(Unterurteile),这些子判断在内容上有概念联系。其中,一个判断可称之为作规定的判断,另一个判断可称之为被规定的判断。两个子判断的先后顺序并不清晰齐整。如果作规定的判断先行于被规定的判断,那么依赖性判断就合乎逻辑地建立起来了;因为这种关系符合原因与结果那种逻辑事物。例如这个依赖性判断:"如果一个对象改变了它的空间位置,那么它就在运动",位置改变被设定为条件,在此条件的基础上,我们就形成了对运动的表象。同一主词是否出现在两个判断中,这始终是次

---

① 冯特:《逻辑学》第1卷,1906年,第168页。——原注
② 参看本书第2编,第99页。——原注

要的。依赖性方式的语言表达始终是一种假言判断(*Konjunktion*)。我们频繁地遇到"如果"这种语言形式;它意味着,在我们这里有一种栩栩如生的倾向,用最一般的依赖性关系去表达那种从一开始就被时间形式主导性地固定下来的依赖性关系。在假言判断的这些条件形式下又会再度特别地耸现出那些"逻辑论证"的条件形式,我们所遇到的假言判断就是这些形式的代表。把依赖性判断进而转化为假言判断,这在很多情况下会导致意义的转变。相反,如果"可以把依赖性关系解释为一个普遍有效的,且不依赖时空直观条件的东西"①,用假言形式来取代一种特殊的从属性关系,就总是可能的。

冯特在"判断有效性形式"②的一般标题下探讨否定(*Negation*)之疑难,并且把否定判断之疑难和判断中怀疑的否定(*Verneinung*)以及确定性并列起来。把判断分为作肯定的(bejahende)判断和作否定的(verneinende)判断,这并不符合"判断作用的逻辑本质";因为所有判断依其本性原来都是作肯定的判断。因此,不能把否定看作"原初的判断行为"。"任意使用思想作用而产生的能力,可通过否定得到证实,这种能力不欲求哪怕是表面上呈现出来的或已经完成的判断"③。因而,否定作用预先设定了肯定判断的存在。

把判断区分为作肯定的判断和作否定的判断,这并没有触及判断的真正的(正面的)内容,因此这一区分并不是对判断的划分。

---

① 冯特:《逻辑学》第1卷,1906年,第198页。——原注
② 同上,第200页以下。——原注
③ 《哲学体系》,第1卷,第50页。——原注

究其根本,在这一划分中,人们只能看到"对某些从属思想的区分"①。通过认可或否认(Billigung oder Missbilligung),通过断真或断假,简言之,通过那种判定,那种始终只是加诸判断的某种"补充性思想",这决不能展示出判断关系的逻辑条件。如果人们要展示这些条件,那就要回溯到逻辑的那些基本作用上,只有它们才能把诸概念带向某种关系之中。其实,否定判断就有这样一种基本作用——当然肯定判断也有,这种基本作用就是区分作用。依据上述理由,否定判断也不局限于这种作区分的作用,即:否定判断之为单纯的扬弃,还未在其整个本质中被认识到。否定的整个本质,只有在伴随着扬弃的、还没有被逻辑学全部找到并加以说明的那些"从属规定"中才能找到。

在判断的关系形式中,否定的逻辑含义极其清楚地呈现出来。依据两种未被规定的概念联系,冯特区分了两种否定的关系判断:否定性表述判断和否定性分离判断。前一种是"最常见和最重要的否定形式"。一般而论,否定性表述判断乃是一种归属性判断。还缺乏对上层概念的直接说明;毋宁说,这个上层概念只是"通过对它与另一个与之同种的概念的不确定的分离而多少获得了界定"②。但是,那个被否定的概念却并不应通过这种不确定的分离而被驱逐到所有其他可能概念的无尽的领域中去;相反,这里有这样一个前提:肯定概念和否定概念共同从属于一个更普遍的概念。"这个房子不大",在此判断中,我不仅想否定"大"(das Großsein),

---

① 《逻辑学》,第1卷,第201页。——原注
② 同上,第205页。——原注

而且还在一定意义上作了一个关于"大"的命题,虽然这个命题还没有被规定。于是,"这种否定性表述判断说出了一种未被规定的肯定性的命题"①。

上述否定判断,不是去否定系词,而是去否定谓词。在否定性表述判断中,先行的肯定判断具有归摄判断的形式。在第二种判断,即否定性分离判断中,起这种作用的乃是同一性判断。在"铅不是银"这个判断中我们首先会想到"铅是银"这样一个断言。如果我们想强调两个彼此相反的概念,那就会首先使用分离判断。这两个概念都被肯定地赋予了相关的判断。而在第一种否定判断中,谓词通常尚未被规定。

分离判断与否定性表述判断之间的深层区别在于,分离判断可以倒置,而其意义不变;"铅不是银","银不是铅"。因此,它所否定的主词和谓词的位置是可变的,而系词的位置保持不变。在分离判断中,否定所针对的显然是"制作概念联系的那个组成部分,即系词;这一联系应当由添加的否定加以扬弃"②。

如上所述,否定(Negation)在否定判断中的位置有两种。它要么与谓词相关,要么与系词相关。"与此相反,无论如何都不能像人们通常所假定的那样,把否定看作是一种特别的、自主的、与系词及判断的其他成分相比邻的固有要素,人们是依据那种直观——这种直观给否定判断分配了一种判断之判断的含义——而做了那样的假定"③。(西格瓦特)

---

① 《哲学体系》,第1卷,第51页。——原注
② 《逻辑学》,第1卷,第210页。——原注
③ 同上,第211页。——原注

第二章　批判性评论

第1节　对冯特判断理论的内在审视

在其判断理论的整个发展中,冯特几乎没有与现存的那些对立或不同的观点作过深入争论。在他看来,主要价值显然在于一个封闭的整体陈述,这一整体陈述基于他关于一般哲学和科学理论的诸种观点。只有溯及这些观点,才能对他的理论作出恰当的评论。只有进入判断理论之特殊疑难,这种评论才是详尽的。由此又可以获得一些视角,它们将会影响对重要原则的评论。

在启动这项任务前,首先应解答这样一个问题:冯特的判断理论在其逻辑学领域可以要求何种说明的价值呢?换言之,一般判断的源初概念,作为"分析作用",究竟能否通达以下审视?

冯特在系词疑难上已经挣脱了他对判断的最初定义。他把系词解释为判断的非关键组成部分,并且认为系词仅在特定情况下才有逻辑含义。然而,我认为,系词在一些情况下当然也是有非常突出的逻辑重要性的。这样,"这个抽象的动词形式"(ist)就允许在两个对象概念之间随意地制作判断联系。于是,在一个整体表象中未必会出现两个可以把彼此带入联系中的概念。因此,系词能够让一个随意的综合过程成为可能;当然,对象概念的内容才把这个综合过程加工成有条件的和规范的。此外,判断在本质上还是"把思想拆解成它的概念性组成部分的拆解活动"。人们还期望,在每一判断中找到这种作为本质特征的分析性特征。

在不定(非人称)判断中,人们关注谓词表达出来的过程;主词通常是不熟悉的,因而是不定的。发光的闪电这一"整体表象"先行于"闪电"(es blitzt)这一判断。这种表象之分解必然产生判断。设若可以把这一表象拆解为"它"(!)和"闪电",那么,这个"它"(es)作为表象材料究竟是什么呢?而冯特提醒我们,"通常而言"主词总是不熟悉的东西;于是只能给出谓词,即闪电的过程。因此,拆解在不定判断中绝对无法完成,只要拆解属于两个划分环节中的一个,甚或由之产生。这种判断显然没有"分析性的作用"。

不过,通过以下评论,似乎可以扬弃我们的推论:主词在疑问判断中,"即使不能由单个对象概念的表述规定,也依然可以在一般的东西中概念性地被附带想到"。也许拆解并不是从整体表象中获得主词,而只是附带地想到①(*mitgedacht*,*hinzugedacht*)主词。这样看来,我们还要再次停留在综合上,而综合恰好体现了冯特基本定义的对立面。

被给予的材料绝对不足以作拆解,这一前文提及的异议是无法撼动的,即使借助冯特上述的评论。

在这种关联中,必须要估量这一特殊事实:人们把先行的东西和无谓词的东西对立起来;这种实存判断,冯特认为不值得考察,这种判断现象在逻辑中已经发挥了并且仍在发挥着并非次要的作用。在实存判断的情况下,显而易见的乃是:"分析作用"没有找到活动领域。"存在"这一谓词固然在有待拆解的整体表象中,但是它并不是附带地被给予。

分析作用在不定判断和实存判断中是不可能的,它在假言判

---

① 冯特:《逻辑学》第 1 卷,1906 年,第 163 页以下。——原注

断中同样也是不可能的。假言判断的任务是,把存在于不同概念中的依赖性表达出来。通过分析决不能揭示出基本的顺序联系。

在否定判断中,人们不必追问,究竟是否有一种分析作用以及它如何发挥作用;这有别于冯特站在判断外部去说明肯定判断与否定判断的区分。故而以下说法不易获得一致认同:判断"依其本性乃是作肯定的(affirmierend)"。把判断区分为肯定判断和作肯定的判断,这其实是可能的,冯特徒劳地追寻着这一区分。不管怎么说,这些摇摆不定的规定性透露出其判断理论的不稳定性。这一评论作于追问否定的逻辑位置之际。在否定的基本含义上,这让人感到诧异。稍后我们将对此作原本的说明。

前面我们就判断与系词难题的关联,以及它和不定的实存判断、假言判断以及否定判断的关系,对根本性的判断定义作了内在的审视,结论如下:在这些特殊的判断疑难方面,冯特关于判断的观点,毫无说明的价值。

即使这一结论可以撼动其理论原有的可靠性,也还不能把这一理论作为逻辑学上不需要的而加以驳回。相反,整个论证过程似乎要倒塌了;因为冯特的定义关系到判断的"产生"。他明确地说,那些较简单的东西,就像那些组合而成的思想行为,从把整体表象拆解为它的组成部分这一拆解过程中产生。顺便说一下:冯特轻而易举地就把产生于拆解的判断界定为拆解了。

如果冯特获取判断定义的方式变成了他设置疑难的意义,那么对这一研究的批判性追问才刚刚从原则上开始。如果冯特不恰当地设置了疑难,那么他的判断理论在逻辑上就站不住脚。因此,我们要追寻,在对判断理论作内在审视之际所遇到的那些不一致的真正原因。

第2节 证明和评论冯特判断理论中的心理学主义疑难设置

冯特认为,形式逻辑并不满足于其"主要任务——去认识思想形式和规律"。形式逻辑,只能考察作为推论组成部分的概念和判断;形式逻辑无法解释这些形式的"产生方式"。这种探讨与我们实际认识活动之本性有关的那些思维形式是如何获得其规定的研究,事实上却归属于科学逻辑学的那种任务领域。"这一思想的心理学发展史"可以列入关于认识之基础的研究[①]。

如果人们考虑到,"逻辑思想"和心理体验有一种互相交织的关联,那么这种发生学的分析就是不可反驳的。而冯特认为,这种关联作为整体必定要由心理学加以探讨;当然,逻辑学必定有兴趣去把那些效力于逻辑思想的特殊品质的特征摆置出来。

依冯特的意思,我们首先遇到的逻辑学思想内容是表象及其联结。情感活动和意愿行为当然也是我们心理生活的内容。为什么反思恰好通向表象,这有一个众所周知的心理学原因。所有人类思想首先通向对象,很久以后才会去沉思"作思想的主体的本性"。对我们而言,表象其实就是对象。这就清楚了:逻辑学喜欢研究思想行为,而思想行为则是"表象过程的一部分"。这里冯特把表象界定为意识的对象内容;因而,他反对把表象仅仅局限于回

[①] 《逻辑学》,第1卷,第2页。——原注

忆性表象。那么哪些东西是思想的突出特征呢？首先,思想是"主体的活动"①,不是静止的对象,而是"始终持续的发生"。不过,我们的表象、感受和意愿,并非仅仅基于最本己的主体活动。因而不能说,思想是与它们相并列的一种主体活动。表象、感受和意愿刚好是思想的组成部分。"于是思想并不是其它体验活动之外的一种特殊的发生;相反,它的全部独特性都在于,它如何在自身中把自己与意识的一般要素联结在一起"②。

不过,作为主体体验的感受和意愿,不是以一种内在的关系,而是借助表象,才和外物联系起来。任何意愿行为都是感受的复合体;而且,那些伴随着行为及其直接成效的感受非常重要;这些感受的关联意味着那个被我们认作"自我"(Ich)的东西。"自我"乃是"活动的诸种感受的联结"③。由于任何思想与"意愿着的我"之间的这种联系,任何思想都是"自我意识的活动"。这第二种特征把思想规定得更加详尽,但还不够。由于意愿行为也是自我意识的行为,所以思想还没有和所有"主体过程"(Vorgänge)最终分开。注意力(Aufmerksamkeit)能够理解一个内容,而思想却能够把不同的内容置入一种关系之中。思想是"联系活动"(beziehende Tätigkeit)的终极目标。思想和注意力是同一种作用,只不过思想处于更高的阶段。

在考察思想特征时,或可(könnte)专门停留在联系活动上,并且忽略方才提及的那两种不重要的特征。可是,还有一些联系作

---

① 《哲学体系》,第 1 卷,第 27 页。参看《逻辑学》,第 1 卷,第 14 页。——原注
② 《哲学体系》,第 1 卷,第 28 页。——原注
③ 《哲学体系》,第 1 卷,第 31 页。——原注

用,却不能称之为思想行为;它们同样给予我们表象联结,而且这些表象联结也不是任意而为的(*unwillkürlich*),这就是联想(*Assoziationen*)。与此联想相对立,思想是出自自我意识主体的任意行为(Willkürakt),这一任意行为首先制作(schafft)联系。自身活动与联系活动具有同一来源,这就是统觉(*Apperzeption*)。冯特把借助统觉活动而产生的表象联结刻画为统觉性的①,用以和非任意的联想作区分。

尽管在原则上区分了联想性的作用和统觉性的作用,但这两种表象联结的方式却是紧密相连的。如若要把表象置入意识,联想是不可或缺的;因为它给予易逝的感觉印象一种持续性,并且使感觉印象能够更新并且能够变为意识。另一方面,只有借助统觉性的要素,联想才能获得充分有效的说明。于是,当主导性的感受在一种"融合"中被提出来,并且被置入意识的视线之际,必须把它刻画为统觉活动的成果。同样,对某些再现的多样的表象要素实施同化作用,这要以某些意识方向为条件。这种统觉形式被冯特称之为"被动的",因为它产生于准备性的联想形式和"外在影响"。但是,由意识的整体状况和偶然感觉方向共同引导的意愿行为决定着,应该把哪些表象置入意识的视线。这时,就出现了积极的统觉。

我们现在到达了这一步:必须把逻辑思想包括在考察的范围中。因为它是"任意思想过程的一个组成部分"②。前文仅仅说明了,逻辑思想停留在何处;同时,这一切都为了准备说明:冯特所规

---

① 《逻辑学》,第1卷,第14页。——原注
② 同上,第33页。——原注

定的判断本质,只不过体现了逻辑思想的心理学本质。

考察主动统觉的角度,类似于考察联想的角度。那些同时进行的统觉联结产生出整体表象。于是要为一个成果命名,在这个成果中,"同一活动的诸表象与新表象协调一致"①。在同时进行的联结中,冯特区分了三种形式:第一种是比较松散的粘结(Agglutination),在此形式中,互相结合的部分之表象被逐渐给出,然后作为整体被塑造成一个新表象。其中各部分通常还是明显可区分的(众多东西)。第二种是对表象的综合(Synthese),其中出现了一些原初的要素,还只是被叫作"作修改的组成部分"。概念代表第三种,也是最重要的形式。

举出这些同时进行的形式,并简要说明其特征,至此我们也就满足了;为什么我们不作深入的探讨,这我们以后再解释。我们清楚了:在判断概念中发挥作用的"整体表象"之现象从何而来。

第二种积极统觉的形式促使思想过程的发展。一方面渐进的联想不受限制地运行着,另一方面思想的二重划分规律在统觉活动中发挥作用。任何思想都是独立而自成一体的。整体性和诸部分之间的内在联系都暗示着源自整体表象的产生。确切地说,思想过程源自拆解活动(Zerlegung),而拆解以二重划分规律为基础。在概念中只有一个主导性的表象凸显出来,而在作划分和作拆解的判断中,必然有两个表象。在语法的句法范畴中,上述规律的作用明显地表现出来,在主要环节主词和谓词中同样表现出来;主词可进一步划分为名词和定语。语法上最重要的联结无疑是谓

---

① 《逻辑学》,第1卷,第34页。——原注

词的联结。"而它仅仅为自身促成了最简单的渐进的思想行为"①。因而，这句话也向逻辑学给出了，判断的逻辑学基本作用在"语言上的"等值物②。

现在就变得明显了：冯特的判断定义并没有"飘荡在空中"。通过这种发生学的分析，这种定义毋宁说是被强化了。

于是我们现在面临一些至关重要的问题：这一分析是否恰当，并因而能够保证那种判断定义是一个不可推翻的结论？难道其它分析得不出其它结论吗？难道没有一种与冯特不一致的关于思想过程的心理学吗？③人们关于思想作了各种彼此不同的分析研究。不过，无论其结论互相协调还是互相抵触，逻辑学家都必须提出一个更具原则性的问题：像冯特所作的那种研究，就逻辑学而言，是必要的吗？必须彻底否定这一问题。如若逻辑学的知识总量就判断而言并没有得到增加，且如若我知道判断过程如何产生自表象过程，那么把心理学分析拿到逻辑学的根本定义中，这就远远不够了。如若把逻辑学的判断看作心理过程，并且以我们精神的本性去推导判断的本质，那么这就是心理学主义。二重划分规律的根据何在？冯特自以为清楚地说："只有在统觉的一般属性中"④，才能得以澄清。统觉本质上是一种意愿行为⑤，被动的和主动的统觉都是"内在意愿活动（过程）的形式"，都是同一种过程（作者夹

---

① 《逻辑学》，第 1 卷，第 56 页。——原注
② 同上，第 62 页。——原注
③ 参看"维茨堡学派"（Würzburger Schule）的研究。——原注
④ 《逻辑学》，第 1 卷，第 59 页。——原注
⑤ 同上，第 32 页。统觉是"一种过程，通过它可以清楚地把握某种心理学内容"。《心理学大纲》，1911 年第 10 版，第 252 页。——原注

注)①。一个作得如此深入和包罗万象的心理学分析绝不能产生一个可用于逻辑学的成果,因为它所追求的对象从一开始就处于逻辑学之外。现有的反驳——逻辑思想确实是我们心理体验的一个组成部分——完全失效了,因为逻辑学绝不会把作为心理实在的"心理体验"当作其研究的对象。逻辑学既不会和过程扯在一起,也不会为其现象寻找"心理学的起源"。

冯特的判断理论是心理学的理论,而不是逻辑学的理论,它使逻辑学陷入了心理学的轨道。这是我们的论题。冯特的评论是,逻辑学不应该交给心理学,这一评论决不能撼动我们的论题。冯特把逻辑学的任务与心理学的任务明确分开;他命名了逻辑思想的特征,而且认为心理学思想规律与逻辑学思想规律是有差别的。可是,他的这些区分并不深入,并不符合心理的东西和逻辑的东西二者之间的彻底异质性。批判性地审视这些区分和划界的努力,不应仅仅着眼于清除那些和我们论题不符的异议,还应该帮助那些异议去加强它们的准确性。

心理学必须呈现思想的实际运作过程;而逻辑学在冯特看来却是一门规范性的科学,它想确定,思想过程应该如何发生。规范特征从何而来?规范的立法暴力根据何在?规范特征来自逻辑思想对我们意识而言所具有的那种"突出的价值"。这种价值是内在经验的事实;而心理学则必须去解释这种事实。能够使逻辑思想在其它"过程"面前具有突出意义的三种特征是:自发性、明见性和

---

① "表象的诸种联结活动在意愿的影响下,意愿的充分作用由此得以证实自身"。《哲学体系》,第2卷,第151页。——原注

普遍有效性。

冯特用自发性特征表达我们方才知道的东西:思想是一种"意愿行为",一种"由动机规定的内在活动"。而感受则把自己和积极统觉联系起来。积极统觉是自由的行为,因而服从动机①。

即使这里也会把逻辑思想看作无异于活动的东西;思想与那些机械的、常常无规律地运作的联想相对立,思想是一种更高级的精神活动。这一点不易质疑,但是并不能因此表明以下特征:我们的思想,作为在逻辑学上被规定的,能够说明其规范化特征。

与其它"心理作用"相比,思想表现出一种"更加内在的必然性",在此必然性的基础上,我们可以给予思想的各种联结以直接确定性。而思想的材料是偶然的,绝没有任何明见性;同样,整体表象的各个环节,就像概念发展的各个种类一样,要以外在经验为条件。也就是说,明见性、内在必然性不能给予那些过程(*Prozessen*),而要给予思想的成果(*Resultaten*)。这些成果的可靠性是逻辑确定性的来源。因而,明见性也不应给予那些单独的概念,毋宁说,明见性始终只能从各种概念联结中产生。那么在成果之内必然性的依据究竟何在？发现的方式,即确定性之获得,可以是直接的,也就是说,只要依据思想之实行就可说明白;它也可以是间接的,它可以由其他思想行为推导出来。直接的明见性基于直观,而直观本身并不是明见性。

为此总要预先设定一种"作连接的思想活动";恰好在最简单的经验内容中,我们获得的明见性最少,例如关于"同一",因为在

---

① 参看《逻辑学》,第 1 卷,第 76 页。——原注

直观中绝没有两个事物"完全同一（？）"。而作连接的思想却可以不考虑那些不服从比较的东西。直观只是明见性的偶然原因。我们所有思想的自由连接活动是我们所有明见性的条件①。如若思想把直观内容带入各种联系中，并且这些联系被人们看作是客观联系，那么明见性就产生了。因此，这可以被定义为："一种由作比较的思想促成的联系，它属于那些在外感知中，就像在内感知中，被给予的经验内容"②。因而，这种联系是一种逻辑联系，并且区别于心理学的联结（联想的联结），因为它的产生是由作比较的思想促成的。要刻画逻辑思想，应当依靠那种以自身为价值的明见性特征，并且这种内在必然性同样源自逻辑的思想活动！

明见性后面，这种逻辑联系必定与一种预设，即思想本身的对象处在一些联系中，这些联系等同于作比较的思想所作的各种联结。而且这一预设超越了以下这种"不言而喻的前提条件"：思想不能与其本己的内容陷入冲突之中，思想要与它自身协调一致。在各种思想规律的协调一致中，这种前提条件才得以澄清③。

简言之：冯特把明见性置入我们的精神活动中，并且认为，思想规律无非就是"意愿的规律"④；由于我们心理本性的合规律性（*Gesetzlichkeit*）⑤，这些规律互相协调。如此一来，并没有指明名词及其规律的合法性，只不过指明了事实。因此，与心理学思想过

---

① 参看《逻辑学》，第 1 卷，第 80 页以下。——原注
② 同上，第 83 页。——原注
③ 同上，第 419 页。——原注
④ 同上，第 75 页。——原注
⑤ 任何精神的发生都由一门内在逻辑学统辖。参看《哲学体系》，第 2 卷，第 75 页。——原注

程相对立的逻辑的东西的内核及其本己的合规律性,并没有被"明见性"特征切中。冯特始终停留在心理学的范围内。

要想深入探讨明见性概念本身,那就要远离原来的论题,且只须记住:确定性、内在必然性和明见性,这三个概念的含义并不相同。

逻辑思想的第三特征,即思想规律的普遍有效性,作为主观的东西,基于明见性;它说的是:"同一规律对于任何思想者都是有效的"①。只要我们能够预设——别人也可以满足实施思想行为的各种条件,那么我们就为那种对我们而言明见的东西添加上适用于别人的强制力。

冯特把思想规律的客观有效性界定为:思想规律完全可以运用于一切进入我们经验的东西。因而,认识对象符合逻辑思想,因为逻辑思想的明见性还要归功于那些借助经验对象而给予我们的东西。前文通过对象与思想一致的预设说明了明见性。这里恰好相反,要用明见性去澄清那种一致性!

以此方式根本无法实现任何说明,冯特很可能是在兜圈子。其最终的理由无非是说:思想规律乃是那些在我们精神本性中存在的事实规律。

那么,冯特是如何确定心理学思维规则和逻辑思维规则之区分的呢?前文说过,它们是意愿规律;冯特把它们刻画为"在我们当中存在的各种作用"②。想要认识一种作用的本质,这始终只能

----

① 冯特:《逻辑学》,第1卷,第84页。——原注
② 《哲学研究》,第2卷,1892年,第21页。——原注

依据其效果。人们只能依据其效果去推断这种作用的存在①。于此,不能在数学上把作用理解为思想内容、依赖性联系,而要把它理解为活动、过程。规律一般会"用同一个表达去概括一组形式相同的存在或发生"②。

这些基本规律乃是任何"特殊的合规律的东西"的基础③。冯特说得更加透彻:每一公理"不仅指出了一个适用于某些思想的规律,而且还指出了一个我们思想本身在任何逻辑活动中都会遵循的规律"④。思想规律,思想发生的合规律的东西,这两种表达含义相同⑤。

那么它的规范化特征从何而来? 这一要素把它和心理学思想规律区分开。因为有些心理学思想联结具有明见性和普遍有效性,所以我们完全可以对我们的思想提出以下要求:它应当满足明见性和普遍有效性的各种条件。冯特就把这些条件刻画为思想的规范⑥。

逻辑学规律无法与心理学规律彻底分离;后者始终是包罗万象的形式。

对于我们的疑难而言,这就意味着:逻辑学与其规范化特征在

---

① 《哲学研究》,第 2 卷,1892 年,第 26 页。——原注
② 《逻辑学》,第 1 卷,第 548 页。——原注
③ 《哲学体系》,第 1 卷,第 59 页。——原注
④ 《逻辑学》,第 1 卷,第 551 页。——原注
⑤ 参看冯特:《逻辑学争鸣》,1882 年,第 6 卷。冯特完全赞同里普斯的主张:思想的规律是自然规律:"思想的合自然规律性从自身出发行进到特定的规范,这些规范现在作为正确思想的规则,与那些让思想犯错的心理学思潮,对立出现。"同上,第 345 页。——原注
⑥ 《逻辑学》,第 1 卷,第 88 页。——原注

原则上总是被置入心理学中①，冯特根本没有推进逻辑学的真正对象，因此也没有依据其首要本质发现逻辑的东西的"合规律的东西"，更不要说把它与发生的心理学合规律性严格区分开了。

这一结论使我们看清了我们原先的疑难。现在我们明白了，冯特把判断和所有逻辑事物都看作是思想过程。他在前文中讨论他关于逻辑疑难之真正论著的"发展史"，但这种"发展史"并不能为判断的心理学方面提供一个说明。相反，他却把心理学分析的成果原封不动地拿到了旨在指明基础性的判断定义的逻辑学中。心理学的判断观点势必妨碍冯特对单个判断形式作说明。用发生学方法发现的定义与那些受到质疑的特殊的判断构成物的必然规定性肯定不会协调一致，因为这一疑难之提出，并不着眼于判断的产生，毋宁说着眼于判断普遍适用的(durchgehends)意义。

---

① 冯特认为，解说有关逻辑学和心理学关系的争鸣"处于描述目的之外"，从而拒绝作此解说。他认为，只要提示出相关文献，那就足矣。《心理学主义与逻辑主义》(《短论集》，第1卷，1910年，第511—634页)一文，主要从历史发生方面，原则性地探讨了这一疑难。其中冯特的立场，我们在已经在其《逻辑学》中领教过了。冯特对康德的理解也表明，他的思想根本就是心理学主义，他的偏见往往隐藏在表达中。他试图通过回溯到"逻辑作用"去澄清那种"从天而降的"先天性(Apriorität)，以此作为对康德的补充。"对我们而言，康德不应该是什么样子"？《哲学研究》，第7卷，第21页。——原注

第二编　判断的本质要在
构成判断活动的行为中寻找
（海因里希·迈尔）

第一章　介绍

我们所见到的迈尔的判断理论并不是一个系统的部分，即自成一体的、完善的逻辑学的一个部分。迈尔通过另一种科学任务建立了他的理论，这一情况对我们批判性地评价他的理论十分重要。

以往心理学的研究兴趣很大程度上还停留在那种几乎完全关注思想活动之认识方面的逻辑学。在《情绪思想心理学》①中，迈尔想关注那些受人忽视的领域。思想生活的情绪实践方面（其最原初的表现在"感受性表象和欲求性表象"中）包含这样一种思想："它在情绪想象的表象构成物中起作用，就像在目的、规范、价值和资本的世界中起作用一样；而且这种思想极其明显地见于美学反思、宗教信仰、伦理以及权利和道德中"②。

这种感受性的思想活动已经预设了某种强度的表象，即精神借助经验而加工出来的表象。但是，经验把作认识的思想活动封闭在经验自身中，完全没有它物。认知性思想意味着作判断的思

---

① 《情绪思想心理学》，图宾根，1908年。——原注
② 《情绪思想心理学》，前言。——原注

想。尤其是这种思想中,才能彻底且完整地构造出逻辑形式。要研究这些逻辑形式,或者它们的某种样式,那就要通达情绪性思想的整个领域。如果想进入"情绪性表象的逻辑结构",那就难免要分析基本的(elementar)①判断作用。迈尔认为,实施这一要求并不急迫,因为这一分析"尚未找到令人满意的解决方案"②。

依据我们对任务的划界,本研究只关注原本的(eigentlich)判断理论。当然,我们的阐释也不排除情绪性思想行为;因为,在迈尔看来,情绪性思想行为同样属于逻辑学的研究领域③,而且认知性思想行为与情绪性思想行为二者之间的关联有助于解决某些疑难④。因此,必须详尽地把握逻辑学概念和判断概念,这样才能评判迈尔的上述观点。

第 1 节 判 断

若要获取关于判断本质的可靠洞察,那就要首先进入最原初的、最原始的判断形式中。亚里士多德以来的传统逻辑学从一开始就堵塞了通往判断原形式(Urtypus)的道路,这是因为完整陈述句之语法形式处于灾难性的主导地位。在此问题上,就连心理学也因逻辑学理论的强大影响而成了牺牲品。规范的判断就是由主词、谓词和系词组成的未简化的陈述句。迈尔说:即使以语法为

---

① ursprünglich、eigentlich、elementar、Substrat、primitiv:分别译作原初、原本、基本、基础、原始。前四个词汇在这一编的用法接近,都区别于第五个词语。eigentlich 在其它语境下,单独翻译。——译注
② 同上,第 141 页。——原注
③ 同上,第 47 页。——原注
④ 同上,第 249 页。——原注

导向的判断理论也遭遇了一些基本疑难:按照判断中"是"的意义,我们要解释:我们究竟能否在判断中表达出主词和谓词表象的同一关系,判断由于什么以及以何种方式要求此解释成为一种"现实存在"。

如今许多互相质疑的判断理论在不同的方向上探讨这些问题。尽管流行的观点丰富多彩,可是问题是同一的:这种错误的原因何在?迈尔认为,有两种因素在起作用。首先,以语法上完整的陈述句作为出发点。其次,坚持这一观点:诸种表象本身不可能要么真实要么虚假,谓词只能应用于表象联结中[1]。

从上述最后一种偏见出发,布伦塔诺[2]的判断理论极其武断地认为:单个表象,就像表象联结一样,也可以成为"判断的对象"。在迈尔看来,这固然有不可否认的进步,但还是再次落入那种陈旧的偏见中了。也就是说:表象(感知,回忆图像和概念)与要么真实要么虚假的谓词相对立,表象是完全中立的;这正好是亚里士多德的观点。现在我们要以新的方式引入表象联结,只要"是""真实"与"是""虚假"能借助"是"之表象而进入表象之联结。

现已说明,迈尔致力于消除这种错误:把表象联结看作判断的基本形式。致力于回溯到原始形式的判断理论,这种努力在历史学上的连接点表现于斯多亚的"同意"($συγκατάθεσις$)和休谟的"信念"学说[3]。若要认识"基本判断"(Elementarurteil),那就必须引入完全"显而易见的思考"。一般而言,这一思想的正确之处在于:

---

[1] 《情绪思想心理学》,第 146 页。——原注
[2] 参看后面第三编。——原注
[3] 同上,第 148 页。——原注

一切认识都是判断。"太阳发光"这一判断的"基础"无疑是一种感知。这一感知为了起基础作用,必定要证明自己是有效的;换言之,这一感知必定要与一种有效性意识相联系。只有"诡辩的矫揉造作"才不需要这种意识之感知。相反,如果意识的存在(Vorhandensein)被认可了,那么这一感知就会表现为判断;与此判断相对立,"'太阳发光'这一有待审视的判断显然是一个第二性的判断"①。

如果人们把上述判断和"它发光"这一命题对立起来,那就不难看出,这里必定存在一个"确实更加原初的(ursprünglicher)判断"。深入分析甚至会发现,"太阳发光"这一判断的主词中就隐含着一个判断。这些判断中,我无疑是把太阳思想成某个现实的东西,而且思想的基础是一种感知,即一种判断。这种判断,和上述判断相比,乃是一种"更加基本的"(elementarer)判断②。

于是,人们直接促使自己,即使在分离的表象中也设定判断。

那么这就接近了我们的尝试:把揭示出来的判断在句子中表达出来,譬如"这是雪"(Dies ist Schnee)。这始终是"主词判断,并且是基础判断(Substraturteil)"③。"这"(dies)里面也有一判断。这些形式并不独立出现,它们似乎是"尚未完成的把握";在此判断中,"被设定为在某个位置的现实的东西,它的内容还没有通达理解"④。如此形成的判断为上述"命名判断"创造了基础。

----

① 《情绪思想心理学》,第 147 页。——原注
② 同上,第 147 页。——原注
③ 同上,第 148 页。——原注
④ 同上。——原注

真正的基本判断无法在语法上规范地表达出来。其语言表达不是"这是一棵树",而是"一棵树"。并非事物而是过程才是判断的对象,因而非人称判断句给出了完全有效的替代,"闪电"(ein Blitz)和"闪电"(es blitzt)意义完全相同。原始判断(die primitiven Urteile)往往脱离语言表达①。

在我们意识领域波动的各种感受和出现过的表象,它们只有借助一种面向它们的注意力才能获得"心理上的自立性"。能够使注意力面向意识材料的那种兴趣,也能同时引起一种"表象的过程",此过程以那些被给予的东西构造知识或情绪性表象。能够实施从意识被给予性到认识表象这一过渡的那种行为,必定是一种判断。于是,迈尔得出如下定义:"判断行为就是对那些直接被给予的或间接推导出来的认识材料加以对象化的把握"②。

第 2 节　判断结构

深入分析已经得出:二重划分的判断可以回溯到表象连结中的基本(elementar)判断。如果让这一分析继续前进,那么即使最基本的判断也显示自身为被组成的东西,而不是"逻辑学划分行为"融合的产物。

若要把握一个进入意识领域的表象,那就只有把它合并到一个已经熟悉的、出现过的表象中。具有表象能力的个体在自身中有一个表象安排的"库存"(Vorrat),有待把握的表象必定要被加

---

① 《情绪思想心理学》,第 149 页。——原注
② 同上,第 149 页。——原注

工到这个准备就绪的复合体中。在任何判断中,当然也包括在最原始的(primitivsten)判断中,要对有待把握的表象与另一种出现过的表象作等同设置(Gleichsetzung)。通过这一等同设置,表象获得一种意义。"等同设置"之表达是为了阐释作用而提出的,迈尔甚至认为它"不完全恰当"①。因为两个表象的等同(Gleichheit)并不是判断的对象。把有待把握的表象并入出现过的表象,这种并入之融合只是一种手段,是判断行为整体中的一种划分作用。而这种熟悉感(Bekanntheitsgefühl)伴随着每一种连接行为,指向作比较的活动。

作阐释的等同设置行为,虽然是判断作用必要的组成部分,却不是判断作用特有的,而是回溯到情绪性思想那里。毋宁说,判断行为的真正构成,要靠逻辑学的第二种划分行为,即**对象化**(Objektivierung)。把有待把握的表象内容对象化,这就意味着:把它思想为一种"现实的东西"②。当我做判断"瑞吉山(Rigi)"③之际,我就会考察那个被我阐释为瑞吉山的表象内容,同时把它当作"现实的内容"。不过,并不是要把对象化行为托付给判断者的主观心愿,毋宁说,**对象化行为依据对象化标志**(*Objektivierungszeichen*)而运行。对象化标志之刻画还是非常不完善的。例如"感受标志"那里,意识被特别刻画着:它是某种陌生的,不依赖我的意愿而被给予的东西;它是某种进入我意识的东西,我的意识和我的表象对立而又连接在一起,我从我的意识出发规定自身,并且

---

① 《情绪思想心理学》,第 150 页。——原注
② 同上,第 150 页。——原注
③ 瑞吉山,瑞士名山。——译注

感受到自身是有限的①。

那么什么是对象化行为(Objektivierungsakt)呢？它不是从表象到客观现实原因的"因果推论"，而是"对对象化标志的把握"②。现实设置行为与等同设置行为相似，也是一种阐释，而且指示着对象化标志。在现实设置那里，必须抓住三个互相区分的要素。首先，我把表象内容设置为对象。当下呈现的并且由出现过的元素充实过的表象内容，并不等同于表象之对象，毋宁说此表象内容仅仅包含了现实对象的一部分。通过对对象内容的思想，现实设置中的第二个要素同时就从表象世界的主观联系中脱离出来，并且确定为不依赖我的表象意愿的某个东西。最后，我在一种"主观外的对象关联"③中，以划分的方式(eingegliedert)去思想表象对象(Vorstellungsobjekt)。

在等同设置和对象化这两种互相交织的逻辑学划分行为之外，在表述判断的多数情况下出现却是第三种划分行为："把对象表象(Objektvorstellung)连接到句子表象(Satzverbindung)中"④。最后这种"逻辑综合"对判断尤其重要，因为它把判断和"一般思想"关联起来了⑤。

于是，真理意识(Wahrheitsbewusstsein)就扩展到判断的这三种划分行为中，而真理意识的主观标准要在思想的必然性中去寻

---

① 《情绪思想心理学》，第151页。——原注
② 同上，第151—152页。——原注
③ Zusammenhang、Verbindung、Verknüpfung、Anknüpfung、Beziehung、Relation 分别译作关联、联结、连接、联系、关系。——译注
④ 同上，第153页。——原注
⑤ 同上，第154页。——原注

找。真理意识确信:首先,把有待把握的东西和出现过的表象连接起来,这是正确的。其次,被表象的对象是现实的①。如果有效性意识也面向最后那种划分行为,那么有效性意识就不再表现为思想必然性之意识,毋宁说仅仅表现为"语言上的正确性"②。普遍有效性意识与判断行为的规范的正确性意识联结在一起。在语言上未表述出来的思想性判断行为,很可能相随着以下内容:任何作思想的生命,如若他要正确地思想,那就必定要像我思想那样去思想。我很可能无法预设,把握行为的运作在所有细节方面都符合我的把握行为。因为表象安排与其衍生样式如何塑造自身,这在每个个体那里最终都是彼此不同的。相反,语言表达可以确保那种并入的实施:把有待把握的内容并入"通常流行的表象系统"③。唯有这样,普遍有效性意识才能获得确切的意义。

显然,迈尔在分析中所获得的基本判断的结构与人们熟悉的那种划分——主词、谓词和系词——根本不同。这三重划分所依据的主词判断并不是最原初的判断类型。于是,迈尔要求,"把主词与谓词之术语排除出逻辑学的判断理论之外,并且把它们完全指派给语法"④。把这些术语用在基本判断中,那绝对是武断的⑤。

第3节 判断形式

"基本与根本的思想行为,认知性与对象性的简单的对象表

---

① 《情绪思想心理学》,第159页。——原注
② 同上,第363页。——原注
③ 同上,第159页。——原注
④ 同上,第163页。——原注
⑤ 同上。——原注

象,它们的恰当表达形式乃是单项的(eingliederig)形式,也就是所谓的无主句"①。因而可以明确地说,对迈尔而言,非人称句不再有任何疑难了。而且恰好在非人称句中才能认识到基本判断:"闪电"(ein Blitz)和"闪电"(es blitzt)意义相同。

前文②说过,对象化行为是判断的真正构成要素。由此得出,这种对象化行为完美地体现于实存判断中。然而并非如此。对具有划分作用的判断而言,内在的现实设置并不是把握的对象。不过,若要详尽地研究实存判断的"过程",现实设置却是出发点。这一分析的结论是:实存判断是关系判断。现在要去找这种关系。任何关系都要求联系之划分。在实存判断中,联系之划分首先是对象之表象。在对象之表象中,已经发生了一种现实设置,也就是说,有待把握的表象内容,譬如当下一个光的印象,被把握为对象。在实存判断中,要把这种"存在化了的"对象,带出主观表象范围,并且带向主观外的对象关联,"带向现实性"③,带入联系之中。在多数情况下,这第二种联系之划分不会通往一个确定的表象。

由实存判断也许会想到否定判断。正如"存在"(Sein)在表象对象中,也许可以在"存在"那里表达"不存在"(Nichtsein)。于是,作否定的判断必定会被当作否定的实存判断。可是,若要追问"否认行为"的逻辑特征,却得不出什么。我们只知道:否定的实存判断,作为逻辑上后来出现的东西,乃是对先行的肯定的实存判断的否认(Verwerfung)。因为肯定判断和否定判断在逻辑上不是

---

① 《情绪思想心理学》,第 373 页,并参看第 163 页。——原注
② 前面第 96 页。——原注
③ 同上,第 248 页。——原注

并列的,这一点已在"语言意识"中得到证实①。这两种判断的等级顺序,是西格瓦特着重强调的东西,"应当是无可争议的"②。

把否定判断和肯定判断并列起来,这种尝试始终要首先注意:"对简单基本判断的否定在逻辑上先于实存判断"③。只有首先预设了一个作过的否定判断"没闪电"(es hat nicht geblitzt),我们才会去作实存判断"确实闪电了"(es hat wirklich geblitzt)。把判断之否定看作判断无效的说明,这种努力同样不会成功。只有作过的否定判断先行出现,带有"真实存在"(Wahrsein)之谓词的判断才会出现。在逻辑上,实存判断和真理判断要晚于否定判断。

只有从这一问题的逻辑特征出发,我们才能看到"作否定的判断"的本质④。为此,必须区分两种追问:补充追问(*Ergänzungsfragen*)和裁决追问(*Entscheidungsfragen*)。前一种追问的基本类型表现在"这是什么"(was ist das)这个句子中。此句的"这"(das)中,已经出现了一个判断。"某个东西"被把握了,虽尚未确定,却已进入了追问中,即对确切内容规定性的追问。于是就有通往复合判断(einem komplexen Urteil)的趋势,在复合判断中原先谈及的东西构成了复合判断的基本组成部分(Substratbestandteil)。在完成了的判断中,被追寻的确定性明显处在"谓词"之位置。迈尔之所以建议把基础判断中的补充追问刻画为

---

① 《情绪思想心理学》,第 272 页。——原注
② 同上。——原注
③ 同上,第 273 页。——原注
④ 同上,第 274 页。——原注

"谓词追问"①,原因就在于此。

在心理学上以及在语言历史上,裁决追问更加原初;它已经预设了被完成或被追寻的判断。对已作出的判断的怀疑会变成追问。对"它燃烧"的怀疑变为"它在燃烧吗"。此追问是"尚未完成的认知性表象",因为尚且缺乏有效性意识。在作否定的判断中被完成的"否定过程",完全依据以下表象顺序而运行:"它在燃烧吗? 没有"。因此,否定判断是一个复合判断,其"基础表象(Substratvorstellung)是追问之表象"②。也就是说,当我作否定行为时,先行作出的判断就被转入追问中了。

如果人们还记得,任何判断中都会发生作阐释的等同设置与对象化这些划分行为,那就要深入分析否定行为。作否定时,起基础作用的乃是比较。在追问中被给予的对象之表象要与有待把握的材料(Auffassungsdaten)作比较,也就是说,它不仅要与那些引起原先判断行为的意识内容作比较,"而且要与给出有待考察的被给予的东西的全部意识内容作比较"③。

由此比较可知,对象之表象并不符合有待把握之材料。这就是否定之本质。相反,对象之表象和现实并不一致,这一思想产生自逻辑上后于基本的(elementar)否定判断的判断。有待把握的材料"不要求对象之表象"④,这种关系就是否定这种独特思想行为的对象。

---

① 《情绪思想心理学》,第 275 页。——原注
② 同上,第 277 页。——原注
③ 同上,第 278 页。——原注
④ 同上,第 278 页。——原注

要专门分析否定(Verneinung),可以把它与导向"肯定"(Bejahung)的判断行为对立起来,进而审视它的正确性。迈尔明确地警告我们,不要把肯定行为(Bejahungsakt)和源初的肯定判断(Positive Urteil)混为一谈,因为肯定行为是"朴素的,无顾虑,无怀疑,因而也没有'肯定'(Ja)或'否定'(Nein)发生"[①]。

与否定判断、实存判断一样,假言判断也要被纳入关系判断中;虽然对此判断形式,逻辑学家至今尚无定论。迈尔首先把语言看作分析的巨大障碍,因为"在条件句结构的统一模式下隐匿着根本的意义差异"[②]。有些判断,虽徒有条件句的形式外表,却不能算作假言判断。迈尔主要置身于推理理论(Konsequenztheorien)的基础上,进而关注后件理论(Nachsatztheorie)。在此理论中,假言判断意味着"对后件作有条件的断言"。如若基本推理联系的环节(die Glieder für die Grundfolgebeziehung)是假言式的设定,那么好些被质疑的判断都表现出"有条件的特征"。于是在此情况下,迈尔会有限制地看待假言判断之表达。"如果下雨,地面就潮湿"这一判断与"雨使地面潮湿"这一句子意义相同,是一种"在概念上被想到的联系",即判断对象二重实在概念的对象之间的联系。相反,如若属于经验概念之可能情况的诸种表象进入了经验概念的位置,也就是说,"可能的倾盆大雨"被想到,那就会出现一个真正的假言判断。此判断具有有条件的有效性,也就是说,此关系的对象化只能以假言的方式去实施。仅当假言判断中的关系环

---

① 《情绪思想心理学》,第279页。——原注
② 同上,第263页。——原注

节是现实的,假言判断才是有效的。

第二章　批判性评论

　　无须详尽考察便可知道,迈尔作研究的思想出发点是想摆脱语法的束缚。这种富有根据的努力甚至决定着他的整个判断理论。语法上的规范句子决不能体现原初判断;更不要指望这种句子结构通往基本判断了。基本的东西(Das Elementare)意味着什么? 它的对立面乃是复合的东西、组合而成的东西。基本的东西意味着简单的东西,至少是很少被组合而成的东西。在何种意义上说"太阳发光"这一判断不是基本的? 在此判断中,被把握到的东西是什么呢? 也许不是发光,而是"在"太阳那里发光。只有先把握了太阳,才可能作"太阳发光"之判断,因为只有这时我才能在太阳那里去把握一种活动或状态。先对太阳作了单独把握,而后上述判断才会出现。把握太阳的结果可表述为:"这是太阳";不过,这并不是我们要追寻的基本判断。分析不能停滞在此。为了说出太阳之存在,我必须先把握"这",我必须为自己创造一个基础(Substrat),也就是命名的所指。此最基本的判断仿佛延伸到了对此基础的寻找活动中。基本判断的语言形态见于如下表述:"一棵树","一次闪电","闪电"。

　　这些判断果真是基本的、简单的、不是组合而成的吗? 我们知道,在任何判断中,也包括在基本判断中,"逻辑的划分行为"都在起作用。等同设置与对象化这两种作阐释的方式从不缺少,只要人们让判断有意义地说话。相反,把基本判断并入语言表达的并入活动,倒是会在许多情况下停止。因为"对判断的最原始的证实要在一种语言通常无法通达的深度中寻找"①。在此深度中,感觉材料对出现过的表象的适应活动始终存在,而且对象化活动也始终在起作用。于是,我们就陷入了心理学的"深度"中。

如若我们现在回顾关于基本东西的意义追问,那么很显然,那个与简单的、较少复合的东西相同的东西,并未被详尽阐明。在迈尔看来,基本的东西变成了心理学上最原初的东西。在回顾原始判断之际,一种心理学发生学的视点插手干涉并且给予方向。这不难说明。

基本的判断行为是"好些情况下那种非任意的过程"②。在最原始的、现实出现的"感受过程"中,判断行为就已经在起作用了。于是,毫无疑问,逻辑判断之能力可以归结到动物上。并且,逻辑判断能力早在"儿童发展阶段"就已经开始具备了。当然,这一时期的逻辑作用不能和成年人的思想活动相提并论。不过,二者的区别仅仅是程度上的,而不是性质上的。正是在儿童的发展阶段,借助不足以原始表象的、往往无法达到语言确定性的判断,成年人"对象表象的基础"才得以形成。

如果逻辑分析想在最基本的判断上剥离出判断的本质内核,那么这毫无疑问是富有价值的。不过,决定性的问题是:迈尔在分析中所发现的逻辑学的基本判断和原始判断是一回事吗?如若不是,那么迈尔为何要自以为是地把基本判断带向心理学的深度,带向表象之安排,表象之融合的领域呢?这是因为,他从一开始就活

---

① 《情绪思想心理学》,第149页。——原注
② 同上,第161页。——原注

动在心理过程、心理活动和心理表象之运行之类的领域中,虽说他研究的是"判断活动"、"判断过程",可是谈论的却是"逻辑行为"(!);判断行为由"逻辑划分行为"组成;判断的本质是对象化活动,判断在其最原始的阶段甚至只是一种"非任意的过程"。简言之,他研究的对象是判断活动,它作为心理活动必定属于心理学的疑难领域。

但是,也许迈尔只想给出一种判断的心理学,别无其它。他的思想确实是在与"情绪思想的心理学"之紧密相关联中提出来的。毫无疑问,迈尔的判断理论本该是逻辑学的。他明确地说,人们在传统逻辑学中,就像在现代逻辑学中,没有遇到"基本的"判断,"那种在此非常吸引我们的判断"①。"即使心理学"也没有令人信服地给出"判断作用的原始(primitiv)显现方式"②。

如果我们想获取一个完全可靠的地基,用于最终有效地评价上述判断理论,那就要搞清楚,迈尔究竟如何规定逻辑学的任务,如何把逻辑学与心理学的对象领域划分开。

"逻辑学是一门规范化的科学"③。逻辑学的责任是,建立理想的思想规范。逻辑学必须指出"逻辑学上完满判断所要达到的那些先决条件"④。逻辑学的首要(primäres)对象乃是在判断行为中被刻画出来的东西。可以更加详尽地把它规定为"诸种活动的

---

① 《情绪思想心理学》,第141页。参看第二编结尾处的注释。——原注
② 同上。——原注
③ 同上,第40页。——原注
④ 《逻辑学与认识论》,载《祝贺西格瓦特70寿辰哲学文集》,图宾根,1900年,第222页。——原注

复合体"(着重号为作者所加),这些活动把进入意识的材料加工成有序的知识①。要向作判断的思想给出规范,也就是说,如其应然地作规定,以便给出一个尽可能完满的真理意识的承载者,那么此规范化只能这样产生:一律在心理学事实中去把握逻辑学上重要的东西和本质性的东西②。心理学分析必须先行于逻辑学的工作;"唯有心理学分析能让我们洞察到作判断的行为和情绪性思想行为的本质"③。心理学是各门精神科学的根本性的立法科学。而且各门思想科学的对象都是"人的活动"④。

因此,在判断方面,逻辑学的对象和思想的心理学的对象没有不同;只不过,逻辑学以规范化的视点考察心理学所发现的判断。于是,会遇到这种切近的异议:似乎逻辑学只是构成性的。思想行为之规范化加工具有批判性且目的论的形态;它追寻着思想典范(Ideal)的实现条件。何种思想理应得到典范的价值谓词,思想行为估价自身的规范何在? 真实的思想很可能在完全意义上表现着典范;可是,迈尔说,不是。真理很可能是认知性思想的目标(Ende),但不是情绪性思想的目标。逻辑思想的普遍规范必定见于逻辑必然性之意识中,见于与之相关的普遍有效性之要求中⑤。如果这一意识可以称之为逻辑学的,那么它必定伴随着认知性的以及情绪性的行为。

---

① 《逻辑学与认识论》,第222页。——原注
② 同上,第241页。——原注
③ 《情绪思想心理学》,第27页。——原注
④ 同上,第46页。——原注
⑤ 参看《情绪思想心理学》,第41、43页。——原注

逻辑必然性意味着思想行为受到表象材料的要求。此种必定实施思想行为的意识明显地表现于"感性幻相"中；被给予的要素"要求"那些能够在幻相中同时发生的思想行为。

"逻辑必然性"意识甚至被包括在"最易逝的想象之表象"中，只要人们在此表象中去思想那些虚构的对象。

在普遍有效性之要求中，有这一意识：如若其它人想作思想的话，那就必须以同一方式去思想表象材料。这就同时揭示出了逻辑必然性的普遍本质。首先，它和心理强迫无关。它"在任何情况下都具有假言的性质"①。如若我想必然且普遍有效地思想，那么我就只能这样而不能别样地思想。逻辑思想的规范就是它的目标，即必然性和普遍有效性。

只要全部逻辑学的思想行为都实施必然性之意识，而且指示着自身内的规范，那么逻辑学就必须沉思必然性。

那么如何获得规范化的结果呢？不能借助心理学的裁决，因为诸种典范（Ideale）不是事实，不是心理体验。

逻辑学的"根本思想行为"（在此行为中，人们可思想逻辑学的规范）"不是判断"②；而是"在欲求句（Begehrungssätze）中可以找到其恰当的表达③的、情绪的意愿性的（volitive）思想作用"。它们以"伦理学的明见性"评估自己。规范化沉思是一项十分本己的科学工作。科学工作的结果很可能伪装在认知判断中；而首要的形式是"反思者的欲求之表象，于此反思者把自己看作规

---

① 《情绪思想心理学》，第43页。——原注
② 同上，第47页。——原注
③ 同上。——原注

范化科学的代表"①。对逻辑学而言,"意愿性的思想行为是终极的东西"②。

对思想典范的思想不是绝对必然的,但很可能是对必然的追求。"这一追求的停泊地,以及逻辑学本身的停泊地,是伦理上的欲求(Wollen),对伦理典范之欲求"③。

此种对思想典范之追求建基于何处?"在进行思想的精神本性"④、经验的思想行为、"意愿行为"中,表现出来的进行思想的精神本性中(着重号为作者所加)。欲求是我们本质的伦理必然性。于是,逻辑学建基于欲求中,逻辑学终极的东西是一种情绪性的行为,一种源自我们本质的本性的欲求之表象。

于是,逻辑学的具体任务势必要把关于思想的心理学分析当作基础。

诚然,迈尔不想卷入心理学家与反心理学家之间的争执。在他看来,逻辑学确实不是心理学的一门"特殊学科"⑤,不过,逻辑学不可能不依靠关于逻辑思想的心理学⑥。

逻辑学依据两个方向和心理学联系起来。首先,逻辑学必须使用"心理学的方法"。其次,逻辑学甚至可以使用"心理学的研究成果"。这是因为:如若人们想弄清楚逻辑体验的知识与"一般心理生活"之联系,那就必须要推进对逻辑体验的认识。

---

① 《情绪思想心理学》,第47页。——原注
② 同上,第48页。——原注
③ 同上,第49页。——原注
④ 同上,第54页。——原注
⑤ 参看后面有关里普斯的第四编。——原注
⑥ 同上,第50页。——原注

心理学的先行分析想为逻辑学创造基础,对此分析之必然性的论证,现在直接明了;因为人们无法为逻辑学想出一个毫无预设的行为。一种危险的模棱两可隐匿在"心理学分析"这一表达的背后。

上述分析向我们揭示出:"逻辑的体验中究竟存在什么"。

如果在这些体验中只能遇到心理的因素和划分行为,而不管那些发生的东西,那么在"逻辑的体验"中是否别无他物?分析无疑是逻辑学的事情。对分析来说,不会出现其它具有对象的存在吗?而且唯有此存在才能使逻辑学成为可能且成为一门独立的科学?"心理体验"之外,拿不出其它"事实"了吗?在任何"逻辑体验"中都没有那种恰好且专门吸引逻辑学的意义与要素吗?与逻辑学对立的、作为心理过程的体验乃是一个异质的世界。

逻辑学如此本己、如此独特的对象竟然源自心理过程、表象过程之领域。

因此,只要把判断看作心理过程,那么"关于判断的逻辑学"就是自相矛盾的东西。

把判断行为仅仅看作行动(Tun),划分行为的复合体;而此划分行为被置于"灵魂的主动行动(Tun)始终运行的地方"①,即逻辑过程。这始终是心理学家的理论。

把逻辑学规定为规范化科学,这在事态上无力改变任何东西。绝对理论科学的逻辑学停泊在欲求表象、意愿行为中(此意愿行为的出现和存在以我们本质之本性为条件),此种停泊圆满地完成了

---

① 《情绪思想心理学》,第161页。——原注

人类中心论。我们精神的本质如此缺乏逻辑性,以致它恰好与逻辑的东西异质且对立。

同样地,这种逻辑必然性本身与那种在思想活动中运作着的主体没有任何关系。此必然性并不存在于只能这样不能别样的思想必然(denken müssen)中,只要此必然依赖心理主体的本性;此必然性更不是假言的,毋宁说它的领域乃是意义世界,此必然性是一种对象性的联系,此联系之存在不依赖它要把握的思想活动,而是自行陈述着。

只要人们认识到,逻辑性的对象是某种完全非心理学的东西,那就会明白,下面两种追问完全背道而驰:其一,对逻辑学的基本判断的追问。其二,对原始判断活动的心理学追问。

就其追问心理作用而言,迈尔判断理论的分析态度从一开始就有缺陷;他认为:心理作用对判断行为有构成作用。作判断的主体在逻辑判断中始终是不是本质性的要素;判断的关键不是对象化行为,因为在对象化行为中包含着"作判断的主体与对象之间的一种内在关系。"①

发生学心理学的视点处于主导地位,这在否定判断那里尤其明显。迈尔谈论"作否定的判断",这说明,他正在通往活动(Aktivität);他在研究上述判断的"过程";已作出的肯定判断究竟是否先行于否定判断,这在逻辑学上无关紧要②。在逻辑学上,首先在方法论上,我通常要感谢西格瓦特,在肯定判断和否定判断

---

① 《情绪思想心理学》,第156页。——原注
② 参看我的系列论文《关于逻辑学的最新研究》,载《文学评论》,2012年,第10、11和12卷。特别是,第11卷,第522页以下(本书前面第35页)。——原注

之等级次序方面,他的见解必定是无可争议的。迈尔把心理学主义推至顶峰:按他的意思,作否定的行为从先行的诸判断那里变出什么了呢?先行的判断被转入一种追问中。人们对此提出异议,并且以其它方式去实施作否定的判断。

不过,这一过程、在作判断的主词中伴随它的现象以及否定的诸种情况无法吸引一般逻辑学。迈尔说:天空阴暗、乌云密布,与晴空万里两种情况下,"不下雨"这一判断的意义不同①。我认为,在那两种情况下,这一判断的意义始终是同一的,它们都说"没有雨";两种情况下都不下雨,这就是我认识到的客观意义。在作判断的主体中,在彼此不同的情况下,关于判断构成物的彼此不同的表象群体会先行出现,而且在作否定行为时,在判断构成的意识中,彼此不同的表象材料会当下呈现出来;这些确实有效。不过,同样确定的是,这些意识的样式始终没有触及判断的意义本身。

如若人们有朝一日认识到逻辑的东西和心理的东西二者之间那种彻底的异质性,那么面对如下问题,人们就不难作出决断:心理学对逻辑学究竟有没有方法论意义?心理学研究成果对逻辑学究竟有什么意义?

不能对逻辑学作"心理学的分析",只要这种分析总是以心理学为导向。似乎,若要分析逻辑学,就必定要依靠心理学,对此稍后再作详解。关于逻辑体验和其它意识过程之间的关联的研究成果始终毫无价值,因为逻辑学从来不去认识那些作为心理学实在的体验。

---

① 《情绪思想心理学》,第279页。——原注

当迈尔把逻辑学特别停泊在心理学时,他确实想把逻辑学与另一门边缘科学即语法学区分开。其中的困难当然是不可避免的。迈尔从"这棵树是绿的"①、"这是一棵树"这些句子回溯到"一棵树"之语言形式,并且认为后一种形式体现了基本判断。因此,他的思想显然是这样的:在他看来,语法上原始的东西恰好表达了逻辑上基本的东西。在逻辑上比较"一棵树"与"这棵树是绿的"这两个判断,要么前者没有后者基本,要么前者和后者同样基本。前一判断中,树说出了具体存在(Dasein),后一判断中,树说出了绿的存在(Grünsein)。

固然,逻辑学要用力于情绪性思想行为所涉及的东西;不过,"这些行为"不可能是纯粹的逻辑学现象。与这些行为相似,作为逻辑学疑难的问题始终考虑,如何把这些现象划入逻辑学体系中。不能把这些现象放在逻辑学的判断疑难中,进而认为它们于此无需考察。

---

① 迈尔用的例子不是这个,不过与此类似,参前文。——原注

附　注

此文刊印之际,迈尔又发表了一篇相关研究《逻辑学和心理学》,载于《安罗斯·里尔纪念文集》,哈勒,1914年,第311—378页。逻辑学具有规范化的任务,迈尔的这一观点没有本质变化。"逻辑学与事实的东西无关,而是与典范的思想相关。对此逻辑学家内部达成了深刻的一致"!(第313页)。不过,"典范的"(ideal)这个字包含一种危险的歧义性。"典范"的对立面可能是"不完满的",它要么"朝向典范",要么就是"真的"对立面,"真的"是与之不同的现实性方式。"典范的"还有第二种意义:它与逻辑学相关,但思想不是典范的,思想任何时候都是真的,毋宁说意义是典范的。迈尔引入一种区分:判断行为和判断。判断是行为的"最终状态",而且与有效性意识相连,但它"始终是一个主观的思想行为"。迈尔只不过就此意义承认行为与内容的区分,因为在判断内容中,无物能够以那种方式得到理解,即像在对象范畴中被思想(被把握)的被给予性那样(第321页)。不过,判断意义(内容)和对象并不结合在一起;作为事实的"绿树"和作为事物关联(Sachverhalt)的"树的绿色存在"是异质的。在缺乏有效意义的情况下,什么东西在判断中真理般地存在呢?"真理在先验的意义上这样出现:作判断的生命的思想作用的超越的被给予的东西进入把握之联系中"。(第324页)应该如何思想这一联系?这一思想作用在心理学上是真实的,同样,被给予的东西以及这一联系也必然在心理学上是真实的。因而,"地球围着太阳转"的判断先于哥白尼而真实地存在，迈尔认为这是不对的；这一判断只有依靠哥白尼才变成真实的，因为哥白尼作出了此判断。今后呢？只要人们把逻辑学判断看作心理上的实在，那么相对主义就难免会出现。他批判"绝对主义逻辑学"之时，以胡塞尔的一个区分作为出发点；而我认为这一区分完全没有成功。判断行为应当是有效的判断意义的"特殊化"、"从属情况"，而判断的意义当呈现"普遍的东西"。可是，意义和行为却属于完全不同的现实性领域，这两个领域并不是普遍与特殊的关联，毋宁说它们之间的关联处在两个彼此不同的世界领域内。要想说清楚逻辑的东西和心理的东西二者之间的区别，那就必须提出其它要素；而这些要素恰是胡塞尔极其不熟悉的。迈尔写道："概念实在主义（Begriffsrealismus）的特有形式站在绝对主义［对判断意义的坚持——作者注］的后面，我们没必要与之作根本性的争论"（第323页）。进而，他忽略了"绝对主义的逻辑学"所给出的唯一正确的反驳立场。只要短期内还几乎找不到同"逻辑主义"的批判性的争论，迈耶尔的论文就是值得关注的。

第三编　判断被刻画为一种基本的心理现象
（弗兰茨·布伦塔诺和安通·马蒂）

第一章　介绍

依据本研究的主导视角，对布伦塔诺理论的描述具有如下特点：我们可以直截了当地看出，他的判断理论源自何种提问。在《经验立场的心理学》①第1卷，布伦塔诺论述了"作为科学的心理学"。他把心理学定义为"心理现象的科学"②。此科学的任务是，把心理现象与物理现象划分清楚。他认为，心理现象的特有本质在于，心理现象"在自身中就包含意向对象"③。任何心理现象都涉及"内容"，并且指向对象，"不能把这里的对象理解为实在"④。任何特定领域的科学探讨都要求秩序以及对此领域的划分。此划分对于深入认识那些有待探讨的对象十分重要，同时要把此探讨

---

① 莱比锡，1874年。1911年出版了一个选本，以第2卷第5章开头，书名为《论心理现象的分类，〈经验立场的心理学〉相关章节的增补新版》。以下引用原版。判断理论在"选本"中未作改动。——原注

② 同上，第24页（《经验主义的心理学》，2卷本，克劳斯（O. Kraus）编，1924/1925年，第1卷，第27页）。——原注

③ 同上，第116页（克劳斯版，第1卷，第125页）。——原注

④ 同上，第115页（克劳斯版，第1卷，第124页）。——原注

带向可靠的道路,并且简化此探讨。对心理现象作分类,与所有划分一样,必定要立足于有待分类的对象之本性,也就是心理现象的本性。划分的角度必须来自对对象的考察;换言之,任何先天的原则不能决定这一分类。如上所述,心理现象的特点是指向对象,也就是"对象的意向性的内在实存"①。心理现象区域内的区分只能存在于这种"意向性的内在实存"。布伦塔诺发现,意识与内容的联系方式有三种,他据此区分了"三种主要的心灵活动"②。这就是:表象、判断和情绪活动。不过,他说,这些类型与"人们通常建立的类型"并不相同③。

为作此研究,只须选取第二种基本类型,即判断,并加以特别刻画。布伦塔诺赋予第二种心理现象以一种极其根本的意义,以至于判断只有在与表象的对立中才能彰显其特性。

以下刻画和批判性评论,除了研究布伦塔诺,还要考虑安通·马蒂(Anton Marty)的论文。马蒂毫无保留地赞同他老师的判断理论,并且在此基础上建构自己的研究④。

第 1 节 表象和判断

布伦塔诺认为,我们总是在"某物向我们呈现的地方"谈论表

---

① 《经验立场的心理学》,第115页(克劳斯版,第1卷,第124页)。——原注
② 同上,第261页(克劳斯版,第2卷,第33页)。——原注
③ 同上。——原注
④ 参马蒂(A. Marty):《一般语法和语言哲学之基础研究》,第1卷,哈勒,1908年(以下引用为《研究》)。人们还可比较这些论文:《论无主句》,载《科学的哲学季刊》,第8卷(1884年),第18卷(1894年)和第19卷(1895年)。——原注

象①。当我们听某物时,我们表象到一种声音。当我们看某物时,我们表象到一种颜色。布伦塔诺认为,表象意指的不是被表象的东西,即"内容",而是表象行为,一种心理行为。如若无物被表象,那就无物可评判、无物可追求。因此,表象显然是其它心理行为的基础。如若我要评判或欲求,那就必定要有某个东西被给予。对象的意向性内在实存方式,在表象(颜色,声音)之时,是一种简单的当下拥有。如果被表象的对象(Gegenstand)成为作认可或作否认的判断的客体(Objekt),那么意识就进入了与对象(Gegenstand)的一种全新的联系中;而意向性的内在实存是另一种东西。"我们把判断理解为一种(真的)设定或(假的)否认,这是为了与传统哲学用法保持一致"②。判断乃是心灵朝向对象的一种新的行为方式,判断意味着一种 ἴδιον πάθος[特殊的情绪],因而马蒂把这一理论刻画为"特殊情绪"的理论③。如果对象呈现在我们面前,我们对它既不认可,又不否认,那么在认可与否认之间,与这些对象对立着的我们绝没有任何摇摆不定的行为,这时,这些对象就是单纯被表象的。"任何意识,如若它不是判断(肯定或否定),也不是兴趣(爱或恨)"④,那么它就必定被理解为广义上的表象。

不过,布伦塔诺在阐述其判断理论时,并不满足于简单地引证直接明见的内在感知,即那种能够让人们认识到表象和判断之根

---

① 布伦塔诺:《经验立场的心理学》,第 261 页(克劳斯版,第 2 卷,第 34 页)。——原注
② 同上,第 262 页(克劳斯版,第 2 卷,第 34 页)。——原注
③ 《研究》,第 229 页,注释 1。——原注
④ 《研究》,第 277 页。——原注

本区别的内在感知;他也和其它理论作争辩,主要是与这种"传统意见"作争辩:判断在于联结或分离①。据此观点,纯粹表象是一个简单的东西,而作为联结或分离的判断是组合而成的思想。确切地说,表象与判断的区别乃是内容之区别,因为表象指向的是简单的东西,而判断指向的是组合而成的内容(属性之联结)。布伦塔诺也承认,这一区别有时存在;不过,它不是这样形成的,以致可称之为一种深入的且对心理现象而言内在的区别。也就是说,表象同样可以指向组合而成的内容,例如在追问之际,即判断还没有作出之际。相反,判断也可以指涉简单的表象。在任何判断中都会发生联结或分离,布伦塔诺认为这不对。他想到了欲求和情感,这些绝不指向表象联系和联结。认可与否认同样不指向表象联结。我们先确切地分析这个句子:"A 存在(ist)"。这里并没有"多少人会相信,且至今依然相信",依据 A 说出作为谓词的存在;也就是说,这里并没有认可"A"与"存在"之间的表象联系,毋宁说是认可了"A"。据此,可在同一意义上阐释否定判断。在"A 不存在(A ist nicht)"这个句子中,被否认的并不是存在,确切地说,并不是"存在"和"A"之联结,毋宁说被否认的还是"A"②。为了显示其阐释与其阐释的正确性,布伦塔诺指出,如若认可了整体,如表象联结,那就要同时肯定那些单个的部分。也就是说,如若认可了"存在一个有教养的男人",那就不仅肯定了男人和有教养之表象联结,而且也认可了,"存在男人"。把这一思想运用到上述句子

---

① 布伦塔诺:《经验立场的心理学》,第 271 页(克劳斯版,第 2 卷,第 44 页)。——原注

② 同上,第276页(克劳斯版,第 2 卷,第 49 页)。——原注

"A存在(A ist)"中,便会得出:如若真的要认可"A"与"存在"之表象联结,那么也要认可其中包含的 A。可是,这两种认可——对 A 的简单认可,对"A 存在"句中说出来的"A"与"存在"属性之联结的认可——何以区分呢?显然无法区分。于是可知:对"A"的认可毋宁说就是那个句子的真实且充分的意义,也就是说,判断的对象无非是"A"①。

依上所述,布伦塔诺得出如下重要结论:如若判断未必指向表象联结,那么"谓词"也就不是判断的本质性组成部分。

通过阐释实存概念(Existenzbegriff),可以更加深入地提出布伦塔诺判断理论的特性。深入考察这一概念比布伦塔诺的做法还急迫:因为他想把全部范畴句都"转换"成实存句,同时却不改变这些句子的意义。

第2节 判断和实存句

"存在"(ist)和"不存在"(ist nicht)在实存句(Existenzialsatz)中意味着什么呢?为了回答这一追问,布伦塔诺把范畴句转换成了实存句。"某个人是生病的"和"存在一个生病的人"这一实存句意义相同。相应地,"没有一块石头是有生命的"可以转换为"不存在一块有生命的石头"或者"没有一块有生命的石头"②。依据这些转换,即布伦塔诺想用于全部四种范畴句的转换,我们认识到:实存句的"存在"(ist)相应于范畴句中的系词"是"(ist)。系词"是

---

① 《经验立场的心理学》,第 276 页(克劳斯版,第 2 卷,第 50 页)。——原注
② 参看上书,第 283 页(克劳斯版,第 2 卷,第 56 页)。——原注

判断被刻画为一种基本的心理现象　　131

(sein)本身没有任何含义;系词"是"只是把表象之"印象"添加给判断的"印象"。其次,实存句中的"存在",正如转换所展示的那样,只是系词的一种"有歧义的东西",也就是说,它就像系词一样没有独立的含义;于是,"存在"也可以不是判断中的谓词。被人们看作判断之本质要素的东西,即对多个部分的联结,经证实,只是"语言表达的东西"①。只有对判断作反思,才会获得"存在"概念;据此,他认为"存在"不可能是判断中的谓词。马蒂则说:"设若我们从未下过作认可的判断,那么我们就不会拥有存在概念②。这个可疑的概念表达的无非是对象和它会认可的判断之间的联系。"无论我说一个肯定判断是真的,还是说它的对象是存在着的;无论我说一个否定判断是真的,还是说它的对象并不存在。这两种说法讲的都是一回事"③。也就是说,"存在"与"不存在"乃是肯定判断与否定判断的真实的概念相关项。

实存判断,在其表达"A 存在"或"A 不存在"中,离判断之本质最近。因此,"命题"的必然组成部分只是一个名称,即一个标志,即唤起某种表象的标志,即把被表象的东西呈现为有待认可或有待否认的东西的那个标志④。表象与判断之区分,毋宁说意识与对象的新的"关系方式",即认可与否认,才是判断的特性,由此可以区分它和表象。

---

① 《经验立场的心理学》,第289页(克劳斯版,第2卷,第63页)。——原注
② 《科学的哲学季刊》,第8卷(1884年),第171页以下。——原注
③ 布伦塔诺:《论道德知识的起源》,莱比锡,1889年,第76页。——原注
④ 马蒂:《论无主句》,载《科学的哲学季刊》,第8卷,第184页以下。——原注

第二章 批判性评论

布伦塔诺认为,判断乃是一种基本的心理现象。"任何判断,任何回忆,任何期待,任何推论,任何确信或意见,任何怀疑,都是一种心理现象"①。再清楚不过了:这是在心理学上把握和探讨判断。布伦塔诺最终也不过是想搞心理学,即一种从经验立场来看的心理学,而且他为(für)这种心理学草拟了他的理论。因此,很明显并没有搞清楚,他究竟如何刻画逻辑学判断的特性。

布伦塔诺最近甚至还明确抗议过心理学主义的责备。"人们责备我的认识论是心理学主义;用流行的话说,有些虔敬的哲学家由于采用了新词语就被钉死在十字架上②,宛如好些保守的天主教徒被冠以现代主义(主张上帝与我们同在)的帽子"。心理学是否扰乱了好些"哲学家"心灵的平衡,这就无法也无需确知了。如若这一刻画——把一种理论刻画为更加心理学主义的——意味着一种责备,确切地说,还有待商榷,只要人们还在哲学中,认为关于情绪和价值判断可以作自由研究,而且追寻着这种自由研究。

尽管布伦塔诺作了抗议,但他的判断理论还是心理学主义。如果人们对布伦塔诺说,这是一种否认认识的普遍有效性的理论③,那么他就会理直气壮地辩解道,他从未传授过这样的观点。问题在于,借助那种"定义"是否可以最内在地把握心理学主义的

---

① 布伦塔诺:《经验立场的心理学》,第 103 页(克劳斯版,第 1 卷,第 112 页)。——原注
② 《论心理现象的分类》,莱比锡,1911 年,第 165 页。——原注
③ 同上,第 165 页。——原注

本质。上述学说可能是心理学主义认识论的最终结果之一；必须对心理学主义的真正本质作如下规定：心理学主义把与心理的东西相对立的逻辑的东西的特性、与心理实在相对立的逻辑对象的本己现实性，这两个东西都搞错了①。

就此而言，布伦塔诺的批判理论是心理学主义的。因为以下可能性其实并不存在：布伦塔诺只是想写一部关于判断的心理学，而且上述诸种论证从一开始就没有对象。毋宁说，他确信：他的判断理论"会导致基本逻辑学的颠覆，但也会导致基本逻辑学的重建。那时一切将变得更加简单，更加透彻，更加确切"②。在其《心理学》之前，他就写道："深刻的逻辑学必须进入其（心理学）领域。逻辑学之所以在某些时期会变得缺乏成果和枯萎，就是因为逻辑学的根须没有插在心理学的土壤中，没有在此土壤中汲取到生命的营养，没有其它原因"③。在这一段结尾"论心理学主义"，这一思想重复了一次④。

布伦塔诺通过其提问方式错置了通往逻辑学的东西的道路。他只对心理行为以及与对象相对立的心灵活动感兴趣。对象本身，思想的内容，判断的内容，对他来说始终是不重要的。"这方面"，形象地说，作判断的主体的逻辑对象这方面发生了什么，布伦塔诺注意到了，并且把判断的本质移置到其中。绝对强调作为判

---

① 参看前面本论文的导言和后面第五编。——原注
② 《经验立场的心理学》，第302页。（克劳斯版，第2卷，第77页）。——原注
③ 《亚里士多德的心理学，特别是关于制作性努斯的理论》，美因茨，1867年，第1页。——原注
④ 《论心理现象的分类》，第167页。——原注

断特性的认可和否认,在他的理论中会引起独特的阐释。认可和否认究竟意味着什么?这当然不是一个盲目的心理学过程、一个心灵的改变;当我否认"A"时,这也许并不意味着:消除;我必须当下拥有它,以便否认它,即把它设置为不存在(nicht seiend)。认可与否认这些词语的不确定性和另一个不确定的概念"实存"(Existenz)关联在一起。

首先人们可以比较一下这两个判断:1. A(这棵树)存在。2. a 大于 b(数学上的关系)存在。两个判断均可被回溯到基本的"实存句"上。前一判断中,我用"存在"(ist)想表达的东西显然不同于后一判断。A(这棵树)存在于某个时空环境中,而在后一判断中,这样去"意指"某个东西,很可能是无意义的。虽然布伦塔诺同样认可"A"和"a 大于 b",但是两种认可的意义却不同;如若认可等于肯定,那么仅当对某个不同的东西作肯定时,才会出现一种差异性。于是,如若我们首先追问,可以绝对地认可什么以及在判断中实际上可以认可什么,那么我们就到了决定性的时候。认可必定是恰当的,否则,在布伦塔诺看来,就不会产生任何判断。显然,认可的恰当基础存在于被认可的东西那里,或者存在于被认可的东西所处联系的依据中,或者直接就存在于这种联系中。为什么 a 大于 b(a=5,b=3)被认可,是因为它要求 a 大于 b,并且它被要求着,因为它是这样的。这种本质存在(Sosein),确切而言,"较大存在"(Größerein)被认可。不过,人们还要详加注意,其实并不是"较大"被认可,毋宁说 a 与 b 的关系的有效性被认可。其实人们只能认可有效的东西。认可"一百万德国士兵",这意味着什么?关于判断的逻辑学的任务并不是要呈现出对象的"意向性内在存在"的方式,而是要学会自由观看认可之对象(这个从……到……的认可是一种心灵活动),并且在此对象的独特现实性方式中去研究和评价这一对象。

第四编　判断的本质在于对象所要求的心理主体的行为
（泰奥多尔·里普斯）

第一章　在其发展历史中介绍这一学说

冯特在获取判断之际，提出了先行的分析作用，认为原初判断就在于这种分析作用①。如若可以预先把里普斯的判断理论理解为冯特理论的对立面，那就可以说，里普斯把判断看作"行为"、追寻逻辑学原始判断的行为。设若这能带来有意义的时空规定性，那么逻辑学判断就必定在某个东西的中间（zwischen）、被上述两种理论把握为判断的东西中间。可是，逻辑学判断既不在分析作用和认可行为的中间，也绝不在心理过程的层面上。正好相反，逻辑学判断是超越的（transzendent），并且在"意义"的领域。研究里普斯的判断理论是有趣的，因为我们会看到他观点的发展：不断前进深入构造和深化，即使从原则上放弃前期立场，也毫不畏惧。

于是，这也许意味着，现在不能再把里普斯看作"心理学家"了。这在某种意义上是正确的，因为对思想规律的自然主义和现

---

① 参见前面第一编。——原注

实主义看法现在已被遗弃。例如,胡塞尔①为了抵制里普斯的逻辑学,曾给予此种看法一种合法基础。

不过,里普斯的逻辑学还是没有克服心理学主义。若要保持这一论断的正确性,那就要呈现出心理学主义思想方式的深入运作,而且要在逻辑学的另一分支领域,即"思想规律"的领域中呈现。

里普斯观点的转变(Umbildung),虽然旨在消除心理学主义的谬误,可是并没有实现其目标。即使如此,我们也还要关注其转变,因为此转变确实引起了判断规定方面的深化。由于他对判断的语言表达在前期和后期是同一的,而其含义却不同,所以形势就更显急迫。

一边展现里普斯理论的发展过程,一边描述他对自己的批判,就我们的批判立场而言,这是多余的。

在有待追问的发展过程中,我们划分了三个阶段。第一阶段包括:对冯特逻辑学的批判性阐释②和《心理生活的基本事实》③。依据上述批判性文章的一个注释,《心灵生活的基本事实》包含他的《详加阐述的认识论上的信念》④。

第二阶段扩展到《逻辑学的基本特征》⑤和《客观判断中的主

---

① 参见《逻辑研究》,第1版,第1卷,1901年,第3章。——原注
② 《认识论的任务和冯特的逻辑学》,载《哲学月刊》,第16卷(1880年)第529—539页,第17卷(1881年)第28—58页,第198—226页,第427—445页。——原注
③ 波恩,1883年。——原注
④ 《哲学月刊》第16卷,第537页。——原注
⑤ 莱比锡,1893年。——原注

观范畴》①一文。

第三阶段始于《心理学入门》②,不仅包括该书的后续版本,而且包括一些单独的富有价值的研究③。

第一发展阶段

第1节 哲学与逻辑学

若要处在里普斯④赋予逻辑学判断的那种核心位置上,那就要简要说出逻辑学和哲学的关系。里普斯从一开始就认为,必须同时探讨逻辑学(形式的)和认识论,只有这样逻辑学才不致总被人们说成是无成果的。也就是说,接下来我们要在广义上理解逻辑学。于是,逻辑学的特征依赖于对一般哲学的把握。

不同于其它科学领域的研究者,哲学家的特征似乎是:他们总是首先把科学本身搞成疑难。什么是哲学?与历史发展过程中出现的各门科学相比,哲学的任务何在?绝对有必要转换作为科学的哲学的原初概念。这里要注意两个角度。此概念所划定的领域必定是独特的,并且此领域要求一种与之相应的讨论方法;而且这个新概念研究的乃是一向被人们看作哲学的原初科学。"作为精

---

① 《哲学月刊》第30卷(1894年),第87—128页。——原注
② 莱比锡,1903年,1906年第2版,1909年第3版。——原注
③ 《心理学研究》,第1卷,第1期,1905年。《意识与对象》,第1—203页。——《内容与对象》;《心理学与逻辑学》,载巴伐利亚皇家科学院《哲学、语言学与历史学分类会议记录》,慕尼黑,1905年,第511—669页。——《自然哲学》,载库诺·费舍尔纪念文集《二十世纪开端处的哲学》,海德堡,1907年,第58—182页。——原注
④ 《哲学月刊》第17卷,第54、55页。——原注

神科学或内在经验的科学"的哲学定义满足了以上两个要求①。心理学、逻辑学、伦理学和美学都基于内在经验。"它们的对象是各种表象、感受和意愿行为……"②。

于是,只有两种包罗万象的科学:哲学和自然科学,内在经验的科学和外在经验的科学。在哲学诸科学的范围内,"心理学,研究一般心灵生活的活动,及其要素和普遍规律的心理学,是一门基础学科,是其它所有科学得以建立的基础"(着重号为作者所加)③。因而,逻辑学是一门心理学的科学,这一点里普斯明确说过④。为了与这种观点保持一致,里普斯坚决反对以下论断:逻辑学探讨的乃是思想的规范化规律、思想应该遵循的那些东西⑤。

思想的合规律性并不是"依据规律的",像民法的应当那样,毋宁说是"物理学上的",确切而言,就是物理上的事实,只要这些事实的运作并不依据外在于它们的规范(Normen),而是依据那些在自然中存在的、似乎本就存在的规律(Gesetze)。也就是说,逻辑学与思想的"自然规律"有关。逻辑学要么是"思想的物理学,要么就什么都不是"⑥。逻辑学的任务是,把那些最终的要素和包罗万象的规律清理出来。逻辑学中不能有任何假言的设定、任何"捉迷藏游戏"。思想内容必须极其清晰且极其完整地成为我们直接意

---

① 《心灵生活的基本事实》,第 3 页。——原注
② 同上。——原注
③ 《心灵生活的基本事实》,第 4 页。——原注
④ 《哲学月刊》,第 16 卷,第 538 页:"我把认识事实刻画为心理分析。因此,我可以毫无顾虑地把逻辑学刻画为一门心理学的科学"。——原注
⑤ 同上,第 529 页。——原注
⑥ 同上,第 531 页。——原注

识的对象。"认识过程"是"直接可通达的"①。因此,逻辑学是一门内在经验的科学,并且是一门通向认识事实的特殊的内在经验科学。里普斯认为,为了完成这一任务,洛克、休谟、詹姆斯·密尔,包括康德,都作了"开创性的贡献"②。

第 2 节 判断与判断结构

如此规定的逻辑学的主题无非是:"与某些联结相连的、只应这样不应别样设想的"意识③。里普斯认为,这种意识就是判断。

通往这种定义的道路开始于统觉概念。统觉把心灵生活中的诸表象指派到统觉的"场所"。先前仅仅呈现在我们面前的东西,我们借助统觉完整且主动地具有了。而且在判断中似乎只能有如下作用:把一个表象纳入另一个整体中。

于是,里普斯认为,统觉与判断讲的乃是一回事,只是用词不同。

所谓纳入(Einordnung),可以在两个方向上活动。首先,那些关于对象、状态和事件的表象被指定了这样一个位置,这是它们在其余的对象、状态和事件之体系中所必然占据的位置。然后,要把诸表象带向"概念",即我们制作出这些表象与那种"致力于记录、概览和传播思想内容的语言标志系统"的联系④。判断活动(Urteilen)也许就意味着这两种纳入活动。里普斯不同意这种看法,因为也有表象的组合排列(Zusammenordnung),却并不熟悉

---

① 《哲学月刊》,第 535 页。——原注
② 同上,第 539 页。——原注
③ 《哲学月刊》,第 17 卷,第 55 页。——原注
④ 《心灵生活的基本事实》,第 394 页。——原注

对象的名称。哪里不缺乏这些概念(名称),哪里就会出现进一步的认知行为,以便进行表象之归类(Zuordnung),也就是进行原初的判断①。

也就是说,里普斯把判断界定为"构建着我们全部知识、认识和意见的那些简单的心灵行为"②。与单独的表象相对立,认知(Wissen)是对"判断"的一种特殊且恰当的新刻画。这个特殊的东西有待深入探讨。

统觉,作为"场所之指派",乃是一种认可,因而判断也是一种认可。判断中被认可的乃是我们并非任意而为的东西;我并不只是在意识整体的某个场所体验到表象,毋宁说,还有某个独特的东西携同出现:应当如此存在之意识(das Bewusstsein des Soseinsollens)。我意识到,"我的心灵行为或体验具有客观意义,并非单纯存在(sei),而是有效(gelte)"③。

因而,有效性意识与单纯统觉相对立,并且有效性意识是新东西。有效性意识随处出现,也会出现在单独的表象中,即原初的特殊感受。它一出现,判断就呈现在我们面前。

里普斯认为,"有效性"、"客观含义"和"现实性"这些表达的含义相同。也可以把判断改写作"现实性"之意识。

我们来追问这一意识的本性。现实的东西乃是应当如此存在的东西。例如,我正在听一个声音,并且我想让它滑向另一个声音,"这时我就会有一种感觉。每当心灵过程陷入对立面之际,这

———————

① 顺便暗示那种极端的唯名论(Nominalismus)。——原注
② 《心灵生活的基本事实》,第 395 页。——原注
③ 同上,第 395 页。——原注

种感觉就会浮现"①。在一个仅仅被设想的(vorgestellt)声音那里,我反倒可以轻易地实现一个声音向另一个声音的滑入(Hinübergleiten)。在首次尝试中,里普斯借助被听到的声音把延滞感(Gehemmtsein)解释为一个对立面,并且此对立面处在"我的自由的主体表象与强大而陌生的客观的东西之间"②。强迫感出现了,它乃是区分现实存在和被设想存在的标准。并且这样的话,现实性意识的本性、判断的本性,就在那种强迫感、那种费力之感觉中被澄清了。里普斯更加具体地刻画着这种对立的感觉:"在此对立的感觉中,有一种互相作用通往我们的意识。这种互相作用乃是,我们自由的心灵生活和那种从边缘而来而后进入生活的东西这两者之间的相互作用"③。

里普斯在批判冯特逻辑学之际,却与冯特对判断两大组成部分的刻画保持一致。冯特把主词规定为"被思想的恒定概念",并且把谓词刻画为"可变的表象"。里普斯只不过想把这些规定和刻画在逻辑学上做得更深入些。谓词只是作判断所朝向的东西,主词是实施判断的场所;主词是"恒定持存的东西"④。要这样阐释主词和谓词的关系:逻辑主词乃是"我能够有意识地设想谓词内容所需的"条件⑤。

第3节 判断形式

判断是现实性之意识。因而,判断形式必定建基于这一意识

---

① 《心灵生活的基本事实》,第397页。——原注
② 同上。——原注
③ 同上,第409页。——原注
④ 《哲学月刊》,第17卷,第206—207页。——原注
⑤ 同上,第214页。——原注

的某种样式,确切而言,建基于这一意识彼此不同的产生方式。

强迫感主要是由感受造成的。也就是说,被感受到的东西首先是现实的。但它仅仅跟随着再现的表象。许久以后我还可以谈论听过的声音,它曾经是现实的。我现在还可以如何断言呢?例如上述声音之回忆表象如何成了强迫感?借助这一回忆表象,这一强迫感可以再现出来吗?由于所有表象在所有情况下,由于它们可回溯到感受的最终基础上,都要为此强迫感负责。这是不对的。因而强迫感的出现依赖某些条件。我从记忆中唤出来的那个声音,并不是作为声音而拥有强迫感,毋宁说必须在这种条件下:在"思想中",在特定的时空联系中,我把此声音归入其它的表象内容中。这一声音的现实性并不是被绝对赋予的,毋宁说仅当它进入我的表象世界的某个位置,它才具有现实性。

强迫性力量始于这些联系。

在感知判断中,现实性之意识直接从感受的基础上产生,它的"位置"是绝对的。而反思判断却是一个再现过程,此再现过程"汇入现实性意识的产生中"①。它的位置在思想中,是相对的。

必须把有条件的判断(反思判断)和假言判断区分开。假言判断的存在不是因为条件被满足,而是当条件被满足时,它存在。"如果存在太阳居民,那么一定和我们长得不一样",这个判断中也可以遇到现实性意识。这是因为:只要我思想并且经常思想前件,那么后件对我而言就具有现实性之含义。不过,假言判断中的这种有效性意识不稳定且不持久。如果我能确定这一条件,那么"这

---

① 《心灵生活的基本事实》,第 398 页。——原注

种现实性意识就会落空"①。于是,情况也许是这样的:前件之表象若要拥有现实性意识,那就要依据其它表象。而其它表象是否拥有现实性,还有待进一步考察。这一表象联结之系统只有在感知判断的绝对场所才能获取最终的支点。

据此,我的感受的联想性关联的含义和必然性也得以澄清。如若缺乏此联想性关联,那么所有过去的经验就都变成虚幻了。"我的此时此刻(mein Jetzt und Hier)乃是一切现实性,也就是一切认识的最终枢纽(Angelpunkt)"②。

任何联想,只要它承载着一种表象之必然性,都有"潜质"(Zeug)成为判断。如若一种必然性断定了与之对立的联想,那么在此必然性中就会有一种有效的肯定判断居于支配地位。任何判断都来自这样的争斗,来自对立联想之间的"互相作用"。因而,任何判断都有肯定和否定两重因素,即在此争斗中胜利的一方和被压制的一方,分别是肯定的和否定的。把"有阔叶"(Blätterhaben)"添加给"橡树之表象,这是肯定性因素。"有针叶"(Nadelhaben),乃是对肯定因素("有阔叶")的压制,借助肯定因素,里普斯把"有针叶"称作否定因素。肯定性因素不容许否定性因素立于己侧,这是一种"源初表象的事实"③。与此事实一同得出的还有:表象对立面的现成存在、一般的心理学事实。任何思想必然性都是"心理学事实的产物"④。否定判断只想事后说,肯定性因素不容否定性

---

① 《心灵生活的基本事实》,第 399 页。——原注
② 同上,第 400 页。——原注
③ 同上,第 411 页。——原注
④ 同上,第 411 页。——原注

因素立于其侧。否定判断不是肯定判断之外的一个独立的东西，它仅仅是肯定判断本身的否定方面①。它的认识价值建基于对立的事实。如果我说，爱国心不是蓝色的，这就是一个无价值的判断。——若我说，玫瑰不是蓝色的，只要颜色本身适宜于玫瑰，这种情形就和以上判断不大一样，而通过以上判断我们已经可以得出，蓝色不被可能的颜色所兼容。

第二发展阶段

在探讨逻辑学疑难时，我们刚才遇到了经验主义和感觉主义的姿态。在我们所标识的第二阶段，这一姿态也不会消失。而且休谟的影响还会于此映入眼帘。于是，在此谈论第二个发展阶段，似乎并不恰当。必须承认：从第二阶段到第三阶段的进展，从第一阶段到第二阶段的进展，两种进展不是同等重要的。这里究竟有没有一种进展？当然有进展，因为逻辑学疑难开始得到更为深入和宽广的探讨。在新的探讨中，我们将遇到已经熟悉的观点，好些疑难在第一阶段根本未触及；而且不容忽视的还有：这些观点的极端心理学主义措辞明显退却了。

于是，对第二发展阶段的设定是恰当的，只要人们不在彻底转变的意义上去理解"发展"之表达。

第1节 判断与判断结构

与前一阶段一样，逻辑学依然被认为是"心理学的学科，因而可以肯定地说，认识只在心灵中发生，在认识中得以实行的思想是

---

① 参看《心理生活的基本事实》，第412页。——原注

一种心理发生"①。心理的东西与逻辑的东西如何区分,里普斯当然给出了明确的区分标准,即客体性,"被客体所规定的存在"②。因而,判断是"在表象中借助被表象的客体而必然存在的"意识③。判断可以简要刻画为"真理之意识"。因而"真理"绝不可能是判断的谓词④。

里普斯同时注意到,他的定义与那种一贯的设定保持一致,即:可以把判断表述为要么真要么假的东西(!)。

在《逻辑学》中,里普斯对形式判断与质料判断作了基本区分⑤,这有助于认识谓词自身的价值。

形式知识与质料知识的区别在于:形式知识中的必然性意识仅仅涉及意识对象,而不考虑这一意识对象是否客观现实地存在。因而,形式判断的客观必然性与"无条件的表象之必然性"是一回事。当我设想一个三角形时,我必定总是这样设想:两边之和大于第三边。形式判断的这一客观必然性还有待更加确切地规定。P归属S之客观必然性说的并不是这种不可能性:不能放弃P之表象而去表象S。也就是说,我可以单独表象S。毋宁说,这一必然性在于:如若我要把P归属给S,那么就不能用非P代替P。同样,在质料判断的客观必然性中,也并不是不能单独表象S,而是说不能用非P替代P;否则就会把S转变为一个非现实的东西了。

---

① 《逻辑学》,第1—2页。——原注
② 同上,第4页。——原注
③ 同上,第16—17页。——原注
④ 同上,第58页。——原注
⑤ 同上,第17页。——原注

我可以轻易地设想:人是不死的,而此处的谓词并不牵涉客观现实的人,即在经验中呈现出来的有死的人。因而思想必然性或逻辑必然性具有双重性:(在形式判断中)表象 P 决不可替换,因为:一旦替换的话,表象 S 的现实性就会消失。

现在可以对谓词作详细规定:谓词处在某个主词的预设之下,并且不可用它的对立表象去替换它。此不可替换的"思想联系"并没有牵涉作为主词的主词[①]。

主词和谓词是判断所特有的内容要素。于是,系词不是判断的第三个组成部分,至少不是统一的组成部分。如若还要一起表象主词与谓词的表象交织物中的诸联系,如时空联系,那么这些联系就不是必然的了。一个人想到,世界的合目的性要求上帝存在;但他并没有想到合目的性与上帝之间的任何联系。在合目的性的基础上去"要求"上帝的存在,这里也许会有一种逻辑上的联系。不过,这是一种普遍的联系,即"谓词内容对主词内容的归属关系"[②]。这是对任何判断的要求。"在判断之意识中,同样存在判断之行为"。这一普遍联系只能被刻画为系词。而系词并不是内容要素,也许系词是判断的第三个必然的组成部分。

第 2 节　判断形式

真正的("逻辑的")判断,即"完善"的判断,乃是那种排除任何对立的表象联结的肯定判断。于是,否定判断就与那种意识含义相同,即:不可把非 P 归属给 S。否定判断是肯定判断的反面。从

---

① 《逻辑学》,第 21 页——原注
② 同上,第 22 页。——原注

根本上看,肯定和否定(Bejahung und Verneinung)无非是意识到了"同一心理事实的两个彼此不同的方面"①。这一心理事实本身只能是肯定的,即它是对象联系的纯粹被给予性,同时这些对象联系必定把表象过程引向某个方向。由于这一表象过程始终具有转引作用,所以,若要考察这一表象过程,那就要依据那个作为转向的对立面。肯定是真理之意识,是判断之"完成";否定非真理之意识,是"对立判断之完成"②。

实存判断之疑难③没有给里普斯带来任何困难。实存判断的本质在意识中,受制于现有对象的必然性,同时不受主词之预设的约束。因而,实存判断是无主词的判断,是对谓词的直接且不受限制的认可(Anerkennung)。在实存判断中,"原始的质料认识"得以构成。也就是说,虽然它缺乏主词,但不能否认它具有判断之特性。它像任何判断一样,确实决断着存在和不存在(Sein und Nichtsein)。有人认为,实存判断中的现实性就是判断谓词的存在;里普斯坚决反对这种看法④。因为客观现实性不可能是判断谓词的对象或组成部分;现实性只能刻画出我们在判断中如何面对谓词的"方式"。在判断的语言表达中、在句子中,存在很可能被"说出来";不过,在句子中,我们只与词语联结有关,与逻辑区分无关(即里普斯所说的心理现实性,由于认可仅仅指向这些现实性)。

---

① 《逻辑学》,第33页。事实持存(Tatbestand),即认识内容,同上,第55页。——原注
② 同上,第33页。——原注
③ 同上,第51页以下。——原注
④ 同上,第57页。——原注

对于感知行为和回忆行为所包含的那些实存判断而言,只要它们的对象汇合到一种关联中,它们的原始特征就丢失了。如若这一关联被看作包罗万象的、唯一的,并且是总体性,那么人们就可最终通达"绝对的实存判断"①。原始的实存判断与上述绝对的实存判断之间还有许多随意的段落。最后,任何对象都被列入某一关联中,并且由此关联而获得其关联点,即主词。离纯粹的实存判断最近的是那种将其对象纳入普遍却未经规定的关联中的东西。至此谈论的是非人称判断。"下雨"(Es regnet)这个判断就把雨带入了一种多多少少被确切地规定了的时空性或因果性的关联中。因而,非人称判断就是这些"主词未经规定的"判断②。

通过推论判断之样式,里普斯前进到假言判断的本质。推论判断(Folgerungsurteil)具有一个特性:意识依附于它。推论判断由某些别的判断推导出来。推导出来的判断叫作作说明的判断或前提;从前提到结果判断的过渡,这就是推理(Schluss)。任何推论判断都隐含着一个推理。推论判断不仅意识到了主词与谓词之关系,而且进一步意识到,这一联系是合规律的,是原因与结果之关联。

在假言判断中,作说明的判断的"此"(da)转变成一个具有疑难的"如若"(falls)③;于是,结果判断也不再能够"实际完成了"。因此,在假言判断中,始终只存在这种意识,即"必然设想某个东西"之意识,如若某个东西还可以其它方式被设想。在心理学上出

---

① 《逻辑学》,第 54 页。——原注
② 同上,第 57 页。——原注
③ 同上,第 64 页。——原注

现的是这种合规律性,即:一个判断完成之际,另一个判断"同样"可以完成。

不过,这一合规律性只能通达如下意识:假言判断只能以此方式完成:追求一种"尝试性的实现活动";当我设想前提时,我必定会设想到结果判断。这种具有牵涉作用的思想过程通常使人有机会"常识性地"实现前提。假言判断本身,无法发现这种机会;因而,假言判断本身作为"意义判断"在其含义内容中始终是无法完成的。如若这一实现活动想成功,那么就只能在作为"意识之代表"的句子判断中;也许只需把意识或词语带入某种句型中。

句子判断对于意义判断的代表性作用,里普斯解释说:心理要素的互相作用以此方式并不是种类不同的,当这些要素没有被完全意识到,而只是部分地,甚至完全没有被意识到(!),却被给出之际。应用到这一判断上,这就意味着:主词之表象对谓词之表象在心理作用,即要求此作用的心理事实始终是可能的,即使没有充分明确地意识到含义表象的意识变化。可以把必然联系与那些有关含义之表象的词语联系在一起,而后意识之必然性就会把这些词语联系当作其出发点。在里普斯看来,假言判断是这样形成的:它作为句子判断只能在心理上得到实现。

第 3 节　判断基础与思想规律①

关于判断基础,可以说出三种:首先,主词始终是谓词的基础,由于谓词依赖主词,谓词可以且应当被带入与主词的联系中。其次,在推论判断中,前提是结果判断的基础。最后,要考察判断本

---

① 《逻辑学》,第 139 页以下。——原注

身完成的基础。此基础有两种:经验,以及精神的合规律性。这些基础"使诸表象内容能够适用于其它的主词或谓词"①。这里说的经验,乃是意识中被给予性的经验,完全就一般的意义而言。意识中的这一存在使某一表象或表象条件成为必然的。判断的直接基础是感知,间接基础是对象的曾在(回忆)或者对象之联结(联想)。这些如此这般被解释的判断可以概括为后天的判断。那就必定存在先天的判断,用以支撑那些"不依赖精神中经验的对象"②。精神中先天的东西,确切而言,就是精神本身(selbst),也就是其本己的合规律性。"精神活动"③不仅存在于感知、联想和经验内容之回忆中,而且也和判断一同存在;因而,不能仅仅谈论后天的判断。

精神的合规律性无非是思想发生的"稳定性或次序性"④,也就是这一事实:在相同条件下,必定思想相同的东西,并且意识中相同的原因可以得出相同的结果。这是精神的基本规律,并且就是它的唯一规律。与此相反,传统的思想规律不过是同义反复。

为了举出一例,我们考察思想规律在经验判断上的应用。此规律意味着:在经验的基础上,一个对象不能一方面促使表象的完成,另一方面又"放弃"(unterlassen)这种促使⑤。经验用法中的思想规律乃是"因果规律"。由于一个对象被设想了,所以另一个对象也必须被设想,此种"逻辑强迫"是由经验之联想引起的(!)⑥。

------

① 《逻辑学》,第140页。——原注
② 同上,第141页。——原注
③ 同上,第142页。——原注
④ 同上,第149页。——原注
⑤ 同上,第150页。——原注
⑥ 同上,第154页。——原注

第三发展阶段

最后勾画出来的"思想规律"之疑难清楚地表明了"心理学分析艺术大师"休谟的决定性影响①。在上述前言中,里普斯提出如下问题:在认识论领域休谟和康德究竟谁是"更为伟大的发现者"?他们两位当中哪一位最值得我们学习?不过,里普斯更相信他的预言:"人们现在还习惯于显而易见之要求下作判断,但人们终将超越这一点,并且以其它方式作判断"②。

里普斯后来的发展道路表明,预言不是哲学家的事情。因为在作出上述格言的五年之后,休谟就在原则上被放弃了。但在这一点上同时也显示出相对于先前错误的一种值得关注的无偏无私。

第 1 节 判断、对象与要求

在《心灵生活的基本事实》中,就像在《逻辑学》中一样,判断被定义为:借助对象而必然存在于表象中的意识,即现实性且有效性之意识。在《心理学入门》中,里普斯写道:"任何有效性之意识都是判断,任何对象之意识都是判断"③。

字面上的一致性隐藏着含义上的巨大差异。如若我们搞清楚新的对象概念,那就可以马上搞清楚这一含义上的差异。在《逻辑学》中,意识之对象是需要的,在同一意义上,内容和对象也是需要

---

① 参看里普斯为其所译的休谟《人性论》(莱比锡,1896年)而撰写的"前言"第 2 页。——原注

② 前言第 2 页。——原注

③ 《心理学入门》,莱比锡,1903年,第 141 页。——原注

的①。现在我们所面临的形势发生了变化。在《心理学入门》中确定了内容和对象之间的一种"对立"②,而且此对立极其根本,以致后来所有心理学都要仰仗它的认可与规定。内容被感受,被感知,被表象,而对象却被思想。对象是被意识的东西,我"有意识地体验着"③它的对立面;对象是被统觉到的东西,它的对立面乃是单纯被觉知到的东西(das Apperzipierte),即内容。与我对立着的对象,在我之中(in mir),对我而言(für mich)而存在。

当我谈论、判断以及思念我的朋友时,他的图像肯定会出现在我的心灵。不过,我并非针对此图像而作判断,也并非怀念此图像(由于它就在面前),毋宁说:似乎所有这些行为都"穿越"了这一图像,即表象内容,并且通达了在其存在方面完全与此内容不同的作为对象的朋友,这就是被意指的东西。那一内容,那一图像,为"代表"或象征,向我呈现出我真正意指的东西。当我考察一个立方体时,现实被感知到的东西,即原本的意识内容是某种平面的东西;而我所思想的对象却是三维立体的。里普斯使用 $\sqrt{-1}$ 这个符号更清楚地解说了这种对立关系(Gegensatz)。这个符号在性质上与复合数字领域的数字毫不相同,它的平方等于 -1。对象与"所有心理的东西绝对对立"④。如若人们把心理学上"发生的东西"和一切与之对立的东西混为一谈,那么他就是"心理学家"⑤。

---

① 参看《逻辑学》,第 140、141 页。——原注
② 《心理学入门》,第 55 页。——原注
③ 《含义与对象:心理学与逻辑学》,慕尼黑,1905 年,第 517 页。——原注
④ 《含义与对象》,第 22 页。——原注
⑤ 同上。——原注

对象意识（Gegenstandsbewusstsein），一种"独特的新的意识体验"，在感受内容的材料方面可以拥有双重方向。对象意识可以穿越感受内容，进而通达被意指的对象，或者把作为图像的内容本身加工成对象。对象世界是独特的世界。"究竟是在感受内容或感知内容中，还是在单纯的表象内容中去思想对象，被思想的对象并不依赖这些"①。借助这一"自在"（In－sich－selbst－sein），对象随着一种"要求"呈现在我们面前。

随着要求（Forderung）②概念而出现在我们面前的乃是判断理论中第二个重要的东西。

要求之思想作为判断理论的概念，就像心理学的概念一样，十分重要。一个对象作要求，这意味着，此对象要求被认可；作要求之特性乃是作为事实的事实所承载的东西；这一事实的现实性意识是其作要求之意识。对象作要求，只有这一点改写着事实性。与前期的观点完全相反，里普斯现在明确地注意到：要求作必然的认可，这一意识"不是强迫性"（Nötigung）③。此强迫性乃是心理学上的东西，而作要求是逻辑学概念。如若我不情愿认可这种逻辑上的要求，那就很可能出现一种心理学上的强迫性；不过，下一次我的心理学上的意识状况就会变得乐于认可逻辑学上的要求。这一次都是次要的、非本质的、心理学的要素。对象，作为仅仅被思想的东西，它"并不会造成心理上的影响，也不会接受心理学上

---

① 《意识与对象》，载《心理学研究》，第1卷，1905年，第31页。——原注
② 关于这个问题，比《心理学入门》更为详细深入的讨论，参看里普斯的心理学研究，《意识与对象》，第7章，第76—91页。——原注
③ 《心理学入门》，第59页。——原注

的影响,毋宁说此对象(只是)作要求"①。

对象作要求,并且这些要求被断定,这些可以简要刻画为"有效性"②。在对象之意识中,思想在把握中越出自身,进而指向了某个不在意识中却对于意识而存在的东西。意识有能力做这件独特的事情:"超越自己这一方面"。我的作要求的意识并不是作要求本身,毋宁说是我的作要求的体验。

于是一切都准备好了,这一点可以理解了:判断之为有效性之意识,此定义现在具有一种完全不同的意义。有效性之意识是被要求之意识(Bewusstseins des Gefordertwerden)。里普斯现在谈论的不再是唤起诸表象的"强迫感",不再是存在于表象联结中并且引发"有效性"意识的"强迫性力量"。现在要以完全不同的方式去认识有效和必然性的心理学事实。现在,有效等同于作要求,即对象和对象之诸规定性之间的互相归属,因而完全不同于心理学上的互相强迫。

"判断的对象在判断中被思想,但此对象的诸种要求不能被思想,只能被体验"③。例如,我当下感受到的兴趣,就是被体验到的。玫瑰花这一对象要求把它思想成红色的,这一要求不能被思想,只能被体验。要求之意识乃是要求体验。"我对此体验的回应是对要求的认可,或者是作判断的行为"④。我"聆听"到要求的某种"呼声",并且这一"聆听"在我之中(in mir)。紧随着这一聆听

---

① 《心理学入门》,第60页。——原注
② 《意识与对象》,第91页。——原注
③ 同上,第85页。——原注
④ 同上,第86页。——原注

出现了我的认可、我的肯定。要求必须在对象那里实施,但此要求不是对象,也不是部分对象,毋宁说是某个"对象性的东西"。

还可以从另一方面更确切地洞察判断行为的本质。我们行进在那条被纳入"基本事实"的道路上,并且把统觉当作出发点。在那里,人们认为,统觉在意识内容的领域指引着场所。由于引入了上述对象概念,这里的形势也发生了变化。

我们注意到那些现成的被觉知到的意识内容,当这种注意力的内在转向活动完成之际,出现了那种"素朴的思想行为"。在内容中被展示出来的对象,如若我已经通达了它,那么它对我而言就是对象,我意向着(intendieren)它,意指着它。从这一单纯的意指,即从某种点性的东西出发,真正的思想活动之为线性的东西继续前进:我探寻对象,并且反思对象。这一思想活动不同于那种在素朴的思想行为中完成的作转向的活动,这一思想活动仿佛是注意力的更高阶段。里普斯称之为"统觉性活动"。这一思想活动,作为对对象的探寻,在对对象的应答中,也就是在真正的判断行为中,得以再次完成。这一应答告诉我,对象提出了哪些要求。判断是对这一要求的意识:"存在某个东西,它不是我的,而是对象的"[①]。作判断与认可或否认之认可恰好是一回事。什么被认可了,什么就是对象的诸种要求。

这一认可同样也是点性的,"咔嗒"一次性的行为。在此事情上,里普斯评注说:被认可或被否认的东西被称之为"判断",这一

---

① 《意识与对象》,第 57 页。——原注

被认可的东西与迈农的"客观的东西"含义相同①。对此,人们可以说,它有效,或者,它无效。同样地,判断也在判断活动的意义上是有效的,也就是说,在那种"判断"的"判定"的意义上是有效的。只是对这种判定才可以在真正的意义上说,它是真的还是假的。假的判断,也可称之为错的。在其有效性要求方面,判断不能出错;能出错的只能是"我"。被把握为认可行为的判断也和"共同的语言用法"相一致。"判断,对任何人而言,都是可借以证实自我的东西"②。

第 2 节　判断结构与判断形式

依据那些现在被纳入判断理论中的新概念,从现在起,作要求的东西被规定为判断的主词。于是,谓词必定是"应主词之要求,在思想上有待添加出来的东西"③。有人认为,判断的组成部分主词与谓词乃至系词,现成存在于任何判断中。里普斯认为,这是错误的。在此问题上,他依旧恪守从前的立场。在一个简单的性质判断中并不存在主词和谓词的"对立"(Gegensatz)。性质判断是一种认可,被设想的东西就是被规定的东西。性质上的规定性对自己也作要求④。这一判断的语言形式是命名(Benennung)。

前文⑤把实存判断刻画为主词判断,并且同时强调,此处存在的不能是谓词。现在完全放弃了这一说法。在实存判断中,"在性

---

① 参看《论设定》,《心理学和感觉器官的生理学杂志》增补第 2 卷,第 7 章,1910 年第 2 版。还有:《论对象理论在诸种科学体系中的位置》,1907 年。——原注
② 《意识与对象》,第 60 页。——原注
③ 《心理学入门》,第 142 页。——原注
④ 参看上书,第 143 页。——原注
⑤ 参看本文前面第 137—138 页。——原注

质上被规定的对象正是作要求的东西,也就是主词;具体存在(*Dasein*)或被设想到的东西乃是谓词"①。

不过,在此判断中,如同在纯粹关系判断中,缺乏谓词对象。当互相联系着的对象的诸方式,例如同一,被要求之际,缺乏的却不是谓词,即联系的方式,毋宁说缺乏的是对象乃至系词。也就是说,里普斯并没有把纯粹关系看作对象。

只有当主词对象和谓词对象在同一个判断中对立出现时,譬如在互相归属的判断中,系词才会出现。在此判断中,相关对象被要求以某种方式归属另一个东西。这棵树位于房子旁边,系词也许就是这里的"在……旁边"(neben)②。

系词也可采用另一意义,即"关系之有效性"。这一"有效性"把主词和谓词"合乎逻辑地"系在一起③。"这棵树位于房子旁边",在此判断中,房子一定是"在树之外,在思想上添加出来的东西"④。

前文附带评注说,里普斯没有把这一联系(Beziehung)看作对象。在逻辑学的诸种关系的显著含义那里,我们有兴趣了解,里普斯究竟如何解释关系判断⑤。在上述判断中,即在同一判断中,差异判断和相似性判断中,都牵涉到"精神中的一种互相归属关系"。人们要求某种"共同思想的方式",一种完全或部分或渐进的"对思想行为的掩盖"(!)。譬如在同一性判断中,我有这种意识:诸对象(!)

---

① 《心理学入门》,第 143 页。——原注
② 同上,143 页。——原注
③ 同上,第 144 页。——原注
④ 《意识与对象》,第 70 页。——原注
⑤ 同上,第 76 页以下。——原注

要求,把它们在之中被思想的思想行为替换为另一种,或者把两个思想对象思想成一个。差异判断是这一意识:必须以特殊的思想行为去思想各种对象。

类似地,里普斯也阐释了数量判断。

第二章 批判性评论

在作批判前,有必要搞清楚如下问题:里普斯在多大程度上认为他的前期观点需要修改?还有:究竟是哪个地方发生了转变?这一转变是进步吗?为什么?

在他思想发展的每一阶段,里普斯都把判断解释为有效性－现实性意识。判断乃是这一事实:我意识到一种现实性。在任何措辞中,被意识到的行为(der Akt des Bewusstwerdens)始终被当作判断的构成要素。即使有区别,区别也只在于,意识,即认可行为所涉及的东西。某物被认作有效,依据这一确认过程,总能得出另一意义上的"有效"。

在前两个阶段,我们遇到了,作为有效性材料的认识事实,即诸表象和诸表象联结。在与心理的表象活动的对立中,意识认识到自身。一起出现和互相联结,仿佛是诸表象的联结。把这些表象分解开,并且让它们和其它成分联结起来,意识的这一尝试失败了。进行认识的心理自我在一种阻抗感(Widerstandsgefühl)中体验到这一无力状态;此阻抗感在另一方面也表现为一种强迫感,去认可那种强加的表象联结。这一必然性,像在实存判断一样,甚至可以开始于一个单独的表象。在否定判断中,诸表象的圆圈,与表象复合体所断定的东西,这二者看起来互相对立。每一表象事实,同时也是心理上实在的,在此的且肯定性的东西。否定判断只能是这一事实的另一种表达:肯定的表象连接(Verknüpfungen)克服了另一种尝试过的联结(Verbindung),并且由此断定了自身。否定判断缺乏任何独立的特性。哪里有诸表象的此种争斗并且表象可以得到实现,哪里就会有产生有效性意识。在假言判断中,如果前件在心理上没有实现,那么后件,即前件在心理上所要求的东西,也无法实现。仅当前件发生了,后件才会必然地进入具体存在(Dasein),现实性意识也才必然存在。

由此感觉主义和心理学主义的思想方式出发,里普斯也解释了他的这一观点:许多判断缺乏系词。这是由于:主词对象和谓词对象之间的联系,并不总是以可设想的时空性方式给出。例如这一判断:树位于房子旁边①。

里普斯还认识到系词的另一概念,即谓词归属主词这一"逻辑联系"。这我们后面再探讨②。与意识对立出现的有效的东西,这在任何情况下都可以清楚地摆置出来。这一"有效"说的是什么,也不难认识。这一层面上的有效意味着:唤起心理的强迫感(Nötigung),在进行认识的自我中引起一种强迫感(Zwangsgefühl)。有效是心理事实的必然性(Notwendigkei),是"逻辑(即心理的)强迫(Zwang)"。

里普斯思想的改变(Umbildung)如何由此而发生?伴随着认

---

① 参看前文第148页。——原注

② 在先天判断中,诸表象联结及其必然性不受制于对象。在先天判断中,必然性产生于精神本身的心理本质,产生于精神本身的合规律性。此种合规律性和自然合规律性比肩而立。思想的合规律性是思想发生的恒定且一贯的运作。——原注

可行为的意识,指涉的并不是心理事件、表象过程,毋宁说是表象内容所意指的东西、那个被思想的东西,即对象。对象的世界处在心理的东西之外,因而并不以心理的方式发挥作用。在引入对象概念后,心理强迫意义上的有效概念失败了。

对象并不发挥作用,而是作要求,要求被认可,也就是说,对象是事实上的。有效,如今意味着:合理地坚持要求。这些要求本身却不被思考,也就是说,对象再次被"体验"。对此体验,"我的回应"是,认可这一要求,这是判断的原本行为。

由于对象概念的出现,有效性概念就势必发生转变(Umbildung),于是判断的定义就肯定远离了心理学的领域,并且靠近了逻辑学所要求的形式。这一进步固然不可否认。不过,在关键点上,它作为认可行为,原则上仍旧处在心理学中。这一行为乃是"我的"回应,我对那一要求体验的回应。这一体验本身乃是我的自我的一种规定性,这一行为被刻画为心理活动的、现实性的"咔嗒一次性"(Einschnappen)。

但是,里普斯让我们停在此处。对象并不向这个或那个个体的自我作要求,而是向一般意识作要求。要区分心理学的双重概念。一般而言,里普斯把心理学理解为"自我经验的一般科学"[①]。这一自我经验要么是间接的要么是直接的。

间接自我经验的科学就是众所周知的经验心理学。它考察意识之体验,即意识在个体中如何发生。就这样,经验心理学超出了直接经验。经验心理学的对象是"现实的自我"、心灵,只要此心灵

[①] 《含义与对象》,第 562 页。——原注

具有意识之体验。"具有"要在"内在固有"(inhaerieren)的意义上去理解,不可把它与意识内容之"具有某个东西"混为一谈。相反,直接自我经验的科学考察的乃是纯粹的意识体验本身。

当我转向对象世界之际,我也就同时阻止了我的个体的自我;此时"在我之中起作用的乃是纯粹的自我"①。判断要求绝对有效性,这是因为判断始于对象。纯粹自我作判断。

借助经验心理学,同样不能获得思想规律,因为思想规律的普遍有效性并不建基于归纳。逻辑学规范并不传达心理事实,毋宁说表达意识之体验:"逻辑学是情感丰富的(lyrisch)"②。就像我的感受和意愿无法找到,只能体验一样,思想规律也只能体验。在体验思想规律时,同时给出了对超个体、超时间的自我的体验③。个体的自我,在特定的场所上,是超个体的东西④。对象要求被思想,而这一要求牵涉着一般意识。对象的现实性,就在于对象被思想。我满足对象的要求,也要遵循着绝对自我的规律去思想。在此思想中,我应对象的要求而进行体验,并且获得了现实性知识。不同于我的对象之要求是,我,"超越自我的思想行为的我,如何成为内在自我的诸种方式"⑤。

由此出发,也许可以理解这一应答,即关于绝对自我在哪里这个问题的应答。

---

① 《含义与对象》,第 545 页。——原注
② 同上,第 540 页。——原注
③ 同上,第 543 页。——原注
④ 参看《自然哲学》论文,载《20 世纪初的哲学》,第 2 版,1907 年,第 172 页。——原注
⑤ 《自然哲学》,同上,第 172 页。——原注

超个体的自我"要么在我们中,要么对我们而言是内在的;然而,不在我们中,毋宁说,对我们而言,它是超越的……它在我们中,但我们却不是它。正因为我们不是它,我们才应该是它"①。

绝对自我把所有对象纳入自身中,如若没有这些对象,那么绝对自我就只是一个"抽象物"。在绝对自我、"绝对现实的东西"、"纯粹活动"之外,无物存在。绝对自我,在无数的行为中,设置对象,并且把自身对象化到个体的自我中。"诸种对象化之一,我可以直接认识,这便是我。由于我精神的不可进一步回溯的机制,我无法认识其它的对象化。这就是其它个体的诸自我。此外我并不知道,一个个体的自我还能是什么;也许是太阳系,也许是每个细胞,也就是说,那个作为太阳系或细胞向我们显现出来的东西"②。

里普斯把他的这一立场刻画为"客观唯心主义"。为了营救判断的普遍有效性乃至一般逻辑学,他引入了对象概念,于是进一步走向"一般意识"概念。在此概念上,容易想起康德。其实我们可以借助哲学史上从休谟到康德的线索去标识里普斯的发展过程③。是否在先验心理学或先验逻辑学的形态中转向了康德,此处按下不表。里普斯始终倾向于并且赞同"纯粹活动"、"现实性",他并不是偶尔才使用"精神"一词。这些表明他有强烈的心理学倾向。在"一般意识"概念下,如李凯尔特哲学④所识的这一概念,也

---

① 《内容与对象》,第 663 页。——原注
② 同上,第 664—665 页。——原注
③ 特别参看上书,第 554 页以下。——原注
④ 参看《对象与认识》,第 2 版,1904 年。即将有第 3 版。还有:《认识论的两条道路》,《康德研究》,第 14 卷(1909 年),第 169 页以下。——原注

许人们无法寻找某种神秘的或心理的东西;于是,就容易看出里普斯的状况了。

那么,问题在于:在里普斯的判断理论中,绝对自我概念能够从原则上改变某个东西吗?

设若判断被置入先验哲学中,就像拉斯克①最近敏锐的目光所尝试的那样,那么里普斯的判断理论就不能再被质疑为心理学主义的理论了。如若且只要这样理解心理学主义——心理学主义把某种非逻辑的、实在的、心理学的要素带入运作之中,那么里普斯就始终是心理学家。他把认可行为看作逻辑判断的本质,并且由此基础出发去解决特殊的判断疑难。认可总是个体的事情,在时间性中被规定的行为、发生。

设若没有个体,那就没有判断;因为那将导致,无人去作认可。绝对自我也是在个体中起作用。逻辑判断,对里普斯而言,始终与个体的行为相关。

如若我们分析一下对象之设置和它对认识者要求的设置,那么还可以更清楚地明白:里普斯依然活动在心理学的范围内,尽管他作了很大转变。对象的要求,即被思想②,牵涉着我;我感觉到,我受到对象的规定③,因而一定要确定特殊的"对要求的感受"。里普斯把感受界定为"直接被体验到的自我的诸种规定性"④。在各种彼此不同的对象性意识那里,被引起的感受乃是"逻辑学感

---

① 《判断理论》,图宾根,1912年。——原注
② 《含义与对象》,第633页。——原注
③ 《心理学入门》,第250页。——原注
④ 同上,第249页。——原注

受"。对象的可能意识是必然性意识,是因果联系的意识。这种意识却刻画着"对象如何与我对立出现的种种方式,也就是对象如何规定我的种种方式"①。

相反,里普斯想严格区分这一"逻辑学感受"和所谓的"心理学理智感受"。这些感受与诸要求相对立,表达了那种不同的、被修改的、本己的行为,并且构成了"逻辑感受的心理学对立面"②。"纯粹逻辑学"和这些感受无关。相反,逻辑感受建基于一种对立,即我与对象之划分。逻辑感受乃是"意识的征兆",它意味着:某种陌生的东西进入了心理的生活关联中。纯粹逻辑学与自我的规定性真的无关,纯粹逻辑学与感受也没有关系。

于是不难理解:"逻辑感受"和木制的铁差不多。这种东西无处寻觅。必须反驳下列观点:在进行认识的自我中,逻辑内容很可能会对这一自我的状态给予某种规定。当然另一个问题乃是,逻辑感受是否不属于心理学的范围,不同于"心理学的理智感受"。里普斯必定会作此区别,因为他认为,逻辑判断和自我相关,只有借助这一自我的行为,逻辑判断才是可能的。

这一观点和以下内容紧密相关:与肯定判断相对立的否定判断的独立性和协同性,在此方面里普斯的看法不正确。任何要求都是某个自在的无条件的东西,并且作认可的行为本身就是一种立场(Position)。由于判断始终都是这样的肯定行为,所以就其本性而言,任何判断都不缺乏立场特征。于是,"否定判断只不过是

---

① 《心理学入门》,第 252 页。——原注
② 同上,第 252 页。——原注

通过另一个东西对一个肯定判断作了否定"①。这就意味着:作为禁令(Gebote)的各种要求不能互相兼容,它们会互相否定。由此出现了否定的逻辑要求,即"逻辑禁令"。而对此禁令立场的认可就是否定判断。

认可行为,在时间中出现,同样可以消失,作为肯定的或否定的行为和事实而消失。行为既不是肯定的,也不是否定的。认可行为也就不是否定的了,毋宁说,就是绝对的虚无。作为这一行为的判断,逻辑判断,我们只能推导出来,却不能见到具有这种性质的东西。行为绝不是判断出来的。

于是就清楚了:里普斯的判断定义,在很大程度上仍旧处在逻辑学之外。

肯定判断和否定判断之区分本身尚不完善,因为否定判断的逻辑独立性显得极其微小。里普斯在一条冤枉路上获得这一区分:他探寻着判断所牵涉的东西,而这些东西到头来却是一些不能兼容并且互相否定的要求。毫无疑问,这是对前期极端心理学主义阶段②的怀念。在差异判断和数量判断中,也可以非常清楚地看出来,里普斯以心理学主义的方式考察判断。设若在差异判断中,诚如里普斯的要求,要以特殊的思想行为去思想对象,那么就绝不会有任何对差异的认识。即使我以特殊的方式思想 a,也以特殊的方式思想 b,可我还是不知道,这两者是彼此不同的。唯有同时举出二者,我才认识到它们是彼此不同的。我如何通达对差

---

① 《心理学入门》,第 147 页。——原注
② 参看本论文前面第 132—133 页。——原注

异的认识,我如何在作判断之际证实自己,逻辑学的判断对这些事情不闻不问。"这是四棵树"在此数量判断中,我也不会实施四种思想行为。我在计数时证实自己,这固然不错。可是,结果表达何在?逻辑学家认为,这取决于此判断的意义;获取判断的心理学过程对逻辑学目的始终毫无意义。

于是很显然,要求概念(Forderungsbegriff)依赖心理学的要素;我所要求的东西始终是某个行为、某个实行、某个在时间中运行着的发生。"要求"之说法,绝对远离纯粹逻辑学,因为它总是指向这一思想:要求(Forderung)牵涉着满足这一要求的某个人。这种满足立即就获得了一种活动的特性,一种由此而来的行动的特性;在里普斯那里,情形就是这样。逻辑判断的本质竟然在认可行为中,因而这样的判断理论从原则上看始终处于心理学的领域。

还可以从另一方面去洞察要求概念的不足。我们看看判断的组成部分。任何伟大阐释都不会满足于这一问题:里普斯究竟能否以推理的方式在判断中把主词和谓词乃至系词区分开。行为,这固然是判断中本质性的东西,它始终是某个绝对统一的东西、一个事实,——追问这一行为的主词立刻就是毫无意义的。于是,为了得出主词与谓词之间的"区分"或"对立",里普斯要借助判断所牵涉的东西。作要求者被规定为主词,即对象;"应主词的要求,在思想中添加出来的东西"①,被看作谓词。原来,被要求的乃是,务必在思想中添加某个东西,可是在思想中,它必定始终是封闭的、被思想到的东西。在思想上的添加中,显然某个东西被添加出来,

---

① 《心理学入门》,第142页。前文第147页。——原注

而这就是谓词。尽管如此,若想在每个判断中都找到主词和谓词,那在里普斯看来就是错误的。他说,在其语言形式是命名的简单性质判断中,不能发现谓词。不过,任何判断都不缺少作为谓词对主词之归属①的系词。如若在上述判断中找不到谓词,那么又如何能找到作为关系的系词呢?主词和……之间?里普斯区分了谓词与谓词对象,这就加剧了眼下的不一致。在实存判断中,被要求的乃是"被设想的东西"(具体存在)。在关系判断"a 等于 b"中,某种联系、思想行为的某种实行方式,显现为谓词。也就是说,谓词处在上述判断中:必须设想,必须如此这般地思想。谓词的对立面,乃至作为直观联系的第二种意义下的系词,都缺乏。"这棵树位于房子旁边",这一判断展现出这两者。树提出的要求,不光是设想树,而且还要让人携同设想和思想某个东西,即作为谓词对象的房子。

依据里普斯的上述界定——谓词乃是在主词的要求下,被携同思想出来的东西,实存判断和关系判断都没有谓词。依据前文也可看出,里普斯在"a 等于 a"的关系判断中,并没有把说出来的"相等"关系看作广义的逻辑学对象,而是把此关系看作一种联系(Beziehung),确切地说,一种联系活动(Beziehen)。

这一判断理论的所有不平衡,从根本上讲,都是由于具有心理学色彩的要求概念。

要求概念给出了作要求者与被要求者的一种关系(Relation)。此关系的诸环节种类不同。对象,即作要求者,是某个非

---

① 前文已经暗示过此概念的诸种不同用法,见本论文第 147—148 页。——原注

心理学的东西,被要求者是一种心理学过程,即思想。于是,里普斯从原则上把这条道路转移到对谓词以及主词－谓词关系,即系词作严格的逻辑规定。

前文①强调,要求概念的引入在抵制极端心理学主义观点——"强迫"(Nötigung)——方面,固然是一种进步。不过,走出心理学且走进纯粹逻辑学领域,这种决定性的步伐终究没有迈出。逻辑判断的本质在于认可行为,即使这一观点也始终是心理学主义。

---

① 前文第144页。——原注

第五编　批判性研究的成果与纯粹逻辑学判断理论的展望

第一章　批判性研究的成果

把握任何作为提问的科学,都要依据其相应的对象领域。如若任何富有意义的提问本身,都是获得确定知识的首要且决定性起点,那么人们就务必搞清楚,这一"起点"有哪些基本要求。在任何提问中,都有某物被问及。被问及的东西,也就是问题的内容意义,它朝向一个对象。问题的意义势必面向一个对象;对此问题的回应乃是真实的知识,此对象乃是问题指向的对象。"这条二次曲线重几克"?严格看来,此问题并不是没有意义,只要从这七个字里能想到某个东西;不过,在此意义上有争论。此问题是不可能的,因为二次曲线作为曲线,其诸种构成性规定,以及它作为一般几何学对象,先天就排除了那种本质上适用于自然对象即"质料物体"的规定。此问题错看了几何学对象的本质,对此问题的任何回答,如若被当作可能的"知识",都必须在原则上看作谬误,并且加以驳回。

心理学主义也是一种提问,它身处逻辑学的领域,错看了逻辑学对象的本己现实性。这一规定还不足以说透心理学主义的本质。上述例子中,一个物理学问题,却在拷问一个数学对象。

心理学主义，顾名思义，就是以心理学提问拷问逻辑学对象。心理学主义不仅是拷问逻辑学对象的一个错误起点，而且根本就没有认识到逻辑学的"现实性"。在心理学主义看来，逻辑学的现实性并不是心理事物之外的东西，毋宁说，逻辑学的现实性就是心理学的现实性！心理学主义对逻辑学对象的错看，不仅是由于心理学主义只在一个方面，按照一个次要事实的特征考察逻辑学对象；它对逻辑学对象的错看不是单纯的错看（Misskennen），毋宁说是根本性的不识（Nicht－Kennen）。

只有确定了这一明显通往原则性因素的心理学主义概念，才能去评判，一个判断理论是否有资格伪装成逻辑学的判断理论。心理学主义是一种"怀疑认识之普遍有效性"[①]的理论；以此心理学主义概念，现在无法前进了。

对诸种不同的判断理论的批判性审视，正如前文所做的那样，不仅证明了这些理论不能应用于逻辑学，而且表明，这些理论中的心理学主义各有特点。心理学主义内部之所以会出现这些差异（Abarten），这是因为在刻画判断过程时考察的好些"方面"呈现了出来，于是对判断本质的追问也就方向不一了。不过，这些彼此不同的判断理论，作为心理学主义，在对判断的一般观点上，本质上是一致的。判断是一种心理实在、心理过程、行为、活动，此活动隶属心理现实性的关联，它时而在此，时而不在此，在其运作中掺杂着某种时间延续，并且引发着其它各种心理活动。

心理学认识简单的和复合的过程以及心理要素（诸种感受）；

---

① 参看前面第三编。——原注

组合而成的心理现实性就是由这些心理要素构建起来的。多数表象献身于判断以及某种秩序。

现在的问题是：从原初的心理要素出发，如何通达判断中的表象划分环节？深入考察诸表象及其联结，可以发现联想与统觉之间的区分。借助统觉，判断过程表现出相似性；判断活动确实可以由统觉的基本特征即二重划分性推导出来。这是冯特的道路。

但是，由统觉性精神表象活动的基本特征推导出判断，这是心理学主义。也就是说，在此推导中，必定会把判断看作心理实在；只有在时间性或至少时间中的现实性里，（判断的）产生和得出才有意义，才是可能的。

若要研究判断活动的本质，大可不必追溯心理过程，判断由以产生的心理过程，研究的目光始终朝向判断活动本身。问题是：判断是由哪些判断行为组成的。人们后来发现，在作判断时，会发生一种对诸表象的等同设置；其次，作判断的主词把表象设置为现实的，最后在判断出现的多数情况下，对象表象和句子表象相连。但是，要在构成判断活动的诸种行为中寻找判断的本质，此种方法是心理学主义。如若这种提问真的可实施，那么必定会把判断理解成心理活动。

人们完全可以在一个更加包罗万象的提问中去接近判断疑难，而不必期望如下提问会给出一个答案："思想的心理学发展史"，或者把判断活动分解成它的"逻辑学的划分行为"。如何给予心理对象的多样性以一种秩序？诸种心理活动中，哪些是独立且不可推导的？布伦塔诺说：这就是表象、判断和情感波动（Gemütsbewegung）。把判断刻画为心理现象的一种基本类型，这显然是心理学主义。布伦塔诺所作的对心理现象的分类最终也只能得到心理学主义,尽管包含好些正确的东西!以心理学途径发现的判断定义绝对是"猜想出来"的判断定义,而且有人想据此定义重塑逻辑学:由此可见栩栩如生的心理学主义。

在作判断时,可给出诸表象的一种关联,这一心理学主义事实促使冯特,在讨论一般判断理论和呈现"逻辑形式"之前,首先就讨论了有关表象及其联结的发生学研究。判断中表象联结的事实也是以下研究的出发点:作判断的自我(Ich)面对表象联结采取何种姿态。这些联结引起了主体中的一种强迫感,此强迫感必须认可这些联结。而且这种心理上被强迫的认可(Zustimmung)被看作判断的本质。这种考察判断从一开始就有一种正确的思想,由于目光朝向了判断活动运作之际呈现出来的东西;因此,这一理论很容易接近对判断的一种逻辑学把握。似乎只需跳出实在心理的自身强迫、诸种联结和由之而来的对表象的强迫引发。人们认出了在判断中被想到的东西,即纯粹对象性的东西,它不再是心理的东西,也不是由心理的回应引起的。在表象联结处出现的对象和作判断的主体这二者之间的关系,不是强迫的引发,而是具有要求的特征。尽管这是在本质上对判断理论的重塑和再造,可是,若说判断的本质在于对象对心理主体的要求行为,那就还是没有克服心理学主义。

若要避开心理学主义的一切障碍,对判断作一种逻辑学的研究,那就必定不能再面向判断活动产生和组成的问题。逻辑学的判断理论,借助对心理现象的分类,无法前进一步;它同样不能通过考察主体对对象的态度而得到本质性的知识。只有就其本质识别了逻辑学判断,才能作出一种免受非议的考察。

总是以时间性运作即活动(Tätigkeit)为特征的东西,必定处在纯粹逻辑学领域之外。

判断疑难不在心理的东西中。

第二章 对一种纯粹逻辑的判断理论的展望

165 人们有时会说,心理学主义由于其相对主义后果最终是自相矛盾的。可是这不足以得出反对心理学主义的积极证明,即这样一个证明:心理事物之外,还有逻辑事物的领域。首先有必要搞清楚,在多大程度上以及在何种意义上,在追问疑难之际,可以谈论"证明"(Beweis)。演绎意义上的证明是不可能的,因为大前提(Obersatz)必定要事先包含有待证明的东西。人们充其量只能表明:如若没有预先设定逻辑事物本身,只是在要求中隐含地附带思想逻辑事物本身,那么对证明的要求就是自相矛盾的。不过,要在根本上注意:现实的东西(一切成为对象的东西,处在对象性可能性中的东西,甚至"非现实的东西",这一切于此都可以被理解为现实的东西)①本身不可证明,最多只可显示。

经验主义——心理学主义也是如此——太安逸于一个基本规律,即:设定且只设定可感知的东西。"纯粹的逻辑学家"究其根本也作同一要求:清楚呈现出来的东西,既不能改变其含义,也不能

---

① 1914年第1版:现实性概念于此之所以作宽泛的理解,是对了对付一种广为流传且深入人心的先入之见,即:只存在自然现实的东西、自然事实。

亦可参看胡塞尔:《纯粹现象学和现象学哲学的观念》,哈勒,1913年,第1卷,第35页(《胡塞尔全集》,第3卷,1950年,第43页)。——作者边注

剥夺其含义,而只能朴素地接受它。如若经验主义者把一般可呈现的东西限制到感官可感知的东西上,那么这就是一个先天的教条主义论断;这一论断对经验主义来说是很糟糕的,因为他必须随时为此论断寻找证明。

然而,心理的判断过程"之外",有关对象性事物的独立领域该如何显示呢?如若我不想从一开始就徒劳无功的话,那就必须搞清楚:我在寻找什么?有待寻找的东西现身在何处?如若逻辑学和心理学拥有彼此不同的对象和互相分离的疑难领域,那么在心理学中就无法找到逻辑学判断。另一方面人们说,逻辑学固然要确定判断的本质,可是如若不知逻辑事物是什么,那就得不到任何可靠的东西。因此,当务之急是揭示出逻辑对象及其特性。

第1节 逻辑对象与有效性[①]

逻辑学的特有对象极其容易和直接地现身在判断中。可是,关于判断,我们确实还一无所知;寻找逻辑学对象恰是为了与之相随的逻辑学判断理论。我们不能把逻辑学判断当作出发点,因为

[①] 1914年第1版:有效性的认识论方面:为了认识事物的什么(Was)和如此(Daβ),作为现实主体的我,必须生活在其中的那个领域就是有效(Das Gelten)。

给予我对象性事物的素朴表象,并没有给予我表象者的持存,即含义,而只是给予了我它在内容上的什么(Was)。有关它的持存,我只能再次在有效的意义中(im geltenden Sinn)才能知晓。

科尔(Frischeisen-Köhler)(《科学与现实性》,1912年,第2部分,第188页)颇有见地说:"现实性不是思想规定性或被认可的有效性,……"。在并且通过有效的东西(das Geltende),我知晓现实性,并且我只能如此知晓现实性。只有我所知道和我能知道的东西,在某种形式中,对我而言才是现实的。相关现实性的形式在相关判断中凸显自身;判断是异样的东西(在何种意义上?),判断关涉的究竟是自然还是心理现实性,逻辑学的,数学的,还是形而上学的——还是这些持存的东西。——作者边注

我们恰是要寻找通往它的入口,进而寻找它本身。另一方面,在判断活动中的心理学主义领域,我们无法获得一个连接点,而且绝不可能获取,于是始终要把心理学主义的东西排除在考察之外。要彻底区分这两个领域,肯定会有困难,因此此困难也迫切需要由一个清晰的疑难设问来强调,困难的消除同样是容易的。

譬如,我凝视着面前这本书,并且作判断:"此书皮是黄的",这时我并没有意识到为何如此。这个"判断"突然出现在我这里,而我并没有故意对这本书的书皮作判断。又一次,在我思想的任意发散中,出现了对面前几本书的书皮颜色的比较。我比较着这些挨在一起的书籍。我再次通达了上述同一个书皮,通过区分它旁边的灰色书皮,我作判断:"此书皮是黄的"。或者,我习惯性地在散步,看见地上有一支黄铅笔。顿时我会回忆起那个书皮的颜色,再次作如下判断:"此书皮书黄的"。或者,我和某人谈论那托普的书《精确科学的逻辑基础》,此人却问了一个次要的问题:这本书是怎样装订的?我如此回答和判断:"此书皮是黄的"。在我对书皮作判断的所有不同情况下,我的意识状况肯定也是不同的。促使我作判断的状况各不相同。在回答问题时,我可以确切地反复斟酌,我该回答些什么;可是下一次,当我受到铅笔颜色的刺激时,我几乎没有恰当地(recht)意识到上述判断。我通往上述判断,究竟是通过有意识的区分,还是通过非任意的联想?我是否让这本书在它的格式和环境中明显地呈现出来?尽管作判断之际有诸种"意识的样式",同一时刻会有诸种差异,但是我在任何判断活动中见到的都是一个恒定的因素,我每次都会说:"此书皮是黄的"。

看起来,这不是什么特别重要的发现。然而,这种洞察的素朴性（Einfachheit），绝不是由以推导重要知识的主管者（Instanz）。恰好相反。

我们已经摆脱了判断的心理学主义差异性，并且遇见了某种坚定且同一的东西。前文所述的心理过程和判断活动的诸种歧途和形态（Abweichungen und Gestaltungen）完全没有触及那种同一的东西。这怎么可能呢？柏格森不是极其迫切地努力证明，我们正在前进，而且同一心理意识状况决不可重复，因为每一个后来的心理意识状况都建基于扩展了的过去，故而更加丰富①。可是，不得不承认：上述判断中"此书皮的颜色"献身于它的不可置疑的自身同一性和它对变化的陌生性（Das Seligkeit und Veränderungsfremdheit）。也就是说，始终只有一种可能性，它存在于持续流逝的心理过程之外。不过，如若我不去实施这个"判断"，那么那种同一要素也不会"实存"（existeirt），在判断过程中，它才能获得具体存在（Dasein）。如此说来，仅当我对此书皮作判断时，它才是黄的；譬如当我打开并研读此书之际，它就不是黄的了吗？

当我合上并观看此书时，此书皮就又是黄的了。那种不属于心理学过程及其持续变换的同一的东西恰好就是这本实在的物理学的书和它的书皮。我可以随时观看"黄"，也可以随时把"黄"作为回忆表象带向对我而言的被给予状态（Gegebenheit）。

可是，这本实在的物理学上的书与那个在诸种判断活动中显

---

① 参看柏格森：《论意识的直接材料》（*Essai sur les donnees immdediates de la conscience*），第6版，巴黎，1908年。——原注

示出来的同一者本身是同一的吗？我能否现实地观看"书皮的黄"或者我能否用手触摸它，就像黄的书皮一样？书籍装订工也许能围绕着有序的印张敲打黄的书皮，但不能且一次都不能敲打到"此书皮的黄"（Gelbsein des Einbandes）。如若这一谜一般的同一者既不能归入心理事物中，又不能归入物理事物中，那么它究竟是否实存？显然这一终极问题（das letztere）必定失败，由于我们确实拥有某个在我们面前的东西，这就是某个对象，"在我们面前"，却不是在空间性的字面意义上。这个东西的具体存在方式（Daseinsweise）和结构，至今尚不确定。

鉴于本研究的出发点，如今要在某个方面解决上述困难。虽然我们始于判断活动，确切而言，诸种彼此不同的心理的判断过程，但我发现的却是一个非心理的东西。不过，我们不能在心理学研究领域确认自身，毋宁说怀着面向逻辑学事物的意志（mit dem Willen zum Logischen）而有意识地走过、仿佛越过了心理学的东西。问题只是：借助那个同一的因素是否真的能发现逻辑学对象。

如今要作决断了。伴随同一者出现在我们面前的某个东西，就在这里（da）。可是我们暂且无法搞清楚这一具体存在（Dasein）的本质。从否定方面我们可知：我们所追问的对象不是物理学上的、空间和时间上的确定的物，也不是心理发生。始终可能的是，给它指派一个形而上学事物中的位置。不过，这种可能性也要排除。这也许不是因为，没有形而上学的东西，或者形而上学的东西的存在无法以推论的方法去认识；也许因为，形而上学的东西无法以那种直接性去认识，而此直接性正是有待追问的那个东西所处的直接性。于是，最后一种可能的实存方式也被排除了。那个同一的要素并不在实存着的心理的判断过程中实存,但是它却在此,并且以一种力量和不可推翻性而让自己有效,与之相反,心理的现实性只可称之为流逝的且不恒定的。因此,除了物理的、心理的和形而上学的这些可能的实存方式外,必定还有一种具体存在形式(eine Daseinsform)。在我们德语词汇中,洛采为这种具体存在形式找到了一种决定性的刻画:"此存在"之外,还有"此有效"①。在判断过程中解释出来的同一因素的现实性形式只能是有效②。此书皮的黄,充其量是有效的,而不是实存的。

在很大程度上,我们越过了判断过程动态运作中静止要素的具体存在和具体存在方式,从而通达了纯粹的领域。可是,有关它的什么(Was),它的本性以及它与心理行为的关系,这些尚不明朗。我在作"此书皮是黄的"之判断句时,我的心理活动习惯性地显示在一个说出或写出的句子中。当我说写之时,我说出某个东西,我想显示某个东西;在眼下情形中,这就是此书皮的黄(das Gelbsein des Einbandes),即静止的要素,被显示出来的东西,句子的内容或意义。如今我们总算是给同一因素找到了第一个刻画,以后却不会再有了;因为接下来的问题是:什么是意义?

---

① 参看《逻辑学》,米西(G. Misch)编,莱比锡,1912年,第505页以下。洛采通过柏拉图主义理念的现实性方式疑难转而去解说有效性。至于他对柏拉图理念论富有见地的阐释究竟是否忠于历史原貌,于此按下不表。——原注

② "——人们必须——把此概念看作绝对依据自身的基本概念。人人皆知,此概念意指什么。此概念不是由一个原先并不包含它的、也是组合而成的建构生产出来的。"洛采,同上书,第513页。——原注

第2节 意义

171　　意义的意义是什么？究竟有没有可据以追问的意义？当我寻找意义的意义时，我们必定还要知晓，我们在寻找什么，这就是意义。追问意义的意义，这不是无意义的。问题只是：关于意义，是否会有一个恰当的定义。不过，人们肯定要去阐述这个词意指什么。也许我们正面对一个终极的、不可还原的东西，对它的进一步说明是根本不可能的，而且任何进一步的追问都将陷入不幸。如若因此不能再显示出一个包罗万象的且合乎事体的东西，那么始终还有一条道路是敞开的：至少可以更详尽地去改写，"意义"一词所意指的东西。

譬如，一个生意人计划着一个大项目。经过反复斟酌，并且在和朋友商讨之后，他的结论是：此计划无意义，即此计划不可实施，如若它不想遭受损失的话。计划之所以缺乏意义，乃是由于那些阻碍因素和状况不可设想。假使一切利弊皆可给予注意和恰当权衡，那么计划就有意义了。

有时，尽管不完全正确，人们会谈起一件富有意义的艺术作品，例如罗丹的"巴尔扎克像"；并且是在这一意义上，这种生动的艺术品创作能够在"观看者"那里引发灵魂体验的丰富内容。此艺术作品之所以能有此种效果，乃是因为它源自艺术家的天才[①]。

一则报道说：受庆贺者被赠予了有意义的（sinnig）礼物；这说

[①] 注意："富有意义"（sinnvoll）的通常解释，并不是美学上的意义（den ästhetischen Sinn）。——原注

的是：一个与此时机相应的礼物；有意义的原本并不是礼物本身，毋宁说是把这个礼物挑选出来并赠送给受祝贺者的这一挑选与赠送。严格说来，有意义的甚至不是赠送活动（Überreichung），毋宁说是思虑思想，以及浮现在脑际的整体"概念"。

数学家谈论直线的正确意义；关于直线的规定涉及到：人们把哪个方向当作正的，与之相应，把哪个方向当作负的。

人们谈论无意义（Unsinn），如若词序方面无物可思；人们谈论荒谬（Widersinn），如若某个东西虽然可思，却在内部自相冲突[①]。这里并不要求，关于"意义"一词的这些生硬的形式和连接，就其共同含义去作完备的分析。目前的考察足以得出：哪里有考虑、权衡、构成和规定，哪里就总会谈起意义。意义与我们一般刻画为思想的东西有紧密关联；此外我们不把思想理解成广义的表象概念，而是把它理解成要么对要么不对、要么真要么假的东西。因此，任何判断都会被给予一个内在的意义。意义的现实性形式是有效；判断过程的现实性形式就挨着，或者，正如人们想说的那样，就在意义现身的地方，就是时间上可规定的实存（das zeitlich bestimmbare Existentieren）。从前我们把有效看作逻辑事物的有效性形式，意义则是有效的东西。也就是说，意义"体现着"逻辑事物；并且，意义，作为判断过程的内在的东西，它可以被称之为内容，即判断的逻辑学方面。逻辑学判断就是意义。一旦作为逻辑学对象的判断成了疑难，那么判断就必定是某个有效的东西。

上文把意义解释为终极的、不可再分解的东西。这样岂不是

[①] 著名范例："圆的方"，"木的铁"。——原注

同时把判断本质的表述,即判断的本质是意义,搞错了吗?岂不是把整个研究推向了毫无生机的轨道?即使对意义之意义的追问也不能再作答了,以致对象要在其它方向上成为研究的对象。我们追问着:意义是某个简单的、同质的东西吗?抑或它有特定的结构?何种结构?

第3节　判断

作为意义而被摆置出来的东西,是"客观"名下的对象理论①所熟悉的。并且逻辑学要在这种对象理论的概念上构建。客观的东西,譬如,"7是一个质数"被"判断出来",被设定;对象理论家总是把判断理解为心理过程:设置,作判断的活动。虽然玛利在其研究②中说,人们也可以把刻画为客观的现象称作判断或逻辑学意义上的陈述(Aussage),并且把它和心理学陈述区分开。这样一来,客观的新刻画就变得多余了。可是,他认为上述区分还不够,由于有一门旨在确定客观的东西与心理学意义上的陈述的诸种联系的科学。如若人们一定要一如既往地谈论两种判断,那就"不只是繁琐的,而是错误的"。人们也许会抗议说,这一任务归认识论;

---

① 第四编所举论文之外,还可看新近发表的论文:恩斯特·玛利(Ernst Mally)《逻辑学和数理逻辑对象理论的基础》,载《哲学杂志与哲学批判》第148卷的增刊,1912年。——原注

② 同上,第53页。——原注

可是，必须首先强调，对象理论中客观的东西已经是一个复杂现象了①。只有通过判断，客观的东西才是客观的。这并不是说：判断产生自心理行为，或者判断被心理行为意识到，或者判断被心理行为设定，而是说：在意义中有某种结构性的东西，一种划分，这些东西才能真正地呈现逻辑学判断。这就容易理解了：为什么要彻底反对心理学主义？为什么有意摆脱所有心理过程？为什么要停留在对象性事物本身那里？逻辑分析不能满足于刚才揭示出的意义；对判断本质的真正追问，才刚刚出现在意义那里。意义的建构要素与这些要素的必然联系，都有待揭示。为了着手这项研究，我们要引入一种至今仍被忽视的角度，并且给予详加解说。

任何判断，只要是真实的，都意味着一种认识；任何认识都是一种判断。可是，什么是认识呢？以此问题我们触及到一个极其深奥的哲学疑难。同时显然，逻辑学绝不是一门单纯技术性的学科，比方说是用来深化理解的，同样也不是一门"思想艺术理论"。对认识之本质的追问，于此无法在其完全的深度和广度上区分，更不要说给予相应的回答了。对此任务的解答必须交给更为深入的研究。就目前情况而言，只需要清理出某种基本观念，以及讲清楚一切认识之普遍的本质关联。

---

① 这是体系之所，即数理逻辑的判断理论必定会承受批判的地方。显然，数理逻辑的形式特征远离了判断意义、判断结构和认识含义，这些活生生的疑难。数理逻辑领域的基础性现代著作，参看罗素《数学原则》(The principles of mathematics)，第 1 卷，1903 年。此书于 1910 年后重新修订出版，书名改为《数学原理》(Principia mathematica)。库图哈特(L. Couturtat)1905 年的著作《数学原理》(Les Principes des Mathematiques)，几乎完全是在模仿罗素。若要全面原则性地评论数理逻辑(Logistik)，先要去看集合论(Mengenlehre)。这是目前极有成功的数学学科之一。——原注

可以说，任何认识都是对对象的占有，对对象的规定，这里对象概念取广义。谈起占有（Bemächtigung），切勿去想认识活动，即心理的思想过程，此过程向求知的个体传授认识。毋宁说，因为真实的认识是判断，而判断存在于意义之领域，所以占有之类的东西也必定存在于意义的"范围内"。占有或规定之概念包含一种关系。某物被某物占有、规定。因此，意义就是含有关系的（relationshaltig）。依据前文可知，意义的现实性方式在于其有效。

意义的内在特有关系必定会参与意义的现实性形式。如若我们说，某物对一个对象有效，那么此参与要求就可满足。什么对此对象有效，什么就同时规定此对象。先前用过的判断："此书皮是黄的"，它的意义是：此书皮的黄有效。此意义可确切地表述为：黄对于此书皮有效。如若意义结构（Sinn*struktur*），以及判断本质被塑造成一个含义内容对另一个东西的有效，那么在此意义上，对意义之意义的追问还是可作答的。意义和真正建构意义的判断处于要么真要么假的选言判断中；选言判断之因素，自亚里士多德以来，一直被当作判断的特性。进而这一基本特性只通往意义和逻辑判断。心理学判断活动不是要么真要么假的；心理活动的实存或不实存，就像电流的"流动"处在"真实与虚假"这种非此即彼（Entweder—Oder）的外面。只不过通常在派生的意义上，把心理行为称之为要么真实的要么虚假的，由于"后面"（darin）还有逻辑学判断。

如何刻画心理实在与有效的判断持存之间的联系，这一问题是否可获得深入解答，这些暂且按下不表。联系总是事实，并且它在逻辑学基本规律，即意义之基本规律的理论中极其重要。也就是说,只要人们思考这些基本规律的规范作用,就会发现如下疑难:有效的意义如何规范心理的思想行为?

如若一个含义内容规定着一个判断对象,那么此判断就要么真要么假。古旧的真理概念 adaequatio rei et intellectus[知与物的肖似]可以提升到纯粹逻辑学领域中,如若把 res[物]把握为对象,intellectus[知]把握为作规定的含义内容。究竟为什么在不同的认识领域和认识方式中,那些分别归属于不同认识领域和认识方式的判断证明自己是有效的,对对象性合法基础的追问,譬如对数学和历史科学中的对象性之合法基础的追问,就不是同一个追问,属于真正的认识论和科学理论。

眼下的勾画要求,主导性的角度始终要为判断理论的体系构建获取位置。因此,各种新近的判断理论,只要不是心理学主义的,那就不必与之争辩。这尤其是指那些有趣的和有深度的从先验哲学①的土壤中产生出来的各种研究,因为它们不同于完全致力于解决哲学终极问题的那些历史上的认识论。因此,我们仅限于肯定性呈现,并且现在要对判断结构的组成部分作一般性的说明。

---

① 参看李凯尔特:《一个、统一、一:对数字概念之逻辑的评论》,载《逻各斯》,第 2 卷,1911 年;《判断和判断活动》,载《逻各斯》,第 3 卷,1912。于此,李凯尔特不仅区分了判断行为和判断的客观内容("意义"),而且还区分了"内在的"判断含义,譬如肯定行为那里的"肯定意义"。当然可以这样区分,如若可以进一步确定和解释它们的含义。在我看来,通过考虑"内在意义",即只能从"超越的逻辑内容"出发去说明的东西,否定判断之疑难在可靠基础方面获益很多。

从李凯尔特的这些基本观点出发,出现了重要的、甚至更伟大的论著:拉斯克(E. Lask)的《判断理论》,图宾根,1912 年。与这种不可回避的判断理论作根本性的争辩,至今尚未实现。——原注

第 4 节　判断的要素[①]

刚才规定了判断的本质,由此势必得出判断的二重划分性(Zweigliedrigkeit)。假使此二重环节(den Gliedern)之间难免也有一种关系,那么判断就有二重要素。人们满可以说,这些结果是以语法为导向的,而不是以原初的逻辑学为导向。"此书皮是黄的"此合乎规则的范畴陈述却有二重环节;当然,人们可以质疑如下看法:这个陈述恰好表述了真正的原初判断。

眼下这个句子究竟是否原初判断,我们暂先不作回答。先来考察另一判断:"a 等于 b"。其中,"a"是主词,"等于 b"(ist gleich b)是谓词,系词被包含在其中。这一值得追问的句子,在语言上表达出来的判断的意义是什么?依据说出来的东西:相等(das Gleichsein)对(关系中的)a 和 b 有效。如若人们现在为判断对象选取了传统的刻画即主词,并且为作规定的含义内容选取了谓词一词,那就会得出:在上述语法句中,处在谓词位置的东西,即"b",在逻辑学判断中却处于"主词"的位置。语法句和逻辑判断可能是"同步的"(parallel),但未必。也就是说,逻辑判断和语法句没有清晰的符合关系[②]。于是,以下看法起码会受到质疑:判断的二重划分性借用自语法形式。不过,可以肯定地说,判断中的二

---

① 1914 年第 1 版:参看斯坦塔:《希腊罗马语言学史》,第 1 部分,第 2 版,柏林,1890 年,第 125 页以下。"谓词和主词的联结是一个真实的、真正的疑难。麦加拉人(Megariker)的功绩是:他们意识到此疑难,并且已经把它当作研究对象。"同上书,第 127 页。——作者边注

② 拉斯克使逻辑判断决定性地从语法中解放出来。《判断理论》,第 44 页以下。——原注

重划分性出自其它要素,即出自认识概念。一般而言,认识可解释为对对象的占有。如若且只要判断还是认识,那么在判断中就必定能持久且可靠地找出认识的构建性要素。如若规定对象的含义内容对对象有效,那么对象就被认识了。由现有的二重划分性可以分析出来:系词必定是判断的第三个必要的组成部分;因为系词呈现出对象与作规定的含义内容之间的关系。作规定的含义内容对对象有效,此有效讲的就是系词这个逻辑学概念。由此,对"存在意义"(Sinn des Seins)①的追问,同时就在判断中完成了。此存在并不意味着实在的实存(reales Existieren),或者某种关系,——任何判断肯定都是关系——而是从诸环节之联结方式中获得它的特征,同时这里的系词意味着"对……有效"(gelten von)。所以,判断的现实性形式是有效。所以,有效的东西正是意义。这就是说,系词不仅不是"我们思想的后期产物",如冯特所说②,而且系词与抽象的动词形式"存在"(ist)也没有必然联系;毋宁说,系词是某个重要的逻辑学事物,只要它的现实性形式恰好是有效。有些理论把系词指派给判断中的从属位置。与这些理论相反,人们完全可以说:系词是判断中极其重要的东西和特有要素,令人信服的原因是:正是在关系中,诸环节的关系呈现出那个本质要素;当然,这个本质要素也参与规定着(mitbestimmt)诸环节的关系。有关判断的要素问题,现在终于可以作答了。

逻辑学为何只提出这一问题呢?我们知道,逻辑学判断是意

---

① 参看前面第二编,第93页。——原注
② 参看前面第一编,第69—70页。——原注

义,即一种"静止的"现象,它远离任何发展和变化,也就是说,它不生成,不产生,而只是有效;作判断的主体最多只能"领会"(Erfassen)它,而此领会却绝不能改变它。关于基本逻辑判断的问题只能这样提问:哪些东西是使判断"首先成为可能"的充分必要的要素? 不过,"使……成为可能"显然还不清楚。我们可以借助前面①迈尔用过的例子——"太阳发光",轻易地解决这个问题。为作此判断,我无需去问:我已经知道且判断了什么;也就是说,为了就太阳谈论发光,无需首先感知太阳。这种发生学意义上的"原始的"(primitive)判断,显然也是判断。"太阳"之判断对立于"太阳发光"这另一个判断;把前一判断当作原始的,这是语言上的误导。可是,原始判断的客观意义是什么? 首先,其意义是多重的。"这是太阳",它也可以表示:"这个被感知到的东西叫作太阳"。对一个对象而言,总有某个东西是有效的;就像在语言方面的完整判断中,发光对太阳而言有效。因此,我们说:上述两个判断,其中之一是心理学发生学的判断,并且先于另一判断。就其逻辑结构而言,这两个判断显示不出丝毫区别。在逻辑上,这两个判断同等基本(elementar)。因此,"使……成为可能"的意思不是使作判断成为实在可能的,不是使作判断的主词之自立成为实在可能的,毋宁说它讲的是:某些要素建构着作为判断的判断。这些要素详尽阐明了基本性(Elementarität),并且只有这些要素才能创造出基本性。为了不重复说过的东西,可以稍作如下提示:在判断中有一种关系,因此,在任何判断中,"承载"此关系的相关项,即诸环节,必定

---

① 第二编,第 94 页。——原注

被一道给出。人们不能通过那些没有表现出丝毫诸如"瑞吉山"、"火"之类的词语形式和符号的东西,把自己从真正的意义,即逻辑学中拔出来。

若要继续钻研判断的特性,那就应当对判断关系的独特性(Eigenartigkeit)作些提示。a=b之关系可倒置为b=a,但a大于b之不等不可倒置;我也许会说b小于a,但不能说b大于a。判断也属于这种不可倒置的关系。"黄对此书皮有效"①,此判断不可倒置为"此书皮对黄有效"。此种不可倒置的原因显然不同于上述不等关系不可倒置的原因。上述判断中,关系环节中的数量不许倒置。在判断中,关系似乎有一个有助于说清关系的方向意义。此方向意义植根于作为对象之占有的知识概念。然而,正是上述例子摧毁了判断关系(Urteilsrelation)的明晰性和不可倒置性。我可以说"a等于b",同"理",也可以说"b等于a",于是就把主词弄成了谓词,作了颠倒。如若人们还记得判断的逻辑意义,那么此书皮就会失去其表面上的合法性。判断的意义可确切表述为:"对于(关系中的)a与b而言,相等有效"。此处不可作倒置;如若我作判断:"关系中的a与b对相等而言有效",那么就没有意义了。

第5节 否定判断①

当代逻辑学尚未给否定判断之疑难找到广泛认可的解决方案。它被心理学发生学的干涉阻碍了。为了抵制这种原则性错

---

① 想起亚里士多德的话:φαμὲν γάρ ποτε τὸ λευκὸν ἐκεῖνο Σωκράτην εἶναι καὶ τὸ προσιὸν Καλλίαν(那个白色的是苏格拉底,而那个走来的是加利亚斯)《前分析篇》第

误,要把此疑难置入其逻辑学的纯粹性和独立性中,并且详加钻研其解答方案。而且我们要在已有成果的基础上建构和显示,否定判断的逻辑位置在何处,即:在否定判断整体中,哪些要素是被专门规定的。有两个问题紧密相连,一是有关逻辑学建构的问题,二是有关肯定判断之否定判断(negatives Urteil)的位置问题。

如若我们居留于上文用过的例子,那么我们就行进得极其稳靠。我们进而在可以清楚表达判断本质的语言形式中考察此例子。肯定判断"黄色对此书皮有效"与否定判断"黄色对此书皮无效"相对立。

判断是一种关系,并且是有效之关系,是对象与作规定的含义内容之间的关系。此外,判断是前后一致的,即使含义内容无效。如若切碎关系,也就从范畴上消除了有效,判断因此就毁了。由此可见,否定疑难对于一般的判断理论极为重要。要改变已给出的判断定义吗,这怎么可能?只要从逻辑学上考察判断,那么逻辑事物的现实性形式,即有效,就必定归判断所有。也不要妄想从真理概念推出关系特征。可以肯定,在上述例子中,我们和一个判断有关,因为要么真要么假就存在于选言判断中。如若"黄对书皮无效"之判断指涉一本红皮书,那么此判断就是真的。

1卷,274335—36),人们可以说,"此书皮对黄色有效"这一判断想必可以倒置。"黄"(das Gelbe)与"黄存在"(Gelbsein)二者含义肯定不同,同样肯定的是,第二个判断也不是对第一个判断的倒置。——原注

① 1914年版:"被否定的地方,始终是另一种具体存在"。德里施(Driesch),《逻辑学之为任务》,图宾根,1913年,第44页。否定判断"在其否定中具有肯定的作用,……某种不存在(Nichtsein),还是某种存在(Sein)"。胡塞尔:《纯粹现象学与现象学哲学导论》,哈勒,1913年,第3编,第4章,第109节,第222页(《胡塞尔全集》,第3卷,1950年,第265页)。——作者边注

判断的语言形态现已显示出一条出路，它使我们不必考虑改变判断的定义。如若仅仅把"非"加给谓词，那么上述句子中虽有"有效"一词，却是完全孤立的。于是出现这句话："非黄对于此书皮有效"。此判断的结构和原先肯定判断的结构完全一样吗？谓词对于对象有效。还是说，此判断本就是一个肯定判断？这种否定（Negation）在谓词中，在判断关系的一个划分环节中。而此关系本身并没有显示出否定的痕迹。因此，人们也许会说，谓词的内容对判断本身是无关紧要的；无论我见到的是黄、红、非蓝还是其它对对象而言有效的内容，对于对象之有效和判断之本质内核而言，都无关紧要。不可能有否定判断，最多只有携带否定谓词的判断。

然而，如今真有收获吗？只是把否定推移到它应有的位置，却根本未加解说否定判断（不如说：谓词）与肯定判断何以区分。还能再深入否定的本质吗？与黄相对立的非黄是什么？还有，这个"非"（nicht）是一个终极的东西吗？通常的纯粹逻辑学何以必须接受它？要寻找的是否定的逻辑学特征。认识以及判断中有广义的否定，所以否定必定与判断的本质紧密相连，也就是说，否定不可能只表现出一种谓词形式，考虑到同类判断，否定可能还会表现出其它形式。即便否定可找到一个位置，以致人们真的可以谈论否定判断，那也不能通过这个"非"去消除判断关系本身。其实绝大多数情况下，否定意识都植根于有效；"黄并非有效"。由于我们不满足于把"非"放进谓词中，所以就再次回到出发点。因此，否定（Verneinung）可能会"感染系词"（die Kopula affizieren）。西格瓦特认为，这种观点有可取之处，因为否定"既然不存在于判断的诸要素中，那就只能存在于诸要素互相排挤的方式中"①。但要注意：系词效力于主词与谓词的联结行为（Denkakt der Einset-

---

① 参看西格瓦特《逻辑学》，第4版，第1卷，1911年，第161页。——原注

zung)。因此，所谓作分离的否定系词，乃是"无稽之谈"(Unsinn)。可是，我们在逻辑学中与行为无关，我们也不会把主词与谓词的关系规定成全等的关系。再说了，系词，作为真正的关系，归属判断，即使"否定"(Verneinung)"感染了"(affiziert)系词，否定(Negation)也只能存在于"诸种要素中"(in den Elementaren)。

纵然如此，否定系词绝不是无稽之谈。理由在于逻辑事物的现实性方式的本性(Eigennatur)。此独特性通过与时空中实存的现实性方式的对立，可以得到最好的说明。如若一个实在的对象不实存，那就恰好取消了任何实存。与此相反，"无效"(Nicht-Gelten)很可能是一种有效。面对那本红皮书，我说："黄对此书皮无效"，这个"无"(nicht)并没有破坏判断关联。如若某个东西不实存，我就不能说：它实存；只不过，此实存是一种不实存。与此相反，无效的东西，仍旧有效，只不过此有效是一种无效(*dieses Gelten ein Nichtgelten*)。数学家给直线区分了肯定和否定的方向意义，否定方向的直线在数学上和肯定方向的直线同样是现实的(*wirklich*)；同理，人们可以给有效指派肯定和否定的符号。

否定判断从属于肯定判断，还是与之并列？对此详加探讨的问题，现在终于可以作答了。无法给这种逻辑学上的从属关系(*Nachordnung*)[1]找出无懈可击的逻辑学根据。有关判断产生的

---

[1] 1914 年第 1 版：参看麦塞尔(August Messer)，《心理学文库》(Archiv für die gesamte Psychologie)，第 8 卷，1906 年，第 35 页以下。其中说得很清楚：只有以一种从属关系的发生学视角，才能更好地谈论"后果"(Folge)和"进入"(Eintreten)(秩序不是一个带有时间的概念)。参看德里施：《逻辑学之为任务》，图宾根，1913 年，第 73 页。——作者边注

角度是心理学的。决定性的意义专门效力于逻辑学。否定判断很可能是与肯定判断相区分的特殊要素，否则这种区分就缺乏根据，且缺乏目标。绝不是说，此种差别在本质上丰富了判断的意义，毋宁说此差别规定着判断关系，即有效，否定区别于带有肯定符号的有效。前文说过，把"非/无"(Nicht)放入谓词中，由此可以完成否定，此种转换办法不过是由有效之独特性直接推出来的。总而言之：原初地看(primär)，否定(Negation)植根于系词。肯定判断与否定判断的这种差异方式必然要求着这两种判断的那种逻辑性的等同与从属。

第 6 节　非人称判断

与否定判断一样，非人称判断，确切而言，把它归置到一般判断理论中的归置，对任何判断定义而言，都是一种艰难的考验。如若我们为有待追问的判断形式引入一种常见的刻画即"无主词句"，那么阴暗立刻就清楚了。

在"闪电"(Es blitzt.)句中能找到那种关系——已被确定为关系之本质的东西——吗？人们也许会说："闪电对'它'(es)有效"。可是，"它"(es)意味着什么？关于此神秘的"它"(es)，我说的是一种属性，一种临时状态，抑或此判断另有其它意义？如若放电引起了天空中熟悉的发光现象，倘若我要作上述判断，我是否会谈论"闪电这种现实的东西"？此实在的某物应有一个名称吗？如若要对有关自然现象名称的问题作答，不能通过"闪电"这句，毋宁说也许要借助如下陈述："这叫闪电"或不确切的说法"这是闪电"。而"闪电"之判断表达的却是另一意思(Gedanke)，即它并没有命名判断的意义。毋宁说,这一判断讲的是,某物发生了;这一判断的意思依据的乃是这一发生,这一突然来临。因此,这一判断的意义找到了它的确切规定,当如下形式被给予判断时:"闪电是现实的(wirklich)","现实性对于闪电有效",再确切些:"闪电实存"。

不过,容易看出来,这种转换并不适合我们真正意指的东西。勿作如是观:现实地有闪电,并且如此称呼的现象也许不是幻觉,闪电之类的东西在自然发生中绝对实存(überhaupt existieren)。只能说,"闪电"这一概念现实存在(Wirklichsein)。相反,与此概念一道被说出的实在的过程却并不现实存在。最终可见如下完全意义:如若我们说:闪电一词所说的东西是实在的;"现在的发生即临时的实存,对此闪电有效"。

非人称判断并不就是简单的实存判断,如若实存可以一般地表述为有效、现实存在;确切地说:实存是一个在时间上被规定的东西,往往限于瞬间(Augenblick)(如闪电),或者是一个扩展了的较长延续(如下雨)。把非人称判断刻画为不定的,没有切中其意义。譬如当我和朋友在军事演习中,奋力追赶前面疾速驶向火炮阵地的炮兵连,听到隆隆炮声的时刻,我说:"赶快,(它)已经爆炸了"。这时什么东西爆炸了,十分明确;判断之意义存在于爆炸的东西中,在其现在(已经)的发生中。

正是在这些单独的疑难中,清晰可见:逻辑学家必须试着找出各种句子的清晰意义,并且按照客观的意义差异,按照其简单或复合的结构,去规定判断形式,并且把判断形式带入体系中。为逻辑学而作真正的准备工作,并且能结硕果和可用的准备工作,这些工作绝不是有关表象产生和组合的心理学研究所能胜任的;毋宁说,只能依靠对词语含义的清晰规定和说明。只有在基础上建构和扩建纯粹逻辑学,人们才能以更大的可靠性面对认识论疑难,并且才能把"存在"(sein)的整体领域划分为它的多重现实性方式,才能深刻地提出这些现实性方式的独特性(Eigenartigkeit),才能可靠地规定这些现实性方式的知识种类及其效果。通篇文字意在表明:本论文愿作哲学论文,因为它致力于终极整体。

文献说明

第一编(威廉·冯特)

《逻辑学》,第3版,第1卷,斯图加特,1906年。
《哲学体系》,第3版,两卷本,莱比锡,1907年。
《心理学纲要》,第10版,莱比锡,1911年。
《短篇论文集》,两卷本,莱比锡,1910年。
《哲学研究》,冯特主编,第7卷,1892年。
《科学的哲学季刊》,第6卷,1882年。

第二编(海因里希·迈尔)

《情绪思想心理学》,图宾根,1908年。
《逻辑学与认识论》,载于:《祝贺西格瓦特七十寿辰哲学文集》,图宾根,1900年。

第三编(弗兰茨·布伦塔诺,安通·马蒂)

《经验立场的心理学》,第1卷,莱比锡,1874年。
《论伦理知识的起源》,莱比锡,1889年。
《论心理现象的分类:〈经验立场的心理学〉相关章节的增补新版》,莱比锡,1911年。
《一般语法和语言哲学之基础研究》,第1卷,哈勒,1908年。
《论无主句》,载于:《哲学季刊》第8卷(1884年)、第18卷

(1894 年)、第 19 卷(1895 年)。

第四编(泰奥多尔·里普斯)

《心灵生活的基本事实》,波恩,1883 年。

《逻辑学的基本特征》,莱比锡,1893 年(1912 年重印)。

《心理学入门》,第 1－3 版,莱比锡,1903－1909 年。

《意识与对象》,载于《心理学研究》第 1 卷,慕尼黑,1905 年,第 1－203 页。

《内容与对象》;《心理学与逻辑学》,载于:巴伐利亚皇家科学院《哲学、语言学与历史学分类会议记录》,慕尼黑,1905 年,第 511－669 页。

《自然哲学》,载于:库诺·费舍尔纪念文集《二十世纪开端处的哲学》,海德堡,1907 年,第 2 版,第 58－182 页。

《认识论的任务》,载于:《哲学月刊》,第 16 卷(1880 年)、第 17 卷(1881 年)。

《客观判断中的主观范畴》,载于:《哲学月刊》,第 30 卷(1894 年)。

邓·司各脱的范畴学说与意谓理论

至为感激地敬献给海因里希·李凯尔特

前　言

当前的这一研究——除了一些非本质性的改动和事后写就的结论部分——完成于1915年春天，并在同年夏季学期作为教授资格论文提交给弗莱堡大学哲学系。

这一献辞表达了应有的感谢；它在完全自由地保持本己"立场"的同时却也想表明那种确信，即，价值哲学的那种觉知问题的、世界观的特征能够胜任对哲学的问题研究作出一种决定性的推动和深化。价值哲学的思想史定向提供了一块丰饶的土壤，使得那些从强劲的个人体验而来的问题得以创造性地成形。埃米尔·拉斯克的哲学创作始终就是对此的一个证明，但在此用只言片语所表达的诚挚感怀却只能朝远方的他的那座士兵坟墓寂然呼唤了。

这部著作的付印，在当前遭遇了各式各样的困难，但弗莱堡大学学术协会这方面的支持使得其大大得以可能。衷心感谢协会的董事会，同样衷心感谢枢密顾问芬克先生和胡塞尔教授先生。

马丁·海德格尔

1916年9月于弗莱堡

导 论
对经院哲学进行一种问题史考察的必要性

> 箴言：
> "……就哲学的内在本质而言，
> 既无先驱者亦无后至者。"
> 《黑格尔全集》[①]，第1卷，第169页。

对中世纪整体文化的历史学研究在深切理解和实事价值上的成就，在今天已臻于如此的高度，以至于人们对下述情形已无须惊奇：先前那些仅仅是由无知所支撑的、匆忙作出的判断都烟消云散了，同时，对中世纪这个时代的那种科学的—历史学的兴趣正在持续地增强。

若人们想一想，那种哲学—神学的精神生活为中世纪人们的整个的生活状况——这种生活状况的基本结构正在于灵魂之于上帝的那种超越的源始关系中——展现了什么样的驱动力量和持存权力，那么，那种致力于中世纪文化方面的历史学研究的必要性和基础性意义就不难为人们所公认了。克里门斯·鲍伊姆克[②]以及

[①] "友人版"《黑格尔全集》。——译注
[②] 鲍伊姆克（Clemens Bäumker, 1853—1924），德国学者，哲学史家，尤以中世纪哲学史研究闻名。——译注

他的学派朝这个方向进行了典范性的和持久的工作。并且,如同马丁·格拉布曼①在其引人深思的维也纳大学就职演说中所谈到的那样,在绝非如此简单地运作着的中世纪哲学史中,仍然还有广阔领域尚未被探讨,"那些伟大的、有丰富哲学内容的箴言集②以及经院哲学在早期和全盛期的那些大全著作仍然还未出版。即便是那些决定性的经院哲学家的著作,例如大阿尔伯特的著作,依然尚未全部付梓。为了弄清亚里士多德对于经院哲学的内在影响即芒东内③所谓的'亚里士多德效应',对亚里士多德著作的拉丁译本予以决定性的研究与出版,对尚未付印的经院哲学的亚里士多德评注和亚里士多德辞典予以探究和印行,仍然是学术的未来使命。为了看清从早期经院哲学到全盛期经院哲学的那个过渡时期,为了表述法兰西斯会从波纳文图拉到司各脱的发展阶段,还有很多黑暗有待照亮,还有很多未被付印的和未知的材料有待开发。阿奎那的那种广泛的哲学影响——在迄今仍未出版的阿奎那的部分著作中所蕴藏的那种思想意义是如何在其直接的和间接的门徒那里形诸言辞的——也给研究工作提供了依然广阔的运作空间"。④

对于每一种对经院哲学之思想内容的更加深入的研究而言,

---

① 格拉布曼(Martin Grabmann,1875—1949),德国学者,专研神学史与哲学史,20世纪德国经院哲学研究的代表性人物。——译注

② 神学术语,指从《圣经》和基督教教父著作中辑录的阐发基础神学义理的箴言汇编。——译注

③ 芒东内(Pierre Mandonnet,1858—1936),比利时学者,中世纪哲学史家,新托马斯主义运动的重要参与者。——译注

④ 格拉布曼:《对中世纪哲学进行历史性探究的当前价值》,载《维也纳大学就职演讲》,维也纳,1913年,第7—8页。——原注

文本编订、材料之完善与材料之可靠都是必不可少的基础。并且要建立这种基础,就要求充分利用现代的历史研究来进行一种可靠的工作。但是靠这种单纯的收集、记录和内容上的复制,仍然满足不了充分运用中世纪哲学思想财富所需要的全部先决条件。

诚然,这一研究的丰富成果已经迫使我们去修正那些根深蒂固的对经院哲学之程式化的判断,这种程式化是就经院哲学之于亚里士多德的那种"盲从的"关系而言的,是着眼于经院哲学之于神学的那种"女仆定位"而言的,并且这样的话,这一研究的丰富成果就确保了对中世纪哲学的这一分科的更加可靠的、历史学的判断。

由于纯粹的哲学天赋与历史学思维的一种真正富有成效的能力极难交会于个人身上,尤其是,当人们考虑到这一开创性工作——它是以至为精细的、批判的精确性而实现的——在丛书和手稿中所呈现出的艰难性和繁琐性,那么就容易理解,只是在特殊情况下才能对经院哲学有一种真正的哲学性的充分运用。这里有必要进行一种分工。毫无疑问,若没有受过哲学训练,研究中世纪哲学的历史学家就几乎不能工作,同样地,另一方面,若没有某种历史兴趣的尺度,对经院哲学的理论的一系统的充分运用也是不可能的。在数量上居多的历史的—文献史的研究和在分量上胜出的理论的—哲学的研究,它们之间是可以互相促进的。

只是历史从来就不是哲学史并且能够不是哲学史,倘若哲学史是要归属到哲学的科学工作领域中去的话。哲学史之于哲学的关系不同于数学史之于数学的诸如此类的关系。并且哲学史与哲学的关系,不取决于哲学的历史,而是取决于哲学的历史。

那些外行与那些偶尔也自认为是内行的人们认为，哲学史中必然可以看到连续的、或多或少是经常重复着的"诸多错误"的交相更替。再加上，在哲学究竟是什么这一问题上，哲学家们从来都未能达成一致，那么看上去，事实倒是，那种作为科学的哲学是十分可疑的。

但对于那种真正地领会着的观照，却有另外一种实情向其敞开。

像每一种其他的科学一样，哲学作为文化价值而发挥效力。但是，把对有效性和功用的要求升格为生活价值，这同时也是哲学的最本己的东西。哲学的思想财富要比学术材料更重要，人们之从事于学术材料，乃是出于个人偏爱和促进文化并共同造就文化的意愿。同时，哲学活生生地存在于一种伴随着生动人格的张力之中，并从这种人格的深度和生活之充沛中汲取了内容和价值需求。因此，在大多数情况下，每一种哲学的抽象都是以相关哲学家所亲自采纳的生活立场为根据的。所有哲学都是被主体所规定的，尼采以无情而辛辣的思想方式和形象生动的表述能力把这种规定性带到了一种众所周知的措辞中——"本能，它哲学化了"①②。

---

① 最近，冯·德·普福德腾进行了有趣的尝试，即在这一角度下去表述哲学史并去凸显哲学家的根本的价值判断。参看《哲学家的基础判断：对哲学史的一种补充》，第 1 卷，"希腊部分"，海德堡，1913 年。——原注

② "本能，它哲学化了"（Trieb, der philosophiert），亦可译为"本能，它做了哲学活动"。此语源出于尼采《善与恶的彼岸》第 1 章第 6 节，原文为"Denn jeder Trieb ist herrschsüchtig; und als *solcher* versucht er zu philosophieren"[因为每一种本能都是贪权的；并且它就是作为这种东西而试图哲学化]。参看三卷本《尼采著作集》，慕尼黑，1954 年，第 2 卷，第 571 页。——译注

若考虑到人类本性的恒定性,就能理解哲学问题为何在历史上重复发生。哲学史上很少看到如下意义上的发展——在既有之解答的基础上持续不断地推进到新的问题中去,倒不如说,在这里所能发现的主要是一种对有限的问题领域的始终富有成效的展开与利用。那种为了多少相同的一组问题而始终重新付出的努力,那种坚持到底的哲学精神的同一性,不只是使一种对哲学之"历史"的适宜的理解得以可能,而且也要求这种理解。

一个时代的宗教因素、政治因素以及在严格意义上的文化因素,即便它们对于理解一种哲学的兴起和该哲学的历史条件是不可缺少的,但也还是会有纯粹的哲学兴趣并不顾及这些因素,而只是兀自运作于问题本身。时代——在这里被理解为一个历史学范畴——仿佛被排除掉了。那些不同的但又同源的问题解决方案就以问题自身为中心而聚集起来。

只有当哲学史不是"纯粹的历史",亦即不是事实科学,而是自身投射于纯粹的哲学体系之中,它才与哲学有本质关联。"当历史不再是单纯的过去,它就为精神提供了最有效的激励",杰出的哲学史家 A. 特恩德勒伯格如此写道①。

对哲学史之本质与任务的理解,在此不能得到进一步的细化了,接下来我们应在这种理解的基础上去探讨经院哲学。

有种看法认为一切哲学发展的特征都在于对某些难题的展开,按照这种特性刻划,哲学之进步大多存在于对问题提法的深化和对问题的重新提出。或许,问题提法对答案的规定,唯有在哲

---

① 《范畴学说的历史》,柏林,1846 年,第 197 页。——原注

学中才会如此强势,在其他任何地方都不会有如此力度。这样的话,一种在所谓的哲学—"历史"意义上的考察就会将注意力集中于提问上;并且反过来,也只有当那些问题——在此考察之研究领域中出现的问题——以某种方式使自身得以在其理论特性中被认识,并且在与其他问题的相互关联中使自身得以被洞见到,这种考察才能将注意力集中于提问上。这最后一种因素不可以被忽视,因为没有什么问题是单独存在的,而总是与其他问题纠缠在一起,总是从这些问题当中生长出来,甚至总是从中催生出新的问题①。

人们尽可以一如既往地如此看待现代哲学的研究成果:毫无疑问,就其提问的深刻与敏锐而言,这些成果是强有力的,必然给人以深刻印象。这种强度的根据在于一种清晰的方法意识中,在于对掌握问题的方式和其必要性的意识中。现代学术的这种基本特征只是现代文化本身的一种反映,现代文化是通过对其自行更新活动的那种自身意识(不是伦理意义上的)而贯彻实现的。

而在中世纪时,这种方法意识,这种强力发展的发问欲望和发问勇气和那种对每一思维步骤的持续控制,看上去都是缺乏的。

对此,权威思想的统治和对一切传统的高度评价可能已经是一个清晰的指示,其所指示的正是那样一些要素,这些要素是中世纪的思想和生活所特有的,并且表明自身远非只是一种单纯的外

---

① 对提问的忽视和对那些思想——那些完成了的、从这种相互关联中得出的思想——的单纯的外在对比,会使得业已提到的格拉布曼就职演说的第三部分不能令人满意。为了不重复已经说过的话,可去参看我就查理斯·森托尔的《康德与亚里士多德》所写的评论(载《文学评论》,J. 饶尔编,第 40 卷,1914 年,第 7 期,第 330 分栏页以下)[本书第 49 页以下],在那里,亚里士多德主义经院哲学与近现代哲学的关系以及对其研究工作的必要的观察角度都得到了阐明。——原注

可是,当人们想到那种独特的实情——我想要将其描述为,对传统认识材料的绝对的全力投入和充满激情的专心致志——人们就更接近于中世纪人们的那种思想模式了。这种勇于把自己交付给材料的专心致志,仿佛是使主体着迷于一个方向上,使其失去了自由灵动的内在可能性甚至根本就使其失去了这种意愿。实事(客体)价值优越于自我(主体)价值。

单个思想家的个体性仿佛是沉潜到他所要掌握的材料的丰富性之下了,这样一种现象,以其对普遍性东西①和原则性东西的强调,自然而然地顺应了中世纪的图景。但是,普遍性东西的这种显著的统治性,恰恰应已把方法推挤到那时的学术视野中去了,因为方法就是那样一种东西,它远离个别的独特性而关乎普遍的规律性。人们通常很确信地指出,与哲学之整体的规划相伴随的是其构造的规律性和它的持续重现的表达形式与问题形式。并且人们充分地指明了那种特别是从13世纪以来开始的对辩证法的强烈关注,这样的话,那种认为中世纪哲学缺乏方法意识的主张就被彻底摧毁了。

但是倘若这种指示表明自己是无关紧要的,那么就必然会是这样一种情形:在上述那个特征——此特征虽然看似消极,但绝不会是什么指责——那里,方法概念是在另一种意谓中对我们呈现出来的。

事实上,我们在方法中所看到的,与其说是思想之表述和传达

---

① 亦可译为"共相"。——译注

的某种固定形式,倒不如说是研究和置问的那种精神;说得更确切些,方法意识的缺乏应该是说:中世纪的人们没有凭某种精神之拉动而使自己去面对那种本己的工作,面对这些作为难题的难题,面对这些难题之侵袭的可能性与方式,也没有有意识地反思这些难题与其他难题的关联及其影响;至少,在中世纪的哲学思想中是这样的情形。

中世纪缺乏现代精神才有的那种本质特征:把主体从周围世界对它的束缚中释放出来,对本己之生活予以巩固。在现代的意义上,中世纪人并非凭其自身而存在——中世纪人认为自己始终是被摆置在那种形而上学的张力中的;这种超越阻碍了中世纪人去达成一种对于整体实际性的纯粹的人之态度。这种实际性作为现实,作为实在的周围世界,对于中世纪人而言是一种束缚性的现象,只要这种周围世界立刻显现出并持续地显现出,它是不自主的,是按超越原理而被测量的,则这种实际性就是束缚性的。例如,中世纪的认识论就因此没有现代认识论的自由的广阔与纵深,尽管前者也还是有不可否认的深邃洞见。这种认识论也始终被束缚于那种超越,被束缚于对超感性东西的认识之难题。受束缚在这里并非意味着不自由和奴仆地位,而是指精神生活的单向度的观看。

对于中世纪的人们而言,本己生活的激流在很大程度上被其各式各样的纠结、弯曲和变向所枯竭,被其形形色色的、支离蔓生的局限性所埋没,这种生活激流本身并不为他们所知晓。当然,所有这些却不决定如下事情,即,在一种哲学中最终占据全面统治地位的是否必定不是一种超越性思想。但是,只有界定了超越的统治领域并将其全方面地纳入本己生活,超越性思想才能够在一种哲学中取得统治地位。

那么人们就会问,缺乏一种经过训练的方法意识是否可以被真正视为缺陷。总是思索和谈论那条有待踏上的道路,而不是有新的进展,这难道不意味着缺陷?这难道不是缺乏创造性的标志?"然而倘若人们并不打算用刀来切割的话,持续地磨刀就会变成一种无聊之举"①。

事实上,若方法意识所应做的只是去思考单纯的可能性,只是为有计划地解决难题而去清理各种各样所谓的预先提问,若其从来都不能有力地把握住要点,不知道究竟如何才能开始有效的方法沉思,不知道可以依循业已作出的研究工作来展开这一沉思,那么这种方法意识就不仅无用而且无趣。但这种对方法的了解究竟是要做什么的呢,当问题被解决了,这种方法知识不就再没有什么用处了吗?还是说应在另一种意义上即就其根本之本性来理解"方法"这一词语?

诚然,方法意识能够被理解为一种知,它安置于那些基础之上,而正是那些基础才首先使得某种范围内的问题得以可能;方法意识也能够被理解为一种揭示,它揭示了那些十分独特的原则是如何形成的,正是这些原则奠定了某种认识关联,由这种关联而来,方法意识才获得了一种意义。

我们所说的知,不仅是对于这些原则的知,而且根本地是要认识到,在这些原则与这些原则之何所为之间的那种内在关联是什

---

① H. 洛采:《形而上学》,"导论",第15页。——原注

么。事情不仅取决于事情之既成现状与事情是什么,而且也取决于那种原则性关联的如何。

如此就显示出,方法乃是认识领域中内容的统一性形式。

"人们不应把那种东西叫作方法,它实际上不是可供清醒遵循的发现之路,而只不过是对一种被秘密知晓的意谓整体的表达"①。这看上去可以直接应用于我们的说法。并且,就算我们说,我们的方法概念正是在广度上、更确切地说在原理上是一种深刻的、最终的方法概念,正是这一方法概念才使得其他方法概念有可能成为生成性的实在和实践性的认识,并赋予其他方法概念以意义——这也是于事无补的。

但是这种类型的方法概念,看上去也是为经院哲学所熟稔的,至少,在亚里士多德的真正精神贯彻了经院哲学这一意义上,是可以这样说的。可参看对首要原理(ersten Prinzipien)的探讨,整个形而上学作为原理科学就是在为这些原理进行辩护。在后面的研究进展中将会对此予以裁定。

为了获得一种有益的洞见和对经院哲学思想财富的彻底的充分运用,有必要去关注,什么是经院哲学所没有说的;说得更具体些:我们必须要注意,经院哲学在其意谓分析中并没有沦为经验主义的——发生学的阐释,而是,它尝试去抓住那种具体的意谓内容,并且,它在"意指"中所找到的东西,并没有指偏。它所尝试的是始终定向于描述性内容。

另外一个问题是,经院哲学,在其形而上学的思想向度上,在

---

① H. 德里施:《秩序理论》,耶拿,1912 年,第 34 页。——原注

多大程度上是用形而上学的实在性展开工作的。尽管有这些形而上学的"内含"(Einschlüsse)——从经院哲学思想的整体看法而来,这是可以理解的,并且这种内含本身取消了"现象学的还原",说得更确切些,使其不可能——但是,在经院哲学的思想类型中就隐藏着现象学考察的要素,或许恰恰就是这种思想类型中存在着最为坚定的现象学要素。

与上述原理相应,接下来应该抓出某种问题并将其推入到现代研究的视野中去。更确切地说,是要选择那样一个问题,现代逻辑对其有特别强烈的投入,这就是:范畴学说。

文德尔班——在对这一问题的研究上,一些有价值的促进必须要归功于他——写道:"(勾勒出范畴体系)这种任务构成了康德以来的学术运动的轴心,对于了解其历史的人而言,这是毫无疑问的。他们也都会相当一致地认为,康德本人在其尝试中对这一任务有错误的解答"①。爱德华·冯·哈特曼——他提出了第一种在现代意义上加以改善的范畴学说——则谈到过那种"决定性的作用,范畴学说的看法对于哲学的世界观而言一向具有这种作用",并且认为,哲学史恰恰是被范畴学说的历史所规定的②。

直到今天人们通常还只是把经院哲学的逻辑学看作是钻牛角尖的三段论,将其视为亚里士多德逻辑学的摹本。一旦人们能够尝试从现代逻辑问题出发去理解经院哲学的逻辑学,就会立刻产生一种不同的观察角度。我们会在经院哲学的逻辑学那里经验到

---

① 《论范畴体系》,载《献给西格瓦特的哲学论文集》,图宾根,1900年,第45页。——原注

② 《范畴学说》,莱比锡,1896年,前言,第7页。——原注

一种完全新的特性，此特性是如此之新，以致于，能够整合并形成可体验之物与可思想之物的基本概念之整体被系统性地提出了。

更确切地说，并非在经院哲学的整个历史中都可以追寻到范畴问题。不如说，它存在于被狄尔泰视为"所有经院学者中最精锐者"的法兰西斯会学者邓·司各脱的工作中，对此可以一种考察来予以解析。

邓·司各脱的批判性的思维方式使其得到了应有的赞誉，这种思维方式对于逻辑问题而言也是尤其必要的，但使得我们对其予以注意的，也并非只有这些因素。他的十足的思者个性本身也是决定性的，这种个性具有显而易见的现代特质。对于现实生活，他有一种更伟大的和更精细的切近（haecceitas[个性]），在其思想中所发现的多样性和思想之张力的可能性要多于他之前的经院学者。同时，他能同样轻易地做到，从生活之丰富中转入数学的抽象世界。他之熟悉于诸种"生活形态"（仅就一般意义上的中世纪生活而言）就像他之熟稔于哲学的"阴沉寥落"（Grau in Grau）①。

如此，在邓·司各脱这里，进行范畴问题之研究的一切前提都已给出了。

此外，在司各脱的著作中可以发现一种——用胡塞尔的术语来讲——"意谓的形式学说"，这一学说与范畴学说有本质性的关联，因为这一学说就"意谓本身"提出了不同的范畴形式，并且为逻辑上的意义—有效性问题的所有进一步的研究提供了基础。

---

① 这句话典出于黑格尔《法哲学原理》中的那句名言，既有汉译把"Grau in Grau"译为"用灰色颜料（绘成）灰色图画"，明显有误。——译注

若我们对近现代的提问与解答有清醒的关注,并且看清它与经院哲学的某种亲缘关系,这样做也绝非是损害了现代逻辑的原创性,更确切地说,它的自主性。

因为,且不论这样一种尝试的可质疑性和学术价值上的缺乏,只要那种从现代逻辑研究中生长起来的思想环境完全不同于经院哲学的思想环境,那么这种尝试从一开始就是不可能的。这当然并不妨碍经院哲学的思想与现代思想致力于同一种思想领域中的同一问题。经院哲学和现代思想乃是渊始性的并在某种意义上的确是相矛盾的伟大之物,但是,只有把那种看似完全纯粹的历史学的研究提升到体系性—哲学性的研究水准之上,才可能对它们进行相互间的比较研究。

这第一种尝试是对中世纪的经院哲学研究方式的根本革新,在这一尝试中,换言之,在借助哲学问题内容本身而对经院哲学所进行的分析与评价工作中,首要之关键根本不在于,把个别哲学家——在我们这里即邓·司各脱——的学说体系与同时代和更早之前的学说休系进行一番细致入微的区分,对其进行一番比对,从中提取出共同的思想财富,最终使这种学说内容与柏拉图、亚里士多德以及斯多亚学派的哲学相对应。这样一种整体表述和比较,在我看来,不应去过多削限那种独立的研究者个性的意义,只有事先做到,至少在最重要的问题领域中使得中世纪经院哲学的体系性内容流动起来,这种整体表述和比较才有可能开始取得哲学性成就。

在当前理论哲学的这种坚决的问题意志中,在与之相应的解决问题的力量中,那种哲学史的领会同时得到了充实和深化,但是,解决那一任务——如何恰如其分地表明它——的迫切性也加剧了。

在人们能够澄清亚里士多德的逻辑学和形而上学中的最终问题与最难问题之前,人们是不会想到去触动那样一种任务的,即撰写一部有哲学价值的中世纪经院逻辑史。对此,埃米尔·拉斯克在他富于探问精神的判断著作中业已指明了这一点[①]。

有一种进一步的要求是,去根本地求助于经院哲学的心理学,但这也只是为了给予上述任务一种在哲学上大致令人满意的解决。在今天,在心理学主义的非哲学性被最彻底地克服了的地方[②],这一要求就或许很难得到什么合理解释了。但在这里,唯一重要的是这样一个问题,即,经院哲学的心理学是否直接就与现代自然科学的心理学相叠合。答案是否定的。相反,有必要觉察到,恰恰是由于经院心理学并未倾向于(Nichteingestelltsein)那种动态的—流动着的实在的心理事物,经院心理学才在那些原则性的问题中保持为对象性的—意向对象性的对准态势(gegenständlich - noëmatisch orientiert bleibt),经院心理学的这种情形恰恰会大大地促进对意向性现象的考察。

[①] 埃米尔·拉斯克:《判断学说》,图宾根,1912 年,第 39 页以下。——在对亚里士多德之理解的一种体系性的、最后以至是强迫性的应用之外,一种经院逻辑的历史学需要同样迫切地考察亚里士多德哲学之侵入经院哲学著作的历史进程。就此请参看 A. 施耐德的最新成果:《十二世纪的西方思辨思想及其与亚里士多德哲学和犹太—阿拉伯哲学的关系》,明斯特,1915 年。——原注

[②] 参看我的博士论文:《心理学主义中的判断理论》,1914 年,导论部分及第 102 页以下,在此指明了,胡塞尔的决定性意义在于他提出了"纯粹逻辑"这一理念,当然,就纯粹逻辑的对象领域而言,胡塞尔的实际性形式还必须被进一步地质问。然而,只有系统性地借助于一种根本定向于世界观的哲学,这才得可能。——原注

为了能对经院心理学的这种基础特征有决定性的洞见,我认为,对中世纪经院哲学的神秘主义的、道德神学的以及苦行主义的文献展开哲学的——更确切地说,展开现象学的——彻底钻研,是尤为迫切的。只有行进在这样的道路上,我们才能够突进到中世纪经院哲学的活生生的生存中去,而正是这种哲学决定性地奠定了、振奋了并加强了一个文化的时代①。

---

① 引文将遵循巴黎版本:《约纳斯·邓·司各脱全集》。此重印本中看上去不太可靠的地方,将会对照 1639 年的里昂版本。《论意谓形式》这部论著有较易获得的单行本:法兰西斯会精敏博士约纳斯·邓·司各脱所著《思辨语法》,P. Fr. 马里亚尼·费尔南德斯·加西亚编订,夸拉奇(Quaracchi)出版社,1902 年。——原注

第一部分
范畴学说
（对意谓理论之理解的体系性奠基）

要把邓·司各脱的"思辨语法"（Grammatica speculativa）①哲学性地阐明和表述为意谓理论，就需要对那些要素和前提进行一种必要的预先审查，因为正是它们才使得对上述问题领域的理解根本得以可能。

学术史的一项必要任务是，对历史学性质的前提，对内在于学术意识之发展进程中的、存在于话语中的那种知识领域的发生学性质的改进展开研究。这一任务的完成——后面的各种研究应始终保持在对中世纪逻辑学的整体表述框架中——将会赋予纯粹哲学性的解析工作以那种生动独特的形态与丰富性，而这种形态与丰富性恰恰始终是从那种被深刻把握的历史中涌现出来的。

但是，对意谓理论的那种体系性—哲学性的理解，却并不会以这种方式而得到丰富，或者说，并不会以这种方式而根本得以可能。

意谓理论首先必须被提升为概念，并且，只有以一种与概念性东西的本质相适宜的方式，才可实施这样一种提升。意谓理论的这种概念，就其内容而言，只有当我们知晓了那些对此概念起奠基和

---

① "Grammatica speculativa"是中世纪欧洲的一种语法理论，其基本主张是：存在的结构可以在语言的结构中得以反映。并且，考虑到"speculativa"的拉丁词根是"speculum"（镜子、反映），此理论也可尝试译为"反映语法"。——译注

建构作用的普遍的意谓要素,它才是可以理解的。这种意谓理论,这种"语法",应完全暂时性地、但却又是无可争议地被理解为可被辨认的东西亦即理论上可被规定的东西的整体性中的一部分。

这种特殊科学的特性,如同人们对具体之物的理论研究之特性的扼要标明,必须通过它与其余科学的对立而得以理解,更好一些的情形是,倘若以某种方式存在着一种整体编组,一种科学体系,就可以通过把这种特殊科学编入该体系中的某个地方而使其特性得以理解。

这种"科学之体系"并非一种可以立即弄清楚的概念。人们径直将其理解为:一种定向于某些观点并由此整合而成的、在某一时代实际现存的科学。这样一种编组,把恰恰是历史学性质的既成事实编排到精神史之实现中的某一时代中去的这种编组,所能拥有的只是狭隘受限的有效性;就如同所有屈从于历史性变化的东西一样,它也必须有所改变。这样一种科学体系,在它的时代中能够成为有最高现实意义的东西,可以在精神史的意义上成为一种富有成效的、对文化时代之特性予以刻划的手段;纯粹理论性地就其内容来看,这种科学体系必然是被看作没什么价值的。那么,只有一种科学体系是能够具有理论价值的,这种科学体系并不把自己局限为一种对当前的现成科学的聚集,而是包容了所有一般科学。这样一种"体系"是如何可能的呢?

某一时代的人们如何可以知道,有哪些新科学将会在未来出现,以及,何时才能穷尽这些新科学的数量,而且,这一数量究竟能否在将来被算清?

科学的体系性与理论是哲学的一种事务。按人们的通常看法,哲学乃是"普遍的"科学,而具体科学必然是可以从中推导出来的。然而当人们想到,哲学本身并恰恰是哲学才经受着非常剧烈的变化,我们就会面临同样一种欠缺性,就像在最先被提到的"科学体系"概念中那样。显而易见,较之要去实现新的东西并忙碌于不切实际的可能性,人们宁愿去迁就于一种现成科学的秩序,因为这更富成效。对凌越于现成科学之纯粹实用布置的那种体系的要求绝非不可能,只是不应往这种要求里放入太多东西。

体系不能涉及科学的创新。且不论体系为此需要长期的历史进程,需要某种条件来形成与发展,而且,这样一种创新在这种有疑问的体系中应是怎样的,也绝非什么纯粹理论上的事情。体系因此就坚持对历史既成事实的加工。但或者仍然还有一种可能性,对一种纯粹理论性的科学体系的要求仍然有可能是正当的?

事实上这样一种体系是可能的,倘若不再向它要求它所不能做到的东西的话。它仿佛只应提供对科学之可能主干以及这些主干之关系方式的一种勾勒,一种框架,在此框架中,新生物能够得以嵌入。被如此理解的"科学体系"概念,始终是不能被清晰辨识的,并且,关于赢获这种体系的途径,曾经存在并仍然存在着不同的看法。大多数情况下,纯粹理论性的思虑与现成科学的实践定向是相互纠缠在一起的。如此,那种可以在精神史中发现的科学体系的多样性就得到解释了。

把科学理论和体系性的问题放到其完全的深度和广度中予以展开,这超出了本研究的任务领域;这里同样也不能对各种各样的解决尝试进行彻底的列举,并且这种列举也多少会有不同程度的偏差。只有那些主要观点才是应被道说的,迄今为止,在构造科学体系的各种努力中,这些主要观点已然起着主导性作用。

存在着对科学的各种划分,与按照维鲁南男爵培根①的知性力量所进行的划分一样,它们都是在认识心理学的层面上被牢牢定向了的。着眼于个别科学的目的,可以尝试着作进一步的区分。如此,按照这些个别科学所优先运用的不同方法,就能对其做出区分。这在双重方式上是可能的:先是着眼于获取知识的程序方法而有研究的方法论:阐释性的科学和描述性的科学,如此,鉴于在科学中被获取的认识之表述结构的差异就有表述的方法论:普遍化的科学和个体化的科学。最终,科学的体系性能够对具体科学所特有的对象领域和其实际性形式予以思考,如此而区分了理想科学和实在科学。这最后一种区分方式,如同任何一种这样的尝试,若没有全面地重视和涵括表述结构之逻辑,或至少对研究之方法论都未予以重视,就不会得到什么确切可靠的结果。在这些不同的划分可能性中,哪一种适合于我们的研究任务呢?

在这些不同的分类中进行选择的原则产生于如下问题,即,这种分类应该对我们的埋解基础做些什么。我们想要知道,这种语法在司各脱的意义上是如何被研讨的;这种语法的对象领域应被认知为一种特有的东西。我们因而就会看到,我们被带回到了一种更早的东西之中,被带回到那些对象领域中了,并且这样的话,就为如何实现我们的任务而暗示出一条道路来。

各个科学探讨的是不同的对象领域,或者是对不同观察角度下的同一领域进行探讨,而且是"由彼及此"地进行探讨。根据我们的

---

① 即英国哲学家弗朗西斯·培根。培根于1618年被封为维鲁南男爵。——译注

观察,人们是把各个对象领域看作某些从属性的实际性领域的。这些实际性领域依其本性而具有某种结构和基本秩序。这样的话,就有一项任务摆到我们面前了,人们通常将此任务概述为"范畴学说"。在此,关键的事情绝不在于,邓·司各脱如何规定中世纪所传承的亚里士多德范畴的数量和编排秩序。刻划实际性领域的范畴特征,是我们的任务,并且,先前对该特征所作的第一种区分有如此深远的传递,以致于亚里士多德的范畴看上去只是对某一领域的某种分类而不是绝对范畴。的确,我们整个研究的强调重点都依据于此,即要去阐明,倘若有不同的实际性领域,就应按其特性来认清它们,并相应地予以确定,使其彼此区分开来。

对范畴之特性的特有的强调,看上去可能是十分片面的,并且事实上也是如此;但是这种强调决不可被看作是不合理的;只在下述情形下,它才可以被看作不合理的:在这种研究观点看来,那些有待研究的现象发生了改变,在其内容上发生了扭曲,并有一种看法被强加给司各脱了,而按照事实上的考察结果,他在任何地方都不曾持有该看法。无疑,正是通过对范畴性东西的这一完全确定的层面的研究,司各脱哲学的这一方面应该得到或许比其本人所意识到的还要更清晰与更犀利的强调。然而这改变不了这一事实,即一切有待阐明的东西都归属于哲学家的思想范围,并且只有这才是决定性的。邓·司各脱处理了不同领域的范畴结构,却并未充分意识到该范畴结构的意义与新颖之处,就这一实际情况而言,同时应被理解的是,司各脱并非是在系统化的秩序和完整性中解决这些问题的。因此,我们的任务的内在要求是,不去做系统性补充和对漏洞的填补,而应是,把那些四处散落的东西聚合成一个一目了然的整体。

这种对邓·司各脱范畴学说的研究因而就是在一种十分明确的视角下进行的,并且此研究至少能够被引导至如此地步,即,我们能够把这些不同的领域区分开来,把可被思考的一切都以独特的清晰性勾勒于我们面前,以便能够向后面将要探讨的意义之领域指明其位置。

去道说一种现象的逻辑位置,这的确远非逻辑学家们所喜欢的表达方式。他们所喜欢的那种表达方式是以一种确信,即对内在的、奠基于逻辑事物之本质中的那种结构的确信为基础的,关于这种确信,在此不能进一步予以阐明;因此,他们认为,在可思事物的领域中,每一种与其内容完全相宜的现象,都要求着某个位置。每一个位置都奠基于空间规定,而这种规定,作为秩序,其自身又只有以一种关联体系为根据才是可能的。在逻辑的意义上,位置同样是以秩序为根据的。他们所说的逻辑位置,其意谓以某种方式契合于某种关系整体。

经院哲学的思想并非只是在一种新的方面上有如此显现,不如说,最重要的意义是,我们获得了可藉以理解意谓理论的那个真正的基础。先来探讨范畴学说并使之成为意谓理论的理解基础,但这样做,还并没有澄清这两个领域的逻辑上的归列关系。也只有当这两种现象本身都已得到充分认识,以至于可以轻易地对二者之等阶秩序作出决断时,对此问题的解释才是可能的。

存在着更多的、不同的实际性领域,但直到现在,我们对此还一无所知。倘若要就此说些什么,严格而论,我们也只能以猜测的方式来言说。我们如何确知这一问题,并且,这一问题究竟是何种类型的问题？存在着一种实际性领域，或更进一步地说，各种各样的实际性领域是现成存在着的，这样的事情，是不能先天地、以演绎的方式获得证明的。实事性只显示自身。这种揭示的意义是什么？被揭示的东西，在其自身中伫立于我们面前，这种东西，形象地说来，只能被直接把握，并不需要绕到别的东西那里来被把握；这样一种可显示之物吸引着我们的目光。在认知实践的意义上，我们有责任只去如此关注，去实际地把握所有可把握之物，去充分汲取被呈现者的纯粹自身。对于直接的东西，是不能有什么怀疑、可能以及蒙蔽的。因为，作为直接者，在其自身与理解之间似乎是没有什么东西的。

　　因为只有在揭示的道路上才可以获得一种关于实际性领域的知，因此，关于这些实际性领域的数量和被揭示者的完整性，我们也不能从一开始就予以确定。因此也根本很难确定，应首先揭示哪个领域。然而实际上，人们将试着去理解那种一开始就有的东西，即我们通常所熟悉的东西。这种一开始就有的东西可以是经验的实际性，我们每天正是运行于这种实际性之中，也可以是在时间和空间中的既有之物，即物理的自然实际性。甚至还有一种观点认为，真正被直接给予的是心理性的东西。对于很多人而言，这种心理性的东西，其本身作为特有的世界，根本不是首先被意识到的，或者只是经过长时间的反思才被意识到，除此之外，这种观点也过度地承载了一些从一开始就难以澄清的前提，例如说心理性东西是离认知的主体最近的东西，甚至就是这一主体本身。从方法上看，首先和直接被给予的东西是感性世界，是"周围世界"，这在某种意义上可能是对的。

尽管如此,接下来的工作也不应以感性世界作为出发点。虽然刚刚说过,先天演绎的方式不能用来澄清那些实际性领域以及它们的类型和数量,然而人们倒是可以从一般的思考出发;只要人们想要对这种独特的程序做出解释,这样做甚至就还有某种必然性。

第一章
"一"、数学的实际性、自然的实际性
以及形而上学的实际性

每个对象领域都是对象之领域。即使我们对于那些实际性领域还完全不了解任何细节,但当我们谈论它们并认为它们在方方面面上都有疑问时,某种东西就与我们相对而立了,这种东西就是一个对象。所有东西和每一种东西都是对象。Primum objectum est ens ut commune omnibus[首要的对象是存在,而存在乃是每一种事物所共有的]。在每一种认识对象中,只要它恰恰就是对象,存在(Ens)都被给予了。如同视觉的每一种对象,无论是白色的、黑色的还是彩色的,都是有颜色的,每一个对象也因而都根本地是一个存在着的东西,无论其在内容上始终呈现的是什么。

在邓·司各脱那里,有这样一条使人感受到有近乎现代气息的评语:我们经常使自己有这样一种经验,即,我们面对着某种对象性的东西,却不知道它是实体还是偶性;换言之:这种对象性的东西还没有什么更详细的范畴规定。当我们在精神性目光中获得了一种对象性的东西,就会有这样的疑虑产生,即,它们存在于哪一种范畴中,它们的实际存在是为了它们自身还是为了某种别的东西;这种对象性东西的实际性特征还完全没有被确定,尽管如此,某种东西已经被给予了。Aliquid indifferens

第一章 "一"、数学的实际性、自然的实际性以及形而上学的实际性　225

concipimus[我们领会了某种无差别的东西]；在每一种明确的范畴形成过程中，我们都把握到了一种先行存在的东西。"存在"因而就意味着对象领域本身的整体意义，意味着在对象性东西中的那种贯彻性的因素，"存在"乃是范畴中的范畴①。"存在"始终保持于每一对象中，尽管对象在其内容的丰富性上一向是有所

---

① ... primum objectum intellectus est ens, ut commune omnibus[……理智的首要对象是存在，这是每一种事物所共有的]，《论亚里士多德〈形而上学〉诸问题》，第 4 卷，问题 1，148a。

Concedendum est, quod primum objectum intellectus non potest esse aliquid, nisi quod essentialiter includitur in quolibet per se intelligibili, sicut primum objectum visus non est aliquid, nisi quod essentialiter includitur in quolibet per se visibili, ut color in albo et in nigro. Cum autem quodcumque ens sit per se intelligibile, et nihil possit in quocumque essentialiter includi nisi ens, sequitur quod primum objectum intellectus erit ens[应该承认的是，倘若理智的首要对象不是被本质性地包含于任何一种因其自身而被认识的东西中的话，理智的首要对象就不能是某种东西，与之类似，倘若观看的首要对象不是被本质性地包含在任何一种因其自身而被观看的东西中的话（例如"颜色"之于"白色"和"黑色"），观看的首要对象就不是某种东西。但是任何一种事物的存在都是因其自身而被认识的，并且，倘若不是存在的话，就没有什么能被本质性地包含在任何一种事物中了，由此可以推出，理智的首要对象乃是存在]，《论亚里士多德〈形而上学〉诸问题》，第 6 卷，问题 3，336a。

... experimur in nobis ipsis, quod possumus concipere ens, non concipiendo hoc ens in se vel in alio, quia dubitatio est, quando concipimus ens, utrum sit ens in se vel in alio, sicut patet de lumine, utrum sit forma substantialis per se subsistens vel accidentalis existens in alio sicut forma; ergo primo aliquid indifferens concipimus ad utrumque illorum et utrumque illorum postea invenimus ita primo, quod in isto salvatur primus conceptus, quod sit ens[……在我们自身中得到验证的是，我们是能够领会存在的，但不是在其自身中或别的东西中去领会这个"存在"，因为下述问题尚还存有疑问，即，我们何时领会存在，存在是在自身之中还是在别的东西之中；同样应得到阐明的是，实体之形式是持立于自身之中还是说像形式那样偶然地实存于别的东西之中；所以我们首先把此二者（两种向度）中的任何一方都领会没有差别的东西，然后我们就发现此二者中的任何一方都在这一意义上是首要的，即，其中保存着这样一种首要的概念，此即"存在"]，《论亚里士多德〈形而上学〉诸问题》，第 4 卷，问题 1，148b*。——原注

差异的。

这种"存在"属于 maxime scibilia[最高可知者]①。对此可有双重理解。"最高可知者"是那种源始地被知晓的东西;对此的理解,不宜过多地在时间性的发生学意义上进行,而应在逻辑的意义上展开。这个"最高",在这里包含了一种逻辑的—理论的价值思想,并刻划了对象性东西的那种原初要素的特征,即对象性。存在,在上述意义上被把握为"最高可知者"的存在,它所意指的不是别的,而就是一般对象认识的可能性条件。

进一步地,最高可知者还可以意指那种东西,那种应以最大的明确性而被认识的东西。这里,对于这种认识心理学的——亦即与主体性有关的——意谓,我们没有兴趣。最高可知者的对象性的、范畴性的第一种意谓显示出,存在表示了一种终极的、最高的东西,在它之后,再没有什么可以被追问了②。

---

* 如同其他许多古代文献一样,巴黎版本的邓·司各脱全集也是按照一页两栏排版的,故脚注中出现的"148a"是指第 148 页左栏,"336b—337a"是指从第 336 页右栏至第 337 页左栏,而"21a, n. 9"中的"n"是页边码,"452b sqq"中的"sqq"或"sq"则意指"该页及随后几页"或"该页及下页"。以下不再注明。——译注

① 此词按字面意看似应译为"最大可知者",但由于在上下文语境中,在《论亚里士多德〈形而上学〉诸问题》的"序论"中,邓·司各脱把亚里士多德的"第一哲学"称之为"maxime scientia",故可知这里的"maxime"所表达的"极致"更宜于被理解为"最高"。——译注

② Maxime autem dicuntur scibilia dupliciter: vel quia primo omnium sciuntur, sine quibus non possunt alic sciri; vel quia sunt certissima cognoscibilia. Utroque autem modo ista scientia [scil. Metaphsica] considerat maxime scibilia … maxime scibilia primo modo sunt communissima, ut est ens inquantum ens et quaecumque sequuntur ens inquantum ens[但是最高可知者(的最高)是在双重意义来讲的:或者是因为它们是先于

第一章　"一"、数学的实际性、自然的实际性以及形而上学的实际性　227

这也是对象之规定的本真的哲学意谓,是经院哲学在"超越" 216 这一名称下所熟知的东西。超越是这样一种东西,它之上,没有什么可以涵括它的种;它是不可再被谓述的①。"存在"的这种终极性作为对象性本身,是超越的本质性东西。超越可分派到许多个别对象并通过它们而被谓述,但这对于超越而言是偶然的。这些个别对象也绝非超越,因为与之相伴的是已经被给予了的存在之概念。唯有那种可以用存在转换的东西,才可以在严格的意义上被算作超越中的东西。这种可转换性因而就可以被视为这样一种标准,借此可决定,在存在之外还有什么可被看作是归属于超越的②。它在构建对象的那些要素中规定了那种最终的并且在逻辑的等级秩序中处于最高位置的领域。

其他的超越性,如一、真、善等等,可以被看作是存在的"近似—特性",但并非在同等意义上如同作为对象性本身的存在那般源始。这些超越当然也不允许它们中有什么等阶秩序,更确切

其他一切东西的,没有它们就不能认识别的东西;或者是因为它们是最具确定性的可认知者。但是这两种意义都被认为是那种学术(即形而上学)的最高可知者……第一种意义上的最高可知者是最普遍的东西,如"作为存在的存在"和每一种紧随着"作为存在的存在"的东西],《论亚里士多德〈形而上学〉诸问题》,"序论",4b。——原注

① 因为能被谓述就意味着存在着比主词更高、更普遍的规定性。——译注

② Transcendens, quodcumque nullum habet genus sub quo contineatur; sed quod ipsum sit commune ad multa inferiora, hoc accidit ... Non oportet ergo transcendens ut transcendens dici de quocumque ente, nisi sit convertibile cum prius transcendente, scil. cum ente [超越着的东西是不隶属于任何种的;但是对于它之下的许多东西而言,它又是普遍的,事实上……倘若超越不能与首要的超越者即存在(者)相转换,则就不应认为超越所关涉的是任何一种存在(者)],《牛津评注》,第1卷,分类8,问题3,598a sq., n. 19。——原注

地说，不允许这种情形发生，即，其中的某一种，鉴于其对象之建构的特征，要比另一种更源始。倘若人们不想只是绕圈子的话，就得承认，这些超越性中，没有一种能被揭示（澄清，而非说明）。通常并且只要人们对于这些终极性有所澄清——换言之，把这些终极性本身作为对象来思考——之际，伴随着这些对象，所有为了对象本身的建构要素就都被给予了。

  这些超越性本身不能是一种具体科学的对象；科学之本质阻碍了这种事情。因为，在这种或那种科学中，在到处都有对象以供研究的地方，所能碰到的只是对象。所以，对于各种各样的个别对象，若人们每每都想追溯到其最终的理论性的结构要素中去，这些超越性就必然常常只是被一再地、徒劳无益地探讨了①。

  把存在视为"某种根本的东西"，这看上去不再能开启什么新

---

① ... quaecumque autem rationes transcendentes, quae sunt quasi passiones entis, ut verum, bonum etc. sunt posteriores primo objecto; et quaelibet earum aeque per se est intelligibilis, nec una magis habet rationem subjecti intellectus quam alia[……但任何一种超越形式——它们仿佛是存在的特性（"passiones entis"是司各脱神哲学的重要术语，在表达形式上可追溯至托马斯，意指相应于存在自身的"存在的本质特性"或"存在的本己显现形式"；司各脱有时也用另一对术语即强调"什么存在/本质存在"的"in quid"和强调"如何存在"的"in quale"来表示对"存在自身/作为存在的存在"和"存在的本己特性/本己显现"的这种区分，这两组术语的关系可统一表述为：存在的本己特性是在本己显现形式中被谓述的。——译注）即"真"、"善"等——都是后随于首要对象的；并且它们中的每一种都可以同样地通过自身而被理解，它们中没有一种能较之于它者而更多地具有认识之客观形式（在"主观"与"客观"这对概念上，中世纪经院哲学的理解与近代哲学的理解几乎完全相反，故这里的"subjecti"译为"客观的"，另一方面，由于"对象"概念本身兼具形而上与形而下的二重性意谓，这里把 objectum 译为"对象"仍是可行的，所谓"后随于首要对象"实指"后随于存在自身"，这个"首要对象"接近于后世哲学尤其是康德所理解的"对象性本身"。——译注）]，《论亚里士多德〈形而上学〉诸问题》，第 6 卷，问题 3，336a。——原注

的东西了。一切都终止于存在，就仿佛是终止于一种终极中。或者，我们终竟还是没有穷尽它的意谓内容？但是，关于这一对象本身，的确不能再有什么——应普遍地道说此对象的——对象性的东西了。这种"普遍"在这里丧失了所有意义。并且，只要人们不把谓词不合理地限制在一种片面的归属行为中，关于存在，就还是有更多东西可以谓述的。以这种更广阔的谓词，我们自然就进入到那种业已被注意到的思想的循环运动中了。只要这种不可避免的"不幸"不在我们这里，而是在对象自身中——我们与之相应地已将其接受为绝对者，这就不是什么循环。而且还要注意的是，就算以那些谓词我们是在绕圈子，但每一次我们也都仿佛是伫立在这一圆周的不同位置上。

我们说：这种东西是一种东西。但以这样一种臆想性的陈词滥调，我们看上去还并没有从对象中超脱出来。但在这句话中却恰恰存在着一种富有成效的因素，即关系之因素。对象关系于自身。在何种程度上这种东西是一种东西？因为它不是别的。它是一种东西并在此东西之是中不—是—别的东西。"东西只在其界限中是其所是"，黑格尔说道①。邓·司各脱透彻地知晓对象自身中的这种关系：idem et diversum sunt contraria immediata circa ens et convertibilia[同一与差异是相对立者，它们直接相关于（围绕着）存在，并且是可以（用存在）转换的东西]②。这一种东西与别的东西都是直接伴随着对象一般而被同时给予的；这"一种"东

---

① G. W. F. 黑格尔：《逻辑学》，纽伦堡，1812年，第1卷，第62页。——原注
② 《论亚里士多德〈形而上学〉诸问题》，第5卷，问题7,293a。——原注

西甚至这个"一"都不是与二相对立的,而是说,这一种东西与别的东西,这种"对成"(*Heterothesis*)①,是那种作为对象之据有的思想的真实起源(der wahre Ursprung des Denkens als Gegenstandsbemächtigung)②。

这些原初的、看似相当空洞的事态却是在最近才被一个现代思想家在一项研究中极为锐利地再度凸显出来,此研究赢得了深度与细致,因为它是从先验哲学的地基上形成的③。此研究指明了"一个"与"一"之间的那种根本区别;另一方面,它指出,数字不是什么纯粹的逻辑的构造物,以这样一种东西本身,还根本没有什么被给出来。接下来可以指出,邓·司各脱是如何倾力于——此外他也曾"报以激情"地致力于数学研究④——探讨"一"概念中的那些区别,经院哲学对于这种区别是根本不陌生的,否则李凯尔特就不能借用埃克哈特大师的一句话来作为他的那项重要研究的开头语了。

---

① "Heterothesis"是李凯尔特所倡导的思想术语,用以取代黑格尔所主推的"反题"概念。李凯尔特认为,本质性的差异者是处于彼此求索的状态而非对立状态,这种彼此求索与相互要求使得"一方不能离开另一方而被思想"。由此可见,李凯尔特的这一术语是在强调彼此差异者的共属性,因而,"与自身同一"和"与它者相异"是"同样源始的"。——译注

② "对象之据有"是李凯尔特和拉斯克都曾探讨过的一个概念,可理解为"对象之规定"。海德格尔在其博士论文中也曾探讨过此问题(参看本书德文页码第175页以下),在那里,海德格尔曾指出,判断的特性在于,"某种东西对于一个对象有效",这种特性就是"对象之据有"或"对象之规定"。——译注

③ 参看 H. 李凯尔特的《一个、统一、一:对数字概念之逻辑的评论》,载《逻各斯》,第2卷,第26页以下。——原注

④ 参看德·伍尔夫:《中世纪哲学史》,R. 艾斯勒译,图宾根,1913年,第329页,注释1。——原注

第一章 "一"、数学的实际性、自然的实际性以及形而上学的实际性　231

Idem et diversum sunt contraria, quia idem est quoddam unum et diversum quoddam multum[同一与差异是相对立的,因为同一是某种"一"而差异是某种"多"]①. 这个"quoddam"[某种]是值得注意的。人们太易于去做那样的尝试,即,在一那里立即就想到某种数量上的东西。邓·司各脱是想通过这个"某种东西"来预防上述倾向。与对象概念如此本质性地结合在一起的那些问题,其困难之处,他是知晓的,否则他就不会清楚明确地予以指出——这在他的著作中是难得一见的②③。

在那个"对成"、那个"同一与差异"能够得到进一步考察之前,还应该去制止一种异议。人们也许会猜想,在一种聚焦于实体与实在东西的哲学中,如同经院哲学在被第一眼看到时所显现的那样,这种同一与差异只适用于实在之物,因而具有一种完全受限的应用领域,并且不能作为对象性东西本身的源初范畴而直接与共同存在着发生关系。邓·司各脱确实承认,同一与差异的确主要是就那些实体(realen Dingen[实在之物])而言的;这就意味着,这些具体的实体表现为最切近存在的应用领域。这一承认之所说因而更多地是指在一种被规定了的对象领域中的那种应用的频繁性,而不是说"主导领域"的广度,这两者之间是有区分的。④ 这种

---

① 《论亚里士多德〈形而上学〉诸问题》,第 10 卷,问题 7,634a。——原注

② notandum, quod haec quaestio de ente et uno habet tot difficultates[应该指出的是,这个关于"存在"和"一"的问题是具有相当多的困难的],《论亚里士多德〈形而上学〉诸问题》,第 4 卷,问题 2,165a。——原注

③ 邓·司各脱的著作向来以艰深晦涩、迷雾重重而著称,故这里有"这种明确指示极少发生、难得一见"之语。——译注

④ 此句意指:同一与差异只是频繁应用于存在者领域而非存在领域。——译注

区分也适用于质、量以及关系,甚至对于否定与褫夺也是有效的[①],换言之:这对于所有以及每一种作为某物而被知晓的东西都是有效的[②]。然而邓·司各脱也在某处明确表示:"res"[③]之关系不必只限于自然现实,它毋宁是可以意味着一切的,即所有根本不是无的东西。无是那种包含矛盾的东西——例如一个圆的正方

---

① 按《杜登外来语词典》,此二者都是否定,但不同之处在于,后者意味着:否定性谓词就此不只是否定了主词的性质,更是否定了主词的本质。例如"钟不走了"。——译注

② Dicendum, quod idem et diversum sunt contraria, quia idem est quoddam unum et diversum quoddam multum... Sed intelligendum, quod quia substantia est radix omnium generum, et quia omnia, quae habent rationem entis ad substantiam attribuantur, sicut quod quid est principaliter in substantiis, per posterius in accidentibus, sic identitas et diversitas, sive idem et diversum principaliter insunt substantiis et per attributionem aliis generibus. Et non solum extenduntur ad aliqua alia genera, sed etiam ad negationes et privationes, inquantum rationem entis participant et ideo omne ens comparatum enti est idem vel diversum sibi[需要指出的是,同一和差异是相对立的,因为同一是某种一而差异则是某种多……但是我们应该认识到,因为实体(本质)是一切"种"的根本,并且因为一切东西具有存在形式,它们是被加之于实体之上的存在形式;所以同如那种首要地存在于实体中的东西和通过后而存在于偶性中的东西(之间的关系),同一与差异亦是如此,同一与差异(中的一方)要么是首要地内在于实体中,要么是通过附属而存在于别的种中;但这并非仅仅拓展于任意一种不同的"种",而是也还适用于否定和褫夺,因为它们也是分有存在之形式的,所以一切存在之间的关系就是同一或差异],《论亚里士多德〈形而上学〉诸问题》,第10卷,问题7,634a。

Omne ens omni enti comparatum est idem aut diversum; ergo identitas non est tantum in genere substantiae sed in omni genere[一切存在之间的关系是同一或差异;所以同一性不仅仅是(某个)种之中的实质,而是一切种中的实质],同上书,第5卷,问题7,294b。

[Idem et diversum] in omni genere reperiuntur[(同一与差异)可以在一切种中被发现],同上,n.6。——原注

③ 拉丁语中的 res 意谓丰富,既意指具体物也可意指作为发生事件的事情,对应于德文中的"Sache"、"Gegenstand"等词,因此不能仅仅译为"(实在)物"。着眼于这种二重性,我们将其译为"事物"或"事态"。——译注

第一章 "一"、数学的实际性、自然的实际性以及形而上学的实际性　233

形。因而,所有不含有任何矛盾的东西,无论它是一种实在的存在还是一种理智的存在(*ens rationis*)①,都是一个事物②。

因此,关于同一与差异,始终要进一步予以澄清的,是源初的对象性的特征。

在对成中存在着三种因素:关系(Relation)和两个关系环节。关系只是存在于关系环节之间的关系,而关系环节则是为关系起奠基作用的关系环节。从某一方面来看,关系与关系环节是互相关联的。一个与另一个是关系环节,关系存在于它们"之间"。这是何种类型的关系?

对此,若我们从奠定关系的关系环节出发,且首先从"一个"出发,我们就能获得最可靠的答复。"一"之所谓是有双关性的:它能够意指那个可以与存在相转换的一,也可以意指那个作为数之原则的一。

一方面,一意指那种东西,通过它,每一个对象才是一个对象;

---

① 司各脱所说的"理智(理性)的存在"是指在思考着的理智中的存在:它之存在在于它被思考,反过来说,若不把它理解为和称作"存在着的",我们就既不能思考它也不能命名它。这种存在也被称作"ens",只要它能满足上述标准(这实质上意味着,只要它能满足矛盾律要求),甚至连外在于灵魂的事物(实在之物)都受其规定。由此可见,司各脱所思考的"ens"恰恰最接近于亚里士多德语境中的"ousia",即都是对存在和存在者之二重性的命名和思考。——译注

② Non ... nomen rei secundum usum loquendi determinat se ad rem extra animam. Et isto intellectu communissimo ens vel res dicitur quodlibet conceptibile, quod non includit contradictionem[按照"一"之所谓,事物之名称并非只把自身限定于灵魂之外的事物。就此而言,任何一种可以通过一般理智而被理解的东西也就是说任何不包含矛盾的东西都可以被称作"ens"或"res"],《自由论辩集》,问题3,n. 23。——原注

另一方面,一被视为数字①。与之对应地,多也是如此。不是每一种"多",更确切地说,不是每一种多样性或多重性(Mannigfaltigkeit oder Mehrerleiheit)②都奠定数字本身。多样性本身有一种比数更广阔的有效性领域,就好像作为超越的一那样。多重性所要求的只是根本区分着的诸对象并且在其概念中还不要求量③。在这里,那种只是暂时地对作为超越的一和多所道说的东西,只有通过它与量的对立、与数领域的对立才能得到完全阐明。

"一"可以与一般的对象性东西相转换,这适合于每一种对

---

① Unum est aequivocum ad unum, quod est convertibile cum ente et ad unum, quod est principium numerorum[在"一"和"一"之间是有歧义的,前一种"一"是可以与存在相转换的并由此达成"一",后一种"一"是数之原则],《论亚里士多德〈形而上学〉诸问题》,第4卷,问题2,158 a.

Sciendum est, quod alia est natura unius, qua substantia cuiuslibet rei est una, alia autem unius, quod est principium numeri proprie dicti.

Et est (unum) in genere quantitatis, et est unum, quod convertitur cum ente.

[我们应该认识到,还有另一种本性上的"一",以此而论,任何一种事物的本质都是一致的,但却是另一种意义上的"一",亦即,这种"一"就特性而言乃是数之原则。

这种"一"是种之意义上的量,而(前述的)那种"一"则在于它可以与存在相转换],《论事物之本原》,问题16,566。——原注

② 按《杜登综合词典》,此二者的区别在于:前者强调方式之多,后者则强调差异性。——译注

③ Multitudo absoluta est in plus quam numerus. Sicut enim unum absolute acceptum (unum transcendens) est in plus quam unum, quod est principium numeri, sic multitudo absolute accepta est in plus quam multituod, quae est numerus[绝对的"众多"是比数要多的。这就正如,我们所理解的绝对的"一"(超越着的"一")是要多于那种"一"即作为数之原则的那种"一"的,如此,我们所理解的绝对的"众多"是比"众多"要更多的,后一种"众多"只是数目],《论亚里士多德〈形而上学〉诸问题》,第10卷,问题14,644a。——原注

第一章 "一"、数学的实际性、自然的实际性以及形而上学的实际性　235

象①。一切存在的东西，只要它是（属于）一的，它就存在着②。那么如何去思考对象之存在与其中一个的存在呢，存在与一之间彼此是如何对待的呢？作为可转换者的一肯定不是量。毫无疑问，一也意味着某种与存在不同的东西。如此，伴随着每个对象——它必然是一个对象，我们就有两个对象了么？

邓·司各脱说，一（存在）并没有给存在添加什么新的对象，亦即，并没有像白色对于实体的附加那样给存在添加了什么东西。每一个对象都是一个在自身中并依寓于自身的对象（ein Gegenstand in sich und an sich）。更确切地说，一是伴随着那种作为其形式的东西而被直接地一道给予的。这种可转换性说的不是两个对象之间的一种绝对的区分，而只是意味着可以对一种内容进行不同的观察与确定。倘若只有通过添加一种新的东西，一个对象才能重又成为一个对象③，那么就必须进而问道，这样一种东西通过什么而存在的，这样的话，在思想的源初对象那里就已经出现了一种 Processus in infinitum[进入无限中去的进程]。什么被称作是一个对象，它同时就意味着一个对象，这个什么是一个东西；然而这个一并不是那个首先被意指的东西，而是，就其自身而言，它说的是一种褫夺——只要一个对象恰恰不是别的对象。它因而并没有往对象之概念上添加实在的内容上的东西。一与存在的这种

---

① 这里所谓的"对象"，也都可以理解为"事物"或"东西"。下同。——译注
② Omne quod est, tamdiu est, quamdiu unum est[对于每一种存在着的东西而言，它能多长时间地是"一"，它就能多么长时间地存在]，《论事物之本原》，问题 17，593b。参看《牛津评注》，第 2 卷，分类 3，问题 4，112a sq., n. 20。——原注
③ 此句意指：倘若只有加上"一"，泛泛而论的一个对象才能成为"一个"对象。——译注

可转换性因而与对象的内容上的本质存在无关。倘若是这种情形,那么,例如"多"就不能是一个对象,只要这种多作为多恰恰不是"单一"性("Ein"- heit)的。尽管如此,倘若现在还在说每种多都是一个多,这样的话,这就明确指出了,"一"并未触及一个对象的什么,而是必然作为基本的确定性加诸其上了的。每一个什么都存在于"一"的形式中,在所有对象那里——虽然这些对象在内容上还有很大差别——都始终存在着一种同一的确定性①。

---

① ... tale unum, quo res dicitur una et convertitur cum ente, non dicitur rem aliquam super substantiam rei ut albedo supra subjectum. Et ita substantia cuiuslibet rei est una per se, non per aliquam rem additam super ipsam; ut sic sit verum dicere, quod omnino eadem est ratio realis rei et unius rei sicut hominis et unius hominis, sicut dicitur in elenchis, quod eadem est ratio propositionis et unius propositionis. Huius rei est aperta ratio, quia, si res esset una per aliquod additum super eam, iterum de illa quaererem, utrum sit una per se vel per aliud etc. et erit processus in infinitum[……这种"一"是指事物的"一",是可以与"存在"相转换的,它并没有像白色之加诸事物那样给事物之实质加上某种东西。事物的任何一种实质都自在地是"一"的,而并不是通过在自身上添加某种东西才是"一"的;事实上,事物的实在形式和单一形式完全是同一种形式,正如人的形式和单一的人的形式是同一种形式一样,这也就如(亚里士多德在)《辩谬篇》中所说的那样,命题之形式和单一命题的形式是同一种形式。事物的这种形式是开放的形式,因为,倘若事物能够通过把别的东西添加于自身而是"一"的,则也就可以再一次地去追问所添加的那种东西,它是通过自身而是"一"的还是通过别的东西(的添加)而是"一"的,如此等等,这将会无穷无尽地追问下去],《论事物之本原》,问题16,567b。

Intelligendum, quod illud, quod per se significatur per ens, illud dat unum intelligere, non tamquam principale significatum, sed significat privationem per se, et privatio non est nisi in natura, ideo dat intelligere naturam ex consequenti[需要认识到的是,那种东西,那种本身是通过"存在"而被意谓的东西,那种使得"一"得以被认识的东西,不是首要被意指的东西,而是(首要地)意指褫夺本身,并且倘若褫夺不是本性中的褫夺,则褫夺就是不存在的,所以它是从后随者而来(以后随方式)使得本性得以被认识的],《论亚里士多德〈形而上学〉诸问题》,第4卷,问题2,159a。

... Dicendum, quod concedit (Avicenna) convertibilitatem non essentialem vel

第一章 "一"、数学的实际性、自然的实际性以及形而上学的实际性　237

超越的"一"的这种确定性特征也已经以那种方式显露出来，邓·司各脱借此反对把一当作数字。这个超越（着）的一是对象那里的某种东西，通过它，对象才成为一个对象，一种对象性才根本成为规定性的因素；相反，作为数字的一本身就是对象，是对象性的一种非常特殊的情形①。

那么，进一步地，如何把这种超越的一理解为确定性呢？

形式概念在亚里士多德哲学以及先验哲学中都扮演了一种关键的角色。它对于学术性思想而言，而且首要地对于哲学而言，是不可或缺的。因而当然就不应认为，形式概念总是被清晰地并首先被明确地理解了。因为在接下来的工作中，特别是在意谓理论那里，形式概念将对此研究产生决定性的影响，那么我们就想在这

---

essentialiter, sed quod idem sunt subjecto non secundum essentiam; quia si sic, multitudo secundum quod multitudo non esset ens, quia multitudo secundum quod multitudo non est una, ita quod sit essentialis praedicatio, sed unum accidit multitudini; convertuntur ergo non tamen essentialiter vel secundum essentiam[……需要知道，得到（阿维森那）承认的是，可换换性不是本质性的东西或者说不是以本质性的方式发生的，而是说，一般主体（中世纪哲学对"主体"与"客体"这对词语的规定与近代之理解几乎是完全相反的，在中世纪哲学文本中，"主体"意指自行显现着的、实际存在着的东西，可理解为今天意义上的"客观实际存在"，也可直接译为"基体"，因为在中世纪语境中它本就是对亚里士多德"实体"概念的直译，与subtantia具有相同的意谓。——译注）是不依照本质而成为可转换者的；因为倘若如此的话，在"多"不存在的意义上，"多"（却恰恰）就是存在着的，因为"多"是在"多不存在"的意义上才是"一"的，如此它才得到本质性的谓述，但是"一"又是以"多"的方式发生的；"被转换"因而就不是以本质性的方式或者说不是依照本质而发生的]，同上，162a。

Nec eius (scil, unius) ratio variatur per se propter diversitatem subjectorum, quibus inest[它（亦即"一"）的形式本身是通过它所内在于其中的那些一般主体（基体）的差异性而被改变的]，同上，164a。——原注

① 参看本书前文，第 221 页，注释 14。——原注

里,在它向我们首度明确显现之际,对其进行一般意义上的预备性道说。

在亚里士多德哲学中,形式首先包含的是形而上学的意谓,而较少是物理学、心理学、形而上学之实在的构型原则。但是在逻辑领域它也绝没有扮演一种从属性的角色。康德首次把形式概念提升到逻辑领域中的那种决定性的支配地位,并且从此以后它就变成了不可或缺的 Instrumentarium logicum[逻辑工具]。在这种意义上它也应该在此得到一种预先的考察。

所有在体验中与我"相对"而立的东西,都以某种方式被把握了。这种"相对"本身已经是一种确定的视角(一种回顾[Respectus]),已经是一种关系情形(*Bewandtnis*),即我与对象之间的一种情形。在此自然不应想到一种空间的疏远和邻近。这种"相对"是一种借用自然现实的表达,这种表达被用来标志清晰意识(*Bewuβtheit*)①的那种非感性的关系。清晰意识,就其特性而言,乃是一种唯一的关系。就像所有在自然现实中与我相对而立的东西——一旦我自身得到了不同的位置确定——就是某种别的东西一样,并且就像尽管在这种"相对"中恰恰有一种同一的因素但这种纯粹的相对也仍然持存一样,这种相对也如此存在于体验中,存在于清晰意识中。我与非我的这种关系,当我仿佛是变换了"位置"时,换言之,当我有所理解地与别的对象相对而立时,它也作为那种原初本己的(ureigene)关系而持存着。

---

① 按《杜登综合词典》和《瓦里希词典》的解释,"Bewuβtheit"的基本含义是"通过清晰的意识而达成的(通常是对自身的)觉知和引导"。这里尝试译为"清晰意识"。——译注

因而，当某种东西是被一般地给予我并被我所意识到时，当我把某种东西做成了我的意识的对象时，明确性的概念就已经开始运作了。对象之所是存在于清晰状态中，即便仿佛只是存在于朦胧昏暗中，这也只不过是让人看到了某种对象性的东西本身。倘若缺少这第一种的清晰状态因素，那我就根本没有绝对的黑暗；因为，当我拥有这种绝对黑暗时，这种黑暗自身就已经是再度存在于清晰状态中了。毋宁是必须这样说：我根本没有什么对象，我盲目地活在绝对黑暗中，不能精神性地、思想性地运动，思想是静默不动的。以这种存在我获得了第一种明确性，并且只要每种存在都是一个一，我就获得了在对象性东西的多种多样的丰富性中的第一种秩序。这样的话，明确性就是在既有之物那里的某种秩序性的东西，它使得既有之物可以把握、可以认知并且可以理解。

虽然一并没有给对象添加什么新的东西，但它还是带来了关于对象的更多的清晰状态，给予对象以某种秩序性的东西。一的这种明确性并非源始地与一等同。不如说前者是在后者的基础上形成的。"对象"的意谓是某种肯定性的东西、绝对的东西。一已经不再是源始的了，它已经把存在预设为前提了。一给予对象以某种类型的本己行为（quendam modum se habendi[自身所具有的某种方式]）。这种本己行为（Sichgehaben）通过一而与对象有了某种关系情形。这种关系情形不是什么肯定性的，而是否定性的，更确切地说是褫夺性的。一作为褫夺性的明确性绝没有把肯定的东西给排除出去，否则一就不能用来道说那个作为绝对者的上帝了。

我们知道：与一相对的是众多，是杂多性。在何种程度上，众多是一种褫夺,并且由此而来,一是对一种褫夺的褫夺呢?①

邓·司各脱是在对一般思虑之特有关系的澄清工作中开始入手的,对他的这一澄清工作,我们在后面的意谓理论那里还会有细致的探讨。经常发生的事情是,我们关于对象说了某种有肯定意谓的东西,但就其事态而言,它却是褫夺性的。所以"形体的"一词鉴于其事态说的乃是某种褫夺性的东西,"非形体的"(精神的)一词鉴于其事态说的则是某种肯定性的东西②。因为,这种物质现实比起精神性东西要更加直接地切近于我们并被我们所知晓,同

---

① Est tamen sciendum, quod licet unum non dicat rem absolutam super ens sive per substantiam rei, tamen unum istud dicit aliam rationem et alium modum significandi ab ente... Modus enim significationis (entis) imponitur enti a ratione simpliciori quam modus significationis unius; ita quod, quamvis ens et unum idem significent, tamen significatio unius praesupponit significationem entis. Ens enim imponitur ab actu essendi absoluto et positivo. Unum autem in suo significato includit rationem entis cum determinatione, non dico cum determinatione addente rem supra rationem entis, sed addit quendam modum se habendi. Ille autem modus quem addit, non est positivus sed privativus solum, non privando aliquod positivum, alioquin unum non diceretur de Deo, sed privat aliquid negative tantum[但需要知道的是,"一"不可以用来道说事物本身即在存在者之上的或通过事物之实质而来的绝对事物,然而"一"却可以用来道说其他的形式或其他的从存在者而来的意谓形式……因为(存在的)意谓形式更多地是从简单形式(自身形式)而来而较少是从单一意谓形式而来而被置入存在之中的;这样的话,虽然"存在"和"一"意指着同一者,但是"一"之所谓是预先归之于"存在"之所谓的。因为存在是从绝对的和肯定的存在活动而来获得建立的。然而"一"在其本己意谓中包括了有限的存在者的形式,这并不意味着它是把有限添加到了在存在者形式之上的(绝对)事物上去,而只是添加了某种它自身所有的形式。但是所添加的那种形式,并不是肯定性的,而仅仅是褫夺性的,但它并不是对某种肯定之事物的褫夺,否则"一"就不可以用来道说上帝了,而只是对某种否定之事物的褫夺],《论事物之本原》,问题 16,568a sq。——原注

② 为了理解这一点,需要注意的是,对那种对立于物质的、有更高价值和真正实在性的精神性东西的确信乃是这一思想进程的基础。——原注

时，这种物质现实是先被给予了肯定的意谓而非褫夺的意谓，那些被最切近地知晓的东西通常被给予了肯定的意谓，而那些较少被知晓的东西则通常被赋予了褫夺的意谓。这样的话，我们就在肯定的意谓中理解了造物的实在性，因为这种实在性是直接地更切近地存在着的，但这种实在性是有限的、受限定的，因而，与神性存在相比，这种实在性的事态不是一种肯定的事态；但是，我们却是在"无限的"、"不受限定的"这些褫夺的意谓中去理解那种事态性的肯定的东西的。这种褫夺的意谓形式表达了一种肯定的事态。①

那么"一"这个概念就是从那种形式（构形原则）——它聚合了对象的诸部分——中获得的。在某一方面看来，"一"是一种未区分者，一种素朴者，另一方面，"多"则是被区分者，是多重者。

这种多重性因而源出于从这种"统一"性而来的那种差异性，因而就意味着对统一性的褫夺。虽然多是在一种肯定的意谓中被理解的（理解为被区分者），但按照其内容来看，它却是一种褫夺。另一方面，一是在一种褫夺的意谓中被表达出来的，而在内容上却说的是一种确定，是某种肯定的东西，这种东西排除了每一种褫夺——褫夺是存在于众多之中的。因而，就事态而言，一说的是某

---

① 以上数句意在强调指出意谓的肯定与否定不同于事态的肯定与否定。造物在存在物的意谓上是肯定的，但在存在之事态上却是否定的；神性存在在存在物之意谓上是否定的，但在存在之事态上却是肯定的。"事态"更多强调的是一种事件性，一种发生状态，一种持续显现状态。从海德格尔此时深受影响的"真即有效"思路来看，所谓神性存在在意谓上是否定的，在事态上是肯定的，事实上是指，本源力量没有对应指称，但却有效，这恰恰是其超越性的本己之真，这种真不同于实在之物的受时空限定的真。但由于司各脱认为可以对存在物与存在自身进行"一义性"的描述，故我们也不能把意谓限定在存在物领域而把事态限定在存在自身领域，毋宁说，它们都是可以上下通用的。——译注

种肯定的东西,而就意谓形式(modus significandi)①而言,它却意味着一种褫夺。一是对褫夺的褫夺,褫夺存在于多之中,而就它那一方面而言,多乃是对一的褫夺;如此我们就会看到,一是被多所规定的,反之亦然。现在需要澄清的是,一是以何种方式加到对象上去的;通过那种褫夺的意谓形式,一赋予对象以一种明确性。对象是一个对象而不是一个别的东西②。

---

① 拉丁语"modus"的字面意直译是"方式",但也可以表示"(显现)形式",海德格尔在本书中就直接把"modus significandi"译成了"Bedeutungsform"即"意谓形式",在极少数情况下,他也会在"方式"的意义上来理解和使用"modus",但这两种意思本就是可以彼此通达的,真正的意谓形式(意义形式)也必然是某种(运作)方式。汉译将统一把这个词的拉丁文表达和德文表达译为"意谓形式",在海德格尔明确用"Weise"来进行表述的地方(只是极少数情形)将译为"方式"。——译注

② Ut igitur videamus, quid est privatio importata per hoc nomen multitudo, quam quidem privationem de suo significato privat hoc nomen unum ut convertitur cum ente, est sciendum, quod (ut patuit ex. 8. Metaphysic.) nullus potest imponere nomen rei, nisi qui novit rem ... Nunc autem aliquando contingit, quod nominaliter aliquid multis positivum est, quod secundum veritatem est privatio, quamvis significetur nomine positivo, quia habitus sibi contrarius dicit naturam positivam. Corporeum dicit secundum rem privationem, incorporeum positivum; et cum notiora sint corporea naturaliter quam incorporea, in compositis ex materia et forma, unum secundum veritatem habitus quidam est a forma rei partes continente causatus; et ille habitus significatur nomine unius. Divisio autem secundum eorum veritatem est privatio illius habitus et significatur nomine multitudinis ...

Ex quo patet, quod cum multitudo surgat ex diversitate unitatis et compositionis, multitudo dicit privationem habitus importatam per unitatem et compositionem. Et quia (ut dixi) secundum quod res novimus eis nomina imponimus, ideo cum compositiones, causae et partes sint nomina magis nota, ideo etiam illud, quod importatur nomine multitudinis, etiamsi dicat privationem respectu illius, quod importatur nomine unitatis, quia nomina positiva magis sunt nobis nota, ideo illud significamus nomine positivo, quod est divisio; et illud quod significatur nomine compositi seu unius, quia est nobis

第一章 "一"、数学的实际性、自然的实际性以及形而上学的实际性　243

minus notum, significamus nomine privativo per indivisionem; quia multitudo est quaedam divisio, unitas autem est quaedam indivisio, sicut iam dixi; quia substantia incorporea dicit habitum positivum respectu substantiae corporeae, et haec respectu eius dicit privationem. Etenim, quia substantia corporea est nobis magis nota quam incorporea, illam nominamus per modum positivum, aliam per modum privativum ...

Patet igitur ex dictis, quod multum etsi significetur nomine positivo, quod est divisio, dicit tamen privationem realiter illius habitus, qui causatur a forma totius, quod partes continet. Unum autem etsi significetur nomine privativo, quantum ad modum significandi, quod quidem nomen est indivisum, realiter dicit positionem, quae positio de ratione sua privat illam privationem, quae importatur nomine multitudinis; quia indivisio est negatio divisionis, divisio autem privatio positionis. Sic forte caveatis totum, et ideo indivisionis ratio, quam includit unum, est ratio privativa, non privativa affirmationis, quia tunc unum non diceretur de Deo, sed privativa privationis; et sic secundum rem unum significat positivum, secundum vero modum significandi, qui sequitur modum intelligendi, significat privationem. Et quia unum dicit privationem privationis importatae per multum, multum dicit privationem habitus importati per unum, habitum est quod unum definitur per multa et e contrario. Unum enim est, quod est principium multitudinis, multitudo item quae numeratur per unum. Quia enim privatio cognoscitur per habitum, cum unum sit privatio multitudinis secundum rem, et multum sit privatio unius secundum modum, ideo unum habet per alterum definiri et e contrario.

［我们因而可以看到，褫夺是通过那种具有"多"之名称的东西而建立起来的，事实上，具有"一"之名称的那种东西，亦即可与"存在"相转换的那种东西，是对（"多"）的本己之所谓而进行的褫夺，亦即是对褫夺的褫夺；我们应该认识到，（诚如亚里士多德在《形而上学》第8卷所指出的那样），倘若人认识不了事物，则就没有什么是能被置于事物之名称下面的……但是有时也会出现这样的情形，即，名义上某种"多"是肯定的东西，但是实质上却是褫夺，虽说它是以肯定的名称进行意指的，但由于它的本己行为（习性）是在以相反方式道说着某种肯定的本性，所以就导致了这种情形。依照事物（的二重性）而言，物质性的（有形体的）事物说的是褫夺性的东西，非物质性的（无形体的）事物则说的是肯定性的东西；就（人的）认知熟悉度而言，物质性东西自然要胜于非物质性的东西；事物是由质料和形式所构成的，就实质而言，"一"的本己行为（习性）源出于这样一种形式，此形式对事物之诸部分进行了聚合，而且，对于这种本己行为，我们是用"一"这种名称来意指的。但就"区分"之实质而言，"区分"却是对上述那种本己行为的褫夺，对于这种区分，我们是用"多"这种名称来意指的……

由此可以看出，"多"是源出于"统一性"或"综合"之差异的，"多"所道说的乃是对那种本己行为——这种本己行为是通过统一性和综合而有的——的褫夺。因为，我们是按照我们所认识的事物（并为了道说之）而对它们进行命名的，所以，通过这种综合，诸原因和诸部分就成为了被更多地知晓的名称；而那种被命名为"多"的东西，也因而似乎是对那种被命名为"统一性"的东西的褫夺；因为肯定的名称就是这样才使得我们对之有更多知晓的，所以我们就用肯定的名称来意指那种东西即那种被区分了的东西（亦即"部分"）；而我们以"综合"或"统一性"之名称来予以意指的那种东西，因为我们对之有较少认知，所以我们就用那种通过"不可区分"而得到的褫夺之名称来予以意指；由于"多"是某种区分，而"统一性"则是某种不可区分者，如此也就可以（在义理上）说：相对于有形的实体，无形的实体是具有肯定性的东西的，并且可以说，有形之实体相对于无形之实体是具有褫夺性的东西。但事实上，因为较之于无形之实体，有形之实体要更为我们所知晓，所以我们就通过肯定方式来命名有形之实体，又通过褫夺方式来命名无形之实体……

由上面所说中因而可以看出，尽管我们是用肯定性名称来意指作为区分的那种"多"的，但它在实质上（realiter 一词在近代哲学中常被理解为"实在的"，但在中世纪哲学语境中却恰恰相反，因为在那里它往往意指超越于自然实在的"实质性"或"本质性"。——译注）却意谓着对那种本己行为（习性）的褫夺，这种本己行为是源出于整体之形式的，是对诸部分的聚合。另一方面，尽管"一"是通过褫夺性名称而获得命名的，并且如此而获得了这样一种意谓形式，在这种意谓形式中，人们认为"一"的确就是不可区分者的名称，但就实质而言，它却道说着断定性（肯定性）的东西，这种断定（肯定）是对其本己形式的断定，即断定了它乃是对被命名为"多"的那种褫夺的褫夺；因为不可区分是对区分的否定，而区分则是对断定的褫夺。正是凭借对整体的强有力的察觉，才有了不可区分的形式，它包含了"一"，是褫夺之形式，但不是对肯定的褫夺——因为这时的"一"并不是用来道说上帝的——而是对褫夺的褫夺：这样的话，着眼于事物（事实），"一"意指着肯定性的东西，而着眼于（认识之）真理，"一"意指着这样一种意谓形式，这种意谓形式所追随的乃是认知形式，它所意谓的乃是褫夺性的东西。"一"意谓着对褫夺的褫夺，前一种褫夺是通过"多"而形成的，且这种"多"所意指的乃是对通过"一"而形成的那种本己行为（习性）的褫夺，而这种本己行为（习性）却又在于："一"是通过"多"而被规定的，是从相对立者而来被规定的。因此，"一"事实上乃是"多"的本原，同样地，"多"是通过"一"才是可数的。因为褫夺事实上是通过本己行为（习性）才被认识的，就事实而言，褫夺是通过"一"（通过对"一"的褫夺）而成为"多"的，就（意谓）形式而言，褫夺是通过"多"（通过对"多"的褫夺）而成为"一"的，所以"一"是通过（二者中的）另一方而获得限定的，亦即，是通过（它的）对立者而获得规定的］，《论事物之本原》，问题 16,568 sqq.——原注

第一章 "一"、数学的实际性、自然的实际性以及形而上学的实际性　245

现在,一个足够确定的始基就被给予了,借此我们可以按照同一与差异之间的关系特性来对上述问题做出裁定。或许看上去,对一和多的这种详尽的探讨似乎是不需要的。同一与差异恰恰是彼此不同的,在它们之间存在着区分状态的那种绝对不可追溯的关系,这种关系在那个"不"中有其最素朴的表达。然而,当一作为某种东西被否定了,别的东西却并不可以由此就被突然召唤出来。"否定从某种东西中只是造成了一个不是——某种东西或者只是造成了无,它使所谓的对象本身消失,并且同样地,不同状态或区分状态从来都不能通过'非—同一性'而形成"①。

这样就可以明白,同一与差异之间的那种对立的本性并非直接清晰可见的。因而必须对各种对立特性进行研究并由此而裁定,哪一种对立特性能够单独用来解释眼下的这一情形。我们已经大致提到过,单纯的否定不足以成为这里所探讨的那种关系的特性。那种通过"不"之设置而与对象对立的、作为关系之环节的东西,虽然造就了一种对立,但是它没有设定什么东西(nihil ponit〔没有设定什么东西〕),也就是说,它没有造成别的什么对象,也没有像褫夺那样对主词有所要求。人们也就可以说,"无"之不(能)看,恰恰就像石头之不(能)看一样②。邓·司各脱把这种对立和

---

① 李凯尔特:《一个、统一、一:对数字概念之逻辑的评论》,载《逻各斯》第2卷,第36页。——原注

② Quod enim contradicit alii, opponitur sibi, sed nihil ponit, nec subjectum requirit; potest enim dici, quod non ens non videt et quod lapis non videt〔虽然它是与其他东西都相矛盾和相反对的,但却并未设定(断定)什么东西,也并不要求一般主体(基体);事实上能够说的是,非存在之不(能)看正如石头之不(能)看一样〕,《论亚里士多德〈形而上学〉诸问题》,第10卷,问题11,639b。——原注

矛盾的特性简要地表达为：Contradictio salvatur in ente et non ente［这种对立被包含在存在和非存在之中］；这种对立始终被包含在存在和非存在的领域之中①。

存在和非存在诚然是彼此对立的，但它们并不是彼此区分的。区分状态只存在于存在者的领域中；因为区分状态不是单纯的否定（分离），而同样地也是结合。只是在那里，在有一种观察角度、有一种更高统一性——那种有待区分的东西能够据此而被衡量——的地方，某种像区分状态那样的东西才是可能的。否定，如同它在矛盾的对立中所显现的那样，属于"主观逻辑"。"非—人"固然可以说的是一头驴，换言之，可以说的是一种存在着的对象，但是这种否定，只要它被纯粹理解为否定，就只是在认知中——亦即通过主观的思想规定——的一种存在；否定在矛盾的对立中并不具有一种客观的持存。"非—白色"，只要它与白色相对立，就绝不是黑色的，而是说，它的意谓包括了除白色之外的每一种存在者和"非—存在者"②。

----

① 《论亚里士多德〈形而上学〉诸问题》，问题 5，630b sq.——原注

② ... ens et non ens contradicunt et tamen non differunt nec sunt diversa, quia diversitas est differentia entis et differentia similiter ... concedendum, quod contrarietas et relativa oppositio essent, intellectu non existente, non autem privativa oppositio nec contradictio; quia alterum extremum in illis oppositionibus, puta negatio et privatio secundum quod est extremum relationis, est tantum ens secundum rationem; quod de negatione patet, quia, licet illa dicatur de aliquo ente, ut non－homo dicitur de asino, tamen secundum rationem, qua contradicit homini non est ens nisi rationis. Per hoc patet, quod licet contraria maneant, non existente intellectu, non oportet contradictoria manere, secundum quod sunt contradictoria; quia negatio albi prout contradicit albo non est in nigro, quia ut contradicit, est dicibilis de ente et de non ente. Si dicatur, quod ad nigrum saltem sequatur negatio albi ut contradicit albo et ita contradictoria sunt,

第一章 "一"、数学的实际性、自然的实际性以及形而上学的实际性　247

然而一个与另一个(das Eine und das Andere)都是超越性，[229]
都是对象的源始规定状态，并且它们本身都是可以与对象相转换
的。二者都关乎对象性东西。因此，在此二者中，那种矛盾的对立

---

si contraria sunt; dico, quod non existente intellectu non est consequentia. Similiter privatio, licet sit negatio habitus in subjecto, tamen tantummodo opponitur habitui ratione negationis, et illa non est ens nisi tantum secundum rationem[……存在和非存在是相对立的，但并不是彼此差异和彼此区分的，因为区分乃是存在者的差异，与之类似，差异也只是存在者的差异……应该承认，对立也可以是一种关联着的反对，但这是在理智意义上而不是在实存意义上讲的，这也不是褫夺性的对立和反对；因为彼此反对的双方中的每一方都是另一方的关联项(极端)，所以纯粹的否定和褫夺所依照的乃是那种作为关系之关联项的东西，就理性而言那就是"存在"；由这种否定可以看出，它是可以用来道说某种存在的，例如"非－人"可以用来指驴，但是这是依照理性才能这样讲的，这种与人相反对的东西，倘若它不是理性(意义上讲)的，则就不存在。由此可以看出，对立是可以持存的，但不是实存于理智之外，虽说彼此矛盾者是不应该持存的(但在理智的意义上却是存在的)；因为，对白色的否定，作为与白色相对立者，并不(仅仅)存在于黑色中，这又是因为，所说的那种与白色相对立的东西，可以是"存在者"也可以是"非存在者"。或有人会说，对白色的否定至少是可以推及黑色的，黑色因而是与白色相对的，二者乃是对立的，即便有人这样认为，但我却要指出，"非－白色"不是实存于理智之外的(不是客观存在的)，不是后随之效果。褫夺的情形与此类似，褫夺虽可以说是对一般主体(基体)之本己行为的否定，但它也仅仅是以在理性中进行否定的方式来反对本己行为的，并且倘若它不是仅仅依照于理性的话，它也就不存在]，《论亚里士多德〈范畴篇〉诸问题》，问题 38,523 a sq。——原注

是完全不适用的①。

就褫夺而言,情形是怎样的? 褫夺只存在于存在者领域中,因而,较之矛盾,褫夺有一种更有限的有效性领域。然而褫夺看上去是对存在于一与多之间的那种关系的确切表达,因为褫夺与一和多一样都只是在"存在(者)"领域中才有其持存。若我们对先前已经探讨过的一和多的那种特性——把一规定为褫夺之褫夺(亦即对多样性的褫夺)——予以沉思,褫夺在此似乎就会愈发值得关注。尽管如此,褫夺也必须作为不确切的关系而被排除在外。因为虽然褫夺存在于"存在者"领域中,但它没有设置任何对象。这也适用于那种必须用"矛盾"来加以道说的东西,因为褫夺就是某种类型的矛盾,这样说是鉴于,在褫夺那里,那种纯粹的否定开始生效了,虽说是以对否定活动的那种被严格限定的客体即"habi-

---

① ... neutrum (nec unum nec multum) dicitur de non ente, cuius probatio satis plana est de uno, cum convertatur cum ente. Sed quod multum dicatur de ente videtur, quia quaelibet pars multitudinis oppositae uni, quod convertatur cum ente, dicitur solum de ente ... non potest dici multum nisi de qualibet parte eius possit dici, quod sit unum, sed unum non de ente; igitur multum non reperitur nisi in entibus[……(一和多)二者中的任何一方都不是用来道说"非存在"的,对"存在"与"一"之相关性的证明是足够清楚的,亦即,"一"是可以与"存在"相转换的。但显然,"多"也被认为是与"存在"相关的,因为"多"的任何一个部分都是对立于(作为统一性的)"一"的,这个"一"是可与"存在"相转换的,是被认为仅仅与"存在"相关的……倘若"多"的任何一个部分都不能被述及,则"多"也就不能被述及了(也就谈不上有"多"了),而"多"的任何一个部分都是"一",但不是与"存在"相关的那种(作为统一性的)"一";所以,倘若"多"不处于存在之中,我们也就找不到"多"了],《论亚里士多德〈形而上学〉诸问题》,第10卷,问题5,631a。——原注

tus"[本己行为]①的某种规整而开始运作的。但是它与矛盾的区别在于,它绝不让对象消失于无中,而是要求这样一种对象,此对象恰恰应该通过这种褫夺而具有一种独有的确定性。因而,无不能看——因为不是对象,石头也不能看——因为没有这种看的能力,而是,只有一种自身能看的生物才能被称作瞎的②。

因为矛盾使得其中一个关系环节消失于无中,而褫夺——尽管它始终存在于"存在(者)"(Ens)之领域中——也的确没有把任何对象设置为关系环节,所以这两种联系并不适宜于充当一与多之间的那种真实关系。一和多一样,就其自身而言,它们都是被绝对地领会的③。

那种唯一的联系——它可以标明两种关系成分之间的关

---

① 此词通常译为"习性",这也的确是一个很好的译名,这里仅仅是为了凸显该词的动态意义而译之为"本己显现"或"本己行为"。下面的译文中会按不同语境之需要而把此词译为"习性"或"本己行为"。——译注

② ... privatio non salvatur nisi in ente, nullam tamen naturam ponit[……倘若褫夺不处于存在之中,则褫夺就不存在,但它也不设置任何一种自然存在(对象)],《论亚里士多德〈形而上学〉诸问题》,第 10 卷,问题 5,631a。

Privatio autem alii contraponitur, tamen naturam nullam ponit et igitur non est in genere; subjectum tamen habile requirit et ideo nec non ens, quia non est subjectum, nec lapis, quia non est aptus, possunt dici caeca, sed solum animal[但褫夺并不与其他东西相对立,它也不设置任何一种自然存在(对象),所以它并不存在于"种"之中;一般主体(基体)寻求的是适宜之物因而并不寻求非存在,因为(非存在)不是一般主体(基体),不是石头,因为(非存在)是不适宜于存在的,但非存在和石头都不能说是瞎的,唯有生物才能被称作瞎的],同上,问题 6,639b;参看本书前文第 228 页,注释 24。——原注

③ .. unum et multum in se accepta sunt absoluta ... non igitur opponuntur privative nec etiam relative[……一和多本身是绝对地领会的……因而它们之对立并非褫夺性的但也不是关联性的],《论亚里士多德〈形而上学〉诸问题》,第 10 卷,问题 5,631b。——原注

系——是那种对立性。在它的关系成分中所发生的情形是,每一成分都设置了一种东西,但就内容而言却是设置了另一种东西①。

　　这里不会去更进一步地深入研究对立性理论——特别是研究这三种对立类型之间的关系和它们在逻辑上的等级地位。这却不意味着,对立性理论不具备那种适用于每一种哲学的基础性意义。恰恰应看到,今天的那种有理由得到尊敬并取得优势的思想流派,亦即价值哲学,正是以这种"对立概念"而在决定性的位置上展开工作的。

　　对于目前的研究而言,仅仅那一洞见就已经有深远意义了,此洞见即,一作为超越、作为对象的源始规定,立刻就源始地要求着多;因而,"对成"乃是对象之思的真正"起源"。"它必然已经是逻辑上的开端……一个与另一个是存在的,因为若没有一个与另一个,就没有任何对象了;并且,倘若主体不是在它的第一步中就已经'一下子'思考了一个与另一个的话,主体就完全不能逻辑性地启动思想"②。

　　需要指出的是,"一"(Unum)是一种语义双关的表达,一方面,它意指超越,即那种可与存在相转换的对象之规定;另一方面,"一"意指数之原则。迄今为止,我们对于"一"这种超越做了很多澄清工作,但对此工作的全部成果的谈论,还根本没有触及数。由此可以推论,伴随着作为数之原则的"一",必然有某种新的东西出

---

　　①　… utrumque extremum aliam naturam ponit[……双方中的任何一方都设置了其他的自然存在(对象)],同上,问题 6,639 b。——原注
　　②　李凯尔特:《一个、统一、一:对数字概念之逻辑的评论》,载《逻各斯》,第 2 卷,第 37 页。——原注

第一章 "一"、数学的实际性、自然的实际性以及形而上学的实际性　251

现了,换言之,数并非已经伴随着对象本身而被给予了,并非在第一开端中就已经存在。另一个所意指的仅仅是多样性,因而并非"两种[意谓]:量的第二与质的多种多样"①。

数在逻辑上是一种后来的作为对象本身的构造物。为了凸显作为超越的一和作为数的一之间的区分——或者按现代的说法,为了凸显"一个"与"一"之间的区分,并且,为了同时在其本己特性中更犀利地对"一个"予以特征刻画,接下来也应耐心考察作为数原则的一。在逻辑领域诸"开端"中的那些关系的素朴性,更多地是允许这种做法,即通过对可能现象的对照来进行特征刻画,而不大许可那种做法,即通过对轮廓的积极凸显来进行特征刻画。

那么,在邓·司各脱的意义上,"一"作为数原则就不只是局限于纯粹数目,不只是局限于数学的东西。在此,同时也在更广阔的意义上,"一"这个词语应被如此看待:它也一并包含着被计数的对象;并且反过来说,这也是以多种方式一再发生的情形。相应于 numerus[数]这一表达的歧义性,作为 principium numeri(数原则)的 Unum(一)因而就会成为一个适宜于不同类型的研究的标题。

毫无疑问,在逻辑上,纯粹的数是先行于被计数的对象的。由于这一点,并且由于那一情形——数量上的东西还并没有伴随着一这种超越而被给予了——应该首先被揭示出来,我们就应在对被计数对象和与之相关的问题进行思考之前先来研究纯粹的数。对纯粹数的考察和对运用于对象上的计数活动的考察一样,二者同样都会进一步地把我们带入研究的共同方向:此向度完全紧扣着实际性

---

① P. 那托普:《精确科学的逻辑基础》,莱比锡,1910 年,第 61 页。——原注

252 早期著作

领域的一种区分。在那一点上,即在对第一种超越的探讨被详尽阐明的地方,去把对其他超越——真与善——的探讨予以串联,然后才开始承担起确定单个实际性领域之特征的那一特殊任务,第一眼看上去这固然可能显得是更一贯的和更相宜的,然而,通过在这里被选择的那一秩序编排,在不同实际性领域中的个别超越之间的那种概念性的关联就得到了更清晰的和更确切的发觉,此关联会在"一"那里以及此后将要探讨的"真"那里得到证实。那种在逻辑上进行排序的整体概观的可能缺陷——这种可能的缺陷是不应被否认的——将在此章结尾处通过一种相应的概述而得到消除。

一与多还不是什么数量上的东西。人们能够承认这一点但却可以就此指出,在它们之中恰恰就有数隐藏着。一个是一,并且,另一个是一,一与一给出了二。现在我把二接受为这一个,再加上另一个,这样我就得到了三。以此方式就可以在数序列中任意地向前继续推进。

233 然而,这种理解在"一个与另一个"的概念中设置了某种事实上并未在此概念中出现的东西。当我说"一个与另一个"时,我还并不是就在计数了,我还并没有对多少予以裁定。在如此多(Soviel)中才有数字存在。邓·司各脱是这样表达的:Ratio mensurae[尺度之形式]亦即尺度之概念必须添加到超越的一和超越的多中去[①]。在

---

① Unum principium numeri nihil addit super unum transcendens nisi rationem mensurae ... Sic multum quod est numerus, nihil addit super multum transcendens nisi rationem mensurati[作为数之原则的"一"并不会给超越的"一"添加什么东西,能够进行这种添加的只有尺度之形式……同样地,作为数目的"多"也不会给超越的"多"添加什么东西,能够进行这种添加的只有尺度之形式],《论亚里士多德〈形而上学〉诸问题》,第10卷,问题5,631a。——原注

第一章 "一"、数学的实际性、自然的实际性以及形而上学的实际性　253

数领域中的多根本不是其他东西,不是多样性。前者要多于后者。它甚至要多于集合。人们因而可以承认,伴随着对那种数——它来自于一个与另一个——所作的上述推论,就有太多东西被放入到对象的源初规定中去了,并且就是想要强调,伴随着一个与另一个并再加上另一个,就有一种多样性、一种众多被设置起来了,这是一种量,由此而来,那种最简单的量,"一",也就可以获得了。

然而,就连这种推导尝试也必然会失败。伴随着一与多,一种多样性肯定就被给予了。但邓·司各脱却强调说:*Non omnis multitudo causat numerum simpliciter*[不是每一种多都会简单地导致数]。"一个"(das Eine)作为对象的源初规定性仍然还处于有限性与无限性的彼岸,"计量"之观念与量性规定在这里还根本不能产生①。

以多样性的概念还不能获得纯粹的数。对于集合而言,本质性的事情恰恰是,不具有任何明确性,并且,我们要看清它的突出之处——它所构成的对象是没有任何秩序的。它仅仅像是一种堆积,一种无选择的聚合。邓·司各脱指出,纯粹的数并不会通过单纯的例如一个石头堆那样的堆积而获得什么统一性和规定性②。集合因而还处在数学领域的外面。然而今天恰恰就存在着基础性

---

① 《论事物之本原》,问题 16,588a。
　Conceptus unitatis transcendentis generalior est, quia ex se indifferens est ad limitatum et non limitatum[超越的"统一性"概念是普遍的,因为从它自身来看,它是超然于有限和无限之上的],《论亚里士多德〈形而上学〉诸问题》,第 6 卷,问题 2,167a。——原注
② Numerus non solum est unus aggregatione sicut acervus lapidum[数之为"一"并非只是像石头堆那样是通过聚集而达成的"一"],《论事物之本原》,问题 16,589a。——原注

的数学学科,它明确地致力于探讨多样性和集合,更确切地说,致力于探讨"基数"①,这一事实看似就掌握着针对刚刚所说问题的一种裁决权。因为,当我们以诸集合甚至以"无限的东西"来计算时②,就会显明一些结果,例如,有理数整体的基数是不等于实数整体的基数的③,那么,为了使集合概念和类概念中的那些计算得以可能,量之类型的那些明确性就已经混进来了。基于这一事实之上的例如就有那种合理的抗辩,它反对从那种表面上的却也更简单的类概念中推导出基数词。从哲学的角度来看,那种不仅令人感兴趣而且也有重要意谓的多样性理论在这里却不应再被触及了。现在只应从方方面面都把那一命题——伴随着"同一与差异"而被给予的多样性的命题——确认为尚不具有数学特征的命题。

就像"一个"尚还不是"一",那么多样性也还不是一种"如此多",不是一种数。多样性所要求的只是一般而言有所区分的对象。然而在一种十分明确的角度看来,诸数是不同的,不仅如此,这种区分性也是一种唯数所特有的东西④。为了能够在一种十分明确的角度看出这些数是可区分的,它们就必须仿若存在于某种"中介物"之中,它们要求一种生发始基(Lebenselement),这种始

---

① 在数学领域,基数是集合论中刻画任意集合所含元素数量多少的一个概念,不同集合可借此来进行比较,如说:集合 C 有比集合 D 更大的基数。——译注
② 此句意指:集合之间的大小比较并未要求集合的基数必须是确定的,有无限基数的不同集合也是可以比较大小的,例如整数集合就小于实数集合。——译注
③ 实数与虚数相对,包括有理数与无理数。——译注
④ Multitudo vel replicatio unitatum differentium specie vel genere numerum non constituit["多"或者说"统一性"的有差别的展开并不是以属或种的方式来构建"数"的],《论事物之本原》,问题 16,589;参看《论亚里士多德〈形而上学〉诸问题》,第 10 卷,问题 14,644b。——原注

第一章 "一"、数学的实际性、自然的实际性以及形而上学的实际性　255

基给予它们以持存并将它们保持于此始基之持存中①。

我们业已说过,每一个数都意味着一个如此多,计量单位的那种观察角度必须添加到"一"这种超越中去,以便从"一个"中得出"一"。就一般而言,现在可以这样说:量是效力于数量上的东西的那种中介物②。邓·司各脱把这种量命名为尺度的"主人",尺度的统治者③。数学家只能在量之中介物中活动,这种情形乃是数学家的全部对象所必须且必然具有的情形,此情形是数学之可能性的条件。但它本身却不是数学的对象。

但是量的确归属于那十个范畴,这些范畴的生效范围是关乎自然实际性的;更进一步地说,量是一种偶性,一种性质。但是数学的确不是自然科学;同样,如同数的那种自主的领域所显示的那样,数学也很少和偶然的东西打交道。

量虽然能被说成是内在于实体中的,但量也并不因此就是数学的对象了,sed quasi *medium supponitur*[它似乎是被归之于中

---

① 按《哲学历史辞典》,Element 源自希腊文 *stoicheion*,本意是作为序列成分的字母或音素,后在柏拉图文本中首度有"基本成分"意。在亚里士多德思想中有如下四种意谓并最注重后两种意谓:1. 音素;2. 原素;3. 论证之始基;4. 最高的整体概念。对应的拉丁文 elementum 最初也意味着字母、音素,后逐渐具有希腊原词的各种意义。人们也仿效亚里士多德,把原理、原则、公理等也称作 Element,视之为论证的起点,使之根本地具有了一种学术的始基或基础知识之意。故此词和希腊思想中的 *arche* 一样,兼有"开端"和"统治"之意,把此词译为"始基"而非"原素"或"要素",或是更适宜的做法。——译注

② 参看再下一个注释中的文字。——原注

③ ...quantitas est domina mensurarum[……量是尺度(度量)的主人],《论亚里士多德〈形而上学〉诸问题》,第 10 卷,问题 1,623a。——原注

Mathematicus omnia per rationem quantitatis ostendit[数学家通过量的形式揭示出了所有东西],同上书,第 6 卷,问题 1,315a。——原注

介物的]。在数学中并不使用这些实体,同样也根本不具有自然实际性。比起在自然实际性中的量,在数学中的量有一种完全不同的意谓和功用①。

邓·司各脱说,数学家根本没有偶性之概念;倒应在下述意义上来澄清数学对象,即,数学对象"似乎"是为其自身而实存的②。

一种科学之所以是一种数学性的东西,不只是因为,此科学之对象表明其自身是抽象的和非感性的——因为在逻辑学之对象那里也是如此情形——而是因为它是在计量单位的观察角度下、在

---

① ... dicendum, quod falsum assumit, quod quantitas sit subjectum mathematicae, sicut dictum est in solutione quaeationis, quia tamen quantitas non ostenditur inesse substantiae corporeae, sed quasi medium supponitur; et de substantia corporea non ostenditur aliquid in Mathematica nisi per naturam quantitatis, tamquam primae passionis, ideo videtur esse quasi ratio propria subjecti illius scientiae et quasi ponitur subjectum, licet sit ibi passio, quia includitur in subjecto priori, ut ibi dictum est[……应该认识到,诚如在对这个问题的解决中所曾指出的那样,它(指原文之前列举的第 3 种基本论证。针对亚里士多德在《形而上学》第 6 卷中提出的一个命题"必然存在着三种理论哲学即数学、物理学以及神学",司各脱列举了 7 种常见论证,其中第 3 种论证是,"存在被等同地分为 10 个范畴,量作为区分者就构成了诸如数学这样的特殊科学"。——译注)采用了某种错误的东西,也就是说,它错误地认为,量是数学的主题。(但在我们看来)量不能被视为是内在于有形实体中的,它似乎是应被归之于中介物的;并且数学中是找不到什么东西是与有形实体相关的,除非把量的自然存在(如量的首要特性)看成这样的东西,也只有这样才可以看出(以下几句句意是接着上句来阐释由"除非"所引发的那种可能性,即把数学之量与自然现实中的量同等视之的可能性,但事实上又是为了最后加以否定。——译注),那种科学的主题的特有形式似乎是存在的,而且似乎是被设置到一般主体(基体)那里去了,这样才会在那里出现"承受"(特性),这是在先前所讨论的主题中业已谈过了],《论亚里士多德〈形而上学〉诸问题》,第 6 卷,问题 1,314b。——原注

② Mathematicus non habet verum conceptum de accidente, quia imaginatur de eis, ac si essent res per se existentes[数学家并不具有关于偶性的真理概念,因为他们是这样来想象数学之对象的,即它们似乎是通过自身而实存的],同上书,第 1 卷,问题 7,390a。——原注

第一章 "一"、数学的实际性、自然的实际性以及形而上学的实际性　　257

量的观察角度下来考察其对象。并且,"量的"这一概念表明其自身尚还无关乎运动之概念。因而数学东西的那种非感性领域就并未与自然实际领域混淆在一起。无论有运动还是没有运动,数学判断都是有效的,它不取决于自然实际的实在性。

数学的非感性特征也在那一事情中表现出来,即,在与纯粹数打交道的过程中,数学家并不关心在自然实际中是否有被计数对象的相应总数。同样地,在圆理论中是否实际地划出半径,这对于数学家而言始终是无关紧要的;决定性的事情是,圆周上的所有点与中心点的距离具有理想的等同状态①。说得更清楚些,数学的这些非感性对象的那种非经验性的存在是很难予以表达的。

因此已经证明了,纯粹数是一种构造物,这种构造物仅仅存在

---

① Scientia (aliqua) dicitur Mathematica, non quia est de rebus abstractis aut insensibilibus, sed quia est de rebus secundum rationem mensurae et mensurabilis et quia ratio mensurae et mensurabilis est impertinens ratione motus, ideo dicitur, quod Mathematica est de separatis a motu ad istum sensum[数学可以说是(某种)科学,但之所以这样说,不是因为它所探讨的是抽象的或不可感知的东西,而是因为它所探讨的是那种按照尺度和可测量性之形式而存在的事物,并且由于尺度和可测量性的形式不是以运动形式而获得的,因而就可以说,数学所探讨的对象是那种有别于感官所感知的运动的东西],同上书,第 2 卷,问题 6,539a。
De definitione numeri Mathematicus non curat, an sit aggregatio vel non, sed sufficit sibi, quod numerus sit multitudo unitatum vel ex unitatibus. Consimiliter de definitione circuli Mathematicus non curat, utrum illae lineae (Radien) ducantur vel non, sed sufficit sibi, quod omnes illae lineae sunt aequales, quarum unus terminus esset sicut centrum et alius sicut circumferentia circuli[数学家并不关心数之定义,不关心它是否应被定义为"聚合",对他们而言,知道下述事情就足够了,即,数是以"多"的方式出现的"一"或者说是来自于"一"的。同样地,数学家也不关心圆周的定义,不关心它是否应被定义为那些线(半径)之定点牵引所形成的轨迹,对他们而言,知道下述事情就足够了,即,每一条这样的线都是等同的,它们的"一"就仿佛是中心,它们的"多"则仿佛是圆之圆周],同上,541a。——原注

于被规定了的地基之上。量是数之领域的建构性范畴。它规定了某种对象领域,此领域——按照其实际性形式并如同其自身所显示的那样——是非感性的类型。作为纯粹数的"一"不再像作为对象自身之明确性的超越的"一"那样具有广阔的、无所不包的统治领域。

数领域的那种业已查明并被说出的特有性质可能已经足以预防把一个与一看成同一种东西的那种做法。然而我们对数领域的特征刻划仍然是不完整的;恰恰是那个东西,那个赋予数以其真正规定性的东西,还依然存在于黑暗之中。

"一"作为数应该是 principium numerorum[数之原则]。如此就有许多数,并且也有一个开端,一个"本原"①。"一个与另一个"的那种多样性好像是无规则的,对于一个而言,存在着任意的许多的另一个。在一个中并不确定的是,哪一个恰恰必须是一个的另一个。每一个另一个都能是对于一个而言的另一个。

为了在一幅图景中解释这一事态——当然只是在一幅图景②中,就应指出:一个是空间中的任何一点。由这一点而来,我现在就能够按照任意多的方向前行到另一点。在数领域中却不是这样的。在那里我们碰见了一种完全确定的、明确的和唯一的进展向度。这一次,点又再度意味着一,如此就有了一条仅仅通向二和三以及其他数的十分明确的"道路",这一道路是被这些数的明确性

---

① 德文受拉丁文影响把希腊思想中的 arche(本原)译为 Prinzip。按希腊人理解,arche 有两意,即"开端"与"统治",即不仅开端而且还始终贯彻,将之译为"原则"或译为"本原"是有同等意谓的。——译注

② 此处应注意 Bild 与之前所谓 Gebilde 的语义关联。——译注

第一章 "一"、数学的实际性、自然的实际性以及形而上学的实际性　259

所确定的。现在是时候强调这种特有的形式了——每个数借此得以成为那个完全确定的数,并且每个数借此得以在十分明确的视角下区分于每一个其他的数。在此将显示出,数学领域的那种刚刚被揭示出的本质因素,作为"中介物"和非感性特征的量,是如何获得其权利的,并且如何证明自己乃是数之本己明确性的可能性条件。

为了查明这种赋予明确性的形式,邓·司各脱就从那一要点开始,在那里,问题最清晰地直接显现出来并且使自己相应地易于被提出。此问题不可能是在"纯粹数"的抽象领域中的;但是在"实在数"那里,也就是说,在被计数的对象那里,则易于开启这一问题:以十对象为例,它们的确不是一个,而是许多,尽管如此,但为何没有得出一个十分确定的数?那种要素,那种赋予不容置疑的现成杂多以此性(*Diesheit*)、单位(*Einheit*)①、明确性的要素是什么?邓·司各脱自己承认,对此的研究是不容易的,并且,对这一要素之本性的那些看法也大相径庭②。我们在此将完全遵循这位

---

① 对德语哲学中的"Einheit"(它本身又来源于拉丁语哲学的"unitas")的翻译向来是一个难题,它的字面意为"一件",可译为"统一性"、"一体性"、"单位"或者也可干脆直接翻译为"一",但为了汉语表达和理解的需要,在文中强调一体性的单位运作时,我们多译作"单位",有时也译作"一体性"。——译注

② ... difficultas, in qua discordant diversi, est de unitate et forma specifica numeri ... Hoc autem difficile est invenire in numero, quia secundum Avicennam 3. Met. cap. 5, *multitudo inquantum multitudo non est una*, numerus essentialiter autem est multitudo; ideo difficile est videre, a quo numerus habet unitatem specificam, et ideo circa hoc sunt opiniones diversae[……困难之处在于,不同之物是如何区分的,与此有关的是"一"和数的特殊形式……但这种困难是在数中才出现的,因为按照阿维森那在其对《形而上学》第3卷第5章所作的注释中所说的那样,"多本身不是一",但数之本质却在于它乃是多;所以困难就在于去发现,数是从何而来具有特殊的"一"(单位)的,并且围绕着这一问题因而就出现了不同的观点],《巴黎讲稿》,第1卷,分类24,单一问题,272a。——原注

哲学家的思想进程,他首先批判性地讨论了三种不同理论,以便就此阐明他的看法——在纯粹数的领域中,问题才可以真正得到解决;因为数并非是通过计数活动才得到的,而是相反:毋宁说,计数活动是依据于纯粹数才根本得以可能的。

托马斯·阿奎那持有这样一种看法,数是从它的最后单位而来有了它的明确性和此性,但更确切地说,这种单位本身并非绝对地赋予了明确性①,而是根据它与诸单位——数正是从这些单位而来聚在一起的——中的最初者所保持的明确的距离才赋予了明确性。按照这一距离——因而这每每就意味着,相关数的最终单位与它的最初单位之间的距离——就产生了数的明确性;这些不同的距离把数的特征刻划为彼此规定的不同东西。

赋予着形式和明确性的那种功用可以由上述两种意义上的"最后单位"所实行——只要它是这种单位(最终单位本身),或者只要它与最初的单位有一定距离。但这两种可能性都被邓·司各脱敏锐地驳回了。

那种应该作为一种对象的形式而起作用的东西,必须渗透到整个对象的材料中去,必须把它的明确性刻在整个质料之上,如同灵魂作为人的本质存在形式规定了和生动了躯体的所有部分。然而,一个数的最终单位是这样拓展其明确性的,即,它是这种单位,它不追逐于数的那些前面的单位,它仿佛是让它们处于原始状态,也没有针对它们的某种规定之功用。

还得进一步地留意的是:一个数的最终单位,其本身也的确是

---

① 此句意指:明确性(确定性)绝非来自单位自身。——译注

归属于那些单位的,正是这些单位造就了那种有待规定的质料;否则,以"四"为例,若它的最终单位不是材料而是数的形式的话,它就必然会变成"三"。因而,那种自身归属于质料的最终单位,本身是没有什么先于其他单位的优先地位的,也就是说并没有这样一种优先性:被授权作为形式去在整体性中去规定前面的那些单位。

然而,在另一方面,在它与最初单位的距离中,一个数的最终单位也并未本己地拥有造型之功用。从一个单位到另一单位的距离——对此的理解既非时间意义上的亦非空间意义上的——无论如何都是一种关系。数的明确性若是奠基于这种关系的话,则数就根本不是某种量,而是一种关系,一种观察角度。

进而言之,这种距离——它一度被认为是数之形式——如何能被算作是数的形式特征,并且,这种距离如何能伸展开来,就仿佛是凌越于所有单位之上?因为,作为关系,它只关乎最后的与最初的部分,而不关乎在其间存在着的那些部分。但同时也看不出,在这种距离那里,最后的部分在何种程度上拥有对于最初部分的优先地位,并且看不出,这些单位——它们构成了相关数——中的每一个单位究竟是如何能够既存在于最初的"位"又存在于最后的"位"抑或存在于此外的某个"位"(Stelle)上的。然而,若最终的单位是整个数的形式,则各个单位的那种所谓的等值性就是不可能的①。

---

① Quidam dicunt, quod numerus suam habet unitatem specificam ab ultima unitate, non autem absolute ab unitate inquantum unitas, sed secundum quod habet determinatam distantiam ad primam unitatem et secundum talem distantiam ad primam unitatem distinguuntur numeri specifice secundum diversas distantias, unde talis distantia distinguit specifice numeros.

　　Sed contra, ultima unitas alicuius numeri, si det formam et speciem illi, aut igitur inquantum haec unitas est, aut inquantum distans a prima? Non inquantum haec unitas, quia illud, quod est forma et species alicuius totius, oportet perficere totam materiam totius, sicut anima quae est forma hominis perficit totam materiam et omnes partes corporis hominis. Sed ultima unitas non informat omnes unitates praecedentes in numero; igitur non potest esse forma totius numeri inquantum unitas talis est.

　　Praeterea, haec unitas, quae est ultima, est materialis, sicut et aliae unitates, aliter ternarius esset quaternarius, si ultima unitas quaternarii non esset pars totius materialis sed tantum forma praecedentium; non igitur inquantum haec unitas est magis forma totius numeri quam alia unitas. Nec potest dici, quod sit forma totius numeri secundo modo, quia distantia unius unitatis ab alia formaliter est relatio; igitur si numerus sortiatur suam unitatem specificam ab unitate propter illam distantiam a prima unitate, sequitur, quod numerus non sit quantitas, sed relatio sive respectivum.

　　Praeterea contra hoc, cum illa distantia ultimae a prima tantum sit in ultima unitate vel in illis duabus unitatibus ultimate distantibus, et non in mediis, sicut distantia, qua disto a pariete, tantum est in me vel in me et in pariete et non in aere medio, sequitur, quod illa distantia non potest esse forma totius numeri, cum non sit forma cuiuslibet partis numeri, et per consequens ab illa distantia non poterit numerus habere suam unitatem specificam, cum illa distantia sit in uno distante vel solum in duobus, et non potest esse in omnibus unitatibus ut forma.

　　[某些人认为,数是从最终的"一"(单位)那里获得它的"属"(明确性,规定性)的单位的,但不是绝对地从这种最终单位本身而来获得的,而是按照它与最初单位之间的确定距离而获得的,并且,不同的数按照与最初单位的不同距离就以"属"的方式区分开来了,由此而来,这种距离也就以"属"的方式区分了诸数。

　　但对此可以反问道,对于某种数的最终单位而言,倘若有东西给予了那种东西(数)以形式和属(明确性),那么这种给予者是那个最终单位本身,还是与最初单位存有一定距离的那个最终单位?(无论怎样都)不会是最终单位,因为那种东西(给予者)乃是某种整体性的形式和属,是应该全面施行于全部质料中的,正如灵魂作为人的形式是施行于人的全部质料中的也就是说是施行于人之形体的每一部分中的。但一个数的最终单位并不会对这个数中的前面的每一个单位都予以塑形;因而,只要它是这样

第一章 "一"、数学的实际性、自然的实际性以及形而上学的实际性　263

邓·司各脱所引用的第二种理论——此理论的首创者始终未被说出——的出发点在于,这一理论把数看作是一种离散的① 现象,以此区别于连续性。如同连续性中的那种确定的连续性造就了单位之形式,如此就总是——例如在线、面、体那里——可以找到连续性的确定形式,那么,通过总是确定了的离散,数就获得了它的明确性和单位。如同连续性的那些部分为连续性的形式提供了质料,那么这些单位也为不同的离散提供了质料,通过这些

的一种单位,它就不能是数的整体形式。

此外,这种最终单位和其他单位一样都是质料性的,否则,以"四"为例,若它的最终单位不是整体质料的一部分而仅仅是先行之形式的话,它就必然会变成"三";因而就不能认为,较之于其他单位,最终单位更应被称为数之整体形式。也不能认为,就(最终单位与最初单位存在一定距离的)那种形式而言最终单位乃是数的整体形式,因为一个单位与其他单位的距离从形式上讲乃是关系;所以,倘若数是借助于其最终单位与最初单位的那种距离而从最终单位那里得到了它的"属"的单位的话,则就可以推出这样的结论,即,数不是量,而是关系或相对性(观察角度)。

此外还可如此反驳:最终单位与最初单位之间的那种距离,是在最终单位中的或者说是在这种距离的那两种终极单位中的而不是在中间单位中的,它正如下述这样一种距离,即,在我和墙壁之间有段距离,这种距离是存在于我之中的也是存在于墙壁之中的但不是存在于中间的空气中的,由此可知,那种距离不能是数的整体形式,因为它不是数之任何一部分的形式,并且,从那种距离可以合理地推论出,数是不能够具有它自己的特殊单位的,因为那种距离是存在于一种不同中的或者说是仅仅存在于两个不同的(终极)单位中的,是不能存在于每一种单位和形式中的],《巴黎讲稿》,第1卷,分类24,单一问题,272b sq.

… si prima unitas fiat ultima et ultima prima, nulla fiat differentia in substantia numeri, quod non staret, si ultima unitas esset forma completiva et specifica numeri[……倘若最初单位成为最终单位和(相对于)最初的最终单位,这也不会在数之实质上造成差异,因为,倘若最终单位是数的完整的和"属"的形式,则(各个单位的那种所谓的等值性)就是不可能成立的],同上,273a sq.。——原注

① "离散的"(diskret),数学与物理学中的术语,意指事物被有限的间隔或距离给彼此区分开来的状态。——译注

241 离散,那些单独的数才首先作为确定的"属"(Spezies)而出现。与这样一种对数的理解相适宜的明确性(确定性)也就可以理解了,因此数不是来自于数目的聚合,而是来自于单位之聚合。一种确定的属同样也就不会是另一种确定的属的可能部分;这些数作为确定的数,每一个都有一种本己的、不同于别的数的离散并因而呈现出不同的属。对于这样的一种属,其他的属是不能作为部分而存在于其中的。

对这种观点的批判开始于一种普通的考虑。那些被统合到一种整体中的部分没有什么更大的单位和明确性,似乎它们并不处在一个整体中,并不是一个整体——这种整体自身表现了一种单位——的诸部分。但这样的话,若离散是诸单位的那种赋予着明确性的形式,则事情就关乎数的单位了。若同样的这些单位不能一并被统合到一个数中去,则每一单位都会与另一单位相区别与相分离。然而,在之前的那一理论看来,这些单位却是以同一种方式而存在于数中的;因为作为离散者,这些单位是可以计数的,是它们造就了数。因而,数并非就其自身而言是一的,是一个单位,而毋宁说,只是通过诸单位的积聚(aggregatio[聚合]),数才是一的,才是一个单位。换言之,离散根本没有造成任何能给予明确性的形式。

若数是通过离散而获得了它的单位,则它就作为实在的组成部分而归属于可被计数的对象。六个石头的确就构成了不同于七个石头的一些石头;这样的一种实在与其他实在的差别不仅仅是思维上的。但现在下述事态却是不可能的了:一种绝对的形式,例如一种数目明确性所表现的那种绝对形式,无需质料发生改变就能为质料所具有。倘若这六个石头仍要被添加到一上去,则这六

第一章 "一"、数学的实际性、自然的实际性以及形而上学的实际性　265

个石头就不再存在于六的形式中了,而且是通过七而获得了一种与六决然不同的形式。倘若通过这种新的绝对形式,这六个实在的石头本身并没有被改变,那么,七的形式,根本上也就是说一个数的明确性形式,就不能是数目的实在的成分。认为离散乃是赋予着单位的那种形式的看法因而就被排除掉了①。

---

① Alia opinio est, quae videtur esse secundum intentionem Aristotelis magis quam prior, quod sicut continuitas est forma et per se unitas continui et partium eius, a qua habent suam unitatem in toto … et partes in continuo, est discretio, ut sicut continuitas est unitas continui, ita discretio est unitas discreti sive numeri; et sic per aliam et aliam continuitatem est alia et alia species continui, ut patet in linea, superficie et corpore, ita secundum aliam et aliam discretionem est alia et alia species; et sicut partes continui sunt materiales respectu continuitatis, quarum omnium continuitas est forma, … et per talem discretionem habet numerus esse in determinata specie et secundum aliam et aliam discretionem unitatum est alia et alia species numeri.

Secundum hoc etiam patet, quod numerus non componitur ex numeris, quia una species completa non est pars potentialis alterius speciei. Cum igitur numerus ex hoc quod habet certam discretionem unitatum sit completa species in unitate sua specifica, stante sua discretione, quae est opposita discretioni alterius speciei numeri, non poterit esse pars eius, cum habeat oppositam discretionem et in eadem specie numeri non possunt complete et actu esse oppositae discretiones, sed tantum unitates sunt partes numeri et sic numerus componitur ex unitatibus et non ex numeris. … Sed contra: partes, quae non habent maiorem unitatem in toto quam haberent, si non essent in toto, non sunt partes alicuius totius, quod est per se unum … igitur unitates prout habent discretionem, non sunt partes alicuius unius per se; igitur sequitur, quod numerus non sit aliquid per se unum sed tantum aggregatione.

Item secundo sic: impossibile est formam absolutam advenire alicui sine sui mutatione, quamvis hoc dicatur esse possibile de forma respectiva; sed si lapidibus facientibus senarium numerum addatur unus lapis per generationem sive creationem, lapides priores desinunt esse sub forma senarii et incipiunt esse sub forma septenarii et ab illa forma habent unitatem aliam specificam. Si igitur forma numeri septenarii sit ab aliqua forma absoluta et illi sex lapides in nullo mutantur per hoc, quod de novo generatur alius lapis, sequitur quod forma numeri septenarii non sit alia forma absoluta extra animam in illis septem lapidibus.

［另一种观点认为——较之于第一种观点，这种观点看上去更多地遵照了亚里士多德的意图——连续性在形式上并自在地是连续的单位，而且是那种东西（连续性是从这种东西中获得它们的全部单位的）之部分的单位……连续性中的部分乃是离散，正如连续性是连续的单位，如此，离散（性）就是离散的单位或数的单位；这样的话，通过一种又一种的连续性就形成了一个又一个的连续的"属"，这在线、面、体那里是显而易见的，如此，按照一个又一个的离散也就形成了一个又一个的（离散的）"属"；并且正如连续性的部分是相对于连续性（之形式）而言的质料，其中的每一个连续性都是形式，……并且通过这种离散，数就拥有了在确定的"属"之中的存在，并且按照一个又一个的离散单位就形成了一个又一个的数的"属"。

但就此可以看清的是，数不是由数目所聚合而成的，因为一个完整的"属"不是其他的"属"的可能部分。所以，具有某种确定的统一性之离散的数乃是一个完整的"属"，是一个在其特有的单位中的完整的属，它本己的离散与数的其他"属"的离散是相对立的，它是不能成为其他"属"的一部分的，因为它具有（与其他"属"）相对立的离散，并且相对立的离散是不能完整地且实际地共存于数的这同一个"属"中的，但是只有单位才是数的部分，这样的话，数就是由单位所构成的而不是由数目所构成的。……但对此的反驳是：虽说诸部分是不存在于一种整体中的，且不是某个整体——这种整本身乃是一个单位——的诸部分，但即便（强行认为）它们具有一个整体，它们在这个所谓的整体中也是没有更大的单位的。这样的话，作为对离散的拥有者，诸单位是不会成为某种单位本身的部分的；继而可推论出，数并非本身就是单位，而仅仅是通过聚合才是单位。

针对第二种观点，还需指出：对于某种东西而言，无论它具有相对形式的可能性是多么大，但若没有它自己的变化，绝对的形式是不可能归于它的；但是，倘若通过产生或创造，数目上是"六"的一些石头被添加到一个石头上去了，则先前的那些（六个）石头就不再存在于"六"的形式中了，而是开始存在于"七"的形式之下，并且从这种（"七"）的形式中获得了其他的"属"（明确性）的单位。因而，倘若"七"的数目形式是来自于某种绝对的形式并且那六个石头（并未）通过新加入的别的石头而被转变为空无的话（从上下文语境看，原书此处所刊印的拉丁文原文应是漏掉了一个否定性副词"non"，否则句意不可解。——译注），则就可以推论出，"七"的数目形式并不是别的某种外在于灵魂的、内在于那七个石头中的绝对形式］，《巴黎讲稿》，第 1 卷，分类 24，单一问题，273b sqq.——原注还有第三种很少有人感兴趣的理论,它来自根特的亨利①,邓·司各脱只列举了此理论中的一些观点和对这些观点的阐释。这些观点主张:诸数起源于连续性,而且也具有连续性之单位。然则数应如何区别于连续性呢?区分存在于这些部分的等级次序中,这些部分在连续性那里是按照一种一体性的观察角度而被聚合在一起的,这意味着,连续性没有显示出任何空隙。数作为离散的量是缺少这种无空隙性的。并且这样的话,数就是一类自为的量。数之区别于连续性,正是由于这种无空隙性的缺乏。但以这种方式,数并不是以肯定的方式区别于连续性,并且这种褫夺也没有构建任何新的类,除此之外,邓·司各脱——如同他所说的那样——也不能理解那一观点:数通过连续性而获得了单位和明确性,也正是在这里,也恰恰是由于连续性之缺乏,数之特性得到了否定的刻划。但是,因为数的明确性是某种肯定性的东西,因此也就必须在别的地方才能发现这种明确性。②

按照司各脱所引介的这一理论,数具有类似于最初单位——也就是说,最终类似于连续性——的同一种本质形式,最初单位仿佛是从连续性中裁剪下来的。只是在偶然的观察角度下,诸数才是不同的,在这种情况下,它们是通过它们与最初单位的不同距离而彼此区分的。但这种区分却并不存在于构建着数的那些单位的

---

① 根特的亨利(Heinrich von Gent,拉丁文名 Henricus a Gandavo 或 Henricus Gandavensis),约 1217—1293 年,出生于比利时的根特,中世纪经院哲学的重要思想家,他的神学和哲学思想对邓·司各脱产生了深刻影响。——译注

② 此句意为:若数是在连续性问题上而被定性为否定性的东西,则数的明确性就不能也同样从中得出,否则悖谬。——译注

本性中，因为，当最初单位出现在第二单位的"位"上时或反过来第二单位出现在最初单位的"位"上时，数始终是不变的。

由此而来数的"属差"就不可论证了，这一事实可通过如下方式而得到揭示：就像连续性中的"大"和"小"一样，离散中的"多"和"少"也处于同样情形。但是"大"和"小"并不是在"属"上相区分的，"多"和"少"也不是。那么就如同一种小的东西通过添加而持续增长为大，但并未在"属"上改变自身，同样地，诸数之区分在于，当它们改变了它们与最初单位的距离的时候，就会变得更大或更小，但也不是在"属"上发生差异。

对"大"和"小"以及"多"和"少"的这一论证能够在双重方式上得到理解：一种方式是把大和多视为量的"属"；另一种方式是认为它们所意指的乃特性（Eigenschaften）。在第一种观察角度下会有这样一种合乎实际的看法：大和多在连续性和数领域中并不在"属"上发生改变。但是，若"大"和"小"被对置起来，"多"和"少"也被对置起来，换言之，若这些规定被理解为性质，这样的话，下述观点事实上也是正确的，即，如同它们中的每一规定都表现了连续性的一种明确性，它们中的每一规定也都表现了离散的数领域中的一种明确性。但却不能由此而来得出结论说，"多"和"少"是属于同一"属"的诸数的明确性，同样不能说"大"和"小"是同一"属"的大小之明确性。连续性只是鉴于可分性的不同方面而发生改变；与此相反，"大"和"小"并不因此而被触动。然而，"多"和"少"这些明确性却会随着离散之"属"而发生变化。不管一种大小在连续性中增加得是多么剧烈，但这种连续性，就其"属"而言，却始终一样。然而，若一个单位被添加到某个数上去，这个数就根本地改变了，换言之,它变成了另外一个数。数领域中的"多"和"少"因而就意味着一种"属差";连续性和数领域因而有本质性的不同,以此方式,这里所涉及的那种理论的不可能性也就得到证实了①。

---

① Alia est opinio Gandavensis ... ponentis quod solus numerus accidentalis non est nisi multitudo ex unitate profusa per divisionem continui ... Secundum hoc igitur, omnes numeri de genere quantitatis vel profluunt ab uno continuo, ..., quantum est ex parte materiae et formae continuitatis et hoc quantum ad naturam numeri in se. Sed quomodo se habet illa unitas continuitatis ad numeros? Dicit quod partium numeri sive unitatum eius non est alia forma essentialis quam sit forma continuitatis in prima unitate, a qua discinduntur sive natae sunt discindi ...

Hoc autem quantum ad unitatem specificam numeri; sed si non sit alia forma absoluta in numero a forma continuitatis, quomodo ergo differt numerus a continuo? Respondet quod non est differentia inter continuum et discretum, nisi secundum respectum quendam et ordinem partium aliter se habentium inter se in continuo et aliter in discreto, quia in continuo partes copulantur ad terminum communem, in discreto autem non; et hoc non convenit discreto ex natura alicuius positivi, quod super continuum addat, sed potius ex natura privativi, in quo deficit a continuo. Numerus enim non habet esse nec intelligi, nisi ex privatione continui ... sic numerus sive discreta quantitas nihil addit super continuum nisi rationem negationis aut respectum partium ad invicem, ex quibus habet aliam rationem mensurandi quam habet quantitas continua et est altera species quantitatis quam continua.

... quod non est alia forma numeri essentialis a forma continuitatis primae unitatis sed tantum alia forma accidentalis (respondet Gandav.). Quod probat primo per hoc, quod species unius numeri non differt nisi propter aliam distantiam ad primam unitatem, quia enim ternarius aliter distat a prima unitate quam binarius, ideo ternarius differt a binario. Sed talis distantia ad primam unitatem est accidentalis numero, quia non est ex natura unitatum, quia si prima fieret secunda, non variaretur et hoc idem probat secundo sic: sicut magnum et parvum se habent in continuo, ita multum et paucum in quantitate discreta; sed magnum et parvum non distinguunt specie quantitatem continuam, igitur nec multum et paucum quantitatem discretam; igitur sicut aliqua magnitudo parva cresceret secundum additionem et fieret continue maior et non esset alia magnitudo specie, ita cum numeri crescunt secundum unam distantiam, numerus parvus, secundum se non differt specie a magno nisi accidentaliter propter distantiam ad primam unitatem et sic numerus non habet aliam formam essentialem a continuitate primae unitatis.

... illa praedicta (de magno et parvo, multo et pauco) possunt accipi dupliciter: uno modo secundum quod magnitudo et multitudo sunt species quantitatis et alio modo secundum quod sint passiones. Primo modo verum est, quod sicut magnum et parvum se habent in continuis ita multum et paucum in discretis; et ideo sicut magnitudo est alterius rationis in continuis, ut in linea et superficie et in corpore, ita multitudo in numeris variatur secundum species diversas. Si vero accipiantur secundo modo, prout sunt passiones, sic accipiuntur ut magnum opponitur parvo, et multum pauco, et sic verum est, quod sicut isto modo magnum et parvum sunt passiones continui, ita multum et paucum sunt passiones discreti. Si tamen ex hoc concludatur, quod sicut magnum et parvum sunt passiones magnitudinis eiusdem speciei, quod ita multum et paucum erunt passiones eiusdem numeri secundum speciem, dicendum, quod non est simile, quia continua non variantur, nisi penes aliam et aliam rationem divisibilitatis; magnum vero et parvum non variantur penes aliam et aliam rationem discretionis; multum vero et paucum variantur per discretionem prout opponuntur. Unde quia forma numeri est magis praecisa, quia omnino indivisibilis ... non autem sic forma continuitatis, ideo quantumcumque augmentetur magnitudo, non variatur eius species propter magnitudinem, sed addita unitate variatur species numeri essentialiter; ideo non stant multum et paucum in eadem specie numeri.

［还有另一种观点来自于根特的亨利……他认为，倘若"多"不是经由连续之区分而出自于过多的单位的话，单独的数就不是偶然的……就此说来，每一个数都是关涉于量之种的，或者说都是源出于连续的一的，……，正如它是出自于连续性的形式和质料，这也类似于在数本身的本性中所发生的那种情形。但是那种连续性单位（连续性）是如何把自身加之于诸数的呢？他认为，数之部分或者数之单位并非某种有别于那种连续性形式（存在于原初单位中的连续性形式）的本质形式，最初单位是从连续性中裁分出来的或者说衍生者得到了区分……

但这也同样是数之"属"的单位中发生的情形；然而倘若在数中并不存在某种有别于连续性形式的绝对形式，那么数又如何区别于连续性呢？对此的回应是，倘若两相对照且依照诸部分的内在秩序来看，诸部分在连续性中和在离散中的存在不是不同的，则在连续性和离散之间就不存在差异；但事实上并非如此，因为在连续性中诸部分是与共有界限（术语）联系在一起的，而在离散中则不然；而且这也不适用于从某种实在的自然本性而来的离散，因为这种本性乃是连续性所有的，毋宁说这种离散乃是出

第一章 "一"、数学的实际性、自然的实际性以及形而上学的实际性 271

自于对自然本性的褫夺,在这种对自然本性的褫夺中它乃是连续性之失效。倘若不是出自对连续性的褫夺,数事实上就不存在也不能被认识……这样的话,数或离散的量就没有把什么东西添加到连续性之上,除非说是把否定的形式(视角)或相应部分给加上去了,由此而来,数或离散的量也就具有了不同于连续量的另一种测量形式(角度),而且是有别于连续性的另一种量的"属"(明确性)。

……它不是有别于最初单位之连续性形式的另一种本质性的数之形式,而只是另一种偶然的形式(根特的亨利如此回应道)。他首先给出了下述证明:数的"属"是不会出现差异的,除非是按照诸数与原初单位的距离的不同来考虑的,因为(就后一种情形而言)"三"与原初单位的距离的确不同于"二"与原初单位的距离,所以"三"(在属上)就区别于"二"。但是这种与原初单位的距离在数目上乃是偶然的,因为它并非来自于单位之本性(自然存在),因为倘若原初单位(第一单位)成为了第二单位,数是不变化的,并且倘若第二单位成为了原初单位,也同样会是如此(数不变化);这正如大和小在连续性中的情形,离散之量中的多和少也是同样情形;但是大和小并不是在"属"上区分了连续的量,相应地,多和少也不是在"属"上区分了离散的量;那么就如同小的东西通过添加而增长为大并持续变得更大,但并未在"属"上成为另一种大,如此,当诸数按照一种距离而增加时,小的数,就其本身而言,它并不是在"属"上有别于大的数,除非是,诸数是以偶然的方式按照它们与原初单位的距离而增加的,但这样的话,数就不具有有别于原初单位之连续性的另一种本质形式了],《巴黎讲稿》,第1卷,分类24,单一问题,275a sqq.

[……对"大和小"以及"多和少"的那一论证能够在双重方式上得到理解:一种方式是把大和多视为量上的"属";另一种方式是认为它们所意指的乃是"特性"(本己显现形式)。在第一种方式下有这样一种切中实事的看法:大和小是处于(自然的)连续性中的,多和少是在(数的)离散性中的;相应地,正如"大"是连续性——在线、面、体中的连续性——的两种方式中的一种,"多"在数领域中是按照不同的"属"而变化的。倘若第二种方式的理解是真切的,也就是说,倘若把两两相对的"大和小"及"多和少"理解为"特性"是确实的做法,如此也就可以确切地说,正如"大和小"是连续性的特性,"多和少"乃是离散性的特性。但是,倘若由此推论出,"大和小"是同一个"属"即"大小之属"的特性,"多和少"是同一个"属"即"数之属"的特性,则就应认识到,这两种情形是不相似的,因为连续性是不变化的,除非是鉴于可分性的不同方面才能这样说;真正说来,"大和小"是不会鉴于离散性的不同方面而发生变化的;事实上,"多和少"是会作为相对立者而通过离散性发生变化的。因为数的形式是更加断裂的(离散的),因为每一个数都是不可分的……然而连续性的形式却并非如此,不管一种大小得到了多大程度上的增加,它在大小上的"属"总是不变的;但是在数上增加一个单位,这个数的"属"就被本质性地改变了;所以说,"多"和"少"并非处于数的同一个"属"之中],同上,279a sq.——原注

245　　迄今为止我们只是做出了否定的裁定,即什么能够作为那种有疑问的、赋予数以明确性和单位的形式而得到大约考虑。是时候去为当前的这一问题找到一种肯定的答案了。

246　　首先必须洞见到,十个被计数对象的单位不是一种附加到对象上去的实在,而是一种理性的存在(Ens rationis),一种思想上的形式,借此形式,意识就概述了既有对象①。

　　这些被给予的对象本身是没有能力去建构一种数的单位的;它们在当下呈现,换言之,作为对象,它们是这一个与另一个。它们的总数只是通过意识而有了单位。数只是作为非感性的对象而拥有其纯粹的和真实的"实存",并且这样的话,非感性的对象本身就被应用到了那些有待计数的对象上了。就像有实在的和非感性。

　　在纯粹的数那里,根本没有对诸物——它们作为一、二、三等等而被计数——的发问,而是在追问,是什么首先赋予计数活动以意义,是什么使计数活动得以可能,是对数自身的形式的追问。纯粹的数学的数是那种数,实在的对象和对象本身能借助于它而被计数。那些有待计数的对象是被计数的,是被带到一种秩序中的。与之相反,那些纯粹的数则是自身计数自身;它们自身在其自身中就有明确性,这种明确性不是从外面被带给它们的;它们自身在自身中规定了从这一个数到另一个

---

①　Numerus nullam unitatem realem habet aliam a rebus numeratis sed solum unitatem rationis, quam mens concipit[数并不拥有与可被计数之事物有别的什么实在的单位,而只是拥有理性的单位,这种单位乃是理智所领会的东西],《论事物之本原》,问题 16,585 a。——原注

第一章 "一"、数学的实际性、自然的实际性以及形而上学的实际性　273

数的那种进展。数作为纯粹的定量是自身测量自身(per aliquid sui)[通过它自身的某种东西]，它们在与其他东西的关系中具有一种确定的位置，换言之，这些数构造了一种序列；它们处在一种序列规则之下，这是这些数自身为它们的整体性而赋予的一种规则。这些数并不像一堆东西那样是被不加选择地胡乱堆在一起的①。

现在，对赋予数以单位和明确性的那种形式的追问能够得到最终的解答了。因为纯粹的数不是什么实在的、归属于物理实际性或心理实际性的构成物，而是在非感性的东西中有其持存，必须也要从赋予其以单位的那种形式那里被提取到。数学的实际性领域是哪一类领域？先前已经说过，量是数学的对象领域的建构性范畴。若量是这种东西，则从量而来赋予数以明确性的那种形式也就能够变得明白易懂了。为此就必须更进一步地探讨数的本质存在。去对数给出一种有条理的定义是不可能的，因为数乃是一

---

① Numerus mathematicus dicitur multitudo aggregata ex rationibus unitatis ut participant quantitatem; ut ternarius numerat tria quanta, sive sint ferra sive lapides sive ligna vel albedines vel quaecumque quantitatem participant; et hic est numerus quo numeramus. Numerus naturalis dicitur multitudo aggregata ex ipsis rebus, quibus convenit ratio unitatis; quae sunt ipsae res numeratae ut tres lapides, vel tres albedines; et iste est numerus qui numerat per numerum mathematicum[数学的数被认为是从单位（统一性）的诸形式而来的聚集起来的多，是对量的分有；三元组（三项）的东西是对多少个三的计数，它们或是铁器，或是石头，或是木头，或者白色，或是无论如何都分有着量的东西；这样的话，数就是我们用以计数的东西。自然数被认为是来自于事物本身的聚集起来的多，与它们相宜的乃是单位形式；事物本身是被计数的，如三块石头或三种白色；这种数是通过数学的数而来计数的]，《论事物之本原》，问题16，580a。
Diversa enim ad se invicem numerantur, numeri autem numerant se ad invicem, aut per numerum aut per unitatem[不同事物事实上是轮流被计数到自身上去的，但诸数则是把自身计数到彼此上去，或是通过数，或是通过单位]，同上，590a。——原注

种终极性的东西。它的本质存在只能被描述,只能被揭示。定量是那种多少,它因而能被规定为一种如此多,并且这是通过测量而发生的。这种可测量性因而就显现为量的基本要素。

邓·司各脱驳斥了这种观点。这种可测量性只是量的一种特性,但并不意味着它是量的真正本质。更确切地说,它是存在于量之中的东西的一种性质。量自身不是量的东西。倒不如说,量的本质存在于 *divisibilitas in partes eiusdem rationis*[可区分到同一种形式的诸部分中去的那种可区分性]。造就量之本质的,是这种"可分性",这种被"切分"所规定的可规定性,是在量的同一种观察角度上所做的那种划分。按照相同的观察角度看来,这种可规定性——用现代的话来讲,着眼于一种统贯着纯粹定量的序列规则——不是量本身,而仿佛是从量中流淌出来的一样。量具有如下性质:它使得这样的一种可规定性得以可能。这种可测量性只是这种首要的可规定性的一种后果,换言之,只是在量中的那种进展——按照某种观察角度(*quantitas domina mensurarum*[量是尺度的主人]),它是从一个到另一个的进展——的一种后果。使得离散得以可能的这种纯粹的连续性,并非是通过离散者才被集聚起来的;作为一种同一性的东西,连续性先行存在于一切离散者之前,就同一种观察角度来看,它根本地使得那种可规定性得以可能;它恰恰就是序列规则性自身。因为没有别的东西可以道说 *divisibilitas in partes eiusdem rationis*[可区分到同一种形式的诸部分中去的那种可区分性]①。

我们因而就是通过这种序列规则而认识了数的那种明确性。当序列中的数占据了(situ distinguitur[通过位置上的区分])一种足够确定的位置(situs),它也就足以被规定为那一个同一的数。"一"因而就和通过它而被测量的那些数一样属于同一个"属";这些单独的数只是通过在序列中的位置才彼此区分的(situ recte distinguitur propter maiorem vel minorem replicationem talium unitatum[通过这种单位的展开所形成的大或小而在位置上被正确地区分])。两个数并非是直接通过与"一"有同等距离而相等同的。如此,2乘以3不是六(die Sechs),而是造就了6,换言之,相乘的这一结果能够与六等量齐观,六本身这才首度如此存在并通

---

① Ratio mensurae ... magis inest discretis et continuis non nisi inquantum participant quantitatem discretam[度量形式……更多地是内在于离散性的东西中的,而不是内在于连续性的东西中,除非后者同样多地分有了离散的量],《论亚里士多德〈形而上学〉诸问题》,第5卷,问题9,251a。

Ratio mensurae est passio quantitatis et sic non propria ratio quantitatis ... dicendum ... quod propria ratio (quantitatis) est divisibilitas in partes eiusdem rationis ...

Divisibilitas fundatur in quantitate et dicit habitudinem ad divisionem, et cuicumque inest divisibilitas in partes eiusdem rationis, hoc est per quantitatem ... Quantitas notificatur per proximam passionem eius et non definitur ...

[度量形式是量的特性,虽说如此,但却不是量的本质形式……应该认识到,量的本质形式是那种可区分到同一形式的诸部分中去的可区分性……

这种可区分性奠基于量之中且道说着臻于区分的那种习性,而且这种可区分到同一形式的诸部分中去的可区分性是内在于任何一种东西中的,这是通过量而存在的……量是通过它最切近的特性而被认识到的,但并不是由此而得到了(本质)规定],同上,252a sqq。——原注

过它在此序列中的位置而有了它的明确性①②。

但这样的话,看上去邓·司各脱就接受了距离概念本身,而在其对托马斯·阿奎那理论的批判性评论中,他却曾认为距离概念不足以对数进行规定。这事实上就像稍后的一则评注

---

① Dico igitur, quod ratio indivisibilitatis in numero uno sicut quaternario vel ternario, sub qua uniuntur unitates, utpote quae inter se sunt divisae, sub qua etiam uniuntur numeri materiales constituentes unum numerum ut sex, quatuor, decem; illa dico ratio indivisibilis et una quae est ratio formalis unius numeri, est identitas in specie unitatum replicatarum, illum numerum constituentium, ut sic dicamus, quod quaelibet species numeri ex eo est una, quia constat ex uno et uno eiusdem rei usque ad certum numerum replicationis talis numeri; ita quod una species numeri ab alia situ recte distinguatur propter maiorem vel minorem replicationem talium unitatum[所以我认为,"一"、"二"、"三"这些数中的那种不可区分性的形式正是诸单位统一于其下的那种形式,如同那些彼此间有差异的东西,由数目"一"所构建的那些质料性的数(如"六"、"四"、"十"等)也是在那种形式下得到统一的;我认为,那种不可区分性形式和"一个"都是数之单位的典范形式,是在"属"中得到展开的、对数予以构建的单位的同一性,正如我们所说的那样,数的任何一个"属"都是出于那个"一"的,因为"属"始终是从"一"和事物的同一种"一"而来趋于数的那种展开了的确定之数中去的;如此,数的一个"属"与别的"属"的区分,是通过这种单位的展开所形成的大或小而在(序列)位置上被正确地区分的],《论事物之本原》,问题 16, 587 b。

Bis tria non sunt senarius sed quae habent bis tres unitates, habent senarium et est denominativa praedicatio[3 的 2 倍不是六,而是说,那种具有 3 个单位之 2 倍的东西,乃是具有了 6 个单位,并且这种谓述是命名性的],《论亚里士多德〈形而上学〉诸问题》,第 5 卷,问题 9, 257b sq.。

Duae species numerorum … non possunt se habere per aequalem immediationem ad unitatem[两个数的"属"……是不能通过与"一"有同样的直接距离而具有自身的],《论事物之本原》,问题 16, 572a。——原注

② 在《论亚里士多德〈形而上学〉诸问题》第 5 卷的此前一处文本中,司各脱曾指出,亚里士多德认为 3 的倍数不是六的本质,而只是一种量而已。故这里有"3 的 2 倍不是六"以及"2 乘以 3 不是六(作为 6 之本质),而是造就了 6(个单位)"之语。海德格尔在这里是通过德语量词与阿拉伯数字两种形式来表示这种区分,汉译文也循用了这种方式。——译注

第一章 "一"、数学的实际性、自然的实际性以及形而上学的实际性　277

所要揭示的情形。只不过,司各脱说,距离概念不是那种首要的观察角度,即不是可使诸数由之获得其明确性的那种观察角度。当相应的对象已经有了一定的位置,并且这一位置通过其序列规则而取得了数,这才能去道说一种距离①。一与那些在序列中紧接其后的数就本性(属)而言是同一的。在数领域中盛行着一种一致性。诸数并非从任意的单位、不同种类的对象而来聚合而成,它们处于一种同类的"中介物"中,这种中介物,现在已经变得很清楚了,是通过纯粹的量而被表现出来的(unum et numerus sunt unigenea[一和数都是惟一的])。异质的诸对象在任何时候都排除了单位和明确性,仿佛它们本己地具有那些纯粹的数②。

----

① ... quando arguitur, quod numeri distinguuntur per aliam et aliam distantiam ad primam unitatem, dicendum, quod, licet illa distantia diversa necessario concomitetur numeros distinctos, non tamen est prima ratio distinguendi eos, ut probatum est, unde non potest esse forma primi numeri, sed concomitatur certam discretionem numeri[……当我们说,诸数并不是通过与原初单位的不同距离而被区分开来的,此时应该认识到,不同的距离必然是与那些分明的数相伴随的,但并不是对它们予以区分的首要形式(观察角度),那么就应承认,由此而来它不能是原初单位的形式,但却是伴随着数的某种确定的离散性],《巴黎讲稿》,第1卷,分类24,单一问题,278b sq.。——原注

② Haec et illa non faciunt unitatem binarii, sed una praecise distincta a se invicem[这个和那个并不构成　种二元单位,而是彼此割裂地区分开来的],《论亚里士多德〈形而上学〉诸问题》,第5卷,问题9,257b。
Unum quod est eiusdem speciei est mensura unitatum integrantium numerum et est uniformitas unitatis specificae in eis["一"是(与诸数)具有同一个"属"的,是对数有统合之功的单位的尺度,并且,在它们当中,"一"乃是明确的单位的一致性],《论事物之本原》,问题16,587 b。
Unum et numerus sunt unigenea, quia numerus nihil aliud est quam plura una[一和数都是惟一的,因为数仅仅是众多的"一"],《论亚里士多德〈形而上学〉诸问题》,第10卷,问题1,624a, b。——原注

若我们现在把超越的"一"即"das Eine"[一个]与作为数原则的"一"即"die Eins"[一]对置起来,其间的差异就可以一目了然了。我们同时会看清,一并不会直接来自于一个,毋宁说,为此它需要新的前提,新的因素,而在一个那里还并没有这些前提和因素。量与那种同类的中介物才使得数得以可能并且使之成为一种完全确定的现象。一个与另一个到底是根本不同的;一与二是在一种完全确定的视角(ratio[观察角度])上彼此不同的。这种视角对于数领域而言是决定性的并且把数领域也列入到了确定的界限之中,也就是说,使之成为一种与其他的对象领域明确不同的领域。超越的一适用于每一对象,对象也要始终归属于超越的一的实际性领域。超越的一(das Unum transcendens)也适用于诸数。一(die Eins)只在量的领域中才有意义。

在上述这些探讨中已经得到突出强调的是,我们必须在纯粹的数和被计数的对象之间做出区分。一定数量对象的单位形式不是对象自身的一种实在的部分,它是这样一种东西,即它并不像单位形式本身那样归属于同样的实际性领域。这种单位形式是通过意识而附加到了对象之上。同样也会揭示出,只是在非感性的、数学的领域中,凭借其特殊的、通过量和同类的中介物而被标明的基本秩序,才会有类似于我们所说的单位形式和明确性形式的东西。另一方面,这些形式事实上是作为非感性的东西而被用来对诸对象进行规定和计数,这些对象是感性的自然,换言之,它们存在于数学领域之外。这是如何可能的呢?

依循着数以及它的单位形式这一主导思想,我们就抵达了自然实际性的领域之中,为的是对在那里可以找到的诸形式进行研

第一章 "一"、数学的实际性、自然的实际性以及形而上学的实际性　　279

究,并且去研究它们与纯粹的数学形式的不同。

　　形式是一种关联概念;形式是质料的形式,每一种质料都存在于形式中①。进而言之,质料始终存在于一种与之相宜的形式之中;换个角度讲,形式是从质料那里获得其意谓的。若我们因此想要去把握实在世界之领域中的单位形式,我们就会发现我们所转而关注的乃是那种结合为单位的质料本身,因为事情之关键乃在于质料,仿佛是质料才决定了,它能够与哪一种确切的形式统一起来。兴趣的重心因而就落在了对实在性、感性之物与非感性之物的范畴基本秩序的研究上面,并且这样的话,对我们本真任务——去区分实际性领域——的执行工作就在对那种统治着实在世界的单位形式的澄清中取得了重要的进展。

　　自然实际的实在对象被标明为 *entia extra animam* [灵魂之外的诸存在],由此它们获得了一种暂时的与其他对象领域的区分。是否以此就获得了实在性的一种充足标准,现在还不应对此断定。因为人们能够立即问道,如此说来心理的实际性是否就不像物理的实际性那样实在?无论如何,只要心理的实际性自身不足以得到肯定的规定,"在灵魂之外"这一标准就没有说出什么决定性的东西。这并不是什么轻易的问题,即使在今天,当心理学走上了一条道路以扩展自身成为一种独立科学之际,这也仍然不是一个得到了满意答复的问题。若人们想到,为了对心理性东西

---

① Materia non potest intelligi nisi sub habitudine ad formam[质料是不能被认识的,除非它处于趋于形式的那种本己行为(习性)之下],《论亚里士多德〈后分析篇〉诸问题》,第 2 卷,问题 6,333b。——原注

的特有实际性予以更敏锐的特性规定,使心理性东西的领域区别于逻辑性东西的领域的这一划界工作就是不无裨益的,而且这也使下述工作变得相当简单了,即去更确切地追问心理性东西的本质而免除于后果严重的领域混淆,这样的话,或许也适宜于当前情形的对策就是,首先在对逻辑学的探讨中完成对心理世界之本性的追问,并首先是把心理实际性作为一种归属于实在世界的领域来予以探讨。但是若人们把"anima"这个词语释义为"Bewuβtsein"[意识],则"extra animam"就指向了那种超越意识的实际性,而且包含了心理性东西和物理性东西;并且不止于此,而是也意指上帝之绝对存在的那种超感性的实际性。即使这些问题也还可以得到更进一步的裁定,即便没有犀利的、概念式的明确性,我们也相当确切地知道,应把什么看作是实在性。

Intelligendum est ..., quod esse existere non consequitur essentiam primo, sed primo, consequitur *individuum. Individuum enim per se et primo existit, essentia non nisi per accidens* [应该认识到……实存之存在不是首要地后随于本质的,而是首要地后随于个体性东西。因为个体性东西是通过自身而实存的,是首要地实存着的,本质则仅仅是通过偶然事件才实存的][1]。以这样一些语句,邓·司各脱极为精敏地对他的那个时代的一个非常有争议的问题表述了一种具有深远意义的思想。实在地实存的,是个体性东西。个体性东西这一概念并不是用以意指某一种类的一个不确定的对象。"是个体性东西"与"根本地是一个对象"并不

---

[1] 《论亚里士多德〈后分析篇〉诸问题》,问题 4,329b。——原注

第一章 "一"、数学的实际性、自然的实际性以及形而上学的实际性

完全叠合。因而就不应有那样的想法,即认为,个体性东西的概念已经通过超越的"一"——正是它使得一个对象与其他对象得以区分——而得到了充分利用。个体性说的是一种明确性,作为一种独一无二的东西,它不会在其他任何时间和任何地方被发现,与之根本对立的东西,却还可进一步地被分解为独立的质的因素。个体性东西是一种不可回溯的终极东西。它意指 κατ' ἐξοχὴν prout includit existentiam et tempus[特别是作为包含实存与时间的那种]实在的对象。同一棵树上的两个苹果并没有朝向天空的同一种"视角",二者中的每一个都已然通过其空间的明确性而与另一个相区分了,尽管除了这一点之外它们可以说是完全等同的①。所有实在地实存的东西,是一种"这种—现在—这里"的东西

---

① 这种时间规定乃是为了刻画个体性东西的特性,这种时间规定的决定性功用特别地显现于历史科学的时间概念中,这种时间概念的范畴结构在我的下述论文中得到了凸显:《历史科学中的时间概念》,载《哲学与哲学批评年鉴》,第 161 卷,第 173 页以下,并参看第 357 页以下。——原注

(Solches-Jetzt-Hier)①。个体性(haecceitas[个性/此性])的形式就此而被征引,以便充当实在的实际性的源初规定性。这种实际性造就了一种"极为巨大的多样性",一种"异质的连续性"。直接被给予状态的这种特有的方面在当前首先是通过李凯尔

---

① Expono quid intelligo per individuationem ... non quidem unitatem indeterminatam, secundum quam quodlibet in specie dicitur unum numero, sed unitatem signatam ut hanc, ut est haec determinata[通过个体性的东西,我对之获得了理解并做出了解释……它事实上不是有限的单位——按照这种有限的单位,任何一种东西都可以在"属"中被说成是数字上的"一"——而是标志性的单位,它标志着"这个",是有限的"这个"],《牛津评注》,第 2 卷,分类 3,问题 4,33a, n. 3;参看同上,分类 2,问题 1—7。

Accipitur individuum substantia et simul totum stricte, prout includit existentiam et tempus ut hic homo existens et hic lapis existens[个体性东西被理解为本质,同时在严格意义上它也被认为是完整的,就此而言,它包括了实存和时间,例如说,这个人实存,这块石头实存],《论亚里士多德〈形而上学〉诸问题》,第 7 卷,问题 10, 215b, n. 76。

Singulare dicit gradum distinctum naturalem unius individui a gradu naturae alterius individui eiusdem speciei, eo quod ... numquam natura generat duo individua eiusdem speciei secundum eundem modum et gradum participantia illam speciem, sicut nec duae species umquam aequaliter participant naturam generis[单独性说的是一个个体与具有同一个"属"的另一个个体在自然程度上有所区别的那种自然的分明程度,这样的话……属于同一个"属"的这两个不可分的个体是绝不会按同一种形式和对那个"属"的分有程度而自然形成的,正如两个"属"任何时候都不会同样地分有"种"的本性(自然存在)],《论事物之本原》,问题 8,501b。

Duo poma in una arbore numquam habent eundem aspectum ad coelum[一棵树上的两个苹果绝不会具有朝向天空的同一种视角],同上,502 a。

Hic et nunc quae sunt conditiones concernentes rationem singularis["这"和"现在"是混合在单独形式(视角)中的情形],同上,511;尤应参看本文第二部分,第二章。——原注

特而得到了犀利的凸显,并且被置为他的基本方法论的基础①。

现在的问题是:在这种极为巨大的多样性中如何有计数活动？数通过其在序列中的位置(situs[位置])而有了其明确性。只有通过一种序列规则,序列才得以成为序列。这种序列规则所说的东西关乎次序,关乎距离,关乎相邻的序列成分之间的那种相互的规定关系。诸数拥有它们被固定了的位置,不生亦不灭,始终免除于任何变化的影响。那么,在实在的实际性中有诸如此类的东西么？当我说"4棵树":以此就有某种序列的某个位置被指示出来了么;抑或相反:"4棵树"是通过一个序列中的一个位置而被规定的？我事实上能以许多种方式来把4棵树排在一起;我应如何继续拓展,更确切地说,在现成的那些树中,我应继续走向哪一棵树,以便获得"5棵树"呢？我究竟如何才能数这些树呢,倘若每一棵树都已经通过它的位置上的明确性而区分于另一棵树的话——这还根本没算上它们的生长差异,即它们在叶子、花朵、果实、生长条件等等上面的差异。每一棵树事实上都是另一棵树。在这些树的各个树中根本没有什么东西可以论证说,它可以在一种计数——例如5的计数——中存在。尽管如此,它们还是被计数了。

我们先前曾指出过,数的生发始基是"同质的中介物"。然而经验的实际性——那些独特的彼此有别的树就归属于这种实际性——却完全是别的东西,只不过不是同质的,毋宁说,这

---

① 参看其主要著作《自然科学的概念构成之界限》以及此外的其他文献,尤其是他的那篇富有启发性的论文:《历史哲学》,载库诺·费舍尔纪念文集《二十世纪开端处的哲学》,第2版,海德堡,1907年。——原注

种绝对的多样性恰恰是它的首要特征。

就此而言,若实在的实际性中的一种计数应是可能的,换言之,若数应在这种实际性中以某种方式获得持存并成为可应用的,则若没有同质性的话上述事情就是不可能的。若我对这棵树的观察只是就其迄今还从未如此存在过的并永远不会再现的个体性来看的,而且也同样如此地去观察别的一棵树的话,则永远都不可能得到一种计数。我只能说:这一棵和另一棵。与之相反,若这一棵树与另一棵树通过一种投影——在这种投影中只保存了树之存在的一般规定性——而被等同地投射在一种同质的中介物中,则它们就可以被称作"二"(Zwei)了。投到一种同质的中介物中去的这种投影因而就意味着:这些对象是在一种确定的视角中被观察的并且仅仅如此。

这些视角就每每都规定了同质类型的某种领域,它们在某种程度上是这一领域的前导符号。通过这一视角那种异质的离散就被扬弃了。"存在着这样一些视角"的这一事实,并不是被先天地理解的。它只能从经验的实际性中被觉察到,因为它是通过那种使之可能的范畴结构才被凸显出来的。现在应对其进行更进一步的特性刻划。若我们说,经验的实际性揭示了某种范畴结构,这也就是说,它是被塑形的,被规定的,被安排的。在次序存在的地方,即使是最最简单的次序,在那里也已经不再可以言说一种绝对的多样性。经验的实际性——它被理解为绝对的多样性——因而就是一种界限概念,更确切地说,这种界限概念必须且必然地被每一种范畴理论所建立起来。

第一章 "一"、数学的实际性、自然的实际性以及形而上学的实际性　285

　　自然的周围世界和超感性的世界——它对于中世纪的人而言也同样被持续地和迫切地意识到了——都已经依照范畴而被规定了。感性的和超感性的世界以及它们彼此间的关系都存在于一种次序中。这种次序的主要特征可以被提前道出：它完全是被类比所统治的[①]。"类比"这一概念迄今为止还没有与我们相遇过。我们只知道同质的连续性以及异质连续性的那种绝对的多样性。伴随着类比这一概念我们就伫立在一种新的次序特征旁边了。通过把这一概念的建构性始基凸显出来，我们就开启了一种深邃目光，对实在的、感性的实际性与超感性的实际性的那种范畴结构之特性的洞察就发生于这种深邃观看之中。

　　首先让我们来区分类比(Analogie)的两种形式。一个词语是有其意谓的。然而当这种意谓被应用于不同的实际性领域中时，它就得到了一种源出于这些领域的特有的意谓区分。那么，"原则"(principium)与"原因"(causa)这些词语就是有共同之处的，就这些词语的源初意谓而言，它们道说的是这样

　　[①]　Illa ratio a qua imponitur ens non est una sed aequivoca in diversis sicut et ens[存在者由之而来得以被给予的那种形式不是"一"的形式，而是不同东西中的"歧义性的"形式，这正如在存在中的那种情形]，《论亚里士多德〈范畴篇〉诸问题》，问题 4，449b。

　　… apud Metaphysicum vel Naturalem，qui non considerant vocem in significando sed ea quae significantur secundum id quod sunt，(vox entis) est analoga[……就形而上学家或物理学家而言，他们并不思考意谓中的话语，而是思考那种东西，即那种按照其所是而被意谓的东西，(存在的话语)乃是类比性的]，同上，447 b。——原注

的一种东西:从这种东西而来出现了别的东西,且后者由此而获得了它的持存。这种共同的意谓在逻辑学领域中分化成"根据"(Grund)之意谓,在实在的实际性领域中则分化为"原因"(Ursache)之意谓。此二者是不可替换的。① "原则"因而就被类比地(analog)使用为"根据"和"原因"。

进而言之,一个词语的意谓可以应用于一个对象之上,对象通过词语之意谓所本真意指的那种东西而与词语有了某种相似性②。

然而,在类比的这些形式中,没有什么形式是实在之实际

---

① "原因"必有效果与之相随,"根据"则未必有效果相随。——译注

② Ponitur analogia in voce ... quia significat unam rationem primo, quae existendo diversimode convenit duobus vel pluribus, quae dicuntur analogata: sicut hoc nomen causa et hoc nomen principium ... significat unam rationem primo, tamen illa est in diversis secundum ordinem.

... (alio modo) quia vox uni imponitur proprie et propter aliquam similitudinem ad illud, cui primo imponitur, transfertur vox ad significandum aliud ... et hoc secundum significat solum propter aliquam similitudinem eius ad illud, cui primo imponitur.

[类比是在话语中被建立起来的……因为它首先意指单一形式,它是以不同形式的实存而适宜于两个东西或多个事物的,而这些东西就被称作是类比之物:正如"原因"这个名称和"本原"这个名称……它们首要地意指单一形式,但是依照秩序,它们在不同领域中却是不同的。

……(就另一种形式而言)因为话语是被本己地建立到一种东西上去的,是按照与之有某种相似性的方式而建立到一种东西上去的,且话语进而又被转运到其他有待意指的东西上去……照此而言,它仅仅是按照它与它所首先意指者的某种相似性而进行意指的],《论亚里士多德〈范畴篇〉诸问题》,问题 4,446a sq.。

第一章 "一"、数学的实际性、自然的实际性以及形而上学的实际性

性的范畴结构所特有的①②。类比，处处统治着实在的世界的那种类比，是一种通过归因（*per attributionem*）而来的类比。在这里，在某种共属性的关系中可以发现诸概念的类比关系。在类比中存在的东西，既不是完全不同的，也不是完全等同的。

类比中的那些建构性的始基是：意谓的某种同一性以及其按

---

① Sed qualitercunque sit de modo ponendi analogiam, nullus istorum modorum videtur convenire enti respectu decem praedicamentorum[但是，无论建立起类比的形式是何种形式，在那些形式中，找不到什么形式适宜于那种存在，即相对于十个范畴（被其所规定）的那种存在]，参看《论亚里士多德〈物理学〉诸问题》，第 1 卷，问题 7，388b；全集版参看《论亚里士多德〈解释篇〉诸问题》，问题 1，584a。

Concedo quod ens non dicatur univoce de omnibus entibus, non tamen aequivoce, quia aequivoce dicitur aliquid de multis, quando illa de quibus dicitur non habent attributionem ad invicem, sed quando attribuuntur, tunc analogice. Quia ergo (ens) non habet conceptum unum, ideo significat omnia essentialiter secundum propriam rationem et simpliciter aequivoce secundum Logicum; quia autem illa quae significantur inter se essentialiter attribuuntur, ideo analogice secundum Metaphysicum realem[我承认，"存在"不是被用来一义性地道说一切存在的，但也不是同名异义地来道说的，因为一种东西要要能被用来进行歧义性的道说，需要满足这样的条件，即它所要道说的那些东西是不能彼此归因的；但是当这种彼此之归因存在时，那种东西就是在被用来进行类比性的道说。因为它（存在）不具有一个概念，所以它是按照本己方式来本质性地意指一切事物的，并且，按照那位逻辑学家（指阿维森那。——译注）的说法，它能对一切事物进行简单的、歧义性的意指。但是因为它所意指的那些事物是本质地在它们自身之中彼此归因的，所以，那位形而上学家（指亚里士多德。——译注）的看法才是真实的，即，它是以类比的方式进行道说的]，《论亚里士多德〈形而上学〉诸问题》，第 4 卷，问题 1，153a。——原注

② 邓·司各脱在上一文本（《论亚里士多德〈形而上学〉诸问题》，第 4 卷，问题 1，153a）中所呈现出来的对"一义性"的否定性表述不合他的本己思路。对此问题历来有较多争议。通过近几十年来所作的相应的文本学和手稿研究，当代西方的司各脱学者一般认为，此处的这一观点或者是司各脱前期所持有的、后来被放弃的观点，要么是误置入的。如"法兰西斯会出版机构"在其所出版的"批判考证版"《邓·司各脱哲学著作集》的第三、四卷即《论亚里士多德〈形而上学〉诸问题》（拉丁文批判考证版，1997）中就直接删掉了"存在不是被用来一义性地道说一切存在的"这句话。——译注

照应用领域而又有的一种差异性。只要意谓的这种同一性与观察角度的这种统一性可以被称作是一种同质性①的东西——在所有类比关系中都能发现它——，它就是类比的那种奠定次序的始基。只要这种"共同的东西"是在不同的领域被不同地发现，在类比中也就始终保持着那种多样性。这样的话，类比就盛行于实在之实际性的基本结构中，这说的是：在这种领域中，同质性与异质性以一种特有的方式而纠缠在一起了。尽管有观察角度的某种统一性（*Einheit*）②，但多样性仍然是保持着的；这种多样性，就它的那一方面而言，并没有把观察角度的同一性给排除出去。因而在多样性中产生了一种特有的一体性，并且在一体性中产生了一种多样性③。

这是"形而上学的种"（genus metaphysicum）的基本特征，它包括了感性的和超感性的世界；按照"归因"（*attributio*）之差异，

---

① "homogen"，也可按字面原意译为"同种的"。——译注

② "Einheit"在此亦可译为"一体性"，以便兼容"单位"与"统一性"之意，即既可意指"一个"之一，又可意指"统一"之一。——译注

③ ... quaedam sunt nomina penitus univoca: et illa sunt, quorum ratio substantiae eadem est et nomen idem. Quaedam sunt nomina, quae proprie dicuntur aequivoca: ut illa, quae actu plura significant sub propriis rationibus; et illa sunt, quorum nomen est idem et ratio substantiae diversa; et aliqua sunt nomina analoga, quae significant aliquod commune, sed tamen illud commune diversimode reperitur in diversis. Sicut infinitum significat illud cuius non est terminus; sed hoc diversimode reperitur in magnitudine, in numeris et in continuis et discretis; quia ergo huiusmodi nomina significant aliquid commune, ideo proprie non dicuntur aequivoca, et quia illud commune diversimode reperitur in diversis, ideo talia nomina non dicuntur proprie univoca sed dicuntur proprie analoga; quia ergo huiusmodi nomina significant aliquid commune primo, ideo per immediate adjunctum contrahi possunt. Huiusmodi autem nomina sunt multum et album: nam multum primo significat excessum in quantitate: et ideo contrahi potest.

第一章 "一"、数学的实际性、自然的实际性以及形而上学的实际性　289

一体性与多样性的关系也发生变化。倘若人们把一体性与多样性理解为一种类似于数领域的东西,则归因之差异就会通过差异性而表达出来,多样性就以这样一种差异性而源出于一体性(统一性);与之相应地,一体性也以一种不同的方式衡量着多样性。这种衡量或许不是什么纯粹的量的衡量,因为量的衡量只在非感性的数学领域中才是可能的。我们将会看到,这种衡量的特征是

Similiter album primo significat aliquid faciliter movens sensum; sed hoc diversimode reperitur in diversis, scilicet in colore et in voce quia in colore est albedo, et id etiam in voce reperitur, sumendo albedinem pro alta et elata voce et huiusmodi, et ideo potest contrahi. Quia ergo multum et album significant aliquid commune ideo per immediate adiunctum contrahi possunt. Aequivocum autem inquantum aequivocum nihil commune significat et ideo contrahi non potest[……某些名称是彻底地一义性的:它们的本质形式是同一种形式,它们是同一种名称。某些名称则是以本己方式被歧义性地道说的:它们实际上是在它们所特有的形式下意指了众多东西,它们的名称是同一的,它们的本质形式则是不同的;还有一些名称是类比性的,它们意指了某种共通的东西,但是那种共通的东西是在不同的东西中以不同方式被发现的。正如"无限"意指那种没有限度的东西;但这种东西是以不同方式在大小中、在数量中、在连续性和离散性中找到的;因为这种方式的名称所意指的是某种共通的东西,所以就其本己特性而言,它们是不能被称作歧义性的,并且因为那种共通的东西是以不同方式在不同东西中找到的,所以这些名称就其本己特性而言也不能被称作一义性的,而应被合乎本己地称作类比性的;因为这种方式的名称所首要地意指的是某种共通的东西,所以它们是能够通过直接的附加(连接)而被引致的。"多"和"白"就是这样的名称;因为"多"首要地是意指量上的超出,所以它是能够(在不同东西中以不同方式)被引致的。与之类似地,"白"首要地意指某种轻易地刺激着感官的东西,但这种东西是以不同方式在不同东西中被发现的,也就是说,是在有颜色的东西中和在话语(语音)中被发现的,因为在颜色中它是白色,而且,这在话语中也是可以发现的,(作为话语的)白色是通过高的和抬升的语音而被获得的,所以它也是能够(在不同东西中以不同方式)被引致的。因为"多"和"白"意指某种共通的东西,所以它们是能够通过直接的附加而被引致的。但是歧义性的东西就其作为歧义性的东西而言并不意指什么共通的东西,所以是不能以上述方式被引致的],《论亚里士多德〈辩谬篇〉诸问题》,问题13,17b sq。——原注

价值判断和价值规定。一体性是源出于它的那种多样性的尺度:一体性有多么不同,衡量的类型也就有多么不同。

"单子"(monas)[①]潜在地包含了众多性,后者以某种方式源出于前者,无论以何种方式来看,单子都是起点。一方面,就诸对象——它们造就了众多性——的形式和本质显现状态而言,单子是多样性的"源泉",而就实体与质料方面而言也是如此,这意味着,它用质料造就了自身,而质料则进入了数。

另一方面,"单子"也能在双重方式上按照对象的本质显现状态而是对象之众多性的源泉。首先,单子是活动着的创造原则。这种类型即"神之一体性"(unitas Dei)。被造物的众多性不是源出于划分而是源出于单子。因为以此方式,它自身作为绝对的一体性就不会被摧毁。被创造的实在性的"数"就"通过其自身的可交通性"(per sui communicabilitatem)而形成了。

其次,一体性能够仿佛"被动地"(passive)[②]把众多性包含于自身之中。这就是"形而上学的种"的一体性。众多之源出于一体性不是通过划分为同质的部分,而是通过划分为"基体的部分"(in partes subjectivas)[③]。

[①] "monas"是希腊词语"μονάς"的拉丁文写法,这个希腊哲学术语意为:"统一性、一体性、单一性、源始单位",亦即等同于具有同样丰富意谓的拉丁文中的"unitas"和德文中的"Einheit";莱布尼茨正是据此而构造了他的"Monade"概念和相应理论。"单子"是汉语学界对这一术语的通用译名,这里予以沿用,但也可译为"统一性"或"一体性"。——译注

[②] 这个拉丁文词语在此似还有"随机地"、"不加区别地"之意。——译注

[③] 如同在此前注释中曾经指出的那样,中世纪哲学所使用的"主观"与"客观"等词的意谓与17世纪之后的近现代哲学对它们的理解和运用是几乎相反的,故按后者所习惯的用法和意谓,这里亦可译为"客观实际的部分"。——译注

第一章 "一"、数学的实际性、自然的实际性以及形而上学的实际性　291

在对一种实在的"大小"之一体性的划分中,也就是说,在对一种广延物之一体性的划分中,一体性是用具体部分的质料(实体)来造就自身的。在那种"把整体分为部分的划分"中,诸部分的脱落到了如此地步,以致于只有通过"整合"(一体化)才能重新获得那种源始的一体性(单位)。这种一体性,因为是奠基于实在之量上,所以对于自然对象而言就是偶然的;自然对象不是自在地就是一体性(单位),而是通过对它们而言乃是偶然的那种广延[①]才是一体性(单位)[②]。

---

① 按康德哲学所提供的对传统哲学概念的观察角度来看,广延乃是空间的一般量的概念,是"在一般直观中同质杂多的意识,只有由此意识,有关一个客体的表象才首先成为可能"。因而广延对于自然对象"自身"而言乃是"偶然的"。——译注

② ... Constat in omni genere semper imperfectum et diminutum oriri ab illo, quod est perfectum simpliciter in illo genere ... Cum ergo quaelibet res et quidquid est in rebus, quocumque modo esse vel rationem entis participet, aliquo modo sit imperfectum et admixtum, oportet, quod omnis res secundum illud totum, quod in ea est, a primo et perfecto ente oriatur: hoc autem ens non est neque intelligi potest, nisi unum solum infinitum. Ab hac igitur unitate oritur totus numerus et omnes unitates creaturarum, non per huius unitatis divisionem, ut de ipso uno fiant duo, et pereat eius unitas ex hoc, quod unitas et numerus exoriantur, sicut in divisione quanti, ut jam dicetur; hic enim numerus qui procedit ab uno in quantis, multiplicatur, quia unum fit duo; sed ab ista unitate oritur numerus et unitates, ut ab ipso principio calidi omnium primo procedit primum et item secundum et iterum tertium et sic deinceps usque ad infimam creaturam. ... Sed praedicta mediatio ... debet intelligi, quoad mediationem in genere dignitatis, quia primum causatum immediate participat divinitatem, secundum non ita immediate ... Et sic patet quod universalitas rerum est numerus quidam constans ex unitatibus particularitatis in essentiis, eaeque omnes ortum habent ab unitate prima Dei, quae non est participata, sed quam omnis creata unitas participat, per quam dat imitationem, quae totum rerum numerum et eius unitates virtute continet et potentia activa; quae unitates oriuntur ab ipsa ... per sui communicabilitatem ...

Alia est unitas, a qua oritur numerus et omnes (eius) unitates, quas ipsa continet potentia et virtute, quasi modo specificato et ex ista oritur tota multitudo non per sui communicabilitatem, ut dixi de unitate divina, sed per sui divisionem, non quidem in partes quantitativas, sed in partes subjectivas. Et ista unitas est unitas generis metaphysici, cuius communitas consistit in analogia; ita quod res importata nomine talis generis, per se principialiter et veraciter dicitur solum de uno; de aliis per quandam attributionem ad illud ...

Alia est unitas continens numerum, qui ab ea oritur et eius unitates secundum substantiam et naturam, ita quod per divisionem illius unitatis, non in partes subjectivas sed integrales, oritur numerus ab illa unitate. Et isto modo unum magnitudine habet in se omnem numerum, qui per divisionem magnitudinis potest inde procedere. Et quia talis unitas, quae est quantitas, accidit rebus, quae sunt de genere substantiae per ipsam quantitatem, quae est accidens substantiae, ideo etiam talis divisio ... accidit rebus aliorum praedicamentorum, quibus accidit quantitas ...

〔……在一切"种"中始终都存在着这样一种情形，即，不完善的东西和分裂的东西乃是源出于那种东西，在同一个"种"中以简单方式而是完善者的那种东西……因为无论是什么，但凡是什么，都是存在于事物中的，无论以什么方式存在或无论它以什么方式分有存在之形式，它都是以某种方式是不完善的和复合的，应该指出，每一种东西都是按照它所存在于其中的那种整体而存在的，每一种东西都是源出于那种首要的和完善的存在（者）的；但是这种存在（者）是不能被认识的，除非它是一个唯一的无限（者）。所以，从这种"一体性"（单位）而来就产生了全部的数和一切被造物的"一体性"（单位），但这不是通过它的"一体性"的区分——如从一自身中变成两个那样——而实现的，因为倘若如此的话，倘若一体性和数是通过对它（完善者）的一体性的区分而源出于它的话，则它的一体性就消失了，这正如量之区分中的情形，而这也是刚刚才讲过的；在量上从一而来所得到的那种数事实上是可以增加的，如一变成二；但是从那种（源初的）一体性而来的数和一体性，不是通过区分而产生的，而是首先从一切事物的生机勃勃的本原自身而来进展到"首要的东西"，同样地再进展到"其次的东西"，进而再以同样方式进展到"第三等阶的东西"，如此这般按一定秩序一直进展到最低级的被造物。……但是此间要先行指出的是……我们应认识到，这种（直承本原的）进展是（仅仅只）进展到高贵之"种"中间的，因为被首要引致的东西是直接分有神圣性的，被次要引致的东西对神圣性的分有并不如前者那么直接……如此就可看出，（处于高贵之"种"以下的）诸物的普遍性就是数，数这种东西是持续不断地来自于那些在本质意义上乃是个别的"一体性"，它们的每一个开端都是从神的那种首要的"一体性"（源

第一章 "一"、数学的实际性、自然的实际性以及形而上学的实际性　293

对于目前的研究而言,只有一体性的那两种首要类型——"神之一体性"与"形而上学的种的一体性"(unitas generis metaphysici)才是有意义的。从这两种类型而来,为这两种领域——实在之感性的实际性领域与超感性的实际性领域——所特有的那种类比的次序特征就能得以显明。

在这种类比中,正如之前所讲过的那样,一方面存在着同质性

始单位)中获得的,但这并不是(对神性的直接)分有,而是对每一种被造的"一体性"的分有,由此就出现了摹仿,这种摹仿的优点或它的积极潜能在于,它把事物的整体上的数和一体性(单位)给保持在一起了;这些一体性(单位)源出于这种摹仿本身……是通过其自身(源始单位本身)的可交通性而形成的……

……还有一种一体性表现在,由之而来产生了数和一切数的一体性,前者是以潜能与优势的方式而把后者(数和一切数的一体性)保持在一起的,就好像是以统观的方式来保持的,并且,全部的"多"都是从这一体性中产生的而不是通过其自身的可交通性而得出的,所谓的"其自身的可交通性",我指的是神的一体性那里的情形。这里所说的这种一体性是通过它自身的区分——当然不是区分到量的部分中去,而是区分到基体的部分中去——而产生多的。这种一体性乃是形而上学的"种"的一体性,它的共通性存在于类比中;如此所产生的事物在名称上是属于这样的"种"的,它本身根本地且事实上仅仅是对"一"的道说;而通过加之于前者(事物)的某种归因,它又是对其他东西的道说……

还有一种一体性是把数保持在一起的,数就出自于所说的这种一体性,数的一体性(单位)是按照实质和本性而有的,是通过对包容着它们的那种一体性的区分而有的,但不是区分为基体的部分而是区分为(每一种)一体化的东西,数就是从这种一体性中产生的。以这样一种形式,一种东西就在广延上自在地具有了每一个数,而通过广延的区分,数就能够因此而推展下去。这种一体性乃是量,它是出现于诸物中的,而诸物就"种"而言是通过这种量本身而来的实体,这种量(广延)乃是实体的偶性,所以这种区分还是……出现在被其他那些范畴(亚里士多德的"十范畴"。——译注)所规定的事物中的,量(广延)就是发生在这些事物之中的],《论事物之本原》,问题16,570b,571a sq., 572a, 574b。——原注

的因素,观察角度的同一性。在当前情形下这意味着,此因素如何关系到实在世界:一切东西与每一种东西都有实在的实际性。在最严格的即绝对的意义上,只有上帝是实际的。上帝是绝对,这种绝对乃是实存,这种实存实际地存在于本质中并"本质现身"于此实存之中(Er ist das Absolute, das *Existenz ist, die im Wesen existiert und in der Existenz 'west'*)。自然实际性,感性的实在之物,只是作为被造物而实际存在;它不是像绝对那样的实存,而是通过"可交通性"才具有实存。造物主与被造物,就算二者都是真实的,后者也肯定是以不同的方式而是真实的。以此我们就切中了类比中的那种异质性要素。这种差异性存在于实际性之等级中。"无限的一"(unum infinitum),作为集中于自身的、绝对的实际性,是那种有最高价值的东西,是为了一切实际性的绝对尺度。

另一方面,被创造的实际者通常并非在同一种等级上是实际的。在感性的—实在的世界中,在众所周知的亚里士多德"十范畴"在其中生效着的那个世界中,实体分得了真正的实在的实存。惟当偶性附着于实体,分有实体之实际性,偶性才具有实际性。偶性是"通过归因于基体而有的东西"(*entia per attributionem ad subjectum*)。实体——它以类比的方式与绝对相似——是一种"形而上学的种"。类比的这同一种关系现在就延伸到了偶性之领域,在这些偶性中存在着这样一种东西,它能成为一种"自为的"偶性,亦即量,而其他的偶性只能通过量而归属于实体①。

实在领域中的这一次序因而就不是纯粹依照种而进行的普遍化的一种次序,在后种次序中,种之意谓是在同一种意义上归之于每一种"基底情形"(Unterfälle)的,例如在动物学和植物学的分类学中,情形就是如此。

---

① Et isto modo ens communissime sumptum, est genus metaphysicum ad creatorem et creaturam; et eius unitas dividitur in ens, quod est in se esse, et in ens habens esse, sive cui convenit esse ens, ... quod est genus commune metaphysicum et dividitur in decem praedicamenta. Et prima divisione dividitur in ens, quod est per se secundum quod per se opponitur ei, quod est aliter se habere, et in ens quod est alicuius, quod continet novem praedicamenta accidentis. Et similiter ens, quod est alicuius, est genus metaphysicum et dividitur in ens quod est alicuius per se, ut est quantitas; et in ens, quod est alicuius per aliud, qualia entia sunt omnia accidentia alia a quantitate, quia mediante quantitate insunt substantiae naturaliter. Et quodlibet genus praedicamentorum, quae sunt decem, dividitur per subalterna genera et sic usque ad individuum; et sic causatur numerus ex divisione unitatis, non in partes quantitativas sed subjectivas[以这种形式,最普遍的存在者就被获得了,(作为最普遍者,)形而上学的种是指涉于造物主和被造物的;种的一体性是被区分到存在者中去的,种是在自身中的存在,而且在存在者中具有存在,或者说存在者之存在是适宜于它的,……此即形而上学的普遍的种,它是被区分到十个范畴中去的。对种的首要区分是将之区分到这样一种存在者中去,这种存在者本身是依照于本身对立于它的那种东西的,这种东西是以其他方式而具有自身的;并且,形而上学的种也被区分到这样一种存在者中去了,这种存在者包含了九个偶性范畴,类似地,形而上学的种也还被区分到某种东西中去了,这种东西归属十那种通过自身而存在的存在者,这种东西就是量;此外它还被区分到这样一种存在者中去了,这种存在者归属于某种通过其他东西而存在的东西,这样的存在者是有别于量的一切偶然的东西,因为作为居中者的量是以自然的方式内在于实体中的("作为居中者",是指前一句中,"某种通过其他东西而存在的东西"指的是量。作为广延,量虽然也是偶性,但它与它所涵摄的其他一切偶性的不同之处在于,它自然而然地内在于实在事物之中。——译注)。十范畴(所描述)的任何一个种都是通过(进展到)附属于它的另一个种而得到区分的,如此这般一直把区分推进到个体性东西那里;并且这样的话,数就从一体性的区分而被引致产生了,但这种区分不是区分到量的部分中去而是区分到基体的部分中去]《论事物之本原》,问题 16,572a sq.。——原注

通过实际性等级的这种价值观点,类比的特征就进入了实在领域。自然实际性的每一种个别的对象都有某种价值性,都有其实际存在(Wirklichsein)的一种等级。对象愈是深入地参与那种绝对的实际性,其价值存在之等级就愈发得到提高①。这种"神圣之存在"首先就是以下述方式而区分于"被造物之存在"的:前者不能再被细致地规定为种和属,而在感性世界中对后者进行细致规定却是切合实际的。若根本能在绝对中言说范畴,如此则这些范畴就必然获得了一种完全不同的次序和一种完全不同的结构关联,一种与绝对之实际性相宜的意谓②。

因而在实在世界中所盛行的就不是度量概念,这种概念在数学中规定了各种量。倘若它也应在实在中是可运用的,则实在的类比之次序特征——它包含了异质性——就必然被破坏了,并且实在必然只是被如此看待的,即同质性存在着。此外,若"完成之尺度"(Mensura perfectionis)是实在所特有的,则对象的评判就

---

① Omne aliud ens ab ente infinito dicitur ens per participationem, quia capit partem illius entitatis, quae est ibi totaliter et perfecte[从无限的存在而来的其他每一种存在者所道说的都是通过分有而获得的存在,因为它所把握到的只是那种(无限的)存在的一部分,这种无限存在的如此存在乃是整体性的和完善的],《自由论辩集》,问题5,229b, n. 26。——原注

② ... esse divinum non potest esse contractum nec ad genus nec ad speciem; esse cuiuscumque creaturae potest ad utrumque esse contractum[……神圣存在是不能被限制到种也不能被限制到属中去的;它的任何一种被造物的存在则是能够被限制到种和属中去的],《论事物之本原》,问题6,335 b。——原注

是依照其实在性等级而来的①②。

如此看上去就应该承认,数与衡量在认识整体中是具有一种突出位置的。"因为在数的观念中"——今天的一位逻辑学家表示——"知识的所有力量看似包含着感性事物之逻辑规定的所有可能性"——"最高的假设在数中得到了实现,正是此假设才使所有认识得以成为认识。因为数是一种普遍的观察角度,借此可以看到,我们是通过哪些东西而把感性的多样性事物在概念中设定为统一的和同类的"。在此还并不适宜去对这些命题所依据的理论直观进行批判性的评价。通过上述的这些详细解释——它们严格说来自然是不能以现代逻辑来衡量的——就可以表明,在"unum"与"unum"之间存在着值得关注的差异③,并且,纯粹的数首先是没有能力去把握经验的实际性并进而在历史性东西的个体性中去把握历史性东西的;为此,诸多序列体系也是不够用的,它们共有的"交集点"应是个体性。因为序列——更不必说诸序列体系——只在同质的领域中才有其持存,所以那些尝试,对个体性东西进行表述的尝试,从一开始就是无可指望的。数学的—自然科学的知识不是

---

① Quaedam est mensura mensurans per replicationem, quae aliquoties sumpta reddit totum et talis est propria quantitatis. Alia est mensura perfectionis sive secundum perfectionem[某种尺度是通过重复展开而进行度量的,通过以此进行的多次度量,它就给出了整体,这就是量所特有的东西。其他的尺度是完成的尺度或是依照于完成而有的尺度],《论亚里士多德〈形而上学〉诸问题》,第5卷,问题9,251a sq.。——原注

② "完成尺度"是指具体事物作为完成者所特有的一体化的尺度,不同于量的尺度,量可以被叠加递减,但"白色永远不能把我们带回到黑色中去"。——译注

③ 此处为省略语,完整表达似应为"在超越之一与数原则之一之间存在着值得关注的差异"。——译注

那种知识。

伴随着实在的感性对象世界和超感性对象世界的这种类型的范畴特征，就有了一种十分奇特的对实际性领域的概观，在那种价值观点中就已经获得了一种规定力量。通过"一与多"（unum et diversum）而对对象之整全所进行的那种纯粹的逻辑的（在中世纪的意义上也同样是形而上学的）分解，现在看起来就被生气勃勃地重新描绘了一遍并被带到一体性（Einheit）——当然是这种独特类型的一体性——中了。倘若人们从先验哲学的视角看去，就会看到，中世纪的实在主义（Realismus）——无论是稚真的还是批判的——坚持了自然实际性的那种确凿有力的特征，根本不是自然主义，而是精神主义（Spiritualismus）[1]。并且，实在之实际性的这种奠基于类比中的分级特征就恰恰应克服了那些疑难——这些疑难挑战着每一种二元论，而不必回落到一种不可能的一元论中去。

并且这样的话，它就必然根本地被引回到中世纪精神生活中的超越之思的那种优越性中去了，即，传统的亚里士多德式的诸范畴材料不能包括范畴之全部。全部范畴是这样一些次序形式，它们仅仅是为了某种被界定了的领域，这种领域被独特地嵌入形而上学的世界观之整体中了。

一种与现代对自然实际性的科学研究的比较揭示出，对经验实际性的那种极为巨大的多样性的科学研究必须将其普遍

---

[1] "精神主义"这种思想向度把实在的东西看作是精神性的或者将其看作是精神的显现形式。通常译为"唯灵论"。——译注

地改造为一种同质领域,只要理论物理学应作为研究手段而得到应用。通过运动概念的那种占支配地位的意谓,这种改造也以某种方式在中世纪的"物理学"中发生了。但是不难看清,现代科学的诸范畴形式是更为多样和更为复杂的,它们首要地效力于一种全新的提问。

人们更可能这样猜想,实在实际性的上述次序是依照文化科学的研究而被剪裁出来的。然而,这种看法或许也是不确切的。"人格"概念,精神个体概念,对于经院哲学而言虽然并非完全陌生(人们可以想一下"三位一体"学说、天使理论以及人类学),然而,那种复杂性——历史性人格的复杂性,其特有本质的复杂性,它的确定性和多重影响的复杂性,它与周围环境紧密交织的复杂性,历史性发展观念的复杂性——以及由此结合在一起的那些问题,只是在一种完全不充分的概念确定性中面对着中世纪的精神生活。

并且下述做法是错误的,即,想要把实在之实际性——它效力于具体科学工作——的范畴特征的那种不充分性称作是绝对的无价值性。

对关于上帝与世界的形而上学难题所进行的探讨的那些富有价值的前景若完全不被考虑,则所谓的那种范畴特征就首先可以给予这样一种洞见,即对还未加以科学探讨的经验实际性领域结构的洞见。若我们想到,经验的实际性首先是通过语言的诸词语——更确切地说,通过它们的意谓——而被改造的,其方式只不过是这些词语的某些"方面"深入了那种意谓之中;并且,这些意谓和它们的形式的确是以某种方式被实在的实际性规定为质料了,则我们就易于洞见到,意谓的形式理论,如同它在研究之开展中理应得到的表述那样,应为了取得对个别形式的理解而与经验的实际性取得关联。

如此,在与意谓理论的内在关联中,我们将必然再度追溯到范畴理论的那一领域中去,或许还要追溯到别的上面去;也或许,它们中没有任何一种理论能足以贯通对诸意谓形式的理解。

但现在首先应把其他的超越规定性(Transzendentien)的特征以及从它们而来通过意谓之特别化而可以获致的那种实际性领域贯彻到底。

第二章 真、逻辑实际性和心理实际性

那种与对象的可转换性早前被确定为超越规定性的标志。因此,在本章的开端处我们就应首先来探讨一下,"真"是否也特别地具有这种可转换性。

每个对象都是一个对象。每个对象都是一个真的对象。它获得了什么东西,使得它可以被称作是真的?

在这些多种多样的——与"一"这一概念相联系的——问题中,邓·司各脱也触及了那一问题,即,是否"一"表达了一种有别于"存在"的东西,一种"事物"(res),或者是否"一"只意味着某种"自身举止"(Sichgehaben)的方式(quendam modum se habendi

[拥有自身的某种方式])。他同时注意到,这一问题也包括了其他的超越规定性,因而也就包括了"真"(verum)①。如此说来,"真"是与那种东西②相并邻的一种东西,还是说只是某种方式(Weise)——在这种方式中对象给出自身?如同"一"被证实是对象自身的一种源初形式那样,"真"也就必须被理解为形式关系。就认识来看,这一对象是真的对象。只要此对象是认识的对象,它就能被称作是真的对象。在其中可以看到"fundamentum verita-

---

① Quarta (difficultas est), an (unum) aliquam rem dicat ab ente? Et hoc est commune dubium de omnibus transcendentibus vero et bono etc[第四种困难在于,倘若"一"是"超越",则它是否道说了某种不同于存在的东西?这也是探究每一种超越如"真"、"善"等时所共有的疑难],《论亚里士多德〈形而上学〉诸问题》,第 4 卷,问题 2,165。(在那种只是与理论的对象性打交道的研究中,"善"始终没有得到关注)。——原注

② 指"一"。——译注

tis"[真理的根基]①。先验哲学已经为这种关系找到了最犀利的表达:对象只是作为认识之对象的对象;认识只是作为对象之认识的认识。没有主体就没有客体,反之亦然。诚然这是一种走得过远的重新阐释了,但人们却想在这种意义上去理解经院哲学的"真"。从原则上讲,它却只是表明了每一对象之于认识的那种关系。对象总以某种方式进入认识中,为认识所关涉,以此,它就会是真的,亦即,在认识中伫立的对象。

---

① Primo quia sui manifestativa quantum est de se, cuicumque intellectui potenti manifestationem cognoscere. Secundo quia assimilativa intellectus assimilabilis ... Tertio quia facta manifestatione vel assimilatione res in intellectu est sicut cognitum in cognoscente ...si nullus esset intellectus, adhuc quaelibet res secundum gradum suae entitatis, esset nata se manifestare; et haec notitia est, qua res dicitur nota naturae, non quia natura cognoscat illam, sed quia propter manifestationem maiorem vel minorem nata esset quantum est de se, perfectius vel minus perfecte cognosci. Esse autem assimilativum dicit rationem activi respectu assimilabilis et sequitur naturaliter esse manifestativum vel disparatum est non habens ordinem ad ipsum sed semper assimilativum ...[(一种与认识相对的东西是通过下述三种方式而被说成是真的,)首先,因为它自身所呈现的东西就是它自身之所是,它把自身呈现给任何一种能够认识到这种"呈现"的认识;第二,因为它是一种可以与之同化的理智的同化对象……第三是因为,以呈现或同化之方式而被造就的理智中的事物正如认知者中的被认知者……即便不存在什么理智,也仍然会有随便一种东西,按照它的存在等级,自然而然地呈现自身。(所以)这种知识乃是这样一种知识,即,从它而来,所说的那种事物得到了自然而然的认识,不是因为自然(本性)认识那种事物,而是因为,由于有更大或更少的(或多或少的)呈现,它总是那种如其所是地被自然所造就的东西,所以就被以较多完美或较少完美的方式被认识了(但这第一种方式的认识乃是事实性的认识,不同于第二种方式的那种奠基于同化性即根据之递归性的理智认识。——译注)。但是,同化之存在所说的乃是相对于可同化者的那种主动的根据,并且同化之存在自然而然地跟随着那种自行呈现的存在,或者说,它们之间的关系乃是离散的,因为同化之存在并没有把一种秩序加之于自行呈现的存在,但是同化始终……],《论亚里士多德〈形而上学〉诸问题》,第 6 卷,问题 3,337a sq.——原注

邓·司各脱没有听任这种与认识的关系处于完全的不确定性中。他在关于认识的三种关系可能性中标识出了对象,这些关系可能性依次展现了对象与认识之统一性的提升程度。首先,每一个对象都对立于认识,似乎是可以通过认识而被规定的。这种可规定性能够限制在最低程度上,即,关于对象一般只是说,它是认识的对象。这种可规定性的更大的或更小的广度和组合,作为事实性的认识的问题,并不属于应在这里被触及的那些纯粹理论性的疑难问题。那么,以某种方式而可被规定的东西,为了能被规定,就必须"同化"(angleichen)于认知主体。这种可规定的对象通过认识而遭受了一种造型。这种形式就是那种赋予规定性的因素。可规定性是通过形式的"可关涉性"(拉斯克)。确定性是通过形式的"被关涉性"(Betroffenheit)。以此方式就有某种东西从认识而来被归之于对象了。从对象方面来看,对象也同化于认识了。例如那矛盾之物,如"方的圆",就违背了这种同化。以这样一种对象,认识似乎什么也做不了。这种对象的可规定性归结为一个论断,即,它诚然是对象,但却是一种"不可能的对象"。

这种由可规定性而来转入确定性的对象因而自身就处于认识之中。这种对象现在是在认知主体之中,就如同被认识到的东西在那认知着的人中一样。认识之方程式中的那个"X"被解决了,对象进入了认识之中。

"真"因而事实上就没有给对象附加什么新的东西;它只是赋予对象一种特有的索引并且表明,每一对象都有指向认识的关联可能性,只有在这种关联可能性中才真正可以谈及真理。每一对象都是一个对象并且每一对象都关乎认识。

"一"在数学领域和可计数对象的实在领域中是何种情形,可由"真"在认识本身之领域中揭示出来①。现在是时候在其独特性以及其与所有其他东西的区分中去把握"真"了。

鉴于认识的这两种基本形式,人们可以在双重意义上谈论一种"理智中的真"。"简单领会"(simplex apprehensio)的真理,对一个对象的素朴拥有的真理②,其对立面并不是假,而是未被清晰意识(Nichtbewußtheit),是不知(Unkenntnis)。但在某种意义上,那种素朴的表象活动(Vor-stellen),那种自行把某种东西带到被给予性中来的活动(das Sich-etwas-zur-Gegebenheit-bringen)③,只要它是在一种与它并不相宜的确定性中来把握对象的,也是可以被称作假的。但那种本身就是假的意谓也是能够来到清晰意识之中的;即便它不容许有什么对象性的充实,但它无论如何也还是某种对象性的东西,一种"名义上的什么"(quid nominis),一种无关乎判断之特征的意谓。

因为被给予者在任何时候都是作为被给予者而成为对象的,素朴的表象活动也就始终都是真的。度量与被度量的东西在这里就叠合为一了。真理在被给予性(Gegebenheit)中完成自身而没有延展到它之外去。真理所特有的是哪一种持存,必须在后面得

---

① Veritas aut accipitur pro fundamento veritatis in re aut pro veritate in actu intellectus componente aut dividente[真理或是那种在事物中作为真理之根基而得到理解的东西,或是那种作为真理而在主动理智进行建构或区分的东西],《牛津评注》,第1卷,分类2,问题2,408b, n. 8。——原注

② 1916年第1版原注:参看胡塞尔:《观念》,第1卷,1913年,第11页(《胡塞尔全集》第3卷,1950年,第15页)。——作者边注

③ "Gegenbenheit"亦可译为"既有事实"或"既成性"。——译注

到澄清①。

认识的真对立于虚假。认识即判断。判断是这样一种东西,它在本真的意义上可以被称作是真的。每一种认识都是一种判断,每一种判断都是一种认识。当我们说,"超越之真"指向了一种迄今还尚未不知晓的认识领域,如此我们就知道了,此领域自身的独特性必须在该领域的何种构成物那里得到思考:在判断那里。人们新近又把判断称作逻辑的"细胞",逻辑的源初构成物,这并非

---

① Verum autem in intellectu duplex est secundum eius duplicem operationem (simplex apprehensio ... propositio) ... Est autem inter istas veritates differentia una, quod primae falsitas non opponitur sed ignorantia tantum; et sic intelligitur illud de anima, quod intellectus circa quod quid est semper est verus sicut sensus circa proprium sensibile; et hoc est intelligendum praecise circa conceptum simpliciter simplicem; nam intellectus simplex circa conceptum non simpliciter simplicem, licet non possit esse formaliter falsus ... apprehendendo aliquid sub determinatione sibi non conveniente ... ratio in se falsa, non solum de aliquo falsa ... simplici apprehensione intelligibilis est, sed illa non includit vel exprimit aliquid quid, nisi forte quid nominis[但是理智认知中的真理是以双重方式依存于其双重操作活动("简单领会"与"判断")的……但是在这两种真理之间是存在着一种差异的,首先表现在,前者("简单领会")的对立面不是假,而仅仅是"无知";如此,我们就理解了《论灵魂》中的那句话:正如感觉之关乎它所特有的可感者,"关乎事物之所是的理智始终是真的"(亚里士多德:《论灵魂》,第3卷,430h 27—28。——译注);并且我们应该认识到,它所确切关乎的乃是以简单方式形成的简单概念。当简单理智(简单领会)所关系的不是以简单方式形成的简单概念时,就算这种概念不能在形式上是假的……(这种领会活动也仍然能够在实际上是假的),亦即,当对某种东西的领会活动是通过某种与之并不相宜的规定性而进行的,它就在实际上是假的……也有概念本身就是假的,而不仅仅是相对于它者而是假的……然而这种本身即假的概念是可以以"简单领会"的方式而被认识的,但这并不意味着或表达了某种事质性,除非说,它或许仅仅是表达了某种名义上的什么],《论亚里士多德〈形而上学〉诸问题》,第6卷,问题3,338。——原注

没有道理。

269 　　判断现在揭示了一种结构(*Gliederung*)(*compositio*[综合]),这却并不意味着偏离了它的作为源初构成物的特征,虽说人们可能会把这种源初构成物猜想为十分简单的东西和未被划分的东西。判断(*complexum*[复合])的这种聚合性使其与概念(*incomplexum*[简单])区分开来。诚然概念也是聚合的,但却是以一种不同于判断的方式而聚合起来的。判断的聚合性是一种仅存在于判断中的聚合性,更确切地说,这种聚合性与判断的实际性特征有密切关联。

　　这种判断结构必须在这里揭示出,被划分了的那种整体的诸成分是如何连接起来的[1]。判断中的什么东西是那种赋予关联与一体性的要素,它真正对判断做了些什么,同样也必须弄清,判断所处的领域是哪种领域。若判断所应表现的是一种被划分了的一体性,则这些联合为一体性的成分(*extrema*[环节])就不能完全是不同类的和无关联的。毋宁说,在其内容中被论证的东西乃是,

---

[1] … alia est materia complexi et incomplexi. Propria materia autem complexi sunt dictiones per se significativae; sed materia incomplexi sunt syllabae et litterae non per se significativae. Differunt etiam ex parte formae, nam forma complexi consistit in unione dictionum quae per se significant[……质料或是复合的或是简单的。但是复合质料的特有之处在于它们是词汇单位,是通过自身而被意指的;而简单质料乃是音节和字母,不是通过自身而被意指的。从形式之部分来看,它们也是有别的,因为复合形式是由那些通过自身而被意指的聚合性的词汇单位所构成的],《论亚里士多德〈辩谬篇〉诸问题》,问题 19,28b。——原注

它们要求自身。作为共属性的东西,它们要求着判断的一体性。这种"nota compositionis"[对综合的表明],这种造成了一体性的关系,构造了判断中的"est"。更确切地说,这个"est"绝非意指"实存",绝非感性的和超感性的对象意义上的实际存在。相反,它意指的是实际性方式(*esse verum*[是真]),对此,我们今天可以幸运地使用"有效"这一名称来表述它。

系词的这个"est"与"实存"愈少地有叠合之处,"est"的意谓就愈少地被限定在归摄关系上面,这种关系通常被描述成是经院哲学所讲授的那种判断关系。邓·司各脱在对系词特有的意谓与功用的正确认识中尽可能普遍地把握到了这种关系。"有效"这种关系和由此而来的那种特有的实际性方式,在每一个判断中都始终不受触动地保持为同一者①。各种差异化可以着眼于主词与谓词之间的关系而被找到,这是没有争议的;但它们却是通过一种限定而使自身成为可认识的,这种限定存在于判断的每一种内容中。

系词的这种有效性关系,作为主词与谓词之关系的这个"是"(esse),是作为"真"(Wahrheit)的真正承载者而形成的。判断有效,是真的,而且是通过主体为自身而进行的表态活动(stel-

---

① 对系词之意义的这种客观的—逻辑的阐释工作在我此前曾提到(第205页,注释10)的那篇博士论文(本书第177页以下中)得到了贯彻实施。盖瑟尔的阐释工作更多地是在"主观逻辑"的路径上展开的,这条路径把系词规定为"对对象的意向"。参看盖瑟尔:《逻辑学与认识论的基础》,明斯特,1909年,第142页以下。——原注

lungnehmenden Akte)[①]而"被造就成"真[②]。判断作为真的认识同时就意味着对一种对象的认识。此对象深入到了判断之中,并且就是在它的什么与如此(Was und Daβ)中而被把握到的。对于判断而言,这就意味着一种与对象连在一起的缚合性[③]。这种与对象的符合一致,在邓·司各脱看来,并非简单地作为"反映"(Abbildung)、作为对对象的重述(Wiederholung)而被用以思考什么"存在于事物之中",好像这种判断关系也作为存在学的东西而实

[①] 亦可直接译为:"定位活动"或"置定位置的活动"。——译注

[②] ... verbum "est" potest notare qualemcumque unionem extremorum et non oportet quod semper notet praedicatum esse superius subjecto; sed ad exercendum illud, quod signatur, hic oportet addere ad compositionem huius verbi "est" aliquam determinationem ...[……动词"是"能够表明诸成分(即主词与谓词这两个环节。——译注)的任何一种结合,而且不必始终表明谓词是在主词之上的;但是就对那种被意指之物的实践而言,这里还是应该有某种规定性被添加到"是"这个动词的结合工作中去的],《论亚里士多德〈范畴篇〉诸问题》,问题 13,475 a。

Esse enim, quando praedicatur tertium, praedicat unionem extremorum, quae necessaria est substantiae ad substantiam sine existentia extremorum ...["是",(作为第三方)被第三个谓述的"是",事实上表述的是诸成分的结合,它必然是指实体加之于实体而没有外在的实存],《论亚里士多德〈解释篇〉诸问题》,问题 8,554 a。

(compositio) est actus comparativus unius conceptus simplicis ad alterum ... hunc autem, necessario sequitur vel concomitatur relatio rationis in utroque extremo ad alterum, quam habitudinem videtur signare hoc verbum, "est", ut est nota compositionis, ... esse uno modo significat verum, hoc est habitudinem rationis inter extrema, quae nata est esse vera (esse verum = "gelten")[因为(综合)是一种对比的行为,是把一种简单概念与另一种东西进行对比的行为……但这必然跟随着或伴随着一种根据性的关系,即两个环节中的每一方与另一方之间的根据性的关系,"是"这个动词看上去就是表明了这种本己行为,……"是"一方面意指"真",这是两个环节之间的根据性的本己行为,它所表明的就是:"是真"(是真 = "有效"。——原注)],《论亚里士多德〈形而上学〉诸问题》,第 6 卷,问题 3,344a。——原注

[③] 这种"缚合性"(Gebundenheit)在德语日常语用中又有"限制、束缚"之意。——译注

第二章 真、逻辑实际性和心理实际性 309

存着似的。对象性材料连同它特有的实际性形式都成为了被给予性，它们的意谓内容被容纳在判断之中；更确切地说：有关内容通过判断而获得了一种形成，并由此而成为有效的认识。在认识中真实的东西建构着自身①。

诸对象所包含的只是"实际"（*virtualiter*）②，这种东西在判断中联合为一种统一的意义整体。判断关系并不是不同领域的对象世界中的那些可见事态间的"相似的标志"，而是一种歧义性的东西。邓·司各脱在一个例子中，通过安置在一个酒店上的箍形物和葡萄酒之间的关系③，阐明了这一点。箍形物作为酒店招牌指示着葡萄酒。它自身并不是某种类似于葡萄酒的东西。但对于内行人而言，它就是酒馆的真切标志。但对于出售牛奶以及诸如此类东西的地方，这却是错误的标志了。判断——作为有效着的意义产物，从它的实际性来看就像从它的结构来看一样——就是这

---

① Verum non est prius actu intelligendi ... patet quia intellectus facit rationem veri["真"不是先被实际认知的东西，因为很显然，是理智认知造就了"真"的根据]，《论亚里士多德〈论灵魂〉诸问题》，问题 20，607 b。

Res non est causa praecise veritatis in intellectu sed intellectus componens praedicatum cum subjecto[理智认知中的"真"的确切原因不是事物，而是对谓词和主词予以聚合对比的理智认知]，《论亚里士多德〈形而上学〉诸问题》，第 6 卷，问题 3，334a。——原注

② 按《哲学历史辞典》的分析，这个拉丁文词语的哲学含义较为复杂，主要指一种内在的引致力，关乎原因和效果之关系，通常被视为"形式的"的对反概念，自 14 世纪起曾与"implicite"（暗含、内含）同义。——译注

③ 英国酒馆有在外面悬挂招牌的传统，这最早可能是来自罗马文化的影响。由于当时大部分人都是文盲，酒馆使用图形化的招牌取代文字来做广告。——译注

样区别于对象的,是作为认识而生效并如此区别于对象的①。

显而易见的是,邓·司各脱是在和那种表达做斗争,为的是淋漓尽致地突出那种进入其意识中的异质性,这种异质性是判断与那些在判断中并通过判断而被认识的对象之间的异质性。在对作为有效着的意义的判断内容之特有价值的认识中,司各脱向前推进了有多远,这恰恰是在判断内容与判断行为的区分中显示出来的。并且司各脱也并不"对象化地"(*objektivierend*)②考察判断行为本身,换言之,并不将其看作是实存着的心理实在,而是着眼于其"功效意义"来予以考察,判断行为则首先是从判断之意义而

---

① Ista habitudo rationis conformis est rei, non quod oporteat in re esse relationem aliquam inter extrema ut in re similem istius rationis, quae est inter extrema ut intellecta, imo ut ab intellectu invicem comparata …

Habitudo correspondet rei, quando est talis, qualem res virtualiter continet, sive qualem res de se nata esset facere in intellectu, si faceret habitudinem illam, sive quae est signum non simile sed aequivocum, exprimens tamen illud quod est in re, sicut, circulus non est similis vino, est tamen verum signum vini, falsum autem lactis vel huiusmodi.

[这种根据性的本己行为(习性)是与事物相似的,但不是因为,事物中需要存在着两种成分之间的某种(第二种)关系以便让事物具有与那种根据性关系相似的东西;所谓的这第二种关系虽然也是可被认识的两种成分之间的关系,但绝不是通过理智认识而实现相互对比的……

但这种本己行为也是(可以)与事物相应的,倘若它是事物所实际包含的话,或者说,倘若它是事物本身自然而然地在理智认识中所造就的话;倘若事物造就了这种本己行为,或者说,它造就了那种并非相似性的而是歧义性的标志,但这种标志所表达的却是那种在事物中的东西,这正如,箍桶与酒并不相似但却是酒的一种真实标志,但若说它是牛奶或牛奶这类东西的标志,就错了],《论亚里士多德〈形而上学〉诸问题》,第6卷,问题 3,334a sq。——原注

② 作者在此虽是用了德文表达,但明显是在应用此词的经院哲学意谓,故译为"对象化地"。——译注

来获得这种功效意义的(mediante veritate habitudinis verus est actus[借助于本己行为的真理,行为活动就是真的])。没有作为功效的判断行为,认知着的主体就永远都不能在对认识的占有中沉淀下来;判断行为在有效着的意义和那种主体——它把有效着的意义接受为和承认为认识——之间起着调停作用。通过对判断行为与诸判断环节之内在关系的一致性的觉察(Innewerden),做判断的人就知道了判断的真理①。

那么这里就似乎有一种不可克服的困难存在于此路径上。我把判断关系——其意义为 A——与实在事态 B 相比较,如此则这种比较本身就又是一种关系设定 C。那么我应如何去认识关于 C 的真呢?通过一种更远的判断?以此方式却显然只是给出了一种向无限中的倒退,并且这样的话人们就永远都不能抵达所说的这种真实的认识。进而言之,倘若我应通过指涉实在事态 B 的关系来认识判断 A 的真,则这种事物也就必须是被认识了的。这是通过哪一种判断而得以可能的?若是通过和 A 一样的判断而得以可能,那么我就是在同义反复。若是通过另一种判断 D 而得以可能,那么关于同一种实在事态(realen Sachverhalt)就出现了两种

---

① Haec igitur correspondentia praedicta huius habitudinis ad id quod est in re formaliter, est secunda veritas (veritas compositionis) et ita illa habitudo, quae dicitur compositio expressa per "est" vera est immediate et mediante illa verus est actus comparativus secundum illam habitudinem ...[这种"相应",作为对那种本己行为(指向那种形式地亦即实际地存在于事物中的东西)的谓述,因而是第二真理(综合真理),并且这样的话,这种本己行为,被称作"综合"的这种本己行为,通过"是"而得到表达的这种本己行为就直接是真的了,并且,借助于这种真理,按照这种本己行为,那种对比行为就是真的……],《论亚里士多德〈形而上学〉诸问题》,第 6 卷,问题 3,344b。——原注

判断①。

邓·司各脱在此发现了一种困难,每一种真诚的"反映论"(Abbildtheorie)都发现自己最终是在这种困难面前被建造起来的,这种反映论是通过作为一种表象活动的认识活动而开展其工作的。要去对判断意义和实在客体予以比较,现在却根本不可能了;因为我恰恰又只是通过认识和判断才了解实在的客体的。一个未被认识的客体,对我而言就不是什么客体。我们并未超越判断内容本身而达乎实在之客体本身。反映论在此提供了一种不可克服的困难。邓·司各脱坚定地认为这种理论是没有指望的,并决定支持那些内在性思想。这样做并非"以学术争论的方式去掉外在世界的实在性",也不是像认识论的幽灵所要求的那样去"支

---

① Contra hoc quod superius dictum est, quod veritas complexi cognoscitur per hoc, quod intellectus apprehendit conformitatem actus componendi entitati extremorum istius complexi, arguitur: quoniam quando comparo actum, compositionis A rei B, hoc facio actu compositionis C; quomodo sciam istam secundam compositionem C esse veram? Si per aliam compositionem, erit processus in infinitum, antequam cognoscatur veritas compositionis A et ita nunquam cognoscetur ... Item si debeo cognoscere A esse veram per collationem ad rem, oportet igitur rem cognoscere; quo ergo actu? Si eodem qui est A, idem cognosco per C, si alio ut ipso D, ergo duo actus simul de eadem re ... [那种观点认为综合真理是由此而被认识到的,即,理智把综合行为(聚合对比行为)理解成综合体(即命题)之诸成分的符合一致,对此观点的反驳如下:当我把综合行为 A 与事物 B 相对比时,我是通过综合行为 C 才做到这一点的。那么我如何知道第二种综合即 C 这种综合是真的呢?倘若它又是通过另一种综合才是真的,那么,在我知道综合行为 A 是真的之前就会有一种入乎无限的进程,如此也就永远不会知道 A 的真了……同样地,倘若我必须通过与事物的对比才知道 A 是真的,那么我就需要知道事物。但是通过何种行为来予以实现呢?假如它(这种行为)与 A 是同一的,那么我就是通过 C 而认识了同一种东西;假如它是别的行为,比如称之为 D,则对同一种事物(的认识)就同时会有两种行为了……],《论亚里士多德〈形而上学〉诸问题》,第 6 卷,问题 3,339a sq.——原注

持"(Partei ergriffen)"主观主义"和"唯心主义"。内在性的那种被正确理解了的思想并没有取消实在性，没有使外在世界蒸发为一场梦幻，而是，恰恰是通过有效意义的那种绝对优先权，生理学的、心理学的以及"经纶—实用的"认识论遭到了严厉批判，并且，真理的那种绝对的有效性，真正的客观性，被颠扑不破地建立起来了。

判断行为的功效意义因而是直接按照判断的那些具体成分(extrema[环节])的意谓内容来定向自身和衡量自身的，这些成分"实际地"(virtualiter)包含了判断关系。被给予性的这种意谓内容——它直接地看到了事态——是判断之意义的尺度；判断意义的客观有效性就是从这一尺度中推导出的。判断之意义，人们也可以说，是事态所呈现的那些共属性的逻辑实际性形式和结构形式[1]。

---

[1] ... dico quod illam complexionem cognosco esse veram, cognoscendo conformitatem eius ad illam habitudinem virtualiter inclusam in extremis[……我认为我所知道的那种综合是真的，因为我知道，它与那种本己行为，被实际地包含在诸成分中的那种本己行为(判断关系行为)，是一致的]，同上，341b。

... Objecta conceptus complexi, quae sunt extrema, aliud esse habent quam ut sunt in conceptu non complexo et prius naturaliter in se, ut simplicia sunt, secundum quod esse prius, mensurant illum conceptum complexum, cui esse priori conceptum complexum conformari est verum esse, difformari est falsum esse; hoc esse est habitudo virtualiter inclusa in extremis naturaliter, antequam extrema comparentur a ratione ... [……复合概念的观念内容就是诸成分，它们所具有的存在不同于它们在非复合概念(简单概念)中的存在，简单概念是"在先的"，是自然地存在于自身之中的，所以是简单的，就复合概念是按照简单概念而得到衡量这一事实而言，简单概念又是"在先的"，复合概念与那种"在先存在"若一致，则它就"是真的"，若缺乏这种一致性，则它就"是假的"。这种"是"是一种被实际地包含在诸成分中的本己行为，它自然地"先于"从根据(理性)而来所实行的对诸成分的聚合对比……]。同上，340b sq。——原注

274 　　只有当各个科学抵达了对它们各自特有方法皆有清醒运用的那一高度时,一种大有前途的科学理论的态度才是可能的。这预设了精神史之发展的某种成熟,也多半预设了天才人物的决定性的影响(如物理学中的伽利略)。只是自康德以来,人们才能真正地谈论科学理论。此前,在此意义上只出现了一些零星的问题,但却没有一种与先前业已触及的那些逻辑难题的体系性的相互关联。但是,哪里是这样一种情形,即各个科学仅仅都还处在开端中,它们的特有方法中的每一种都还没有在必要的表现力和精确度上显现出来、都还没有进入一种可靠的进程中,哪里就缺乏科学理论工作的每一种条件。不仅如此,它还根本缺乏那种刺激,正是这种刺激推动着我们去首先预感到这些难题本身。就经院哲学而言,情形正是这样。

　　如此,邓·司各脱也就必须在其判断理论中始终与共相理论相伴随。他在其中没有辨识出任何界限,也不能辨识出那些界限,因为他对于那些东西——不同科学中的判断意义的结构复杂性,以及相应的,为这种结构复杂性提供奠基的那些具有特殊结构的事态和对象——是不能够有所知晓的。

　　人们或许想在这里提出反对意见,说我们不是早就已经指明了对不同实际性领域的一种区分了么。但这种区分或许只是大体上勾勒了那种普遍的本质(Artung)和其领域——研究这种普遍本质的各种具体科学就运行在这些领域中;然而在今天所展现的那种意义上的那种研究,恰恰是缺少的。并且也只是在这种研究中,换言之,只是在对那些难题(它们可以在某些对象领域中找到)的认识和解答中,判断意义的那种变式修整也才会显现出来。

科学理论研究的这种缺乏并不是由于经院哲学本身。其原因乃是科学史的尤其是精神史的自然。如此,下述事实当然就不可以再被错认了:正是先验哲学极大地简便了和促进了对这样一些难题的观看和理解。但在今天,在科学理论的许多领域中,我们也还是没有超出一般的程序和问题提法。

相对于那种只是最近以来才开始衰退的、在心理学意义上进行的对逻辑问题的理解和解答,经院哲学的思想却表现出,它固然常常只是自限于一般的勾画,但在对逻辑领域之特性和特有价值的洞见中,它却表现出一种不容忽视的和不容低估的成熟。恰恰因为对逻辑的有效性领域的认识是在与心理学主义的抗争中才使自身变得敏锐和深刻,我们因而就有兴趣去检验一下,在何种程度上可以说,邓·司各脱已经在试图作出决定去实施一种与心理实在物相区分的划界工作。

这种考察应该同时也延伸到对意义之逻辑领域的认识中去,并且要更清晰地凸显出该领域与经验实际性的异质连续性的不同,也要昭示出它与数学性东西的同质连续性的差异。"在灵魂之外"(extra animam)①的意谓问题还必须进一步地得到阐明,之前此问题还是悬而未决的。"理性存在"(ens rationis)被用以对抗真实的感性的和超感性的世界(ens naturae[自然存在])。实在的实际性是这样一种实际性,它并不依赖于灵魂(cuius esse non dependet ab anima[它的存在不依赖于灵魂])。"理性存在"因而就

---

① 这里是字面直译,在一般意义上也可理解为"在心灵之外",但由于作者对"灵魂中的存在"和"心理性的存在"做了区分(见下文),故文本中"anima"的译名将始终统一译为"灵魂"。——译注

是一种"灵魂中的存在"(ens in anima)。逻辑实际性属于"灵魂"。如何更进一步地去思考这种归属性？① 可以在下述意义上去理解"理性存在"么：它就像回忆一样归属于灵魂，这种回忆突然在精神生活(Seelenleben)②中升起，宛如悲伤和喜悦的感受，内在地撼动着我们，常常倏忽闪现却又转瞬即逝？在"灵魂中的"知觉中的判断——它是以知性的灵魂之力而被作出的——是要沉没掉以便为其他的灵魂事件腾出位置来么？然而判断之真的情形又是怎样的呢？判断就只在下述情形下才是真的，即当判断活动的执行得以持续之际。倘若作判断的心理活动是"真的"，那就不能够有什么"真"了。如此，倘若"逻辑存在"(ens logicum)被称作是一种"理性存在"或"灵魂中的存在"，那就不能说，逻辑实际性是心理实在的一个部分，一个片段。

"逻辑存在"被进一步地刻划为一种"缩小的存在"(ens diminutum)③；与实在的自然实际性相对，它意味着一种被减少了

---

① ... ens est duplex, scil. naturae et rationis. Ens autem naturae inquantum tale est, cuius esse non dependet ab anima[……"存在"是二重性的，也就是说，是"自然存在"和"理性存在"。但自然存在是这样一种存在，即它的存在不依赖于灵魂]，《论亚里士多德〈辩谬篇〉诸问题》，问题1,1b。

... quaecumque scientia quae non solum vocatur realis, sed etiam quae vocatur rationis, est de re sive de ente[……不是任何一种知识都只能被称作是实在的，也有知识是被称作理性的，知识或是关于事物或是关于存在]，《自由论辩集》，问题3,114b, n.2。——原注

② 按此词的字面意可直译为"灵魂生活"。——译注

③ "缩小的存在"这一经院哲学术语并非始于司各脱(最早始于阿维洛伊对《形而上学》第6卷中一处文本的误解)，但司各脱对此术语之运用和理解的独特之处在于：逻辑存在乃系词"是"的功用和存在，"是"乃"有效"，而不是一种实在的存在，它对意谓的统一作用并不依赖于客观实在，正是在这种意义上，逻辑存在可以说是一种"缩小了的存在"，是一种与客观实在有别的存在。——译注

第二章 真、逻辑实际性和心理实际性 317

的(herabgeminderte)存在类型,因而并不属于那种无可争议地是一种实在科学的形而上学的对象领域。此外还有必要说一下那种比较,即对指称着逻辑事物的"缩小的存在"这种称呼和一种现代的称呼——李凯尔特把逻辑意义称作是"非现成实际的东西"(Unwirkliche)——的比较。甚至邓·司各脱都说得很明确,逻辑的存在并没有实在之实存的那种实际性,因而在此领域因果性范畴也是不适用的。这种范畴在逻辑领域中没有什么意义;换言之:逻辑领域并不关乎一种发生、出现和消失,不关乎诸进程和事件,概言之:不关乎自然实际性①。

那么心理的实际性就定然不是什么"缩小的存在"(ens diminutum);相反,它是人的本质形式,是它首先把人的作为人的实存赋予了人。不仅如此,在邓·司各脱看来,灵魂"作为不可区

---

① (Ens verum) est ens diminutum et est ens logicum proprie[(真存在)是缩小的存在,是本己特有的逻辑存在],《论亚里士多德〈形而上学〉诸问题》,第 6 卷,问题 3,346a。

... ens secundum quod abstrahens a sensibili et insensibili est voce proprium objectum intellectus[……从可感事物和不可感事物那里抽离而来的那种东西的存在是以话语的方式而成为了理智的本有的主观内容],同上,n. 22。

Ens reale est perfectius ens quam ens, quod est tantum rationis[实在的存在是较那种仅仅是理性存在的存在更为完善的存在],《牛津评注》,第 1 卷,分类 8,问题 4,n. 10。

Ens rationis est ita diminutum, quod non potest esse perfectio entis realis[理性存在是那种缩小了的存在,它不能像实在存在那样完善地存在],《自由论辩集》,问题 1,n. 4。

Ens autem diminutum ... non habet esse realis existentiae; ergo nec inquantum tale potest esse causa propria alicuius entis realis[但是缩小的存在……是不具有实存的实在之存在的;所以这种存在也就不能是实在存在的某种特有原因],《牛津评注》,第 1 卷,分类 13,单一问题,893b sq.,n. 7;参看同上书,第 3 卷,分类 8,n. 19。——原注

分的东西乃是一种已然自在着的首要者,这意味着,撇开与肉体的结合,一种实体被自为地造就了,因此并非是通过肉体化才被个体化的"①。并且上文中已经揭示了,个体性的东西恰恰是被规定为真正实存着的东西了②。

进而可轻易洞见到,在相互作用理论的基础上,心理性的东西是被因果性范畴所始终统摄的。

所有这些都迫使我们来到这样一种看法,在把"灵魂中的存在"这一名称给予逻辑实际性的做法中,心理实在性并不能得到意指。这一名称只能说出人们今天就此所表达的东西:"意向对象的意义"(noematische Sinn)③,意向性作为意识相关项与意识是不可分的,但却并非实有地(reell)被包含在其中。这个"在……中"标志着清醒意识(Bewuβtheit)的那种完全特有的关系,标志着一切意谓性的东西和价值性的东西与精神生活之间的那种关联性,却绝不意指一个部分之于整体的那种归属性。

"理性存在"因而就意指那种意谓内容(Gehalt),即心理行为的意义;它是观察着的、思维着的意识中的一种存在,它是"ens cognitum"[被认识的存在],是被思考的东西,是被判断的东西。这种东西必须与那种"subjective in intellectu"[理智中的基体性的东西]区别开来;灵魂中的知性活动和认知行为就是以后种方式存在的,亦即作为实在的心理性的基质而存在。二者同时都处于

---

① 参看 H. 西贝克:《经院哲学中的新心理学的诸开端》,载《哲学与哲学批评年鉴》,第 94 卷,1888 年,第 167 页,参看第 178 页以下。——原注
② 参看前面文字,本书第 252 页以下。——原注
③ 亦可译为"思想内容的意义"。——译注

量的范畴中,处于一种实在的实际性的范畴中。与之相对,在"灵魂中的存在"中,"第二种被思考的东西"(secundo consideratum)却应得到理解,由此可见它不是那种在客观的实际性认识和被意指状态中的具体之物——non tamquam primo consideratum sed tamquam ens in primo considerato inquantum consideratum[不是像首要被思考的东西,而是正如在首要被思考的东西中被思考的存在]①②。我们只能这样说而且很难说得更清楚了:在这里,那

---

① 海德格尔在此并未注明这句话的出处,这句话的完整表达是"non tamquam primo consideratum, ad quod considerandum movetur primo anima a re extra, sed tamquam ens in primo considerato, inquantum consideratum",出自《牛津评注》,第4卷,分类1,问题2,n. 3。司各脱事实上是区分了在理智认知中被认知者的两种类型的存在。一种是直接来自事物的被认知存在(这是首要被思考的东西,故亦可称作"第一意向"),另一种则是"理性关系"(relatio rationis),它是通过对前者的逻辑分析而得来的,或者说是通过对前者(被直接思考者)再进行一次理智思考而实现的,也正是在这个意义上,它可以被称作"第二意向",可被看作是由理智所引致的"关系"。——译注

② Ens rationis hoc est praecise habens esse in intellectu considerante[理性存在,确切地说,是在思考着的理智中所具有的存在],《自由论辩集》,问题3,114a, n. 2。

... dicendum, quod universale est in re, ut in subjecto, quia illum denominat, non intellectum; sed in intellectu est veluti in efficiente et ut cognitum in cognoscente[……应该认识到,共相是存在于事物中的,也就是说,是存在于基体中的,因为共相所命名的那种东西,不是理智;但是,在理智中正如在引致因中那样,被思考的东西是存在于思考着的东西中的],《论波菲利"〈范畴篇〉导言"诸问题》,问题11,136 a。(最清晰地讲来,这里指的就是那种心理性的东西,那种在因果性中存在着的东西,亦即那种与意向性内容有别的客观实在。参看本文第二部分,第一章,第307—308页。)——原注

Ens diminutum, quod scil. est ens cognitum[缩小的存在也就是被认知的存在],《牛津评注》,第1卷,分类13,893b, n. 7。

Nec intelligo hic ens rationis ... quod est tantum in intellectu subjective ...[我所理解的"理性存在"不在于……那种只是理智中的基体性的东西……(此后略去的句意为:而只在于以第二意向方式存在的东西。——译注)],《牛津评注》,第4卷,分类1,问题2,100b, n. 3。——原注

种从认识活动和判断活动中分开来的意谓内容①,就是那种在其表达之功用中、在对实在客体的合乎认识的建构之功用中被意指的判断之意义。这种内容就是那种有效的东西,对于能被道说的东西而言,它是真的。通过这些个别的心理判断行为——严格而论,它们既不是真的也不是假的,而是实际存在或不实际存在——判断意义每每都被清楚地、就某一方面而言是被"实在地"给予了认知主体,被带入了那种个体的—实际的精神生活之中。

博尔扎诺——正是胡塞尔才真正发现了他,并昭示了他对现代逻辑的意义——早就认为,在希腊人那里,纯粹逻辑事物的理念可以在与心理实在性相区分的意谓内容中找到:"我将在下面带有一定理由地提出这样一种猜想,即,真理概念本身业已为古希腊人所知晓;那么就可以假定,以($πρότασις$, $ἀπόφανσις$, $λόγος\ ἀποφαντικός$[前置句、断定句、陈述句])这样一些词语,他们有时也至少把上述概念给连接起来了;因为一种自在的真也就是一个自在的语句。但那种事态——他们把这些语句全部都解释为话语($λόγοι$)的一种类型——还根本没有给予我们权利去推论出,他们只是把那些在词语中被表达的语句看作是真正的语句。因为也有可能是,仅仅是语言的感性性质妨碍了他们去很抽象地——就像他们希望被他们的读者所实际理解的那样——表明这一对象"②。

---

① 德文 Gehalt 与 Inhalt 都意为"内容",但后者通常落实于实在性的内容意,Gehalt 则通常意指一种思想性的内容,一种精神性的或理想的价值,故我们通常将其译为"意谓内容",有时也简化译为"内涵"。——译注

② 博尔扎诺:《知识学》,萨尔泽贝,1837年,第1卷,第83页。("哲学主要著作"原版重印系列,《伯尔纳德·博尔扎诺著作集》第4卷,A.豪夫勒编,莱比锡,1914年)——原注

在我看来,经院哲学的逻辑,倘若我们最终还是想从它的逻辑理论中发现一种可能的意义的话,也必须在这种观点下予以考察。

但是,逻辑有效性领域的特性却还得从另一方面来看才能为我们所领会。如此就很需要把它的独立于每一种实在实际性的持存带到一种不会被误解的清晰性中去。

在自然的生活、思想和认识中,我们的意识已经倾向于直接实际性的实在客体;经院哲学用"第一意向"(prima intentio)这一名称来表示这种自然态度。通过一种特有的视线转变,将有可能去把思维聚焦于它的本己的意谓内容亦即"第二意向"(secunda intentio)上去。形而上学的、物理的和心理的客体世界中的一切实存着的东西,一切数学性的、甚至逻辑性的对象都被纳入到"第二意向"的领域中了。但对我们而言,在此领域中却只有一种关于客体的知。实际性方式的最主要的区分是意识和实在之间的区分,说得更确切些:一种不是有效性类型的实际性方式,另一种——就它那方面而言——则始终只是通过一种有效性类型的意义关联并在这种关联中被给予了。

邓·司各脱把逻辑意义——它绝对地统治着所有可认知的和被认识了的客体世界——规定为"逻辑的存在"与诸对象的可转换性。那种始终是一个对象的东西,能够成为一种"缩小的存在"。那种一向被认识了的东西,也始终是被做了判断的,它必须进入到意义之世界中去,只有在这一世界中它才是被认识和被判断了的。只有通过活在有效着的东西中,我才知道实存着的东西(*Nur indem ich im Geltenden lebe,weiß ich* um Existierendes)①②。

在实在的实际性领域与数学对象之间所做的区分,意在指明范畴基本秩序的差异。逻辑有效性领域中的范畴基本秩序是怎样的? 这里也能找到某种像秩序、分层一样的东西么? 这里也像在实在的感性世界和超感性世界中那样有实存之诸等

---

① Convertitur tamen (ens logicum) cum ente aliqualiter, quia Logicus considerat omnia ut Metaphysicus, sed modus alius considerationis, scil. per quid reale et per intentionem secundam, sicut convertibilitas entis simpliciter et diminuti, quia neutrum alterum excedit in communitate; quidquid enim est simpliciter ens, potest esse ens diminutum[然而"逻辑存在"与(一般)存在在某种意义上也还是可以相转换的,因为逻辑学家和形而上学家都是对一切事物加以思考的,只是在思考方式上有所不同,也就是说,形而上学家是通过实在(真实)的东西来进行研究的,逻辑学家则是通过第二意向来展开研究的;它们的可转换性正如一般存在和"缩小的存在"之间的可转换性,因为它们二者中没有任何一方在普遍性上超越了另一方;因为任何一种简单地、一般地存在着的东西都是能够成为"缩小的存在"的],《论亚里士多德〈形而上学〉诸问题》,第6卷,问题3,346a。——原注

② 按照司各脱在同一处文本中的说法,"逻辑存在"是对"缩小的存在"更适宜的命名,这种存在是被形而上学家所排除掉的(但如上所述,司各脱又认为,"逻辑存在"与形而上学的"一般存在"二者也并非不能相转换)。这里需要注意的是司各脱对"形而上学"这一学科概念的独特定位:形而上学是研究"实在/真实"(realis, realtias)的学术,但这种"realis"也并非仅仅是后世意义上的"客观实在",而是兼容了感性领域之真(即"客观实在性")和超感性领域之真(即"事质性")的"真实/实在"(也正因此,我们迄今还找不到一个较好的译名来翻译此词,而只能还是勉强译为"实在"或"真实"),并且,在此之外,还有一个作为逻辑真理运作的"有效之真"。更直接地说,司各脱所理解的"形而上学"并非如通常所理解的那样仅仅限于超越的抽象领域,而是兼探客观实在性与抽象性,但形而上学所探讨的抽象性又不同于逻辑学所探讨的抽象性,前者是通过"第一意向"所达成的对事物的直接认知(由此达成概念),后者则是通过"第二意向"对前者(概念)的再思考。一言以概之,司各脱视野中的形而上学与逻辑学之间的关系乃是同一与差异的关系。——译注

级么,亦即,与之相应地,有神的存在方式(Seinsweise)、造物的存在方式、实体的存在方式以及属性的存在方式么?我们所谈论的是实在领域与逻辑领域间的一种可转换性,就好像谈论实在领域的可被逻辑领域所覆盖的一种可遮掩性。实在之客体被纳入了逻辑意义之领域,若人们把"逻辑存在"理解为心理的实在性,则这种纳入就将完全不可理解了。

实在之进入意义中只在下述情形下才是可能的,即,实在性通过逻辑性的东西而得到了某种方式的理解,有某种东西从这种实在性中被拆解出来了,以此方式就得到了区分、界定和整理。这种秩序之铸成是某种形式性的东西;诸形式在其意谓中是被客体世界的质料所规定的,并如此就可再度适用于客体世界。一般逻辑性东西的秩序形式是判断。与主词有关的判断也可以这样表达自身:"被断言"(praedicari[被断定/谓述])对于逻辑的意谓内容而言是本质性的;这之所以可能,只是由于逻辑之意谓内容有效。在实在领域中,实在的东西(das real)发生着并实存着,在逻辑领域中,实在的东西则以特有方式——即通过判断——而被指明,也就是说,被"意指"(praedicari est intentio[被断定即意向])。

通过判断我们有了知识。这种秩序形式的那些个别成分就是范畴。它们绝不是作为单纯的反映而取自实在的客体领域。实在的东西仿佛只是对意向予以发起(occasio[机缘]),为有序之关系的建立提供了出发点,这些关系在实在的东西中是没有什么相应的类似的东西的①。

对于作为意义的判断和构造着判断的范畴而言,指向有待认识的客体领域的那种有效性特征是为它们所特有的(sunt applicabiles[是可适用的])。这些领域"包围"了在这种情形下可以找到的质料,仿佛是在它们的强力支配中得到了这种质料。那种规定

---

① Ens est duplex, scil. naturae et rationis. Ens autem naturae inquantum tale est, cuius esse non dependet ab anima. Sed ens rationis dicitur de quibusdam intentionibus, quas adinvenit ratio in ipsis rebus, cuiusmodi sunt genus, species, definitio et huiusmodi. Ens autem dictum isto secundo modo aequiparatur secundum communitatem enti priori modo dicto. Non enim est aliquod ens naturae, quin possit cadere sub ente rationis et quin super ipsum fundari possit aliqua intentio, ut puta generis vel speciei vel differentiae vel proprii vel individui vel saltem causae vel causati[存在是二重性的,也就是说,是自然存在和理性存在。但自然存在是这样一种存在,即它的存在是不依赖于灵魂的。所谓的理性存在则是关于某些意向的存在,理性在事物本身中发现了这些意向,其形式是种、属、定义以及定义的诸形式。然而用这第二种形式所说的"存在"(理性存在)是可以按照我以第一种形式所说的那种存在(自然存在)的普遍性来与之相比较的,因为没有哪种自然存在是不能归落于理性存在之下的,没有哪种自然存在是不能对之建立起某意向的,这种意向被认为是种的意向,或属的意向,或属差的意向,或本性的意向,或个性的意向,或至少被认为是原因的意向或是被引致者(效果)的意向],《论亚里士多德〈辩谬篇〉诸问题》,问题 1,1b。

... Quia ergo Logica est de huiusmodi intentionibus, quae applicabiles sunt omnibus rebus, ideo Logica dicitur ex communibus procedere[……因为逻辑学是关于这(第二)种意向的,此意向可适用于一切事物,所以逻辑学是源出于普遍性的],同上,2 a。

Dico, quod res non est tota causa intentionis, sed tantum occasio, inquantum scil. movet intellectum, ut actu consideret, et intellectus est principalis causa; ideo minor unitas sufficit in re, quam sit unitas intentionis; quia sufficit intellectum ab aliquo extrinseco moveri ad causandum multa per considerationem, quibus non correspondent aliqua in re simpliciter[我认为,事物不是意向的全部原因,而仅仅是机缘,也就是说,它推动了理智以便理智可以实际地思考,理智才是根本原因;所以,较之意向的更大的统一性,事物中只能有较小的统一性;因为被某种外在事物所激发的理智是足以通过思考而抵达众多效果的,这些效果(关系)在一般事物中是找不到某种对应的],《论亚里士多德〈范畴篇〉诸问题》,问题 3,443a。——原注

着秩序的、对逻辑领域予以定性的要素,乃是意向性、有效性、可陈述性。逻辑领域并不像实在事物那样是类比的,而是一义的(*univok*)①。

---

① Dici potest quod hic (in libro de praedicamentis) consideratur de decem praedicamentis, inquantum aliquid a ratione causatum eis attribuitur, quia aliter non possunt a Logico considerari; et illo modo non habent tantum unitatem analogiae sed etiam univocationis; et illud univocum istis … est aliquod intentionale, quod est hic primum subjectum et illud potest nominari praedicamentum vel generalissimum; quia omnes proprietates, quae per se de istis determinantur hic, determinantur de eis, inquantum habent rationem generalissimi vel praedicamenti[可以指出的是,这里(在《范畴篇》中)是按十个范畴而被思考的,只要是某种由原因所引致的东西,就都可以归因于这十个范畴,因为否则的话就不能从逻辑学而来加以思考了;并且,以这样的形式,这些范畴并非仅仅具有类比的统一性,相反,它们所具有的乃是一义的统一性;那种一义的统一性……是某种意向性的东西,这种意向性的东西乃是(逻辑学的)第一基体,故具有这种意向性的那些东西可被称作范畴或最普遍的东西;因为一切(意向性的)特性——这些特性本身是被意向性所规定的——都是关于它们(范畴)而被规定的,只要它们具有最普遍的形式或范畴的形式],《论亚里士多德〈范畴篇〉诸问题》,问题2,441a。

… quae Metaphysicus per se considerat, hic per accidens consideratur, quia hic per se consideratur aliquid intentionale applicabile eis, quae Metaphysicus per se considerat[……形而上学家是通过其自身而予以思考的,这里是通过偶性而被思考的,因为这里通过自身而被思考的某种意向性的东西是可以适用于那些东西的,即形而上学家通过其自身而予以思考的那些东西],同上,442a。

Dico … quod scientia realis est de universali primo modo, quod est res, sed Logica est de universali secundo modo, quod est intentio[我认为……实在知识是探讨共相的第一种方式,即以事物的方式来探讨共相,而逻辑学是探讨共相的第二种方式,即以意向的方式来探讨共相],《论波菲利"〈范畴篇〉导言"诸问题》,问题8,121b。

… oportet dicere, quod maior est unitas (praedicamentorum) in aliqua proprietate ab intellectu causata, quam inquantum sunt entia; et ita cum haec scientia (scil. Logica) non sit una unitate analogiae, opportet assignare aliquod intentionale, quod sit istis commune et primum subjectum, quia de solo tali per se considerat Logicus[……应该指出的是,较之那些存在者,在被理智所引致的某种特性中,(范畴的)统一性是更大的统一性;如此,在那种知识(即逻辑学)中是不存在一种类比的统一性的,它所具有的应是

282 　　意向活动的内容(Noematische),心理行为的意谓内容,是一种独一无二的对象性。"当诸对象绝对地处于那些完全不同的最高的种之下时,所有的对象意义和所有被完全采用的意向活动内容(Noemen),无论它们向来是多么的不同,却都还根本地关乎唯一

某种意向性的东西,这种意向性的东西对于那些范畴而言乃是普遍共有的东西,是第一基体,因为对此的思考仅仅是由逻辑学家所进行的],《论亚里士多德〈范畴篇〉诸问题》,问题 2,440 b。

...univocum apud Logicum dicitur omne illud, quod per unam rationem devenit apud intellectum, secundum quam dicitur de multis...[……在逻辑学家那里所说的一义性的东西是指每一种这样的东西,它是通过一种形式而出现在理智中的,据此才谈得上众多……],同上,问题 7,455a sq.。

Aliquid intentionale univocum applicari potest rebus omnium generum; quia diversitas in rebus primae intentionis inter se non impedit ipsas ab intellectu posse concipi per eundem modum concipiendi; intentiones autem omnes eis attribuuntur, inquantum ab intellectu concipiuntur et ideo intentiones eaedem specie possunt diversis rebus attribui[某种意向性的一义的东西能够适用于种的一切事物;因为第一意向的事物中的不同东西彼此之间都不能妨碍这样一种事态的发生,即它们是能够通过同一种认知形式而被理智所认识的;但一切意向都可以归因于它们,只要它们是被理智所认知的,所以,同一个属的诸意向是能够归因于不同事物的],同上,问题 2,443b sq.。

Sciendum est, quod, cum praedicari sit intentio, est intentionum per se, rei vero per accidens. Esse vero est rei per se. Aliud sciendum, quod esse in rebus primae intentionis illud exercet, quod praedicari signat in secundis intentionibus[应该认识到的是,一并被断定的乃是意向,就其自身而言它是属于意向的,就偶性而言它事实上是属于事物的。"是"真正讲来是事物本身的"是"。还应认识到,"是"在第一意向的事物中所施行的那种东西,乃是在第二意向中所意指的那种"被断定者"],《论波菲利"〈范畴篇〉导言"诸问题》,问题 14,178a。——原注

的一个最高的种"①。这说的恰恰就只是邓·司各脱所主张的逻辑意义领域的那种一义性（*Univozität*），而不是指通过那种类比——在实在之感性的和超感性的客体的世界中的那种类比——而得到的有序性。

逻辑领域是一种同质性的领域（*homogener*）。数学领域也可以同样这么说。

逻辑领域是一种非感性的领域。数学领域也同样如此。那么这两个领域就重合了么？逻辑学就是数学，或者数学就是逻辑学么，抑或这两种说法都不对？

对这一问题的裁决将不仅超越了我们的任务范围，它也根本不能借助于经院哲学的思想财富来让自己获得一种解决。然而根据迄今所说的东西，有一件事情是能够确定的：所谈及的这两个领域，尽管它们两个都具有非感性的特征，但却不能重合。这种同质性——它是通过观察角度的统一性而获得了它的特性——在这两个世界中是有差异的。数学领域的同质性之根据在于量。逻辑的有效性领域的同质性则依据于意向性，即那种有所定向的有效性特征（*Hingeltungscharakter*）。意向性与量愈是不能重合，逻辑学和数学也就愈发不同。

意向性是逻辑领域的"领域之范畴"。以此就再度揭示出，心理性的存在并不能意指"灵魂中的存在"（ens in anima）。只有在有意义的东西和合乎意谓的东西那里才有意向性，在实在性那里

---

① E. 胡塞尔：《纯粹现象学和现象学哲学的观念》，载《哲学与现象学研究年鉴》，第1卷，第1部分，1913年，第265页。（《胡塞尔全集》，第3卷，1950年，第314页）——原注

是没有意向性的。实在性顶多只能为意义与意谓(Sinn und Bedeutung)所关涉,而不能相反①。

H. 西贝克恰恰是在邓·司各脱那里发现了"新的心理学的开端"。"因为中世纪哲学中的划时代人物不是托马斯·阿奎那,而是邓·司各脱。诚然,中世纪世界观的实质是通过托马斯主义的经典编纂工作而得到了一种持久的稳定性和这样一种力量,数个世纪以来它一直作为根本力量而效力于教会世界对新体系和新方法的反对工作;然而近代本身的标志性特征和进入近代向度的那些最初的可靠步伐是在那种有深邃渊源和有深刻影响的批判中产生的,这正是邓·司各脱孜孜不倦地对传统的系统神学的持存所作出的批判"②。正是司各脱才再度——为"独立的研究"——发现了内在经验的心理性的客体世界。

邓·司各脱针对经验事实的个体性和特性所持有的这种锐利目光,近乎对逻辑有效性世界的清晰洞见,这就使得我们推测说,他也明确地彼此区分了逻辑学的工作领域和心理学的工作领域。

---

① Dico quod intellectus dicitur perficere sensum in sua cognitione (Auffassung des actualiter existierenden Gegenstandes) eo quod cognitio sensitiva praecise consistit in apprehendendo illud, quod est verum, non ipsam veritatem (diese also nichts Sinnliches) et quia talis cognitio potest perficere, ut id, quod cognitum est inquantum verum, solum cognoscatur inquantum habet rationem veritatis, quod fit per intellectum ...[我认为,所谓"理智"乃是在对感性的认知中对感性的完成(对实际地实存着的对象的理解。——原注),所以那种感性之知就在所领会的东西中确切地构建了那种东西,那种是真的东西,但不是真理本身(这个因而不是什么感性的东西。——原注),因为这种认知能够实现这样一种事情,即,认知即真,只有被认知的东西才具有真理之根据(形式),而真理乃是通过理智而达成的……],《论事物之本原》,问题 13,519b sq.。——原注

② 《哲学与哲学批判年鉴》,第 96 卷,1888 年,第 161、163 页。——原注

另一方面，倘若逻辑的兴趣恰恰是在对"更高的"灵魂生活的观察中才强有力地变得触目起来，这也不是令人惊奇的事情。乍看上去这可能像是一种缺点，并且人们或许会得出那种业已多次被表达出来的想法，即认为，经院哲学的心理学毫无用处，因为它只是概念性地工作，而没有真正对准经验事实。

但是这种逻辑性视角的事实性的优势却必须得到正确的评估。

就其功用和成效来看，认识行为并不能像心理实在那样得到客观的考察。如此看来，它原本就不再属于作为心理东西之实在科学的心理学的领域，而是属于逻辑学，倘若人们不愿将其归置到现象学的最本己的领域（更确切地说，这种领域主要对准的是"意向活动"）中去的话。

这样的话，思维活动恰恰就被定性为心理活动了，这种心理活动把真理作为真理来理解。通过这种单纯的被给予性，意识就对准了"真实的东西"，但它首先是通过判断才作为真实的、有效着的意义而被意识到。现在根据它的这种成效，思维行为就与感受和感觉区分开了并且得到了更高的评价，以此方式，它就不只是被视为有生有灭的心理实在性，而是就其意谓内容方面而得到了考察[①]。并且也只有这样它才让自己得到完全的把握。"只是从价值而来我们才能深究主体和它的行为"，李凯尔特说。他与胡塞尔一起，在当前最为有力地指明和强调了对行为的这种考察方式，

[①] H. 李凯尔特：《论哲学之概念》，载《逻各斯》，第 1 卷，1910 年，第 28 页。"认识，只要它理解了真理，就一定是一个意义概念，是从逻辑价值而来的一种解释的产物"。同上书，第 30 页。进一步参看李凯尔特：《认识的对象》，第 3 版，图宾根，1916 年，第 3 章和第 4 章。——原注

即，一种以如此方式而对准思维活动的研究，并非以实事概念来工作，而是以意义概念来工作的。

邓·司各脱说，主体可以作为心理实在而唤出和引致实在的心理行为；但就其对象性的意谓内容而言（circa tamen objectum［然而就主观内容而言］），它却并不导致一种实在性的出现，而是通过其成效而使那种意义得以被意识到。若这种现实的认知被悬置，换言之，主体既不思考也不判断，则它也就不知道这种意谓内容了；这种意谓内容没有被现实地意识到。但这并不是说，由于判断行为的消失，意谓内容也被摧毁了；也并不意味着，它的实际性方式——如同行为丧失其实存那样——丧失了有效活动（scibile in potentia［潜能中的可知的东西］）①。

我们因而能对判断行为进行一种双重考察。一方面，只要它是心理实在，那么，借助这种心理实在，判断就能被现实地执行。这种考察属于心理学。这样，判断的意谓内容，意义，首先就能被收入眼帘，并由此获得了与判断行为的特有结合。邓·司各脱说，逻辑学家预设了心理学家的工作，即预设了对思维活动的研究，逻辑学家的诸多业绩都是通过后一研究才得以实施的。下述情形

---

① Intellectus enim licet in se causet actum suum, circa tamen objectum non causat realitatem absolutam, sed tantum ens rationis［因为理智可以在自身中引致它自己的实际活动，但就主观内容而言它并不会引致实在性本身，而仅仅是引致了理性存在］，《巴黎讲稿》，第1卷，分类24，单一问题，272a。

Destructa scientia in actu destruitur scitum in actu. Sed destructa scientia in actu non destruitur scibile in potentia［当知识在实际上被毁灭了，被认知的东西也就在实际上被毁灭掉。但是，当知识在实际上被毁灭了，可认知的东西在潜能中却并未被毁灭］，《论亚里士多德〈形而上学〉诸问题》，第5卷，问题12,298a。——原注

是否在事实上是必要的,即,是不是只有在对思维活动的彻底研究后,我们才能走近那种对逻辑意谓内容的考察,此问题是可以好好争辩一番的;我们在今天还不可以去探讨那种平静的良知逻辑(ruhigem Gewissen Logik)。逻辑学与心理学的那种关系一向是如何得到决定的,这对当前的情形而言是无关紧要的。重要的是必须指出,邓·司各脱不仅仅是默默地在其研究中区分了逻辑学的考察方式和心理学的考察方式,而且也明确强调了它们的差异①。

心理性的东西,如同经院哲学家们所研究的那样,当它关乎思维活动和意志活动时,它是特别的东西,远远不是今天自然科学所理解的那种心理实在物。经院哲学家们同样也考察那种给予着

---

① Patet enim ex dictis, quod (verum) vel est mentis aliqua passio realis ... et tunc illa sicut et prima veritas pertinet ad considerationem libri de anima. Ex natura enim actus intellectus cognoscitur, quomodo est fundamentum talis relationis; vel est relatio rationis fundata in actu intelligendi aut magis in habitudine rationis quae est inter objecta comparata per actum intelligendi ... et tunc est mentis aliqua passio originaliter, sed formaliter pertinet ad considerationem Logici ... Praesupponit tamen Logicus considerationem de actibus intelligendi, quibus secundae intentiones formantur[因为从他(亚里士多德)所说的话中显然可以看出,它(真理)或者是心智的某种实在的本己特性……这时,它就如同"第一真理"那样与《论灵魂》中的思考关联起来了。因为从理智活动的本性中是可以认识到,理智是怎样成为这种关系的基础的;或者是奠基于认知活动中的一种根据关系(理性关系),或更确切地说,奠基于通过认知活动而彼此可对比的那些主观内容之间的一种根据关系……这时,它就是心智的某种源始的本己特性,但在形式上它就与逻辑学家的思考取得了关联……但是逻辑学家所预设的是对这样一种认知活动的思考,这种认知活动是由第二意向所形成的],《论亚里士多德〈形而上学〉诸问题》,第6卷,问题3,345b。——原注

意义的功用,心理性东西的那种"行为特征";因此,对经院心理学的判断和评价也就必须在对这一观点的重视中予以展开。经院哲学家们就感觉活动的生理学和心理学所特别教导的许多东西,在今天可能都不正确了或者至少都是有所不足的。但他们的行为理论却毫无争议地提供了许多有趣的和有价值的东西。就我所知,对经院哲学中的行为概念、认知行为以及情感行为的一种详细而彻底的研究迄今还未出现。这里只能对这些问题指示一二;与之相反,我们的任务却是对各个实际性领域做一种普遍的区分工作和与之相应的定性工作;或许这在现在就可以得到实现。

一与真这些"超越的"规定适宜于每一种对象。对于所有实际性领域而言,只要对它们的认识被寻求并被获得了,它们就可以被非感性的、有效着的、逻辑性的意义构成物所关涉。我们所能碰到的那些可被认知的领域有:自然实际性的感性的(物理性的和心理性的)领域,超感性东西的那种实在性,亦即形而上学的客体领域的实在性,以及之前已经说过的在逻辑性东西之外的那种数学的非感性的对象领域。

由此就会出现一个必然的后果:一种自限于那十个传统的亚里士多德范畴的范畴理论,不仅必然是不完整的,而且也必然在其规定中颤抖地和错误地脱落了,出现后一种情形的原因在于,这种范畴理论缺少对诸领域之差异性的意识,与之相应地,也缺乏对范畴形式的意谓区分工作——它是由诸领域之本性所规定的——中的差异性的意识①。

邓·司各脱自己也清楚地意识到,十个传统范畴只适用于实在的实际性。意向领域无疑需要其他的秩序形式,意向领域甚至表现了一种自为的对象领域;意向自为地是可认知的和可规定的。逻辑本身因而就需要本己的范畴。必须有一种逻辑的逻辑。

邓·司各脱走得更远:甚至"non ens"(非存在)也成了认识对象,进入了判断之中,在意谓中被理解并被词语所标明。由于关于"非存在"的判断是可能的,故必然有一种关于"非存在"的普遍概念,一种不能归诸十个实在范畴的范畴。同样的东西也适用于非自然实际性的想象产物(figmenta[虚构])和褫夺。

在此会有人质疑道,虚构和褫夺是通过出于自然实际的还原与抽象——还原与抽象即自然实际的虚构和褫夺——而获得其普遍的形式确定性的,所谓独特的范畴因而就是多余的。的确,当我判断说:"盲是一种褫夺",则在此就预设了一种关于褫夺本身的普遍概念。但对"存在"与"非存在"的这种区分并不会进而通达这种或那种确定的"非存在",而是通达了"非存在"一般的那种概念。

---

① ... tantum sunt decem generalissima rerum, quorum distinctio non sumitur penes aliquid logicum tantum sed penes ipsas essentias. Ipsa enim intentio "generalissimum" est tantum variata numero in istis, unde quoad id, quod est difficultatis, quaestio est magis metaphysica quam logica; ideo sufficienter hic scitur "quia ita est", quamvis forte Metaphysicus debeat vel possit scire "propter quid"[……它们只是诸物的十个最普遍的东西(范畴),它们的区分并非只是逻辑学的事情,而是归属于(诸物的)本质本身。因为意向本身作为"最普遍者"在这些范畴中也仅仅是在数上发生变化的东西,由此而来就出现了一种困难,但这一难题更多地是属于形而上学的而不是逻辑学的;所以,无论形而上学家是应该以偶然的方式来认识这种区分还是有能力"按照所是"来认识这种区分,但却足以在此认识到,(之所以有这种区分只是)"因为它如此存在"],《论亚里士多德〈范畴篇〉诸问题》,问题11,468a。——原注

虚构与褫夺因而就如意向一样是独特类型的对象并且要求着与之相应的"最普遍者"(generalissima),亦即范畴。

事实上,那十个实在范畴所规定的并非任何一种认识之对象(non quodlibet intelligibile[并非任何一种可认知的东西]),而只是规定了实在的客体。一般意义上,逻辑学对范畴的考察是按照它们指向质料的意向性的有效性特征而进行的。非实在之物的那些范畴因而就必然进入了逻辑学家的视野之中,这正如在邓·司各脱那里事实上所发生的情形①。

---

① ... intentiones sunt per se intelligibiles, quia definibiles et in eis manifestum est esse aliquid superius et inferius, igitur aliquid supremum; illud non habet superveniens genus aliquod istorum, quia ens secundum se dividitur in haec decem (generalissima); est igitur ens in anima, igitur est unum generalissimum intentionum praeter haec omnia. Item contingit intelligere non ens quia et significare ... et in eis est ratio superioris et inferioris; ergo aliquid supremum, illud non continetur in aliquo istorum decem; quia nullum istorum de illo praedicatur; ergo est distinctum generalissimum non entium, et ita plura genera quam decem. Item figmenta concipiuntur ab intellectu et in eis est superius et inferius, ergo supremum; ergo aliquod generalissimum. Item de omnibus istis scil. intentionibus, non entibus, figmentis sic potest argui: intellectus componens facit compositiones de eis, quarum veritatem vel falsitatem judicat, ut patet, igitur et intellectus simplex ea concipit, igitur sub aliqua ratione concipiendi, non singularis; igitur universalis ... igitur est in eis generalissimum ...

Diceretur ad hoc, quod concreta, intentiones, non entia, privationes, figmenta et quaevis huiusmodi, sunt in genere per reductionem ad abstracta et primae intentionis entia, quorum sunt figmenta et privationes, quia cum communiora intelligantur prius minus communibus, oportet generalissima esse primo intelligibilia: haec autem non sunt intelligibilia nisi per attributionem ad illa, ad quae dicta sunt habere habitudinem, ideo non possunt poni generalissima, sed ponuntur in genere per reductionem ... Contra hoc: in omnibus istis est per se praedicatio superioris de inferiori, ergo sub ratione alicuius universalis, quia praedicari proprie est proprium universalis non alterius quam generis. Arguatur de singulis sicut supra argutum est de concretis: igitur si non sit in infinitum procedere in eis, erit aliquod genus non habens supraveniens genus, igitur generalissimum ... illud nulli istorum decem est idem, quia non habet easdem species, quia nec de eidem praedicatur per se primo modo, igitur est aliud generalissimum ab istis decem ...

Ad omnia objecta de istis quinque: concretis, intentionibus secundis, privationibus, non entibus et potentiis posset responderi, quod licet haec possint intelligi sub aliqua ratione intelligendi et praedicari inter se sub ratione alicuius universalis et statum esse ad aliquod universalissimum, quod inquantum attribuitur ei ista intentio, est diversum ab illis decem; tamen stat tantum esse decem generalissima rerum quia non quodlibet intelligibile, sed ens secundum se dividitur in haec (5. Metaph.); et ita nullum istorum est ens secundum se, distinctum ab illis decem.

[……意向是可以通过自身而被理解的,因为可被规定的东西和在其中可得阐明的东西只是某种较高的和较低的东西,所以意向乃是某种最高的东西;这种最高的东西并不凌驾于它们的某个种之上,因为存在是按照其自身而被分为这十个(最普遍的东西/范畴)的;所以存在是在灵魂中的,所以最普遍的意向的"一"是先于所有这一切的。同样地也有对"非存在"的认知和意指……并且它们中的概念也是较高的和较低的;所以也有某种最高的东西,它不能被包含在那十个范畴中的某个范畴之下;因为那十个范畴中没有一个范畴可以对前述那种东西进行断定;所以它是与之有别的"非存在"的最普遍的东西,并且这样的话就有比十个范畴更多的种了。同样地,虚构物是被理智所理解的东西,在它们中也有较高和较低的概念,所以也有最高的东西;所以也有某种最普遍的东西。同样地,关于一切这样的东西,也就是说,(第二)意向、非存在、虚构物,也能如此这般地加以讨论;聚合性的理智造就了它们的综合,对它们的真或假进行了判断,那么就可以看出,简单理智因而是以此方式而进行理解的,所以说它(存在)应是在某种概念(根据)下得到理解的,但(这种概念)不是单独的概念;而是普遍的概念……是在它们中的最普遍的东西……

对此有人认为,具体的东西、意向、非存在、褫夺性东西、虚构物以及任何一种以这些形式存在的东西,在"种"的角度看来都是通过还原而臻于抽象的东西和第一意向的存在者,属于这些东西的有虚构物和褫夺性的东西,因为伴随着更普遍的东西,那种普遍性较少的东西也就得到认识了,最普遍的东西应该是首先可被认知的东西;但是,倘若不是通过它们的属性,通过它们所具有的那些本己行为(习性),则这些最普遍的东西还是不可知的,所以这些最普遍的东西(范畴)是不能(在第二意向领域)设立起来的,但它们却是可以通过还原而在"种"之中建立起来……对此的反驳如下:在所有这

289　　　如此，在最后所说的东西中就再度揭示出，邓·司各脱对范畴理论的任务有一种清醒的意识。同样地，对"虚构和褫夺"以及"非存在"的指示也导致了这样一种猜测，即，迄今所列举的那些实际性领域的数量事实上最终仍然尚未被穷尽。

些东西中，较高的断定（断言）是针对较低的东西而有的，因而是处在普遍者（共相）的某种形式之下的，因为本己地被断定乃是共相的本有因素，这也就是种的本有因素。对单独东西的讨论正如之前对具体东西的探讨；因而倘若不是在无限中推进到它们中去的话，某个"种"就不会成为凌驾性的"种"，也就不会是最普遍的东西（范畴）……那十个范畴中没有什么范畴是同一的，因为这种范畴并不具有同一个"属"，因为它并不是以第一种方式针对同一者而自在地被断定的，所以除了那十个范畴之外还是存在着某种最普遍的东西的……

对于所有这五种东西而言，亦即对于具体者、第二意向、褫夺、非存在以及潜在这五种东西而言，人们可以这样回应道，它们可以在某种认知根据（形式）下得到理解，而且能够被在某种普遍者的根据（形式）下在它们之中得到断定，并能够被看作是指向了某种最普遍的东西，只要那种意向是被归因于这种最普遍的东西的，这种最普遍的东西是不同于那十个范畴的；尽管如此，还应坚持认为，十个范畴仅仅是诸物中的最普遍的东西，因为它们不是任何一种可认知者中的最普遍的东西，但是存在者是按照其自身而被分到这些范畴中去的（亚里士多德《形而上学》第 5 卷）；这样的话，它们（特别是指虚构和第二意向。——译注）中就没有一个是依照自身的存在，它们与那十个范畴是有区别的]，《论亚里士多德〈范畴篇〉诸问题》，问题 11，466a，b，467a，b。——原注

第三章　语言形态与语言的意谓内容；意谓领域

"逻辑的存在",亦即意义(Sinn),就像它的组成部分即意谓(Bedeutungen)那样,已经表明自身是与实在之存在相对的特有世界,并且这是就两个方面而言的:一方面是就"实存",或更确切地说,是就实际性方式(Daβheit[如此性])而言的;另一方面是就其内容性的本质(Washeit[什么性])而言的。这种构成物的一种特性迄今为止一直没有得到关注,这是特意为之的;这一事实意味着,意谓与意义密切关系于词语和词语复合物(语句)[①]。意谓与意义是通过语言的构成物而是可表达的。这些语言形态作为有意谓的和有意义的构成物而成为语词的最广阔意义上的表达。

逻辑的意谓内容与语言的形态的这种"在一起"敦促着这样一种提问:在何种程度上,后者是被逻辑学所包含的？最终,这种谜一般的"在一起"竟是如此地本质性,如此地不可分解,以至于逻辑学也已经把语言的构成物和它的结构包括在逻辑学的问题域中了么？每一种语法性的东西不都"在其自身中"有一种逻辑性的东西么？反之不也如此么？邓·司各脱是

[①] 这里事实上指出了意谓与意义的细微差异:意谓是意义的组成部分。但更多时候,德语哲学中的这两个概念也基本上可以等同视之。——译注

如何看待这些问题的呢?他在逻辑学和语法学之间划出一条界线了么?若然,是何种界线?此外还应研究一下,他的临界调控(Grenzregulierung)是否得自于他对逻辑性东西和逻辑学的理解。

倘若对这种语言构成物的研究工作根本地要求着一种本己的科学,则它就必须使一种与逻辑研究形成鲜明对照的观察方式得以可能,反之亦然,即,不考虑作为事态证据的语言要素,逻辑难题也必须是可解的。

邓·司各脱首先强调了逻辑性东西的独立性,强调了在判断和判断之结合(结论)中的意义的独立性。这种逻辑性的构成物,即便它没有在语言中被表达,仍有一种本己的实际性。它是"某种更早先的东西",它的持存,或者根本地说,它的有效性,并不需要语言;从词语本身的角度来看,它是那种与具体价值相关联的东西,即意谓内容(significatum[被意谓的东西])①。

作为音素整体或字母组合,词语是没有什么意向性特征

---

① Iste liber (de Praesdicamentis) non est de decem vocibus ut de primo subjecto, nec aliqua pars logicae est de voce, quia omnes passiones syllogismi et omnes partes eius possunt sibi inesse secundum esse quod habent in mente, etiamsi non proferantur, ... sed est de aliquo priore, quod respectu vocis significativae tantum habet rationem significati[这本书(《范畴篇》)不是对有关第一基体的那十个话语(语词)的探讨,逻辑学中也没有哪个部分是对话语的探讨,因为三段论演绎推理的每一种特性和它的每一个部分都是能够依照其在理智中的存在而内在于它们自身中的,即使不能被表现出来,……但它(指逻辑性东西。——译注)是关于某种更为早先的东西的,相对于被意谓的话语而言,这种更早先的东西仅仅具有被意谓的形式],《论亚里士多德〈范畴篇〉诸问题》,问题11,438a。——原注

第三章　语言形态与语言的意谓内容；意谓领域　339

的；并且当其被用作措辞时，词语本身也并未获得什么新的质；它并非真正地在其自身中承负着意谓，否则的话，当希腊人听到或读到一个拉丁词语时，他就必然直接地领会同一东西了①。恰恰是根据对语言构成物和逻辑意谓内容的根本区分，邓·司各脱才得以至为敏锐地看到更为深远的区分。

在那些词语本身之中是没有什么关联的，也没有什么秩序；它们只不过是些混杂物（Konglomerate），这些混杂物作为某种无意义的和无意谓的东西并存着，其间并没有清晰可辨的关系。一旦它们被看作是有意义的和有意谓的东西，区分的可能性就出现了，进而会呈现出划分环节的可能性。

一个命题，若仅仅被看作是有限的词语序列，就是一种个别性。然而命题的意谓内容，亦即判断，却能是个别的或普遍的。

---

①　... quod impositio ad significandum nullam qualitatem voci tribuit, concedo, nec aliquam intentionem nec aliquem conceptum. Unde nihil valet quod dicunt aliqui, quod vox significativa continet in se conceptum rei, quem causat in anima audientis. Si hoc esset verum, tunc vox significativa audita movere posset intellectum audientis secundum illam intentionem, inquantum scil. est sic significativa; et tunc vox latina significativa moveret intellectum Graeci audientis eam ad conceptum, quem exprimit, quod falsum est. Unde per hoc quod est significativa, nulla qualitas rei sibi imprimitur nec aliquem conceptum in se continet[……我承认，这种对所意谓者的指称命名并没有把什么性质授予话语，也没有把某种意向授予某种某种概念。由此而来，人们的下述说法就是没有力量的：被意谓的话语在自身中包含着事物的概念，这种概念是由话语在听者的灵魂中所引致的。倘若这是真的，那么所听到的那种被意谓的话语就能按照那种意向——也就是说，只要它也是如此被意谓的——而触动听者的理智了；这样的话，被意谓的拉丁语话语就能把希腊听众的理智带动到概念中去且能对此概念进行描述了，但事实并非如此。由此可看出，通过被意谓者的被意谓活动，并没有什么事物的性质会被烙印到这种东西自身中去，它也不会把某种概念包含于自身之中]，《牛津评注》，第2卷，分类42，问题4，472 b, n. 17。——原注

292 "incomplexum"[非复合的,简单的]与"complexum"[复合的]的区分也只可从意谓内容而来得到理解;简单地对照于判断的,首先是概念,在更广阔的意义上则是意谓。那么,以派生的方式,词语和命题也可以被理解为简单的和复合的。就其自身而言也不能说命题是真还是假;命题无非是被写下来或说出来的,否则就不是命题了。真与假仅仅是针对那种附着于命题的意义才是可断言的,而反过来说,之所以可以针对命题之意义来进行断言,不在于意义是命题的内容,而仅仅在于,意义具有具体的价值。如此,"人是一种生物"这一被写下来的命题就不是假的,尽管"人"(Mensch)这个词和"生物"(Lebewesen)这个词是不同的;但是这个命题也同样不是真的;因为对真与假的断言是就那种附着于命题的东西而言的,是就判断而言的[1]。

---

[1] Dici potest quod, licet in genere vocis non sit aliquis ordo, inter voces significativas tamen inquantum significant conceptus, inter illas est ordo; sicut omnis propositio in genere propositionum est singularis, tamen aliqua est singularis, aliqua universalis ratione conceptus significati[能够指出的是,从话语的"种"的角度看,是不可以有某种秩序的,尽管如此,但意谓性话语本身是意指了概念的,在这些意谓性话语中是存有秩序的;正如每一种命题从命题的"种"的角度看是单独的,尽管如此,通过对概念进行意指这种形式,有某种命题是单独的,也会有某种命题是普遍的],《论亚里士多德〈范畴篇〉诸问题》,问题1,439b。

Passiones conceptus insunt voci significativae sicut incomplexum et complexum, significare verum vel falsum ut signo per naturam signati[概念的诸特性是内在于意谓性话语中的,正如其是简单的和复合的,是对真或假的意指,是以标志的方式并通过标志之本性而被意指的],同上,438b。

... significare verum et falsum convenit enuntiationi, sed non ut est vox significans conceptum, sed ut conceptus significat rem[……对真和假的意指发生在命题中,但这说的不是意指着概念的话语,而是说概念所意指的是事物],同上,439a。

Absoluta confirmatio vel negatio non est antequam denominatur ad rem, quia ante

命题与意义,词语与意谓,这两类形成物,无论其联系是多么奇特和多么紧密,却是属于不同的实际性领域。语言的诸要素是可以感性地(通过视觉的、听觉的、运动机能的感性)被察觉的;它们归属于实在地实存着的东西的世界,它们在时间中持续,生成并消灭。与之相反,意义与意谓抽离于每一种感性知觉,它们本身不会遭受任何变化。它们是永恒同一的同一者(Sie sind zeitlos identisch dieselben)。

在各个语言的语音构成物的千差万别中,意义领域的同一性未受触动地出现在它的有效性中,虽说其意谓内容却可以在极

---

illud quodlibet de quolibet enuntiatur ut solum signum de signo. Signum autem inquantum signum nec verum nec falsum dicitur nisi in comparatione ad significatum[肯定或否定本身并非先于对事物的命名标称,在因为对任何一种东西进行任何一种肯定或否定之前,已经得到揭示的仅仅是那种关于标志的标志。但是标志作为标志既不道说真也不道说假,除非是在对意谓的比较中,只有在那里才谈得上真与假],《论亚里士多德〈解释篇〉诸问题》,问题1,584b。

Veritas et falsitas sunt in sermone ut in signo; ergo enuntiatio prolata illud significat, in quo est veritas et falsitas, illud est compositio intellectus ... haec propositio: homo est animal scripta non dicitur falsa, licet haec vox homo non sit haec vox animal et hoc, quia litterae non significant voces ut sunt aliquid in se, sed ut sunt signa aliorum; et ita in omnibus his semper oportet recurrere ad ultimum significatum[真与假是在谈话之中的,也就是说是存在于标志(语言符号)之中的;所以被道出的命题所意指的是这样一种东西,在这种东西中存在着真和假,这种东西乃理智的综合……被写下来的"人是动物"这一命题说起来并不假,尽管"人"这个话语并不是"动物"这个话语,但这个命题也不是真的,因为字母并不以是其自身(话语自身)中的某种东西的方式来意指话语,而是以作为其他东西的标志的方式来意指话语;这样的话,在所有这种东西中,它们就始终应该返回到最终的意谓(被意谓的东西)中去],《论亚里士多德〈解释篇〉诸问题》,问题2,542。——原注

为不同的词语形式和命题形式中得到"把握"并如此得到理解①。

---

① Vox repraesentatur sensui, significatum intellectui; vox enim est signum et signum se offert sensui, aliud derelinquens intellectui[话语被呈现于感觉,意谓则被呈现于理智;因为话语是标志而标志是把其自身呈现给感觉的,标志把别的东西(意谓)留给了理智],《论亚里士多德〈后分析篇〉诸问题》,第1卷,问题1,201a。

... passiones inquantum sunt signa et res inquantum sunt significata sunt eaedem apud omnes; nam eadem passio in anima apud quoscumque concipientes repraesentat eandem rem, quia eadem similitudo in anima semper est eiusdem repraesentativa, sicut est similitudo sensibilis in sensu litterae et voces in se eaedem non sunt eaedem apud omnes inquantum sunt signa; quia nec eadem littera apud omnes repraesentat eandem vocem, sed vel aliam vel nullam, nec eadem vox apud omnes significat eandem passionem sed vel aliam vel nullam. Ex hoc patet, res et passiones signa esse naturaliter, quia apud omnes uniformiter significant et significantur; et quod est a natura, est idem apud omnes; littera autem et vox non sunt signa a natura, quia non sunt eaedem apud omnes, inquantum significant aut significantur[……在一切东西那里,作为标志的特性和作为被意谓者的事物都是同一的;因为任何人的灵魂中都具有同一种特性,这种特性有所领会地表现了同一种事物,因为灵魂中的同一的相似者永远都是属于被表现者的同一的,正如可感觉的相似是存在于对字母的感觉中的,并且,在自身中同一的诸话语在一切只是标志的东西那里却不是同一的;因为,在一切表现着同一种话语的东西那里并没有同一种字母,而是,或者是其他字母,或者什么字母都不是;在一切意谓着同一种特性的东西那里并没有同一种话语,而是,或者是其他话语,或者什么话语都不是。由此可以看出,事物和特性是自然的标志,因为在一切东西那里,它们的意指和被意指都是一致的;并且因为它是来自于自然(本性),它在一切东西那里都是同一的;但是字母和话语不是从自然而来的标志,因为在一切东西那里,作为意指者或被意指者的它们并不是同一的],《论亚里士多德〈解释篇〉诸问题》,问题4,546b sq.。

... in nominibus significativis haec vox homo quotiescumque prolata dicitur una vox numero et distingui ab hac voce lapis numero; cum tamen non possit eadem vox numero bis proferri, ita quod quot sunt prolationes tot sunt voces distinctae numero, et haec vox homo et haec vox lapis non tantum numero sed etiam specie distinguuntur; tamen quia ad finem vocis, scil. ad exprimendum conceptum per aequivalentiam sunt idem numero homo et homo, lapis et lapis, quotiescumque prolata, ideo dicuntur esse una vox

第三章 语言形态与语言的意谓内容;意谓领域 343

邓·司各脱也并非不知道那种发生学的、生理学的和心理学的考察方式。他是从下述这种令人着迷的异议中开始着手的:作为社会存在的人是处在和他人的交往之中的,因而必须使自己得以理解;伴随着被理解了的意义,表达手段也必然且必须与之连结在一起了。意谓与意义因而与那些词语和命题构成物——它们明确地且仅仅与意谓和意义相关联——有着本质关系。但邓·司各脱却使人想到,有意谓的词语(vox significativa[意谓性的话语])①并非理解活动的工具,咽喉和肺才是这种工具,正是通过它们,词语才得以依照其有形的实存而被造形。这两种手段(工具)直接给出了通向词语之造形的自然。但却不能由此推论说,意谓与词语的统一性是出乎自然的;毋宁说,自然地形成的语言构成物乃是"signa ad placitum"[任意的/习惯的标志]。

那种发生学的考察也从它的角度揭示出,在邓·司各脱面前,

---

numero respectu illius finis[……在意谓性的名称中,"人"这种话语,当其无论何时被道出时,都在数目上说的是一个话语,并且是在数目上与"石头"这个话语相区别的;尽管如此,由于同一个话语不能在数目上两次被道出,那么,被道出的话语有多少,这些话语在数目上的区别就有多少,并且"人"这个话语和"石头"这个话语不仅仅是在数目上有区别而且也还是在属上有区别的;尽管如此,由于为了达到话语的界限,也就是说,为了通过相等者而达到有待被表达的概念,"人"和"人","石头"和"石头",无论在任何时候被道出,都在数目上是同一的,所以,相对于那种界限,它们在数目上说的是一个话语],《牛津评注》,第 2 卷,分类 2,问题 6,333a sq, n. 9。——原注

① 在中世纪语法理论中,拉丁词语"Vox"意为"一种语音性的表达",指由语音所产生的从音位(用来区别词义的最小语音单位)到语句的任何一种声音,兼具感性和理智两层内涵,难以在中文中对应翻译,这里只能勉强译为"话语"或"词语"。海德格尔在本书中常用"Wort"来对应翻译此词,我们也按惯例译为"词语"。——译注

344　早期著作

与词语相对的意谓表现得完全是另一种东西①。

那种通行的东西——它强调着那些原则性的要素,不同于逻辑意谓内容和语言形态——在逻辑之物的本质在其中还隐而不彰的那种思维方式中是行不通的。在其十足的深刻性中,它只是得到了理论性的实行。在何种程度上这是可能的,即去完全活在逻辑的意谓内容中,去理解而无须语言之支撑,这始终是一个留给思维心理学的事实性问题,但此问题的解决方式是不变的,即始终是要就之前所实行的那种区分的有效性来予以解决。

---

① Vox significativa est signum naturale; ergo idem significat apud omnes. Probatio minoris: cuiuslibet virtutis naturalis est aliquod instrumentum naturale, sed virtus interpretativa est virtus naturalis homini, cum homo sit animal sociale, volens alii exprimere quod apud se est; ergo vox significativa quae est instrumentum illius virtutis, est signum naturale; ergo naturaliter significat. ... dico quod vox significativa non est instrumentum virtutis interpretativae in homine, sed guttur et pulmo, quae concurrunt ad formationem vocis; sicut si naturaliter homo velit fugere nociva, non sequitur omne illud esse naturale instrumentum, quo fugit nociva, puta vestimenta vel arma vel huiusmodi, sed tantum natura illa dedit ut instrumenta naturalia, quibus homo haec posset sibi praeparare ut manus; nam per manus homo potest illa per artem praeparare, et sic per rationem et instrumenta naturalia formandi vocem potest homo aliqua imponere, quae sunt signa ad placitum et non naturalia, sive conceptus[意谓性的话语是自然的标志;所以它在一切事物那里都是意指着同一种东西。对此有这样一种简略的论点:自然的任何一种优点都是自然的某种工具,但是解释的优点是人的自然的优点,因为人是社会的动物,有些人想要表达在他们那里所发生的事情;所以意谓性的话语作为这种优点的工具乃是自然的标志;它因而是以自然的方式而被意指的。……在我看来,意谓性的话语并非人之解释优点的工具,喉咙和肺才是这种工具,它们同时发生为对话语的造形;正如倘若人要以自然的方式避免有害之物,他就不能用任何自然的工具如单纯的战袍或武器等这类东西来避免有害之物,而只是要放弃那种自然的东西、那种自然的工具,即人可以用手来为自己准备的那种东西;因为通过手,人是能够用技艺来准备那种东西的,这样的话,通过有待造形的自然的形式和工具,人就能够以某种方式建立起话语来,话语是任意的标志(习惯的标志),而不是自然的标志或自然的概念],《论亚里士多德〈解释篇〉诸问题》,问题 4,546b,547b。——原注

第三章　语言形态与语言的意谓内容；意谓领域　345

在逻辑的意义构成物和语法的语言构成物之间所做的那种领域区分，尽管此区分对于它们异质特性的突显工作始终也是多么的有必要和有价值，但只要人们活在这种认识和其表现中，这种区分就要像被遗忘那样被再度放弃。这样的话，语言构成物的那种不合逻辑的特征就消失了；它显示为带有一种完全特有之功用的实在，显示为意谓与意义构成物的承载者，并且借此——通过其具体关涉的特性——而显示为指向客体的"标志"。这样的话，人们可以说，对于在当前所说的话中生动存在的那种东西而言，上述那些被如此彻底地撕裂开来的领域，实存着的语法性东西的领域和有效着的逻辑性东西的领域，就再度融合为一了。

语言构成物是意谓的标志，是意义的标志，意谓又是对象的"标志"。如此，这句话从某种角度看来就得到了应用：quidquid est signum signi, est signum signati[任何是标志之标志的东西，都是该标志所意指者的标志]①。对于语法的、逻辑的和具体对象的领域之间的关联而言，应该说，词语和命题是作为有意谓的和有意义的构成物而指向了具体对象的领域。诸物处在思想中，而思想则附着于词语和命题。

---

①　…quidquid est signum signi, est signum signati, ita quod signum intermedium non varietur in comparatione ad primum signum et ultimum signatum[……任何是标志之标志的东西，都是该标志所意指者的标志，这样的话，较之于最初的标志和最终的标志，中间的标志就是不变的了]，《论亚里士多德〈范畴篇〉诸问题》，问题28，504a。——原注

按照之前进行的那种理论性的区分,现在应该知道,上述这些领域是彼此交织着的,则现在就应该使标志之概念以及标志之存在的概念成为问题。

但是标志的这种理论首先还只能被看作是暂时以分析方式进行澄清的研究。下述这些问题乃是决定性的问题:就那直接被标明的东西而言,就逻辑的意谓内容而言,哪一类标志是语言构成物?进而要问,就那间接被标明的东西而言,就对象而言,它们的标志特征意味着什么?按照对上述标志特征之规定所得出的结果,标志和被标明物之间的各自关系也将相应地得到阐明。或许这里所说的那些关系根本不是同一类关系,因此,上述三种领域在生动的思想活动、认知活动以及理解活动中的那种看似如此密切统一的关联事实上是以各种各样的方式建立起来的。那么,结构的这种异类性和各种关联所特有的东西也就要求着一种与其事实特性各自相宜的探讨。诸多问题领域和问题提法在对那种本质关联(它正在本质性地瓦解着)的适应中发生了本质性的差异。并且这样的话或许就显示出,那个研究领域,那个看似如此缺乏有价值的观念内涵和生命之丰富度的研究领域,却为那些最终的和最深的问题提供了根据和地基。

因而现在首先要去澄清"标志"这一概念。Significare extensive sumitur pro dare intelligere[作为对认知活动的给予,意谓活动被广泛地采用了]①。通过标志,某种东西被意识具体地意识到了。标志从其自身而来指向了另一种对象。在标志的概念中存在着某种对关系的含有,存在着一种指向特征。标志自身因而仿佛是这样一种基础,指示之功用就奠基于此,而且对被标明之物的认识也由此肇始。

关系特征和"基础之是"(*Fundament-sein*)是标志的建构性的要素,并且标志自身的特性也每每是按照这两种要素的特性而显现出来的。

在标志和被标明的东西之间的那种关系首先能够是一种实在的关系。它就存在于标志的那种实际本性——去指向它的被标明的东西——之中;烟之为火的一种标志,就是这样。在此它首先仅仅取决于关系的不同;这样一种标志是以何种可靠性、以多么高的可能性程度而指向了被其所标明的东西,这对它而言是一个问题。

那么这种关系就能进而是一种纯粹的思想性的东西。在标志本身中并非已然存在着对被标明之物的指向;那种被用作标志的东西,例如"修道士的示意"(在必要的肃静时间中,修道士们的那种被规定好了的标志语言),或许能够多种多样地指示,并且指明

---

① 《论亚里士多德〈范畴篇〉诸问题》,问题 8,459b。

... significare est alicuius intellectum constituere; illud ergo significatur, cuius intellectus per vocem constituitur[……意谓活动是把认识建构为某种东西的认识;因而那种被意谓的东西,对它的认识是通过话语而得到建构的],《论亚里士多德〈解释篇〉诸问题》,问题 2,541a。

... Significare est aliquid intellectui repraesentare; quod ergo significatur, ab intellectu concipitur[……意谓活动是把某种东西表现于认识;因而那种被意谓的东西,是从认识而来得到领会的],《论亚里士多德〈辩谬篇〉诸问题》,问题 16,22a。——原注

不同的东西。它所应指明的东西,是通过习惯的决定而被规定了的①。

邓·司各脱讨论了标志中的一种"真理"并从中理解了那种东西,那种通过标志而被表明的东西。标志中的关系现在成了一种实在之物,这样的话,在标志和被标明物之间的那种一致性就被直接给予了,关系之向度被明确地预先规定了。在关系的这第二种类型中始终存在着关系之向度的不同的可能性。如此那种想法现在就可以理解了,即,第一种类型的标志要比第二种类型的标志更为"真实"。

那适宜于判断的东西,却并不以这种真理而得到了意指;更确切地说,它与判断之真理的共同之处在于,从我们的角度($\pi\rho\grave{o}\varsigma$ $\dot{\eta}\mu\tilde{\alpha}\varsigma$)来看,它能够在认知主体方面导致一种有所不同

---

① Et cum signum hoc duo importet vel necessario requirat, scil. fundamentum et relationem, ex hoc sequitur, quod ex parte utriusque potest distingui. Ex parte autem relationis, quam importat signum, distinguitur signum primo in signum naturale, quod naturaliter significat et importat relationem realem ad signata; tum etiam in signum ad placitum tantum et non naturale, quod importat relationem rationis ut sunt voces et nutus monachorum, quia ista possunt significare alia, sicut ista, si placeret institutionibus [伴随着标志而引起的是这样两种东西或者说它必然要求这样两种东西,即基础和关系,由此而来所随之发生的是,从这两者中的任何一方而来都能得到区分。但是从关系(关系是标志所引发的)这一方而来,标志首先是在自然标志中得到区分的,这种标志是以自然的方式对实在的关系进行意指和引发并使之成为被标明者的;此外,在任意的标志那里并没有自然的东西,因为它所引发的是理性的关系,如话语和僧侣的示意,因为这些东西和那种东西一样,是能够意谓其他东西的,假如它是以习惯的方式而得到赞成的话],《巴黎讲稿》,第4卷,分类1,问题2,546a,n.3。——原注

的、高度的可靠性与明确性。用胡塞尔的话来说,诸理解行为——它们理解着标志和被标明者——之间的那种"激发之关联"(Motivierungszusammenhang),在第一类标志那里是更紧密和更直接的①。

下面的问题与上述区分有密切关联。存在着这样的一些标志,它们始终"与自身一道引领着"被标明者;"食"——日食或月食——就是这样的标志,它确定着地球在太阳和月球之间的位置。每当有这种标志时,被标明的东西也就必然如此存在了。在我们所说出的判断那里,情形则有所不同。在判断中并不会出现这样一种情形:在判断中被表达的事态也一并被给予了。设若判断是假的,则它在具体对象领域中就根本没有什么与之相应的东西;若人们把判断理解为标志,判断却缺少它所应标明的那种东西。

若人们把标志和被标明者实存于其中的那些时间要素纳入眼帘,这一方面上的标志关系就能再度得到区分。这种标志能够返回指示一种过去的东西,或者也能向前指明一种应予期待的东西,又或,这种标志之指示所对准的乃是一种当前的东西。

更进一步地,标志能够是被指示者的原因,就如闪电之于

---

① Signum naturale verius significat quam signum ad placitum[较之任意的标志,自然的标志有更真的意谓],《牛津评注》,第 1 卷,分类 22,问题 2,n. 5。——原注

雷；或者相反；标志乃是被指示者的效果，就如烟之于火①。

若人们把标志之功用看作是基础，且只要诸标志能以不同方式感性地（作为视觉的或听觉的被给予性）呈现出来，则诸区分就可以在这一方面得到查明；在对标志的这种理解当中，一些不同的感官也常常能够共同起作用。

然则话语是哪一种标志？

它无论如何都可以算作是上面刚刚提到的那些标志中的一种么？这种呈现是通过感官的呈现。Vox repraesentur sensui[话语

---

① Alia est divisio signi in signum quod semper habet suum signatum secum quantum est ex parte sui, et tale signum est verum et efficax, sicut eclypsis est signum efficax interpositionis terrae inter solem et lunam et ita est similiter de aliis signis naturalibus. Aliud est signum quod non habet suum signatum secum: cuiusmodi signum est propositio quam proferimus, quia non est in potestate nostra, quod tale signum ut propositio secum habeat rem, quam significat; et hoc signum non est semper verum, sed aliquando falsum.

Tertia etiam est divisio signi in signum rememorativum respectu praeteriti et in prognosticum respectu futuri et in signum demonstrativum respectu praesentis.

[标志可区分为这样一种标志，这种标志始终与自身一道具有它自己的被标明者，被标明者本身乃源出于前者之部分，这种标志是真的和有效的，正如"食"是地球之介乎太阳和月球之间的标志，并且这样的话它也同样地关乎其他的自然标志。还有一种标志并不与自身一道具有它自己的被标明者：我们所提出的命题也以某种方式称得上是一种标志，因为，要让这种作为命题的标志与自身一道具有它所意指的事物，这并非在我们的能力之内的事情；而且这种标志也并非永远都是真的，它有时也会是假的。

标志还可进一步分为第三种类型，（加入时间要素的）这种标志相对于过去是返回的标志，相对于未来是先行的标志，相对于现在则是（当前）指示的标志］，《巴黎讲稿》，第 4 卷，分类 1，问题 2，546a sq., n. 3；参看《牛津评注》，第 4 卷，分类 1，问题 2，n. 4.——原注

被呈现于感觉]①。它是一种感性的标志,作为声音复合物,它是听觉类型的标志,作为书写标志,它是视觉类型的标志。那么如何来规定与被标明者的那种关系呢？之前,在对语言形态和语言意谓内容的那种区分中,我们已经强调了,词语和词语复合物本身并不指明什么东西。那么它又如何仍然能是标志呢？

邓·司各脱给出了一种清晰的指引：Vox enim est signum et signum se offert sensui, aliud derelinquens intellectui[因为话语是标志而标志是把其自身呈现给感觉的,标志把别的东西(意谓)留给了理智]②③。所以就需要有那种"给予意谓的行为"(胡塞尔)。通过这种行为,某种东西就被分给了话语(intellectus rationem voci tribuit[分给话语以理智形式])；由此它就臻乎词语表达

---

① Quantum etiam ad suum fundamentum potest signum multipliciter dividi. Potest enim hoc signum institui in uno sensibili unius sensus ut in re visibili aut audibili vel aliquo huiusmodi sicut in suo fundamento; vel in pluribus sensibilibus multorum sensuum,...ut oratio longa, in qua sunt multa sensibilia et multae dictiones fundantes istam relationem importatam per huiusmodi signum, potest signum institui in uno sensibili vel pluribus ut dictum est[而且就标志自己的基础(功用)而言,标志是能够以多种方式得到区分的。因为这种标志能够在一种感觉的可感性中被建立起来,更确切地说,能够在可见之物或可听之物或诸如此类东西中的那种感觉的可感性中被建立起来,这就如同在它自己的基础功用上被建立起来；或者说是在众多感觉的繁多的可感性中被建立起来的,……说得长点就是,在其中,许多可感的东西和许多的词汇奠定了那种关系,该关系是由那种形式的标志所引发的,这种标志能够在一种或多种可感的东西中被建立起来,为的是使其能被述说],《巴黎讲稿》,第 4 卷,分类 1,问题 2,547a, n. 5。——原注

② 《论亚里士多德〈后分析篇〉诸问题》,第 1 卷,问题 1,201a。——原注

③ 这句话是指：话语有其感性的和理智的两个层面。就感性层面而言,话语作为语音符号标志能作用于感官,即可被直接听到或看到；就理智层面而言,话语又承载着意谓并进行着意谓活动,能使听者或观者获悉其所意谓着的不同于这种标志本身的东西,也正是在这一意义上,可以说,它同时也使理智获得了别的东西。——译注

(dictio[词汇单位])。

词语表达因而是标志和被标明者之统一性的一种完全特有的类型。

浓云密布的、灰色的天空是对雨的指示；我们也习惯于说，它"意谓着"雨。但是天空本身是没有什么类似于"天空"这一词语表达的意谓的。词语表达是"意谓性的标志(bedeutsame Zeichen)"(胡塞尔)，它对立于那种"指示着的标志"。

在每一种词语表达那里都可以发现一种行为特征，一种独立类型的行为，通过这种行为，话语获得了其意谓内容。邓·司各脱是在这种行为层面的特殊性中意识到该层面的。他并不把意谓活动的行为单纯看作是心理性的实在和发生事件，而是将其看作是具有意谓内容的行为。这些行为的目的在于后者，在于意谓，并且从发生学的角度来看，它们是在思维主体中取得其开端的。在主体中可以发现它们的实在的此在(Dasein)，它们的意谓内容的持存则静息于意谓中①。

那么，那种与心理实在的、给予意谓的行为联系在一起的现象，还可以进一步地得到某种规定么？它的性质总是可见的么，可以从此以后就把它看作是自成一类的(sui generis)现象并且相应地运用它么？

---

① ... rationes significandi non inducuntur per motum, sed sunt intentiones inductae per animam ... potest dici quod ... sunt in signo ut in termino et in anima ut in subjecto[……意谓活动的诸形式并非是通过刺激而被引发的东西，而是通过灵魂而被引发的诸意向……可以说……它们是存在于标志亦即术语中的，是存在于灵魂亦即基体中的]，《论亚里士多德〈辩谬篇〉诸问题》，问题 15,11a。

参看《论亚里士多德〈解释篇〉诸问题》，第 1 卷，问题 2,542a。——原注

第三章　语言形态与语言的意谓内容；意谓领域　353

　　首先必须要问的是，这种现象把"意谓"归类到哪一种实际性领域中去了。这恰恰是在说，意谓附着于那种心理实在的、给予意谓的行为，当我想要知道一个词语的意谓时，这种行为就始终已经使自身被意识到了。如此就显而易见，意谓，由于它的确是"附着"于那种行为，是与其一并给出和联系在一起的，因而同样也应被看作是归属于心理实在性领域的。

　　它的实在的实存因而看上去就是无可置疑的，由于这种实存还能从另一方面被阐明为它的实在的实际性方式，故其看上去就愈发无可置疑了。

　　为此就应指出意谓的一种新的、迄今还始终未被关注的方面。

　　至少在多数情形下，意谓在其内容（$Inhalt$）之外还有那样一种东西，即还有一个对象，这是意谓所指向的东西，通过意谓，对象得以被知晓。设若有如下情形，这样一种对象是一个实在地实存着的客体，例如一棵树。这棵树现在丧失了它的实存，那种意谓因而也就看似消失于一种虚无中了。那么，意谓所能指向的那种东西，意谓应在其中获得意谓之支撑的那种东西，也就不再实存了，这样一来，意谓自身也就变得虚幻了。意谓的实际性与对象的关系乃是存亡与共。对象与意谓因而归属于同一种实际性领域。

　　这种论证切合实事么？邓·司各脱使得我们要去想一想，究竟在何种程度上意谓是关涉于对象的。意谓并没有断言某种关于对象的东西，而仅仅是表象了它，仅仅是包含了一棵树之所是，而不是包含了它存在（实存）这一事实。

　　意谓因而显得是与实在相脱离的：那些与被意指的对象相关的实存问题，是超越之意谓理论的某种东西。实存只能在判断中被断言。被断言的始终是别的某种东西,也就是说,在每一个断言中都有一种关系被给予了,与此相反,意谓却缺乏这种特征;意谓并不断言,意谓只是表象某种东西。在意谓之赋予的那种行为特征中,表态的那种特殊的功效意义是缺乏的。

被意指的对象是否实存、变动还是消失,意谓始终不被这种变化所影响。倘若意谓与对象是实在地联系起来的——如同从表面上的明显性所推论出来的那样——则意谓自身就必须成为与对象不同的另一种东西。

邓·司各脱明确地说,对于意谓而言,实存完全是陌生的(res ut intelligitur, *cui extraneum est existere secundum quod significatur*[对于被理解的东西而言,被意指的东西的实存是外在于它的])。

这种思想具有足够的本原性和重要性,有必要对之展开彻底的思考。邓·司各脱所教导的乃是意谓领域之独立于实存的自由。①

只要赋予意谓的行为表现的是一种实存着的心理实在,就可以说,认为意谓"附着"于这种行为的那种说法就不是在意指一种实在的联系。正是通过赋予意谓的行为,我才有可能在词语之意谓中生活,才有可能使我在当前直接面对词语之意谓(seine Bedeutung mir aktuell zu vergegenwärtigen)。这种意谓本身却并不能通过这种行为而获得实存和此在(Existenz und Dasein),因为

---

① 海德格尔在此所谓的"实存"即通常所谓的"客观实在"。——译注

它根本就不实在地实存①。

首先在逻辑意谓内容与语言形态的完全的异质性中表现出来的种种现象,最终在一种十分特别的结合中对我们显现出来。词语与意谓的这种统一性——迄今它只是暂时地得到了指明——从现在起就应加以研究。

应予审视的是,哪些问题可能与之相关并且为何这种统一性会成为问题。

---

① ... facta transmutatione in re, secundum quod existit non fit transmutatio in significatione vocis, cuius causa ponitur, quia res non significatur ut existit sed ut intelligitur per ipsam speciem intelligibilem; sed sive sit sive non sit, cum tam res ut intelligitur quam species sua maneant in transmutatae facta transmutatione in re ut existit quia per eandem speciem cognoscimus essentiam et eandem scientiam habemus de ea, quando existit et quando non existit ... res ut significatur per vocem non transmutantur qualicumque transmutatione facta in re ut existit et per consequens nec vox significans transmutabitur in significando ... concedendum quod destructo signato destruitur signum, sed licet res destruatur ut existit non tamen res ut intelligitur nec ut est signata destruitur ...

... res ut intelligitur, cui extraneum est existere ... secundum quod significatur.

[……事实是以改变了的方式存在于事物中的,按照那实存着的东西而有的改变并不会发生在话语的意谓中,其原因是被这样认为的,即,因为事物之被意谓不是为了实存,而是为了通过可知的"属"本身而得到理解;但是事物或者存在或者不存在,这样的事物都是可被理解的,较之于这样的事物,它们的"属",却是持存于改变了的事实中的(这些事实是以改变了的方式存在于实存着的事物之中的),因为正是通过这个"属"我们才认识了本质,并且我们所具有的这种知识乃是关乎它何时实存以及何时不实存的知识……通过话语而被意谓的事物并不会被以随便什么方式而在实存之事物中发生的事实之改变所改变,并且随之可知,意谓性的话语是不会在所意指者中被改变的……应该承认的是,标志是通过对被标明者的摧毁而被摧毁掉的,但是,被摧毁的(实存之)事物将不再可以实存,而被理解的事物却不会作为被意指的东西而被摧毁掉……

……对于被理解的东西而言,被意指的东西的实存是外在于它的],《论亚里士多德〈解释篇〉诸问题》,问题 3,545a sqq.——原注

第二部分　意谓理论

303　　在之前的第一部分中,我们对不同对象领域进行了一种分析阐明和旨在标明其特性的区分工作。最终我们看到,意谓世界乃是一种新的独立的领域。但是该领域首先只是暂时性地被看作这样一种领域,它与其他领域的关系还没有得到澄清;就根本而言,每一种关于它的本己可能结构的问题都始终还未被提及。

因而,接下来首先必须得到裁定的是:就一般意谓领域而言,可能有哪些问题;这些问题是否构成了一个本己的独立的"问题组",而且正是这个问题组表明,研究它的那种学科——意谓理论——所提出的要求是正确的。对意谓理论之概念和其任务的整体确定也就将使得对下述问题的一种裁定得以可能:在何种程度和何种范围内,哲学必得与"语言"相关并且能够根本地与之相关,意谓理论与逻辑学的种种关系应在何种开阔性中得到思考。这些问题应该借助于邓·司各脱"思辨语法"的总论部分来加以探讨。

本部分第二章则尝试对意谓形式理论进行一种阐述和解释,这种形式理论作为意谓形式（Modi significandi）理论构成了上述论著的最大部分。

这一论著为斯坦塔所提及,他评论道,"著名的经院学者约翰·邓·司各脱"曾"在对逻辑学的兴趣中"写下了这部论著①。304
德·伍尔夫评价此论著为"思辨语法领域最卓越的成就"②。
保罗·洛塔则在一篇简短的评论中提到了邓·司各脱的语言哲学③。卡尔·维尔纳在其论文《约翰·邓·司各脱的语言逻辑》④中对此有更为详尽的探讨。这一研究虽然对该论著所作的内容提要工作并非始终是出色的,但只要它此外还尝试去描绘该论著在中世纪语法理论整体中的历史位置,它就始终是值得关注的,而且这种研究通常都关联于图若⑤的著作⑥。着眼于意谓理论的体系性任务,对此论著的历史特征予以深入探讨,始终是一种特殊研究的特有任务。接下来工作的关键就仅仅在于对其中落实为文字的理论予以理论性的理解。

第一章　意谓与意谓之功用;
意谓理论的诸原则

具有意谓的诸词语(表达)所具有的那种有机整体——我们称

---

① H.斯坦塔:《心理学和语言科学导论》,1871年,第44页。——原注
② 德·伍尔夫,《中世纪哲学史》,鲁德·艾斯勒译,1913年,第339页。　原注
③ 保罗·洛塔:《教父哲学和经院哲学中的语言哲学》,1909年,第233—242页。——原注
④ 《皇家科学院哲学与历史学分类会议记录》,第85卷,1877年,第545—597页。——原注
⑤ 查理斯·图若(Charles Thurot,1823—1882),法国学者,古典语文学家,罗马语族语言学家。——译注
⑥ 《对可供中世纪语法理论史研究的各种拉丁手稿的简报与摘录》,1869年。——原注

之为"语言",这种整体分解成了各种各样的个别形态——首先能被置于这样一种问题之下,即,它究竟是如何形成的,哪些影响因素曾经促进或阻碍了语言的发展,哪些因素还会继续影响到语言之发展。可以进一步加以研究的是,在单独个体那里语言是如何形成的。若人们想要否认对语言的这种研究的价值,那就会是一种不合理的片面的想法。

当前科学思想中的那种"发展观"已经根本地赢得了一种大规模的、在部分地方扎根很深的影响领域,其中自然就存在着这样一种危险的倾向,即想要在那种对对象之发展的方法与方式的阐述中,去看到它的解释①,并要由此看到,从知识角度来看,什么东西有可能是它的这种解释中的最初与最终的东西。然而,这种历史学—心理学思维的绝对化工作忽略了那种事实:就某些对象来看,一种完全不同的——也可以说,一种恰恰相反的——提问是可能的。"语言是如何形成的?"在这个问题之外,另一种问题也是可能的:"语言应要达成什么东西?"由此可见,在那种发生学的解释中,对一种对象的认识并没有得到圆满完成。此外还有一种目的论的理解。虽然这种理解,从逻辑学的立场看来,也不是对象之认识的根据和拱顶石,但它之堪称通向真实"起源"的道路,要远甚于那种发生学的解释。

一种功效的目标,可以从对其完善条件的规定方式中看出来。倘若语言是这样的:它能在听者和领会者的意识中唤起说话者通过其话语所意谓的全部意义,则语言——其应用也一样——就是

---

① 亦即:看到发展观的解释。——译注

完善的。语言之功效的目标因而就在于对话语之意义的完全告知。

从这一确认而来,语言形态所具有的那种突出的意谓就直接得到了澄清;因为一切都以对语言形态的表达和告知为目标。完善地使用一个名称并不单单意味着,说出它,将它实现为声响——一只受过训练的鸟也能做到这点——毋宁是意味着:把它作为有意谓的词语来使用,但也并非只是像一个讲拉丁语的人用希伯来人的方式去说一个希伯来词语却并不知道该词语是什么意思那样;对一个名称的完善的使用要求着,说话者当前(aktuell)意识到了它的意谓①。这不仅适用于素日里依据于日常经验的话语,而且也适用于——倘若还不在更大程度上说的话——对科学认识的表述,这种表述若没有语言就不可能了。只有在这种意谓关联中并通过这种意谓关联,我们才对对象和事态有所了解。意谓领域穿过了——无论这种"穿过"是怎样形成的和怎样的不完善——科学的话语和通知就好像其穿过了有体系秩序的科学思想活动。

因此下述情形也就并不令人感到惊奇了,即,每一种透彻的反思都会碰到这样一个问题:语言在多大程度上能够表达和表述普遍的对象和事态。

柏格森在其对心理实在与物质实在的完全异质性的证明中就获得了这样一种洞见,而我们的语言还完全不足以表达这种心理学分析的精妙细致:"Bref, le mot aux contours bien arrêtés; le,

---

① … signum perfectionis constructionis est generare perfectum sensum in animo auditoris[……结构之完善性的标志在于,在听者的心灵中唤起对完善性的感受]。《论意谓形式》,第 54 章,49b。——原注

mot brutal qui enmagasine ce qu'il y a de stable, de commun et par conséquent d'impersonel dans les impressions de l'humanité, écrase ou tout au moins récouvre les impressions délicates et fugitives de notre conscience individuelle."①"简言之,人类的种种印象,其固定的、共同的、因而不属于任何私人的因素被储藏在简单而现成的字眼里;这些字眼压倒了,至少盖住了我们个人意识之种种嫩脆而不牢固的印象。"②通过对语言结构的打破我们将能在一种完全不同的角度中看到我们的精神生活。词语意谓并不能达到直接事实的巨大的多样性,毋宁说表现的是它的相对已经明确的形式与变形,这一事实首先是由李凯尔特在他对自然科学的概念构成之界限问题的探讨中令人信服地指出来的③。

这就导致了这样一个结论:在意谓本身中必然已经存在着一种形式内容,正是它使得意谓之功用得以可能。如此,意谓就被置于逻辑之尊严的视角之下了;只要人们弄清了,所有认识亦即所有判断都是由作为其必要组成部分的意谓所构成的,则一种程序就无疑具有了其合理性。意谓之研究的主导价值因而就是作为有效着的意义的真理(die *Wahrheit* als geltender *Sinn*)。只有认识才是真的,而认识始终是对对象的认识。若真理因此始终保持为一种主导性的视角,这样就会有一种不可

---

① 《论意识的直接材料》,1912 年,第 100 页;另参看第 10、97、99、192 页。——原注

② 此处译文引自《时间与自由意志》中译本。参看柏格森:《时间与自由意志》,吴士栋译,商务印书馆,1989 年,第 89 页。——译注

③ 《自然科学的概念构成之界限》,第 2 版,1913 年,第 30 页以下。——原注

第一章 意谓与意谓之功用;意谓理论的诸原则

避免的要求,即,应对意谓领域与对象之存在的关系加以裁定。伴随着所说的东西,关于意谓的种种问题才首先得以指出。

现在应予揭示的是,在何种程度上邓·司各脱知晓这些问题并且在何种方式上他给予这些问题以一种解决。在本研究的第一部分中我们已经指出了,邓·司各脱是多么犀利地在可以感知的词语形态(Wortgestalt)与非感性的词语内涵(Wortgehalt)即意谓(Bedeutung)之间做出了拆分。同样我们也以"vox repraesentatur sensui, aliud derelinquens intellectui"[话语被呈现给感觉,别的东西(意谓)则被留给了理智]这样一个命题暗示出,意谓相当于意识的一种本己行为。关于意谓这些行为所做的事情,邓·司各脱随后说道:intellectus duplicem rationem ei [voci] tribuit, scilicet rationem significandi, quae vocatur significatio, per quam efficitur signum vel significans, et sic formaliter est dictio; et rationem consignificandi, quae vocatur modus significandi activus, per quam vox significans fit consignum vel consignificans et sic formaliter est pars orationis [认知赋予它(话语)以双重形式,亦即,(首先是)意指活动的形式,即所谓的意谓,由此话语就成为一种指称或者说进行指称活动的东西,并且这样的话它就在形式上成为了词汇单位;(其次是)去进行句法意谓活动的根据,即所谓的主动意谓形式,由此,话语,意谓着某种东西的话语,就成为语法性的意谓或者说进行句法意谓活动的东西,并且这样的话它在形式上就成为了词类(语言成分)]①②。

词语因而首先就通过意识活动本身而获得了一种意谓;词语所意指的东西,是某种对立于意识的对象性的东西;我们并不能说:词语将造就一种独立于意识而实存的实在的对象。词语将如此而成为表达,词语意指某种东西。邓·司各脱也不是在一种感觉主义③的心理学意义上来推想词语之意谓的,仿佛意谓仅仅是一种通过联想而与感性的语词联系在一起的思想对象的幻象。在他看来,意谓并非心理的实在;意谓并不属于一种实在的关联,并不是在这种关联中被造成的;意谓必须被理解为意向性内容,被理解为意向行为(intentiones inductae per animam[通过灵魂所引发

---

① ... notandum, quod cum intellectus vocem ad significandum et consignificandum imponit, duplicem rationem ei tribuit, scil. rationem significandi quae vocatur significatio, per quam efficitur signum vel significans, et sic formaliter est dictio; et rationem consignificandi, quae vocatur modus significandi activus, per quam vox significans fit consignum vel consignificans et sic formaliter est pars orationis[……需要注意的是,当认知把意谓和句法意谓的用途加诸话语之上时,认知就赋予了它以双重形式,亦即,(首先是)意指活动的形式,即所谓的意谓,由此话语就成为一种指称或者说进行指称活动的东西,这样的话它就在形式上成为了词汇单位;(其次是)去进行句法意谓活动的形式,即所谓的主动意谓形式,由此,话语,意指着某种东西的话语,就成为句法意谓或者说进行句法意谓活动的东西,并且这样的话它在形式上就成为了词类(语言成分)],《论意谓形式》,第1章,1b sq。——原注

② 中世纪的语法理论区分了 significatio[指称意谓]和 consignificatio[句法意谓]这两个概念,语音表达加上指称意谓就构成了词汇单位,而词汇单位加上句法意谓就构成了词类(使词汇单位按照语法来进行归类的词语类型,例如名词、动词、形容词、代词等),也就是说,成为了语言的一部分。具有同一种指称意谓的词语可以有不同的句法意谓,例如"生活"一词,它具有名词和动词两种不同的句法意谓,但在指称意谓上却是同一的,故中世纪语法理论所讨论的"意谓形式"的差异通常是指句法意谓(语法意谓)形式上的差异。德国学者常以 Bedeutung 和 Mitbedeutung 来对应翻译这对概念。——译注

③ 感觉主义认为所有知识都仅仅源于感官感知。——译注

第一章 意谓与意谓之功用;意谓理论的诸原则　　363

的意向])的成果。相对于被单纯感知的语词,被理解的有意义的表达是更多的,这种更多就存在于意谓行为中[1]。

"然而,那第一种思想行为的全部意义并非是通过对刚刚出现的内容予以对象化而就得到了穷尽;意识根本不能径直把这种内容立于自身面前,而只是通过给予它以某种位置(Stellung)[2]才能做到这一点;意识根本不能把内容与内容之特有刺激的一种状态区分开来,倘若意识没有把内容的另一种持存赋予这种内容,而反倒是把那种存在——内容作为这种状态[3]所具有的存在——赋予了这种内容的话[4]。以这种要求所意欲的东西,……被语言通过对该要求的实际满足,至为简单地向我们揭示出来了……语言把它的整个词汇[除了感叹词]划分到主词、形容词、动词以及通常熟知的其他语言成分的确定形式中去了……我把第一种思想行为概括为这样一种不可区分的功效(Leistung):去通过下述方式来把这些逻辑造型(Formungen)中的一种造型赋予被表象的内容,即,这种思想行为为了意识而对被表象的内容进行了对象化;或者说,去通过下述方

---

[1] Rationes significandi non inducuntur per motum, sed sunt intetiones inductae per animam[意谓之形式不是由行动得来的,而是灵魂所引发的意向],《论亚里士多德〈辩谬篇〉诸问题》,问题 8,11a。——原注
[2] 亦即:(提供根据)使其得以立起来。——译注
[3] 即"内容之特有刺激的一种状态"。——译注
[4] 整句话是在指出,对意识活动所作的心理学阐释将带来不妙后果。——译注

式来对被表象的内容加以对象化①,即,这种思想行为把这些逻辑造型中的一种造型赋予了被表象内容。"②

这一详细的引文是特意地引自海尔曼·洛采的《逻辑学》。人们可以将其看作是对邓·司各脱的那些简短命题的一种清晰化的翻译。

当意谓通过那种行为而成为客观的之际,意谓也就已经是被形式化的意谓了。在意谓形式(*Modus significandi*)中存在着某种与意谓有关的关系情形(Bewandtnis)。这种意谓形式自身的本质从现在起就应加以澄清。

在"意谓形式"这一表达中,我们可以理解二重性的东西:主动的意谓形式和被动的意谓形式。主动形式乃是作为意识之实行的意谓行为;它之所以如此,是因为,通过理解着的意识,意谓之赋予就"仿若是一种行为"了。被动形式意指实行之结果,行为的客观的相关事物,是洛采称之为"印象"(Eindruck)的那种东西,是直接的被给予性,只要它是被意谓性地

---

① 这几句话中的"使……对象化"(vergegenständlichen)也都可以译为"使……客观化"。——译注

② H. 洛采:《逻辑学》,《哲学丛书》第141卷,G. 米西编,1912年,第17页。——原注

第一章 意谓与意谓之功用;意谓理论的诸原则　　365

理解的或者说被意谓性地造型的①。主动形式就是意谓的主观的一面,被动形式则是意谓的客观的一面。这同一事态在现象学的术语学中被表达为:"在意向活动的方面上,'表达'这一名称所表示的是一种特殊的行为层面,所有其他的行为都要以其特有方式来适应于这一层面,并且它们都必须与该层面相融合,甚至是这样一种情形,即,每一种所意向的行为意义以及随之内在于意义中的那种与对象性的关系[存在形式]就在表达的意向内容[被动意谓形式]中'概念性地'表现出来。"②③

通过意谓形式,意谓就获得了某种形式:"一切逻辑的区分,特

---

① …est sciendum, quod modus significandi duo importat aequivoce. Dicitur enim de modo significandi activo et passivo. Modus significandi activus est modus sive proprietas vocis ab intellectu sibi concessa, mediante qua vox proprietatem rei significat. Modus significandi passivus est modus sive proprietas rei prout est per vocem significata. Et quia significare et consignificare est quoddam modo agere et significari et consignificari est quoddam modo pati; inde est quod modus vel proprietas vocis mediante qua vox proprietatem rei active significat, modus significandi activus nominatur. Modus vero vel proprietas rei prout per voces pasive significatur, modus significandi passivus nuncupatur[……需要知道的是,意谓形式是分两种的,亦即,主动意谓形式和被动意谓形式。主动意谓形式是认知本身所允许的话语的形式或性质,通过这种形式,话语意指着物的性质。被动意谓形式是被话语所意指的物的形式或性质。因为意谓和句法意谓肯定是主动形式,而被意谓和被语法性地意谓则肯定是被动形式;所以话语的形式或性质——它主动地意指了物的性质——就被称作主动意谓形式,而物的形式或性质——它是被话语所意指的——就被称为被动意谓形式],《论意谓形式》,第1章,1b。——原注

② E. 胡塞尔:《纯粹现象学和现象学哲学的观念》,载《哲学与现象学研究年鉴》,第1卷,第1部分,1913年,第257页。——原注

③ 此段及下段中方括号内文字为海德格尔所加,原文无。——译注

别是所有范畴形式的区分,都是建立在意向意义上的逻辑行为中的"①[主动意谓形式]。

倘若存在着不同的意谓形式,并且,倘若这些"语言成分"的差异性被揭示出来了,就会出现这样一个问题:意谓的那些范畴形式是通过什么而被规定的,它们的差异化原则存在于何处?邓·司各脱是这样问该问题的:a quo modus significandi radicaliter orietur?[意谓形式究竟源出于何处?]

作为某类意向性的意识行为,主动意谓形式有别于一种本质规则,该本质规则适用于一般行为:intellectus ad actum determinatum non vadit nisi aliunde determinetur[倘若认知不是被别的什么所规定的话,认知是不会有规定性的行为的]②。这些行为是

---

① E. 胡塞尔:《逻辑研究》,第 2 版,1913 年,第 2 卷,第 1 部分,第 384 页。——原注

② ... notandum, quod cum huiusmodi rationes sive modi significandi non sint figmenta, oportet, omnem modum significandi activum ab aliqua rei proprietate radicaliter oriri. Quod sic patet : quia cum intellectus vocem ad significandum sub aliquo modo significando activo imponit, ad ipsam rei proprietatem aspicit, a qua modum significandi originaliter trahit; quia cum intellectus, cum sit virtus passiva, de se indeterminata, ad actum determinatum non vadit, nisi aliunde determinetur. Unde cum imponit vocem ad significandum sub determinato modo significandi activo, a determinata rei proprietate necessario movetur; ergo cuilibet modo significandi activo correspondet aliqua proprietas rei seu modus essendi rei[……需要注意的是,由于这些看法方式或者说意谓形式并不是幻想之产物,所以就应当说,一切主动意谓形式都根本地源出于某种物的性质。如此就弄清了:因为认知把意谓着的话语设立为主动意谓形式中的一种,而主动意谓形式正是源出于物之性质的,故认知就把注意力集中在物的性质本身上了;由于认知是一种被动的能力,它就其自身而言是未被规定的,倘若它不是被别的什么所规定的话,它是不会有规定性的行为的。由此而来,当认知把意谓着的话语设立为某种主动意谓形式时,它就必然是被某种物的性质所激发的;所以,某种主动意谓形式就对应着某种物的性质,或者说,对应着物的存在形式],《论意谓形式》,第 2 章,2a。——原注

从某个地方而来被规定的;它们是被某种不是形式的东西所规定的。这里所说的就是行为性质和行为物质(Aktqualität und Aktmaterie)、意向活动与意向对象、形式与内容之间的那种必要关联。然而,每一种形式所具有的那种物质确定性原则却还没有就起规定作用的物质之本性说些什么。意谓只是在某种形式中的意谓,是被某种意谓形式规定的意谓。意谓形式作为行为因而必然是被某种物质(Materie)所确定的,也就是说,与每一种意谓形式相应的是某种存在形式。这样的话,我们就获得了一种新的、对于意谓范畴理论而言乃必不可少的概念①。

但对于上述问题,邓·司各脱曾引用了这样一种异议:"deitas"[神性]这个词是阴性的;但是"性"(Genus)现在是被视为意谓形式的。作为意谓形式,阴性名词的这种性本身就含有被动性概念,而在其所意指的对象中并不存在着与阴性之性相应的那种东西,即能对相关形式进行规定的那种东西②。这种异议同样也适用于褫夺和虚构,因为在它们当中意谓活动并不意指什么实际的存在。但是,褫夺和虚构的那些表达如"盲目"、"凯米拉"③等也的

---

① 参看前注。——原注

② Sed contra hoc objicitur; quia haec vox significativa scil. deitas habet femininum genus, quod est modus significandi passivus; tamen in re significata sibi proprietas non correspondet, quia est proprietas patientis, a qua sumitur femininum genus[但是对此会有这样一种异议:那个有意谓的话语即"神性"是一个阴性名词,是被动的意谓形式;然而在它所意指的东西即"神"本身那里并没有相应的性质,因为相应的那种性质乃是忍受的性质,而阴性的那种性正是由此而得到的],《论意谓形式》,第 2 章,2b。——原注

③ 凯米拉,希腊神话中的吐火女怪,拥有狮头、羊身、蛇尾,故又有"嵌合体;嫁接杂种;幻想;妄想"等意。——译注

确都还拥有特定的意谓形式,也都还隶属于特定的意谓范畴①。

为了化解这一异议,邓·司各脱指出,一种意谓的意谓形式未必是从意谓所意指的实在性中的那种可感知的物料(Stoff)中取得的,对于这种物料而言,意谓形式恰恰是对它起规定作用的形式。形式也能从别的地方而来得到规定,并且也足以说,形式应是质料(Material)②的形式,形式并不与这种质料相矛盾;这也就意味着:我们足以认为,对于每一种质料,这种形式都能够是起规定作用的,或者说,质料承受了这种形成活动。这种规定对于抽象的、非感性意谓的那种意谓形式而言尤其意味深长;我们是在意谓形式中领会这些抽象的非感性意谓的,而意谓形式源始地是为了感性意谓而被剪裁的。就"神性"这一表达所提出的那种异议根本上并不成立,因为人们不可以把"性"(genus)看作是意谓形式。但邓·司各脱是借助于一种**有效原则**(gültigen Prinzip)才化解了他所严肃对待的那种

---

① Item privationes et figmenta sub nullis proprietatibus cadunt, cum non sint entia, et tamen voces significativae privationum et figmentorum modos significandi activos habent, ut caecitas, chimaera et similia[同样也可提出异议的是:褫夺和虚构并不归属于任何物的性质之下,因为它们并不是存在着的东西,然而褫夺和虚构的那些有意谓的话语——例如"盲目"、"凯米拉"等——是具有主动意谓形式的],《论意谓形式》,第2章,2b。——原注

② 按《杜登综合词典》和《哲学历史辞典》的解释,"物质"(Materie)一词的哲学含义有两种:一是亚里士多德意义上的作为运动原则的(这种运动原则为生成活动进行奠基)、永恒的、完全未被规定的源初质料;另一种更为常见的含义是,外在于人之意识的、与人之精神有别的实际存在。它可以是感性的也可以是非感性的。"Material"直接来自"Materie"一词,意指内容性的既有事实(Gegebenheit),也同样表示感性或非感性的实际存在。德语中"Stoff"一词则更多是指可感知的实际存在,此词来自17世纪的德语对意大利语"stoffa"一词的借用,最初主要指作品之材料,在现代德语中逐渐获得了意义扩张,几乎等同于"Material",但在严格的哲学思辨中,它更多还是表示感性的质料。为了在译名上有所区别,我们将"Material"译为"质料",而将"Stoff"译为"物料"。——译注

表面上的异议。此原则也被他用来排除褫夺和虚构方面的困难。褫夺恰恰获得了与褫夺相应之"本己行为"(habitus)的那种意谓形式,正如虚构之意谓内容的意谓是被那种意谓形式——建构着虚构之意谓内容的实际意谓内容的部分意谓的意谓形式——所规定的那样①②。

然而褫夺方面的困难看上去却不能得到令人满意的解决。因

---

① 例如,以"凯米拉"这种虚构的意谓内容而言,其虚构之意谓内容的意谓(四不像怪物)事实上是由实际意谓内容(狮子、羊、蛇)的部分意谓内容的意谓形式(狮头、羊身、蛇尾)所决定的。——译注

② Dicendum quod non oportet, quod semper modus significandi activus dictionis trahatur a proprietate rei illius dictionis, cuius est modus significand; sed potest accipi a proprietate rei alterius dictionis et rei illius dictionis tribui et sufficit quod ipsi non repugnet; et quia substantias separatas non intelligimus nisi ex istis sensibilibus, ideo sub proprietatibus sensibilium eis nomina imponimus et nominibus eorum modos significandi activos attribuimus. Unde licet in Deo secundum veritatem non sit proprietas passiva, tamen imaginamur ipsam tanquam patientem a nostris precibus[对上述异议是应予以驳斥的,因为一种词语的主动意谓形式并非必然始终源出于这种形式所意指之物的性质;它也是能够从另一种词语所意指的那种物的性质而来被获得的,如此而言,它就是被交付给后者所意指的那种物的,故而是不足以与之相矛盾的;因为我们只有从可感知的存在而来才能理解那非物质性的存在,这样的话我们就是借助了可感知存在的性质才造就了非物质性存在的那些名词。是以我们就把主动意谓形式赋予了非物质性存在的那些名词。由此而来,即便在神那里按其本性并不实际存在着一种被动的、接受性的性质,但我们也还是能以某种方式把祂表象为某个人的,这个人能被动地接受我们的祈祷],《论意谓形式》,第2章,2b。

Similiter privationes intelligimus ex suis habitibus, sub proprietatibus habituum eis nomina imponimus et nominibus eorum modus sig. Activos attribuimus. Similiter in nominibus figmentorum sumuntur modi sig. activi ex proprietatibus partium, ex quibus imaginamur chimaeram componi quam imaginamur ex capite leonis cauda draconis, et sic de aliis[以同样的方式,我们可以按照褫夺的本己行为来认识褫夺。我们因而是借助于褫夺之本己行为的性质而造就了表达褫夺的那些名词,并且由此我们就把主动意谓形式赋予了这些名词。同样地,在虚构的名词那里,主动意谓形式是从部分性质而来获得的,例如,我们所想象的凯米拉就是由狮头和蛇尾所构成的,这也适用于其他虚构物],同上。——原注

为还应进一步加以关注的是:就意谓形式而言,倘若它们是从"本己行为"而来被规定为褫夺的质料,则这些意谓形式就规定了褫夺的意谓内容,因而就在形式确定性方面是"虚假"的了(consignificative falsa[在句法意谓上是虚假的])①。这里所触及的那种"虚假"并非与真实的对立者,对立于真实的那种虚假适宜于判断且仅仅适宜于判断。邓·司各脱所作的补充"consignificative"[在句法意谓上/在语法含义上]因而就不是没有根据的。这里所指的是这样一种虚假,仅仅关乎意谓形式才能有这样的虚假。按照上述异议,意谓形式在形式上(formaliter)是虚假的;它所缺少的恰恰是那种东西,即它作为什么而显现。意谓形式发生为一种褫夺的意谓形式,但更确切地说,是本己行为之褫夺的意谓形式,是意谓内容——在其中有一种实在对象被意指了——的褫夺之意谓形式。

但事实上,这种被本己行为所规定的褫夺性表达的意谓形式并非在语法含义上是虚假的。我们应把褫夺理解为根据于灵魂的存在(Ens secundum animam);它的实际性就在于它被知晓。倘若依据于上述原则的意谓形式必须是通过存在形式(Modus essendi)而被规定的,而存在形式却又在褫夺那里是和认知形式相一致的,则那种从本己行为而来被规定的意谓形式就应合理地归

---

① Et si instetur: si modi sig. activi in nominibus privationum sumuntur a modis essendi habituum, tunc nomina essendi habitus et non privationis designabunt; et hoc posito, nomina privationum per suos modos sig. activos erunt consignificative falsa[假如还可强行提出这样一种异议:倘若褫夺之名词中的主动意谓形式是从本己行为的存在形式而来得到的,那么,存在的名词就将会标志着本己行为而非褫夺;倘若如此,则褫夺之名词就将由于它们的主动意谓形式而在句法意谓上是虚假的了],《论意谓形式》,第2章,2b。——原注

第一章 意谓与意谓之功用；意谓理论的诸原则　371

之于褫夺性的意谓。若不返归于褫夺所否定的本己行为（习性），则褫夺就是不可理解的（privatio non cognoscitur nisi per habitum[如果不是通过本己行为,褫夺就是不可理解的]）①。

在对意谓形式之质料确定性难题的这种极其简练同样也极其精确的解决中,一种值得注意的思想显露出来了:实在的自然实际性、非感性的逻辑性东西、被认知的东西本身以及由此而来每一种对象性东西本身,都必须在存在形式中得到理解。存在形式与"一般的某种东西"（Etwas überhaupt）的普遍领域（此领域是通过"存在"[ens]这一源初范畴而被规定的）是一致的。因而相应于意谓的一切相关功用,意谓理论就有了一种普遍的倾向。这表明,邓·司各脱清楚地知道意谓范畴的统治领域。

---

① Dicendum quod non est verum; imo nomina privationum per suos modos sig. activos designant circa privationes modos intelligendi privationum, qui sunt eorum modi essendi. Juxta quod sciendum, quod licet privationes non sint entia positiva extra animam, sunt tamen entia positiva in anima, ut patet IV, Met. text. 9, et sunt entia secundum animam; et quia eorum intelligi est eorum esse, ideo eorum modi intelligendi erunt eorum modi essendi. Unde nomina privationum per suos modos sig. activos non erunt consignificative falsa, quia cum modi intelligendi privationum reducantur ad modos intelligendi habitus (nam privatio non cognoscitur nisi per habitum), ideo modi essendi privationum tandem ad modos essendi habitus reducuntur[需要指出的是,这是不正确的;事实上,褫夺的那些名词,通过它们的主动意谓形式,毋宁说是在褫夺周围刻画出了褫夺的认知形式,这也就是它们的存在形式。在此我们应知道,虽然褫夺不是灵魂之外的肯定性的存在,然而它们却是灵魂中的肯定性的存在,并且正如亚里士多德《形而上学》第3卷第9问题段(1003b 5—10——译注)所表明的那样,它们是依据于灵魂的存在;并且因为它们的被认知就是它们的存在,所以它们的认识形式就是它们的存在形式。由此说来,褫夺的那些通过其主动意谓形式而得到的名词,并不会在句法意谓上变成虚假的,因为连褫夺的认知形式也都会归结到本己行为的认知形式中去（因为若不是通过本己行为,褫夺就是不可理解的）,所以褫夺的存在形式最终就会被归结到本己行为的存在形式中去],《论意谓形式》,第2章,2 sq.——原注

在随后一章中,在对来自存在形式的各种意谓形式的描述中,司各脱几乎单单是让实在的、感性的自然实际性进入了在形式上差异着的功用中。这不仅仅是他极具洞察力的那种思想——经验性地指向逻辑性东西——的一种后果,而且也源出于那种十分正确的洞见,即,这些意谓形式源始地应被算作是那种直接被给予的经验性的实际性。

洛采曾经十分确切地对这些形式作出如下说明:它们的"逻辑意义只是从那些形而上概念[它们正是源出于这些概念。洛采注]之意义而来的一种阴影:这种逻辑意义所复述的只是那些形式规定,这些规定声称,那些形而上概念是来自实际性的东西;但是当这种逻辑意义并不将其应用局限于实际性的东西时,它也就使那些形而上概念的意谓部分失落了,因为这些形而上概念只是在那种应用中才获得其意谓部分的"①。

同样地,邓·司各脱也没有在任何地方说过下面的话:各种意谓形式所复述和描摹的仅仅是适用于实在的自然实际性的诸范畴的那种意义;相反,邓·司各脱只是说:这些意谓形式从实在的自然实际性那里取得了它们的"起源"。相对于实在的自然实际性的那些范畴,意谓形式显示了一种特有的苍白化(Verblassung),正如在对意谓之形式理论的描述中所表明的那样。这必然被称作是一种特有的事态,即,我们是在对非感性的逻辑东西的探讨中使用那些表达,同样也为了心理实际性而使用那些表达,这些表达——就其本真的意谓内容而言——大多是取自于感性的自然实际性。

---

① 洛采:《逻辑学》,第19页。——原注

对于每一个领域,我们常常会缺少"语言",以至于下述事态不是偶然的也不是任意的:与那些领域相关的探讨由于这些必然形成的限定而经常显得是如此笨拙和烦冗。

那种充分的理解——去理解属于上述领域的那些对象以及伴随着这些对象而产生的那些问题——是非常困难的;但是,倘若与这些表达有关的那些意谓的范畴形式没有在自身中承载着这种苍白化和不确定性(由此它才能关涉于一切对象性的东西),上述理解也就完全不可能了。

现在,伴随着上述为意谓形式的质料确定性而作的原则解释,司各脱的思想①或许就获得了其无可置疑的正确性,但认识论者却可能仍然对此是不满意的。倘若实在的自然实际性对于意谓范畴应是起着规定作用的,那么我就必须首先知道这种实际性和它的结构。这种实际性可能是效力于意谓形式之差异化的最终原则,但是它并不能直接关涉于那种差异化。这样就产生了一个新的问题:A quo modus significandi immediate sumatur[意谓形式是从何处被直接获得的]?意谓形式在何处可以被直接地看出,并且,在何处它们能够仅仅是被看出?

存在形式事实上必然是被给予意识了的,意识必然对象性地具有存在形式。但我只是在认识中知道对象的,只有作为认识对象,它才真正是对象。认知形式是"理解的方式"(ratio concipiendi),也就是说,是方法与方式,在这种方法和方式中我对象性地理

---

① 指上文所说:"他极具洞察力的那种思想——经验性地指向逻辑性东西"。——译注

解了某物并由此知道某物。存在形式因而只是在下述条件下才进入了意谓区分化的运作中:它是按照认识而被给予的(prout ab intellectu apprehenditur[是被理智所把握的])①。另一方面,邓·司各脱探讨了这样一个问题,即,表达的意谓是关涉于对象本身,还是关涉于在可理解的属中被给予的对象。他肯定了后者。表达是直接关涉于被意识到的对象的,然而在这里,关于"意识"这一概念,始终还有一种基本的区分应予注意:可认知的属——通过它,对象被当前地意识到——首先可以被理解为心理的实在性,理解为在灵魂中的某种发生事件。意谓并不关涉于被如此理解的"可认知的属"(Species intelligibilis),但却可能关乎下述意义上的

---

① ... notandum, quod modi significandi activi immediate a modis intelligendi passivis sumuntur. Juxta quod sciendum est, quod sicut est duplex modus significandi, scil. Activus et passivus, ita duplex est modus intelligendi, scil. activus et passivus. Modus intelligendi activus est ratio concipiendi, qua mediante, intellectus rei proprietates significat, concipit vel apprehendit. Modus autem intelligendi passivus est proprietas rei prout ab intellectu apprehensa.

Dicatur ergo, quod modi significandi activi sumuntur immediate a modis intelligendi passivis; quia modi significandi activi non sumuntur a modis essendi, nisi ut hi modi essendi ab intellectu apprehenduntur ...

[……应注意的是,主动意谓形式是直接从被动的认知形式中获得的。在此我们应知道的是,正如意谓形式有两种即主动的和被动的意谓形式,故认知形式也分为两种即主动的和被动的认知形式。主动的认知形式是理解的方式,通过它,理智就揭示、把握或理解了物的性质。而被动认知形式则是下述意义上的物的性质,即这种物的性质是被理智所已经把握到的。

因而就可以说,主动意谓形式是直接从被动认知形式中得到的;因为,倘若这种存在形式不是理智所把握的,则主动意谓形式就不会从存在形式中被得到……],《论意谓形式》,第3章,3a。——原注

第一章 意谓与意谓之功用；意谓理论的诸原则 375

属；这种属具有对象性的价值，它把对象前置（vorstellt）于意识之前了。表达之意谓因而并不关涉于那种自在自为的、独立于意识而实存的对象，而是关涉于被认识了的对象。一切意向性地被意指的东西都是在意谓中被理解的，并且只有那种无论以何种方式而是对象性地如此存在的、按照意识而是意向性的东西，才能在意谓中被"表达"①。

正如意谓形式那样，认知形式被区分为主动的和被动的。主动的形式实行着那种按照意识进行的对象化；被动的形式则只不过是存在形式，只要它是按照意识而被对象化的。倘若意谓形式因此而拥有了它在存在形式中的确定性的最终基础，被动的认知形式，作为对象性地被给予的存在形式，才首次真正地使形式规定得以可能②。

现在已经出现了存在形式与认知形式以及意谓形式的一种特

---

① ... species intelligibilis immediate significatur per vocem, sed illa dupliciter consideratur, aut inquantum est quid in se accidens, scil. informans animam, aut inquantum repraesentat rem. Primo modo non significatur per vocem ... sed secundo modo[……可以认知的属是通过话语而得到直接意谓的，但它是在双重意义上被考虑的，即，或者是那种在自身中发生的事情亦即灵魂中的构形活动，或者是表现了物，但不是以被话语所意谓的第一种方式来表现的……而是以第二种方式来表现的]，《论亚里士多德〈解释篇〉诸问题》，问题 2，541b。

Res non significatur ut existit sed ut intelligitur[事物（事态）之被意谓并不是为了实存而是为了被认识]，同上书，问题 3，545a。——原注

② ... modi autem essendi prout ab intellectu apprehensi, dicuntur modi intelligendi passivi; ergo modi sig. activi sumuntur a modis essendi mediantibus modis intelligendi passivis; et ideo immediate modi sig. activi a modis intelligendi passivis sumuntur[……然而存在形式是通过理智而被理解的，故存在形式就被称作是被动认知形式；所以主动意谓形式是借助于被动认知形式而从存在形式中获得的；主动意谓形式因而是直接从被动认知形式中获得的]，《论意谓形式》，第 3 章，3a。——原注

有的纠缠交织与彼此依赖。"意向活动的"(noetisch)这个词说的是不同行为层面的那样一种特别的相互交错与奠基。如此就从这里产生了更进一步的任务,即要去澄清所指出的意向活动领域间的相互关系。同时也要达成对下述问题的裁决:Quomodo modus significandi a modo intelligendi et a modo essendi distinguatur[意谓形式是如何与认知形式以及存在形式相区分的]? 在此,为了能更进一步地取得重要进展,一切都要取决于对意谓形式之特征的深刻领会。

存在形式、被动的认知形式以及被动的意谓形式,这三种形式,纯粹就它们的内容性的所是来看,就它们的意向活动核心来看,materialiter et realiter[就质料和实在而言],是等同于同一种东西的,即那种每每都是通过形式而被规定的物料,或者说得更确切些:那种在思想上可与形式规定性相分离的、事实上却是被关联着分派于形式的物料(*Stoff*)。只有当这些形式(Modi)能够通过那种唯一的形式(*durch die Form*)被思考为不同的东西,这种物料才根本地是可分的。但关于形式我们也的确说过,它本身是从质料(Material)而来被规定的。它因此能够着眼于同一种物料而只是一种形式,并且人们就可以合乎逻辑地只谈论一种形式了。然而事实上既然存在着形式的差异化,它就不可能是由于别的,而只是由于:质料在形式的不同方面上进入了意谓差异化着的功用中①。

存在形式是可体验的东西本身,是在绝对的意义上与意识相对而立的东西,是那种"结实有力的"实际性,它不可抗拒地把自身强加给意识,并且永远也不会被排除掉。正是在这个意义上,它必然要被称之为绝对的和以自身为中心的。这种被给予的东西本身不仅仅对于实在论是存在的,而且对于绝对唯心论也是存在的,绝对唯心论力求在形式中解决一切内容上的东西,并且当它必然把科学的历史事实仅仅看作是某种为了它而被给予的东西时,这种被给予的东西就被"预设"了。倘若它竟连这一点也不承认,那就至少始终还被给予了那种"无限的"进程,在这种进程中并通过这种进程,对象的那个 X 应在形式和形式体系中得到彻底的解决。存在形式是直接被给予的着眼于实存(*sub ratione existentiae*)的经验实际性。下述意味深长的事情必须在这里予以说明:邓·司各脱也如此刻划这种经验实际性的特征,认为其处于一种"ratio"②之下,即处于一种观察角度、一种形式、一种持续的关系情形(Bewandtnis)之下;这恰恰相当于人们新近为此所形成的这样一种表达:就连"被给予性"(Gegebenheit)也已经表现了一种范畴规定。这里存在着"最基本的逻辑问题",这些问题,如同李凯尔特曾经

---

① ... notandum, quod modi essendi et modi intelligendi passivi et modi significandi passivi sunt idem materialiter et realiter, sed differunt formaliter[……需要指出的是,存在形式和被动认知形式以及被动意谓形式,这三者从质料和实在性来看是同一的,但在形式上则是不同的],《论意谓形式》,第 4 章,3b。——原注

② 拉丁语"ratio"的通常含义包括:理由,根据;理性;看法;计算;原则;形式;方式等。——译注

指出的那样,"首先向逻辑研究者显示出来,这种研究者也把那种'前科学的'认知引入其研究领域中去了"①。

319　被动的认知形式是已经进入认识中的实际性,存在形式则存在于认识的形式确定性中。人们必须把被动的意谓形式理解为存在形式,只要它关涉于表达,也就是说,只要它已经进入了意谓之中。一种是被给予性的看法(ratio),另一种是认识的看法,还有一种是意谓的看法。如此,诸形式就彼此区分了,但就形式之规定性而言(secundum formales rationes[按照

---

① 参看《历史哲学》这篇论文,载库诺·费舍尔纪念文集《二十世纪开端处的哲学》,第 2 版,1907 年,第 333 页;另可参看:《自然科学的概念构形的边界》,第 2 版,1913 年,第 31 页,第 36 页注释 1;对此问题更为详尽的探讨则参看:《认识的对象》,第 3 版,1915 年,第 376 页以下。——原注

第一章 意谓与意谓之功用;意谓理论的诸原则　379

形式的根据]),这些形式是依据于它们共有的同一种物料的①②。

形式仅仅是对不同方式的客观表达,在这些方式中意识被意向性地关联于对象性的东西。

在这些行为特性中,意向性关系的不同方式获得了它们在

---

①　… modus essendi est rei proprietas absolute; modus intelligendi passivus est ipsa proprietas rei prout ab intellectu apprehensa; modus sig. passivus est eiusdem rei proprietas prout per vocem significatur. Et sunt eadem materialiter et realiter, quia quod dicit modus essendi absolute, dicit modus intelligendi passivus, prout refertur ad intellectum; et quod dicit modus intelligendi passivus, dicit modus sig. passivus, prout refertur ad vocem, ergo sunt eadem materialiter. Sed differunt formaliter, quod sic patet: quia qui dicit modum essendi dicit proprietatem rei absolute sive sub ratione existentiae; sed qui dicit modum intelligendi passivum, dicit eandem rei proprietatem ut materiale, et rationem intelligendi sive concipiendi ut formale; sed qui dicit modum sig. passivum, dicit eandem proprietatem rei ut materiale et dicit rationem consignificandi ut formale, et cum alia sit ratio essendi, alia intelligendi, alia significandi, differunt secundum formales rationes[……存在形式是物的绝对性质;被动认知形式是被理智所理解的物的绝对性质;被动意谓形式是被话语所意谓的那种物的性质。并且这些都是就质料内容和现成实际性而言的,因为存在形式本身之所谓和被动认知形式之所谓都是被反推于理智的,而被动认识形式和被动意谓形式之所谓都是被反推于话语的,所以这些在内容质料上是同一的。但它们在形式上则是彼此不同的,对此的阐释如下:因为存在形式说的是物的性质本身或者说是在实存之形式下而言的;而所谓的被动认知形式,当其言说物的性质时是视之为质料因素的,当其言说认知或理解形式时则是视之为形式因素的;所谓的被动的意谓形式,当其言说物的性质时是就质料而言的,当其言说句法意谓形式时则是就形式而言的;又因为"实存"与"认知"以及"句法意谓"的形式都是彼此有别的,所以这三种形式是按照形式之规定而彼此区分的],《论意谓形式》,第4章,3b。——原注

②　拉丁文"proprietas"虽然被理解和翻译为"性质",但就此词的原意而言(它本系对希腊词语 *idiotes* 的翻译,而相应希腊词根 *idios* 的意思是"本己的、本有的"),它更根本地意味着"本己显现、本己所为、本己所有",故和 habitus(习性、本己行为)与 modus(形式、显现方式)一样都有强烈的动态意。汉译很难传达这种动态意义。——译注

当前的实行，这些行为特性现在必须在它们那方面得到区分并且承受一种描述。

存在形式与主动的认知形式以及主动的意谓形式是按照质料和形式而区分的，只要它们归属于不同的本质领域。事情的奇特之处在于，邓·司各脱先前是用存在形式来和被动的认知方形式及被动的意谓形式相比较的，而在主动的这些形式①的特征那里，他又再度使存在形式与之相关涉，但事实上却没有明确地区分主动的存在形式和被动的存在形式。人们或许想就此指出，司各脱对于存在形式并没有达成最终的清晰性，因为他曾经把存在形式解释为绝对客观的实际性，但在这里事实上却应注意到，绝对客观的实际性也是存在于某种Ratio[观察角度；形式；看法]之下即实存的Ratio之下的，并且这样的话就接近了形式规定性的特征，这种特征必须符合于行为特征。

主动的认知形式属于意识领域，更确切地说是属于认识着的意识的领域，而主动的意谓形式则被归入到"表达"的领域中了。但只要认知与意谓的行为与那些行为——在这些行为中，直接的被给予性被现实地意识到了——是按照它们的Ratio、按照它们的成效的意义而区分的（在何种程度上，这将在对意谓理论和逻辑学的区分中显示出来），它们也就必须在形

---

① 指主动的认知形式和主动的意谓形式。——译注

式上被彼此区分开来①。

在对上述行为的描述中,邓·司各脱有机会再一次返回到开始时提到过的关于一般行为的基本区分。行为性质(认识行为和意谓行为的行为性质)和与之一致的行为质料在形式上归属于不同的结构领域;在每一种意向性的体验中,意向性的意谓内容(被动形式)和实有的(reell)组成部分(主动形式)应被区分开来。相反,就形式而言,主动形式和被动形式则是同一的,只要行为的成效意义仿佛表现了被转置入这些行为领域中

---

① Item sciendum, quod modus essendi et modus intelligendi activus et modus significandi activus differunt formaliter et materialiter; quia modus essendi dicit proprietatem rei absolute sive sub ratione existentiae, ut dictum est supra; sed modus intelligendi activus dicit proprietatem intellectus, quae est ratio intelligendi sive concipiendi; modus significandi activus dicit proprietatem vocis, quae est ratio consignificandi. Sed alia est proprietas rei extra animam et alia intellectus et alia vocis; ita alia est ratio essendi, alia intelligendi alia consignificandi; ergo modus essendi et modus intelligendi et modus significandi activus differunt in utroque[同样需要知道的是,存在形式和主动认知形式以及主动意谓形式在形式和质料上都是彼此有别的;因为正如之前所说的那样,存在形式说的是物的性质本身或者说是在实存之形式下而言;而主动认知形式说的是理智的性质,这是认知或理解的形式;主动意谓形式说的是话语的性质,此乃句法意谓的形式。物的性质是外在于灵魂的,它和理智的性质以及话语的性质都是彼此有别的;是以存在的形式和认知的形式以及句法意谓的形式都是彼此不同的;所以说存在形式和主动认知形式以及主动意谓形式在两方面即质料与形式上都是有差别的],《论意谓形式》,第4章,3b sq.——原注

的那种意向性的意谓内容①。

　　在某种意义上,意谓可以被理解成是归属于对象世界的客体性的;由此而来意谓获得了它的"内容"。相反,作为对那种赋予意谓的行为的施行成就,意谓与这种行为在形式上是同一的,因而意谓是归属于使意谓得以生发的那种表达的。只要赋予意谓的行为又是从质料而来亦即从客体性而来被规定的,就可以说,这种行为是在客体性中被奠基的。由于被看作是心理的实在性,这种行为就在知性活动中有其作用原因。在"Constructio"[句法结构]中,亦即,在意谓关联中,这种行为则仿佛

---

①　... sciendum, quod modus intelligendi activus et modus intelligendi passivus differunt materialiter et conveniunt formaliter. Nam modus intelligendi passivus dicit rei proprietatem sub ratione intelligendi passiva; sed modus intelligendi activus dicit proprietatem intellectus, quae est ratio intelligendi activa; sed eadem est ratio intelligendi, per quam intellectus proprietatem rei intelligit active et per quam rei proprietas intelligitur passive, ergo proprietates sunt diversae et ratio est eadem, ergo materialiter differunt et formaliter sunt idem. Item sciendum, quod modus significandi activus et passivus differunt materialiter et sunt idem formaliter[……需要知道的是,主动认知形式和被动认知形式在质料上是有差别的,但在形式上却是一致的。因为被动认知形式说的是被动认知形式下的物的性质;而主动认知形式说的是理智的性质,这是主动的认知形式;但认知形式是同一的,因为,正是通过这种形式,理智才主动地认知了物的性质,也同样是通过这种形式,物的性质才得以被认知,所以说,性质是不同的而形式是同一的,在质料上是有差异的但在形式上则是同一的。同样可知,主动的意谓形式和被动的意谓形式在质料上是不同的但在形式上则是同一的],《论意谓形式》,第4章,4a。——原注

被提升为其效果中（在所成就的东西中）的作用原因[1]。

如此，依循着被给予性（存在形式）的这一主线——在它那方面只有被给予性是作为被认识的东西（在认知形式中）而存在着的——意谓形式就被看出来了。

先前我们只是暂时地在话语与意谓之间做了区分，这两种现象是属于不同领域的，这种归属性只是得到了非常泛泛的阐述。

从现在起，这一研究将更深入地拓展下去，以便让一般表达（dictio[词汇单位]）的结构在其分层中得到综观。

话语本身，作为可感知之物，与认识对象没有任何关系；认识对象首先是通过意谓而获得话语的：vox non proportionatur

---

[1] ... notandum, quod modus sig. passivus materialtier est in re, ut in subjecto, quia materialiter est proprietas rei; rei autem proprietas est in eo, cuius est ut in subjecto. Formaliter autem est in eo subjecto, in quo est modus significandi activus, quia formaliter a modo significandi non discrepat.

Modus autem significandi activus, cum sit proprietas vocis significativae, materialiter est in voce significandi ut in subjecto, in proprietate autem rei sicut causatum in causa efficienti radicali et remota; et in intellectu sicut causatum in causa efficiente proxima; et in constructione ut causa efficiens in suo effectu proprio.

[……需要指出的是，被动意谓形式在质料上是在物之中的，是从属于物的，因为从质料的角度来看，被动意谓形式就是物的性质；而物的性质也是在物之中的，是从属于物的。然而从形式的角度来看，主动意谓形式也是在物之中或从属于物的，因为这两种意谓形式在形式上是没有差异的。

有意谓的话语的性质是通过主动意谓形式表现出来的，但从质料的角度看，主动意谓形式是在意谓着的话语中的，是从属于之的，而它与物的性质的关系就好像效果与效力因有极远的距离；它与智力的关系就好像效果与效力因有最为切近的距离；它与句法结构中的关系则好像是效力因存在于其自己的效果中]，《论意谓形式》，第5章，4。——原注

ipsi rei nisi per rationem significandi[话语是不能相称于物本身的,除非它是通过意谓形式而获得的]①。"言语的表达活动",胡塞尔说,"并不存在于单纯的词语中,而是存在于表达着的行为中;这些行为在一种新的材料中铸造了相关的、通过它们而被表达出来的行为,前一种行为从后一种行为那里取得了一种思想性的表达,这种表达的普遍本质则造就了相应言语的意谓"②。

但是,意谓形式(Ratio significandi),语词的"意谓形式的存在"(胡塞尔)却奠基于认知形式,与对象本身的关系是通过认知形式而被建立起来的。"关于对象之认识和意谓意向之充实的说法……表达的只是对同一事态的不同看法"③。

通过意谓与对象性东西的这种关系,意谓就获得了按照这种意向性看法之特性的某种造型。司各脱明确指出,下述情形当然是可以的,即,从一种和同一种对象性的被给予性而来出现了不同的意谓意向,也就是说,意谓形式能够奠基于被给予性:non est inconveniens ab eadem rei proprietate modos significandi diversos non oppositos oriri[尽管意谓形式有别于事物(事

---

① 《论亚里士多德〈辩谬篇〉诸问题》,问题 10,15a。
Quamlibet essentiam contingit intelligere sub ratione propria et etiam significare, et tali modo intelligendi correspondet modus significandi abstractus[然而认知活动甚或意谓活动是在特有的形式下才遭遇到本质事物的,而且这样的认知形式对应的乃是抽象的意谓形式],《论亚里士多德〈范畴篇〉诸问题》,问题 8,457b。——原注
② 《逻辑研究》,第 1 版,1901 年,第 2 卷,第 481、489 页。——原注
③ 《逻辑研究》,第 1 版,1901 年,第 2 卷,第 505 页。
"红色的物体被辨识为红色的并借助于这种认知而被称作是红色的。"《逻辑研究》,第 1 版,1901 年,第 2 卷,第 500 页。——原注

态)的特性,但并不与之异质,并不与之矛盾,而是源出于其中的]①。"由于表达的意谓意向在多种多样的、概念性的且并不相互归属的直观中实现着自身,因而伴随着这种有深刻不同的实现向度,同时就出现了意谓意向的深刻的差异性"②。

对于在有意谓的话语中生动着的并通过话语而被递交给对象的那种主体而言,意谓形式并没有被当下地意识到。只是在反思中,意谓的这种形式内涵才被凸显出来。这种形式内涵是在意谓形式中呈现出来的。这些意谓范畴构建了一些"语言成分"(partes orationis)。然而,在对这些"语言成分"的指示中,所要思考的并不是话语的语音上的意谓内容,不是词语形式,而是那些非感性的逻辑意谓范畴;因为邓·司各脱将其特性明确地规定为:partes orationis sunt entia secundum animam[语言成分是依据于灵魂的存在]③。

意谓范畴是可能的具体意谓的构形理念。这些构形理念依据它们特有的意谓内容而规定了它们彼此间的关系;在意谓形式中存在着 种内在的规则性,这种规则性先天地调整着那些可能的意谓关联;邓·司各脱对此的表述是:modi significandi sunt principium efficiens intrinsecum constructionis[意谓形式是句法结构的内在的效力原则]④。

在意谓形式中存在着对具体的意谓复合体的整理。以此

---

① 《论意谓形式》,第 36 章,32a。——原注
② 《逻辑研究》,第 1 版,1901 年,第 2 卷,第 71 页以下。——原注
③ 《论意谓形式》,第 21 章,18a。——原注
④ 《论意谓形式》,第 45 章,38a;参看本书第 325 页的页下注。——原注

方式,意谓领域中的意谓形式的本质性功用就被标明了。在洛采的《逻辑学》的第一页中①,洛采以他特有的精敏方式在一种确切的图景中阐明了意谓形式的这种功用。他的那些思想极有可能会在另一种方式的复述中丧失掉,因而它们应按照洛采自己的说法表述如下:

"思想之成效常常在多样性的各种关系中向我们显示出来;人们因而会认为,也必须在两种表象之关联的最简单的方式中去寻求人之行为的最源始者。然而一种轻简的思考却会劝告我们,还要再往后退一步。纯然的球体可以被轻易地丢成一堆,倘若它们怎样平放是无所谓的话;与之相反,一个有规则形状的建筑只可能是由这样的建筑石材构成的:它们中的每一个都已经被带到一些形式中了,在这些形式中,它们使其彼此相宜的平面得到了可靠的连接和叠置。人们也必须在这里期待类似的东西。作为我们内在的单纯刺激,这些情形——它们跟随着外在的刺激——能够没有其他的准备而一同存在于我们之中,并且能够如此地彼此作用,正如我们精神生活的那些普遍规则所许可或命令的那样;与之相反,为了在思想的某种形式中成为可连结的,它们各个都需要一种先行就有的结构[作者注:极好],通过这一结构,它们才根本地成为逻辑的建筑石材,从印象而来成为表象。就根本而言,没有什么比思想的这第一种成效还更为我们所熟悉;我们常常只是由于下述原

---

① 指该书在"第一卷导论"之后的第 1 页,亦即全书正文页码的第 14 页。——译注

因而忽视了思想的这种成效,即,它在传统所传交给我们的那种语言的形成中已经被作出来了[作者注①:极好]并且因此而成为那些自明的前提,看上去不再属于思想的本己工作了"②。

这些意谓形式必须被目的论地理解,也就是说,它们的成效必须从句法结构(Constructio)的概念而来得到理解,这些意谓形式是以句法结构为目的并将其作为它们的原则的。

我们现在并不能直接看清,就句法结构的方面而言,这些意谓形式是何种类型的原则。但在这一方面事实上是可以区分四种原则的:质料原则、形式原则、效力原则以及目的原则。

质料原则是可以在句法上进行连接的成分,亦即,是那些作为意谓关联之要素("建筑石材"[洛采])的具体意谓。它们表现的是一种材料,意谓之复合体就是由这种材料所构成的。由于句法结构源出于一种要素和另一种要素的依赖性,所以它始终有两个并且只有两个要素:依赖者和决定者。在"homo albus currit bene"[白色的人跑得很好]这句话中可以确定更多的依赖关系:形容词与名词的关系,动词与主词的关系,副词

---

① 这里的"作者注"系海德格尔的点评。——译注
② 洛采:《逻辑学》,第14页。参看洛采:《微观宇宙》,第5版,1905年,第2卷,第240页以下。——原注

与动词的关系,与之相应地,这句话也包含更多的"句法结构"①。

---

① Primo earum principia in generali videamus. Sunt autem quattuor principia essentialia construendi sermonem congrue et perfecte scilicet: materiale, formale, efficiens et finale. Principium materiale construendi sunt constructibilia; quia sicut se habet subjectum ad accidens, sic se habent constructibilia ad constructionem; sed subjectum est materia accidentis, nam accidens non habet materia ex qua sed in qua; ergo constructibilia sunt materia constructionis. Et unius constructionis non sunt plura vel pauciora duobus, quia, ut patebit, constructio causatur ex dependentia unius constructibilis ad alterum; sed una dependentia non est nisi duorum, scil. dependentis et determinantis; ergo unius constructionis non sunt nisi duo constructibilia principalia, scil. dependens et terminans. Et ex hoc patet error dicentium hanc constructionem esse unam: homo albus currit bene. Nam hic sunt diversa dependentia: una, qua Adjectivum dependet ad Substantivum, alia, qua Verbum dependet ad suppositum, tertia, qua determinans dependet ad determinabile; ergo non erit hic una constructio[我们首先想要对这几种情形(指句法的结构性、一致性和完整性——译注)的原则进行普遍意义上的考察。然而,对一句话而言,那一致地并完整地建构着它的本质性原则是分为四种的,即:质料原则、形式原则、效力原则以及目的原则。句法构造的质料原则是那些可以在句法上进行连接的成分。因为,可以连接的成分与句法结构的关系正如基体之于偶性的那种关系;然而基体乃是其偶性的质料,因为偶性并不是在基体之外而是在基体之中才具有其质料的;所以可以连接的成分是句法结构的质料。在单个句法结构中存在着不多不少两个成分,因为,如同我们所要揭示的那样,句法结构是源出于那种依赖性的即句法结构之成分中一个之于另一个的那种依赖性;然而一种依赖性若没有两种成分即依赖者和决定者就不成其为依赖性;所以一种句法结构是必须要有两种建构成分的,即依赖成分和决定成分。由此就可看出这样一种说法——即认为在"白色的人跑得很好"这句话中只存在着一种语法结构——的错误了。因为这里事实上存在着多种多样的依赖性:一种是形容词对于名词("白色的"对于"人"——译注)的依赖性,另一种是动词对于主词("跑"对于"白色的人"——译注)的依赖性,第三种是起限定作用的成分对可被限定的成分("很好"对于"跑"——译注)的依赖性;所以这里并非只存在一种语法结构],《论意谓形式》,第45章,38a。——原注

第一章 意谓与意谓之功用；意谓理论的诸原则

意谓复合体[①]的形式原则是组成部分的结合。形式的功用在于给予对象以存在；这种形式功用在句法结构那里实现着要素的"结合"(unio)[②]。

就句法结构的效力原则这一方面而言，我们要作出区分的是：首先是内在的原则，它规定了依赖性的方法和方式并且相应地规定了意谓的结合可能性；这种功用是与意谓范畴即意谓形式相适宜的；当它先天地预示了各自的综合的向度，它就仿佛是为句法结构做了准备；它把那些"建筑石材"带到了形式中。邓·司各脱把这种内在原则的功用判归给了这些"建筑石材"，因为它们仿佛持存于其中，更确切地说，仿佛是作为诸意谓的形式而持存于诸意谓之间（quasi inter constructibilia manentes［仿佛持存于结构成分之间］）。

句法结构的外在原则是知性活动；它在思想和话语中现时地实施着组成部分的结合工作；因为就其自身而言，诸意谓并非是现时地结合着的；它们仅仅是在结合的某些可能性中依据

---

① "意谓复合体"（Bedeutungskomplexion）系德国学者对拉丁文"constructio"（句法结构）的翻译或对应称呼，汉译在此采取了直译。——译注

② Principium formale constructionis est unio constructibilium; hoc enim est forma rei, per quod res habet esse. Sed constructio habet esse per constructibilium unionem; ergo constructibilium unio est forma constructionis［句法结构的形式原则是结构成分的结合；因为，形式是物的形式，物通过形式而具有存在。但是句法结构是通过结构成分的结合而具有存在的；所以说结构成分的结合是句法结构的形式］，《论意谓形式》，第 45 章，38b。——原注

于意谓范畴①。

　　句法结构的目的原则是对在意识中被给予之物的表达活动,这种被给予之物作为认识的对象是被范畴地规定的,也就是说,表现了一种关系整体②。

　　句法结构现在可以被概括地释义为:constructio est con-

---

　　① Principum efficiens constructionis duplex, scil. : extrinsecum et intrinsecum. Intrinsecum sunt modi significandi respectivi, ratione quorum vel unum constructibile est ad alterum dependens vel alterius dependentiam determinans; a quibus modis sig. respectivis abstrahuntur duo modi sig. generales: modus dependendi in uno constructibili et modus dependentiam terminans in altero constructibili. Et hi modi sig. dicuntur efficere constructionem pro tanto quia praeparant et disponunt constructibilia ad actualem unionem, quae fit per intellectum ...

　　Sed principium efficiens extrinsecum est intellectus qui constructibilia per modos sig. disposita et praeparata actu unit in constructione et sermone. Constructibilia enim, qualitercumque summe disponantur ad unionem per modos sig. numquam tamen unum constructibile actu se altero unit, sed hoc fit per intellectum, ut dictum est. Et dicitur intellectus principium extrinsecum, quasi extra constructibilia manens.

　　[句法结构的效力原则是双重的,亦即:内在的原则和外在的原则。内在的原则是就意谓形式而言的,它们的方式在于,一种结构成分依赖于另一种结构成分,或者是被规定的成分依赖于起规定作用的成分;就意谓形式而言从中可以得出两种普遍性的意谓形式:在一种结构成分那里是依赖着的形式,而在另一种结构成分那里则是对依赖者进行规定的形式。人们也可以说,在某种意义上是这些意谓形式造成了句法结构,因为是它们预备了结构成分并对之进行了设置,最终使之能够实际地结合起来,但这种结合是通过理智认知而发生的……

　　然而外在的效力原则乃是理智认知,它把由意谓形式所设置和预备的结构成分统合在句法结构中并形诸言语。因为对于结构成分而言,无论它们是多么极致地被意谓形式设置到统一性的结合中去了,但绝不是由一个结构成分自行与另一结构成分相结合,而应看到,正如我们说过的那样,这是通过理智认知而发生的。所以说,理智认知是外在的原则,它仿佛是在结构成分之外持存着],《论意谓形式》,第45章,38b。——原注

　　② Principium finale est expressio mentis conceptus compositi[目的原则是对构成一体的思想概念的表达],《论意谓形式》,第45章,38b。——原注

structibilium unio ex modis significandi et ab intellectu causata ad exprimendum mentis conceptum compositum finaliter adinventa [句法结构是对结构成分的结合,这些结构成分来自意谓形式,理智认知则导致了它们的结合,其最终目的在于对构成一体的思想概念进行表达]①。

这样的话,意谓形式的这种意义深远的功用——在此唯有它才是决定性的——就可以通过它与句法结构的其他原则的对照而得以澄清。它好像是意谓复合体的神经;它规定了意谓复合体的构造并构成了一种从本己规则性而来的领域。

意谓乃是要素,它们的结合归属于句法结构。从意谓范畴——具体意谓就隶属于这些意谓范畴——的那种合规则性的关联中产生了所应有的句法结构或那种一致性(die Con-structio debita oder die Congruitas)。它并不是依据于正有待结合的个别意谓的那种特别的实质性的内容,而是奠基于在实质意义上"更早的"意谓形式。这种符合一致(Congruitas)②因而必须被理解为那种通过意谓形式而被先天规定了的句法结构;

---

① 《论意谓形式》,第46章,39a。——原注
② 对于印欧语系的屈折语而言,这种一致性通常意味着句子成分间性、数、格的一致。——译注

说得规范些,它是管理那些特别的具体的意谓之结合的规则①。

当前,胡塞尔再度使"一种纯粹语法的理念"获得了荣耀,并且揭示出,存在着先天的意谓规则,而且这些意谓规则还放弃了意谓的客体性的通行有效(Gültigkeit)。"意谓复合体的诸规则规定了——这是意义的单纯统一性所要求的——,不同意谓范畴的意谓应按照它们的先天形式而统一为一种意谓,而不是得出一致混乱的无意义。现代的语法认为它必须仅仅被建构于心理学和其他的经验科学之上。与之相反,在我们这里却有一种洞见觉醒了,即,普遍语法、尤其是先天语法的那种古老的观念[着重号为论者所加],通过我们对先天的、规定着可能意谓形式的那些规则的指明,获得了一个毫无疑问的基础,并且无论如何都获得了一种被明确限定了的有效性领

---

① … sicut constructio requirit constructibilium unionem absolute, sic congruitas requirit constructibilium unionem, non quamcumque sed debitam. Et haec debita unio potest contingere dupliciter: uno modo ex convenientia significatorum specialium, et per oppositum unio indebita ex repugnantia ipsorum. Alio modo potest contingere ex conformitate modorum sig. et per oppositum indebita ex indebita modorum sig. discrepantia [……正如句法结构绝对需要结构成分的结合,这种一致性也需要结构成分的结合,但不应是某种随意的结合。所应有的这种结合能够以双重方式发生:第一种形式是出自具体意谓的相符相宜,它的对立面乃是这些具体意谓的彼此不符所构成的那种不应有的结合。另一种形式能够从诸意谓形式的相符相宜中产生,它所反对的乃是由诸意谓形式的那种不应有的差异所构成的那种不应有的结合],《论意谓形式》,第 53 章,47a。——原注

第一章 意谓与意谓之功用;意谓理论的诸原则

域"①。

在他的《纯粹现象学和现象学哲学的观念》中,胡塞尔为意谓领域指明了它在整个现象学任务中的位置,并且以此方式同时也把"先天语法"的那种理论上的重要性给推送到一种新的光明中了②。

在我们最终确定意谓理论这一概念并将其与逻辑学区别开来之前,还应谈一谈意谓领域的另一种可能的考察方式。

对意谓的每一种深入的考察,对其与词语之关系以及其与在词语中被意向性地意指的对象之关系的每一种深入的考察,都遭遇到了属于一义性、歧义性以及类比的那些现象。那么,对此的探讨,严格说起来,是归属于意谓理论的么,也就是说,上述那些功用方式是存在于与意谓形式的本质性的关系中的么?

邓·司各脱注意到,一义性、歧义性和类比,它们在意谓内涵(significatio)上亦即内容和形式上的差异,是少于它们在"话语"(vox)上的差异的。

哪里可以发现一义性的全部本质?这一问题的答案将在一种区分中得以澄清,此区分是邓·司各脱着眼于一义性而予以确定的:univocationem completam dico, quando est similitudo

---

① 胡塞尔:《逻辑研究》,第2版,1913年,第2卷,第1部分,第295页。参看此书的"第四研究",第294—342页:独立意谓与非独立意谓的区分以及纯粹语法的理念。——原注

② 特别参看《观念》,第118页以下,第245页以下——在第25页的注释中胡塞尔也预告了探讨纯粹语法的进一步的文稿。——原注

in forma et in modo essendi formae, diminutam, quando est similitudo in forma, licet habeat alium modum essendi, quomodo domus extra est a domo in mente[完全的一义性说的是，当在形式上相似时，就会在形式的存在形式上发生分裂，当在形式上相似时，就可以有另一种存在形式，正如（实际的）家是处于思想中的家之外的]①②。倘若诸意谓在内容与行为性质上是一致的，那么就出现了绝对的一义性。我把"家"意指为实在地实存着的客体，又把"家"意指为一种意谓（观念），也就是说，意谓行为一方面是一种设定着的行为，它把意谓内容意指为实在地实存着的，另一方面却又是无规定的，它只是单纯地包括了意谓内涵本身，而没有进一步地对此进行规定，如此，"家"这一表达在这两种情形下的使用就不再是严格的一义性的了。

那么，在严格意义上的一义性的表达那里，作为语言形态的词语、依照着形式和内容的意谓以及意谓内容之意指的方式（设定之特征），就在同一性中保持着。所以，为了去澄清本质，不只是意谓内容必然要被考虑到，语言表达和对意谓予以充实

---

① "司各脱全集版"《牛津评注》，"序言"，问题 4，n. 45。——原注

② 据《哲学历史辞典》（HWPH, Bd. 11）分析，中世纪哲学中的"一义性"概念（univocitas, univocatio）源出于希腊哲学特别是亚里士多德思想中的"synonymia"一词，它原本意指这样一种事态：两个事物具有同一种名称且具有同一种含义（意谓）。对该概念的这种理解经由辛普里丘的传承工作而影响了邓·司各脱以及当时的语法理论（辛普里丘认为，"一义性"不允许有任何矛盾，中世纪的一些语法学家由此进而认定，概念要么是一义性的，要么是歧义性的，而任何歧义性的东西都可归结到一义性中去，因为后者乃是本源性的东西）。由此可见，司各脱在《牛津评注》中对"一义性"概念的上述阐释可以更简明地表述为：一义性是两个事物在意谓内涵上的同一性，但同一不是等同，为此就必须有它们在存在形式上的差异性。——译注

的对象也都必然被考虑到了。只有在这些因素存在的地方,才有意义,才谈得上一义性或其余的功用方式中的一种方式。但这些因素只存在于活生生的词语用法中。对此,司各脱是这样表述的,他说:一义性根本不是意谓所首要关涉的东西,倒应看到,只要概念存在于谓述之运用中,它就是意谓所首先关涉的东西;因为只有在陈述句中,意谓才能被运用于对象,而充实向度也才得以生效(kommt auch die *Erfüllungsrichtung zur Geltung*)①。一义性最终只不过是对同一词语(语言形态)所具有的同一意谓的同一设定。充实之向度乃是一种同一的向度,只要充实着的诸对象是按照它们的是什么而同一地发生着。

同一性(una ratio[单一形式])因而是一义性的特征,更确切地说是这样的同一性[单一形式],即它如何在那些具体的、本质性地归属于一义性表达之用法的要素中保持着自身②。

对歧义性的概念澄清工作将会对上述内容作出进一步的说明。

In aequivoco nullus est idem sed sola vox[在歧义性中没有

---

① Univocum et denominativum primo sunt differentiae praedicati, quod secundum se inest conceptui, non primo voci significanti[一义性的东西和意指性的东西(即"意谓",司各脱在此对"denominativum"一词的使用是就其本意"用相关事物的名称来取代原有名称"而言的。——译注)的差异首先要被指明,因为意谓本身是就概念而言的,而非首先意指一义性],参看《论亚里士多德〈范畴篇〉诸问题》,问题6,452b sqq。——原注

② Univocum apud logicum dicitur omne illud, quod per unam rationem devenit apud intellectum secundum quam dicitur de multis[逻辑上的一义性全都说的是那种东西,它是通过统一形式而形成于认知中的,并非只是就多而言的],《论亚里士多德〈范畴篇〉诸问题》,问题7,455a, b。——原注

同一的东西而是只有单独的话语]①。就那些被凸显的要素——语言形态、意谓以及充实向度——而言,在歧义性那里因而就只有第一种要素保持着。就一种歧义性表达而言,只要人们并不把表达理解为从意谓形态中分离出来的语言形态,而是将其理解为词语与意谓的统一性(Einheit),那么人们就不能在严格的意义上说,歧义性表达是一种表达;但是歧义性表达也同样很少被用以意指许多表达。与之相反,它却完全可以被命名为一种多样性的表达,这种多样性是鉴于为同一地持存着的语词所具有的多种多样的意谓行为和那种由此而被给予的多种多样的充实向度而言的。从一个方面看来,因而也就在那种被歧义性地使用的表达中发现了同一性,亦即词语的同一性。但使其与一义性表达有根本区分的,乃是意谓行为与充实

---

① 《论亚里士多德〈范畴篇〉诸问题》,问题4,443a。——原注

第一章 意谓与意谓之功用；意谓理论的诸原则　　397

向度的多样性①：aequivocum cum diversis actibus significandi significat multa[伴随着不同意谓行为的歧义性所意指的乃是众多事物]②。

　　这样的话，由于歧义性表达关涉于许多对象和多种多样的对象并且可以如此这般地对它们进行陈述，人们因而就可以尝试一下，去把这些歧义性表达与共相（Universalia）置于同一行列。然而，这里应始终留意这样一种本质性的区分，即，对各种各样的意谓行为——它们是每一种歧义性表达本身就其本质而言所特有的——予以充实的客观质料，没有显示出有任何

---

　　①　... nomen aequivocum nec debet dici simpliciter unum nomen nec plura nomina sed nomen multiplex quasi ab uno multiplicans. Hoc est manifestum: nam nomen dicitur tale eo quod sic per intellectum imponitur, unde intellectus est principium nominum, cum sit imponens ad placitum; nomen ergo est quoddam artificiale, sed in artificialibus tota substantia est ipsa materia ... ipsa vox est substantia et materia nominis; manente ergo unitate vocis non dicetur illud nomen plura nomina, sed in termino aequivoco vox est una ... Nec simpliciter debet dici unum nomen, nam ibi sunt plures rationes significandi. Relinquitur ergo dicendum, quod sit nomen multiplex ... Si autem pluribus rebus imponatur una vox, illa dicetur nomen multiplex[……歧义性名词并不简单地意指单数的或复数的名词，而是意指一种多层次的、似乎来自于一种多样性的名词。对此的解释如下：所说的这种名词是通过那种方式即通过理智而被建立起来的，由此可见理智乃是名词之本原，因为名词的建立是"任意"的（"任意"乃是指按照意愿，也可以说是按照由"任意"所形成的"习惯"。——译注）；名词因而是某种人为之物，但是完全人为的实体乃是质料本身……话语（语音）本身乃是名词的实体和质料；因而统一的话语并不是指复数名词这种名词，而是指，话语在歧义性的界限（术语）中成为统一的……它也不是简单地意指单数名词，因为那里的意谓形式是多种多样的。因此最后只能说，歧义性名词乃是具有多样性的名词……假如统一的话语是通过众多的事物建立起来的，则可以说这就是多样性的名词]，《论亚里士多德〈辩谬篇〉诸问题》，问题8，10b。——原注

　　②　《邓·司各脱全集》第1卷，《论亚里士多德〈解释篇〉诸问题》，问题2，443a。——原注

共同的观察角度（普遍形式），也没有表明任何有内容的、可在一种"普遍概念"中得以坚持的共属性；inter significata termini aequivoci nulla est habitudo[在被意指的歧义性术语中不存在（统一的）形式]①。与之相反，每一种共相都恰恰是通过观察角度的同一性而被凸显出来的，在共相中被述及的乃是各种具体对象②。由于这种普遍的、为更多的个体对象所共有的观察角度在歧义性的表达中却是缺乏的，所以也就不可能通过意谓要素的增添来对其予以详细说明；因为每一个属都是合乎本质

---

① 《论亚里士多德〈辩谬篇〉诸问题》，问题 10,13b。——原注

② … licet vox aequivoca in eo quod secundum aliud et aliud respicit aliud et aliud significatum conveniat cum universali, quod secundum aliud et aliud respicit sua supposita — in alio tamen est differentia, nam in termino aequivoco non contingit considerare aliquam rationem communem, in qua significata conveniant praeter solam vocem; sed in toto universale contingit considerare aliquam rationem in qua supposita univocantur et ideo non est simile. In alio etiam est differentia, nam omnis ratio significandi actu importatur per terminum aequivocum; sed nullum suppositum importatur actu per terminum communem, ideo non est simile[……歧义性话语可以鉴于它是对许多事物的思虑和意指而被拿来与"共相"相提并论，因为共相所考虑的也是各种各样的事物——然而它们之间也存在着差异，因为在歧义性术语中并不存在对某种普遍观察角度（普遍形式）的思考，在歧义性所意指的东西中我们只会碰到单独的话语；但是在所有共相那里发生的事情乃是对这样一种观察角度（形式）的思考，这种观察角度（形式）中的谓述对象乃是被一义性地述说的，因而此二者（歧义性话语与共相）是并不相似的。它们的不同之处此外还表现在，所有的意谓形式都是通过歧义性术语而被付诸实际的；但是没有什么谓述对象是通过共同的（普遍的）术语而被付诸实际的，所以它们是并不相似的]，《论亚里士多德〈辩谬篇〉诸问题》，问题 10,12b。——原注

第一章 意谓与意谓之功用；意谓理论的诸原则　399

的属，都是对一种"普遍的"意谓内涵的规定①。

歧义性表达的本质还可以得到进一步的澄清，倘若我们对下述问题予以裁决的话，即，这种表达与一种"普遍标志（共相标志）"如"omnis"[每一个]的结合，是否以分配的方式区分了所有可以被这种表达所关涉的个别对象。人们可以说：每一种区分和分配都必须按照一种统一的观察角度来进行，所有有待分配的对象都隶属于这一观察角度。但在歧义性的表达那里却没有发现什么意谓上的"普遍者"；对于个别的意谓而言，只有词语形态是普遍的，并且词语形态是一种独一无二的实在；照此看来，在这里所说的那些表达中就似乎不可能有一种"distributio"[分配]②。但事实上，一种更为确切的思考却是确

---

① ... intelligendum est, quod terminus aequivocus proprie loquendo non potest contrahi per immediate sibi adjunctum nec per mediate. Nam contractio est determinatio alicuius communis, ita quod aggregatum ex contrahente et contracto necesse est repraesentare intellectum determinatiorem, quam sit intellectus ipsius contracti de se. Sed in termino aequivoco non est intellectus communis omnibus significatis, quia cum aequivocata per terminum aequivocum significentur sub propriis rationibus, nihil est eis commune praeter solam vocem, quae contrahi non potest, cum sit singularis[……对此应这样理解：适宜地说来，歧义性术语既不能通过与其直接有关的东西得到，也不能通过与其间接相关的东西得到。因为缩合（聚合）乃是普遍者的某种规定，所以从聚拢和被聚拢者而来的聚合就必然表现了理智的规定，就像是理智自身对自身的聚合。但在歧义性术语中理智并不用来意指一切普遍的东西，因为通过歧义性术语而得到的歧义性的东西并不是在这种特有的观察角度（形式）下被意指的，在歧义性的单独的话语面前，没有什么是普遍的，因为从它们之中不能得出普遍的东西，而只能得出单独的东西]，《论亚里士多德〈辩谬篇〉诸问题》，问题 13,17a sq.。——原注

② "分配的"，或译为"分布的"，在语言学中意指一个词语能否与另一词语搭配，其语义是否兼容。例如，德语中的分配性数词就是用"je"（每）构成的，如 je drei（每三个）。——译注

信其可能性的,正如邓·司各脱在一种精锐细密的论证中所指明的那样。

一种歧义性的表达可以在一种确定的意谓中被运用,"似乎"此外它就不具有别的更多的对它而言事实上并不确切的意谓了。同样地那种普遍标志也能通过一种分配性的意谓行为而把一种意谓造就为一种可分配性地与之关涉的意谓,又通过另一种分配性的意谓行为而如此造就另一种意谓。

分配(Distribution)①应被理解为:对一种共相的领会,并把这种共相理解和设定为一种涵摄隶属于它的各个对象(这些对象的每一个都是它自身)和诸相关项的共相。但就在歧义性的表达中,如同业已被经常强调的那样,是没有那种共同之物的——使得上述分配得以可能的那种共同之物。在上述这些表达(歧义性表达)中的分配因而就附着于恰好是当前所指的那种意谓,仿佛它(分配)并不触及别的什么意谓似的,但同时它(事实上)也是(可以)附着于这种表达本身所应有的那些意谓中的任意一种意谓的;但这每每都只是通过分配的另一种行为才实现的。可对此予以解释的根据是:那种曾经被设置起来的普遍标志仅仅关乎一种意谓;分配性的设定因而就构成了一种行为。但应注意到,那些不自主的意谓形式,如普遍标志,是从与其结合在一起的那些自主的意谓中获得其功用范围的

---

① 据《杜登综合词典》,此词在语言学中有两种意思:其一,在更大的语言单位中的对语言要素的分配;其二,一种语言要素能够在其中出现而非不能出现的全部环境的整体。在数学中,此词意指普遍化的功用,这种功用是通过数学功用概念的扩展而产生的,故常被称为"概率函数"或"广义函数"。——译注

第一章 意谓与意谓之功用；意谓理论的诸原则　401

边界的。像在歧义性表达中的情形那样，倘若这些不自主的意谓形式获得了更多的彼此间无关系的意谓行为，则同样多的无关系的分配行为也就如此产生了。

分配因而在歧义性表达那里也是可能的，只不过恰恰是在更多的行为中。这重新照亮了这些表达的本质：歧义性乃是彼此无关系的意谓或意谓行为所具有的一种多样性，而这些意谓或意谓行为乃是附着于同一种词语声音（话语）的[①]。

[①] ... dicendum quod signum universale(omnis) adveniens termino aequivoco potest distribuere ipsum pro omnibus suppositis cuiuslibet significati. Sed intelligendum est, quod sicut terminus aequivocus significat unum significatum ac si aliud non significaret, et unum repraesentat respectu praedicati ac si aliud non repraesentaret, hoc est sub nulla habitudine, sic etiam signum universale distribuit unum significatum ac si aliud non distribueret, hoc est, unum distribuit sub uno actu distribuendi et aliud sub alio. Et huius ratio est: nam distributio est acceptio alicuius communis pro quodlibet eius supposito, quorum quodlibet est ipsum; nunc autem in termino aequivoco non est aliquod commune, super quod possit cadere distributio, quia nihil est ibi commune nisi sola vox. Et ideo distributio cadit super uno significato ac si super aliud non caderet, et super quodlibet, sed hoc est alio actu distribuendi et alio. ...

... signum universale possit distribuere terminum aequivocum pro omnibus suis significatis, ... sed non unico actu. Contra hoc potest argui sic: Signi semel positi est unum significatum et unus modus significandi ergo et unus actus distribuendi. Dicendum quod syncategoremata finitatem suae significationis trahunt ex adjunctis, cum ergo hic sint actu plura significata, quorum nullum ad aliud habet habitudinem, ut dictum est, diversi hic erunt actus distribuendi, quorum nullus ad alium habet habitudinem, ... patet quod causa apparentiae in aequivocatione est unitas actualis vocis incomplexae secundum materiam et formam.

[……需要指出的是，普遍标志（"每一个"）能够通过歧义性术语而把自身分配到每一种谓述对象上去从而意指任何一种东西。但是需要知道的是，歧义性术语是在一种确定的意谓中被运用的并且假如它并不表现其他的意谓的话，它就不是处于统一的形式之下。普遍标志是对统一的意谓进行分配的并且假如它并不对别的意谓进行分配，则这就意味着，它是通过一种分配性的意谓行为而把一种意谓造

类比——它在此属于表达的第三种用法——已经在另一种关联中得到详尽探讨了①。只有通过更清晰地呈现一义性与歧义性的区分,类比才可以在此范围内被重新触及。

在一义性那里起支配作用的是语言表达、意谓以及充实向度的同一性。与之相反,意谓与充实向度的同一性却在歧义性表达中消失了,虽然如此,但词语的同一性还是保持着的。因而就关乎着歧义性表达之意谓内涵的那种东西而言,起支配作用的是可能行为的绝对的差异性。

类比则仿佛处于一义性和歧义性的"之间";它不完全是前者,也不与后者相同。不存在什么普遍的同一,但也没有什么完全的差异,而是存在着二者的一种特有的紧密结合:差异中的同一和同

就为可以分配性地与之相关的意谓,又通过另一种分配性的意谓行为而如此造就另一种意谓。这种事态的根据是:分配是对任何一种谓述对象所共有的某种普遍性的接受(领会),且这些谓述对象中的每一个都是它自身;但是在歧义性术语中并不存在某种普遍的、共有的东西,即使得"分配"之置得以可能的那种普遍之物,因为在歧义性那里不存在什么普遍的东西而只有单独的话语。所以分配就归置于(跌落于)某一种意谓,而且仿佛它并不归置于别的什么意谓;但事实上,分配却是可以归置于任意一种意谓的,但这却是凭借另一种分配行为才能实现的。……

……普遍标志是能够把歧义性术语分配到它们所意指的每一种东西那里去的,……但是这并不是一种统一的活动。人们或会对此提出这样的异议:标志一次只能意指一种东西,所以(对其而言一次)只有一种意谓形式并且只有一种分配行为。但需要指出的是,它们所意指的那些有限的综合范畴是从事物的那些性质中获得的,因而在这里所意指的乃是更多的行为(邓·司各脱所说的"性质"或"特性"往往意指后世所谓的"显现形式"和"运作方式"。——译注),它们彼此间是没有关系的(彼此间不存在某种固有情形),也就是说,这里的分配行为是多种多样的,它们之间不存在什么关系,……显然,歧义性中的那种清晰可见的根据乃是就质料和形式而言不完整的那种话语的实际的统一性],《论亚里士多德〈辩谬篇〉诸问题》,问题 14,19。——原注

① 参看第 1 部分,第 1 章,第 255 页以下。——原注

一中的差异。但现在,就歧义性表达而言,事实上也是可以这样说的,若人们意在强调词语的同一性的话;然而,在类比那里不只是词语形态的那种外在的同一性,它同时也关乎意谓内涵,并且类比也以如此方式切近于一义性。只要类比表达拥有更多差异着的意谓,这些类比表达就涉及了歧义性表达;但差异不是什么彻底的差异,意谓不是彼此无关系的意谓,而是隶属于一种共有的同一的普遍意谓。只要类比表达是针对不同的实际性领域并由此而来区分了表达的普遍的意谓内涵,则在类比表达中就区分着充实向度。人们以前曾引用"Prinzip"这个词来作为一种类比表达的例子:当在逻辑关系上使用时,它意味着"根据"(Grund),但在自然实际性领域中它却表示"原因"(Ursache)。与此类似,"Schnitt"这个名称在医学中所表达的"切割"之意不同于它在无理数的戴德金理论①中所表达的"分割"之意。但这两种意谓的确也有某种共同的东西,即作为关系点的同一种共有意谓。

人们可以对表达的上述不同功用方式予以数学性地象征化表示,可以说:一义性的同一性可表示为一条线,歧义性表达中的诸意谓行为的全部差异性则可表示为那些在空间中交错发散着的线,在类比表达那里的那种差异性中的同一性则可表示为一道光束②,它在一个点中聚合着。

---

① 理查德·戴德金(Richard Dedekind, 1831—1916),德国数学家,创立了著名的"戴德金分割理论",将无理数的理论树立在了逻辑的基础上,证明了无理数和实数的完备性。——译注

② 光束指具有一定关系的光线的集合,分为同心光束和平行光束。前者由发光点所发射光线构成;它与球面波相应。后者为发光点在无限远处发出的光束,它与平面波相应。——译注

诸反思性范畴在表达的上述功用方式中的那种占优势的地位导致了,应根本地在反思性范畴的普遍本质的意义上去理解它们。

对反思性范畴之本质的清晰的概念性的确定,对反思性范畴与建构性范畴之区分的明确划定,对反思性范畴的有效性领域的可靠的测定,以上种种工作诚然是通过洛采和文德尔班的研究而得到了巨大的推动,但首先是通过拉斯克他们才得到了决定性的实施①。

拉斯克在反思性范畴与建构性范畴的区分中,把反思性范畴规定为是通过"主体性而造成的",但这并不意味着,反思性范畴的应用和有效性是完全任意的;毋宁说,它们在这方面就如同建构性范畴一样也是被质料所规定的,当然不是被特殊的质料所规定,而是被那种在单纯的内容性上苍白化了的意谓内容所规定的。在上述功用方式方面,这些功用方式的那种来自活生生的思想和认知活动中的表达之用法的来源,符合反思性范畴的那种"被造成性";这些功用方式在某种意义上同样是主体性的产物,但另一方面却又是通过语言表达的客观持存、通过意谓和充实向度而被客观地加固增强的。这些功用方式也进而具有拉斯克为反思性范畴所保留的那种普遍适用的特征,只要它们的应用不是被特有的意谓内容和形式所规定的。

现在,功用方式与意谓形式间的那种关系也就可以得到澄清了。这些意谓形式被普遍看作是客观的、通过质料而被规定的意

---

① H. 洛采:《逻辑学》,第3卷,第4章。
W. 文德尔班:《论范畴体系》,第41页以下。
E. 拉斯克:《哲学的逻辑与范畴理论》,1911年,第148页以下。——原注

谓形式。但在上述功用方式中,这些意谓形式却根本没有被触及;它们在多种多样的改变中——这些改变在表达之功用方式那里显示出来——始终同一地保持为同一种东西。因为就歧义性表达的那些单独意谓彼此分离存在的情形而言,名词性的意谓形式是始终保持为名词性意谓形式的。同样的东西也适用于类比。一义性、歧义性和类比因而并未以意谓形式的方式切中意谓本身;毋宁说这是一些被主体性所挑起的内在于关系整体中的可能关系:语言形态、语言内涵以及充实着的对象。正是这种关系整体造就了被谓述地使用的表达的持存。在这些可能关系中显现出一种通过活生生的话语和断言而被给予的意谓和意谓之充实(相对于词语之个别实在性)的一种特有的可动性(*Beweglichkeit*)。邓·司各脱已经看到了上述这些功用方式与意谓形式之间的差异性,因为他对它们的理解是着眼于表达本身而不是着眼于那种被纯粹地分离出来的意谓①。

意谓形式在意谓领域中构建了某种秩序②。意谓与意谓复合体之间的这种被先天地调整的联合,却还没有构成那种东西,即我们称之为有效着的意义的那种东西。在意谓复合体本身中,如同它们是被意谓形式所调整的那样,真理价值,只适宜于判断之意义的那种真理价值,还没有被实现。但只要那种有效着的、可在语句

---

① 参看第二部分第三章"语言形态和语言内容",第 290 页以下。——原注
② Modi significandi respectivi sunt principia ordinandi dictionem cum alia ... significata et modi significandi sunt essentialia dictioni[相对而言,这些意谓形式是赋予了词汇单位和其他被意谓之物以秩序的本原,意谓形式对于词汇单位而言乃是本质性的东西],《论亚里士多德〈辩谬篇〉诸问题》,问题 17,27 a,30 b。——原注

中被表达出来的判断意义,通过意谓复合体而仿佛是在语句的支架上被确定下来,则在意谓领域中也就业已实现了一种价值,人们可以像洛采那样称之为"句法上的价值"(syntaktischen Wert)[①]。

意谓形式的这种成效意义因而就应从句法价值上得到理解,而认知形式的成效意义则应从真理价值而来被理解。意谓形式首要地构建了客体(Objekt),这是着眼于真理价值而被评价的;这种通过意谓形式而被规定的秩序乃是对下述事情的预设,即,意谓复合体能够进入到有效着的意义本身的关联中去。意谓复合体的这种秩序也自行保持在有效着的意义之领域中,但不是作为一种独立的构造物,而只是作为一种更高的构造物的组成部分。通过意谓范畴与判断意义之间的这种关系,意谓范畴也就获得了一种被提升了的重要性,一种认识论上的庄严。意谓理论因而就进入了一种与逻辑学的最为切近的关系中,是的,甚至恰恰就是逻辑学的一个分科(Teilgebiet),只要人们把逻辑学理解为理论意义上的理论,这种理论在自身中包含着意义成分的理论(意谓理论)、意义结构的理论(判断理论)以及结构差异和其体系性形式的理论(科学理论)。

通过意谓理论对于逻辑学的这种归属性,意谓理论就分得了逻辑性提问的那种特别的性质。就此而言,意谓理论从一开始就排除了对心理学问题的每一种操劳,在此被确定的概念因

---

① 洛采:《微观宇宙》,第二部分,第239页。——原注

而也要比那种概念——意谓理论的诸任务新近是被概括其中的①——狭窄许多。

在《论意谓形式》(De modis significandi)这篇论文意义上的意谓理论因而就必须排除掉那些就其自身而言并非无关紧要的问题,这种理论所处理的是事实性和进程,探讨的是标志之合目的性问题,回答的是意谓理解的难和易的问题。意谓理论同样很少关乎心理倾向,亦即使对意谓的领会和理解得以可能的心理倾向,尽管这种心理倾向作为现实理解的事实性规定也可能是相当重要的;令逻辑性的意谓理论有兴趣的,还有意谓的形成或在标志和意谓之间运行的那种生理学—心理学的原因链。对意谓之历史发展的研究和对意谓之变迁的研究也都被排除在这种意谓理论的问题领域之外了。这种意谓理论所考察的仅仅是意谓自身及其结构;若没有这种基础性的认识,一种对心理学的意谓问题的研究就必然始终是不可靠的。

在此,借助于邓·司各脱的这篇论文而对逻辑性的意谓理论所提出的这一要求,看上去是想要为下述所有错误恢复其荣誉,这些错误乃是人们"曾经指责逻辑语法并仍在指责逻辑语法所犯下的错误。有一种简单的真理是:语言性的思想是一种自为的事情,是某种独立的东西,更确切地说,是某种不同于逻辑性思想的本质性的东西。这种简单的真理始终一再地被错认了。逻辑语法的这种两性同体的存在因而就错失了其使命,

------

① 参看 E. 马蒂纳克:《对意谓理论的心理学研究》,1901 年。——原注

丧失了其实存资格。"①

倘若"逻辑语法"这一概念是意指,语法必须从逻辑中推导出来,则其中就有某种不可能的东西。但若人们指出,那些在逻辑上不真的判断可以在语法上得到完全正确的表达并由此而得出结论说:语法因而就不是逻辑的,如此则人们就在语言的逻辑的或类比的特征中理解了某种完全不同的东西,即完全不同于逻辑的意谓理论用"逻辑的"这一表达所意指的东西。逻辑的和逻辑的,在这两种情形中并非同一者。

语法对于逻辑的要求并不需要预设这样一种理论性的意见,即,语法上的语用可以从逻辑规则中推导出来。语言是如何形成的,语言的哪些创造性因素要归功于语言之实存(Dasein),这一问题,不是什么逻辑问题。人们可以像以往那样思考语言科学的本质、任务和分层,但却必须承认,语言构造物是有意谓的。并且只是在这些意谓那里才开始了那种哲学的反思,为的是以还原的方

---

① K. 福斯勒:《语法与语言史,或论在语言科学中的"正确"与"真实"间的关系》,载《逻各斯》,第1卷,1910年,第86页。

"但每一种言说都自在并自为地是类比性的。"——"逻辑是在语言之后才开始的或者说是借助于语言才开始的,但不是始于语言之前或无需语言而开始。"

福斯勒:《语言科学中的实证主义和唯心主义》,海德堡,1904年,第25、26页。

在其论文《语法体系》(载《逻各斯》,第4卷,1913年,第203页以下)的结尾处,"一种从所有更富精神性的活动和所有精神性生命中分解出来的语言'被规定为'语法的本质性的对象了",福斯勒写道:"今天也还是会一再出现语言哲学家,他们要求着一种独立的、共同的、纯粹的、思辨的和包括一切的语法,一种语法之语法[!]。从我的考察而来,这些新柏拉图派哲学家和新经院哲学家恰恰会变得如此明智,就如我将从他们的考察中变得睿智一样。"

通过在这一文本中所说的东西,这两种"立场"的可能性和必要性都可以得到证实。——原注

式追溯那些范畴要素,并从范畴理论的体系而来承认这些要素的价值。语言的这些逻辑规定,更确切地说,意谓的这些逻辑规定,却不可以被有所改变地解释为语言之语音发展的实事性的原因,也根本不可以被转释为那些独特的原因。但语言精神,语言发展的创造性的因素,作为精神却也还是有某种前述意义上的逻辑的结构的;这种逻辑结构并且只是这种逻辑结构才会凸显出语言之逻辑。

从意谓理论来看,语言因而就不是按照其实在的实存(Dasein)而被阐明的,而只是按照其理性的东西,也就是说,按照与内容相关的方面而被理解的。

维尔纳把司各脱的这篇论文称作是"中世纪经院哲学在语言逻辑上的——亦即在语法和逻辑之统合尝试上的——主要成就"[①]。但司各脱不是想要把"语法构造到逻辑中去",而是想要理解意谓的逻辑结构。维尔纳把意谓领域这一本真地"表达着的层面"的特性给忽略掉了。

维尔纳虽然不想对司各脱的这篇论文的"实事性的价值"作出判断,但他却注意到,"一种从中世纪思想的立场而来得到把握的语言逻辑,不能在今天的词语意义上使用语言哲学这一名称",在他看来,这样的语言哲学要关注的是"语言在发生学意义的发展"[②]。

但对语言的心理学的和历史学的研究恰恰并不属于语言哲

[①] 卡尔·维尔纳:《邓·司各脱的语言逻辑》,载《皇家科学院哲学与历史学分类会议记录》,第 85 卷,1877 年,第 549 页。——原注

[②] 卡尔·维尔纳:《邓·司各脱的语言逻辑》,第 550 页。——原注

学。语言哲学需要在一种全新的向度上去探讨其问题。语言哲学的责任在于,把语言所建基其上的那些最终的理论性的基础给凸显出来。尽管意谓理论通过对上述问题的解决而对逻辑学的一种基础领域进行了研究探讨,但若没有对"意谓本身"、"在意谓中被意指的对象"、"意谓范畴"以及"意谓形式之关系"的明确的概念性的理解,则那些语言研究要获得一种可靠进展就根本是不可能的。

此外我们也看到,维尔纳对司各脱"语言逻辑"的判断,就像哲学史上的价值判断那样,是多么地依赖于本己的体系性立场。若这种立场在理论上不是牢靠的,则这种历史学意义上的价值判断也就必须经受一种审查。

那么,在何种程度上可以说,邓·司各脱已经凭借其论文中的一些个别论述而切中正确之事,这将在接下来的一章(此章研究的是司各脱关于意谓的形式理论)中得到表明。

第二章 意谓的形式理论

一种致力于对一些个别的意谓功用予以描述和定性的研究,其任务必然关乎那种对意谓与意谓功用本身之意义的普遍澄清工作。为实行这一特殊任务所必需有的一些基本概念和引导性的观点,已经在先前章节中获得了一种如此充分的澄清和规定,以至于我们能够免除于歧义性的理解干扰之危险而选择一种或许不能谓之理想方式的表述方式:我们意指的是那种对意谓理论之阐释中的客观观点和主观观点的同时的关注。与意谓形式一起,那种功效意义(Leistungssinn),即那种赋予着意谓的行为之功用,也应一并得到表明，以便人们能回忆起在这两者之间存在着的那种相互关系。这样的一种仿若是混合的方式，也最好地符合了那种方式，即邓·司各脱用以阐明其意谓理论之特别部分的那种方式。按照先前所说的全部内容，那种心理学迷误的危险——从客观的意谓内涵之领域而来错误地导入那种应被经验性地理解的心理之事实性——将不可以再继续存在下去。

像接下来的研究这样的研究会轻易地激起这样一种表面印象，即这种研究乃是对被偶然把握到的诸现象的一种毫无计划的彼此串接。逻辑的和审美的良知要求着秩序。这种愿望的充实应该带来体系；但人们经常并不是用一种条理清楚的分类来获得满足，而是进而谋求从源初现象中推导出一些个别现象。在此常常而且相当轻易地发生的是，这些有待探讨的对象"遭遇了暴力"并且相应的概念在其意谓内容中被弄得浑浊了。

在何种程度上可以说，邓·司各脱规避了一种先天的、危害着意义的体系架构（Systematik）所具有的那些暗礁，努力获得了一种奠基于"实事"之中并被实事所激发的意谓形式的秩序，这将在接下来的阐释中得到透彻观照。

对象是通过意谓而被表达的；对象在它们那一方面也规定了意谓。一般对象性东西（意谓也归属于它）领域中的一种基本区分，是在独立的和不独立的对象之间的区分。由此，那些赋予意谓的行为就可以分为两个主要分组：其中一组，它的成效是作为一种独立的意谓之建构而出现的；另一组，其意谓内容显现为不独立的、有所依赖的形式。对意谓形式的这种基本区分把邓·司各脱推上了他的这一特别研究的顶点。本质的意谓形式把那些意谓基本形式和语言成分构建为绝对的拥有持存的本质,这是就它们的种和属而言的。每一种为"本质形式"的那种形式所关涉的意谓内涵,都不再需要一种对于其本己持存的更进一步的形式确定性。关于这种行为,这叫做:为了能够作为这种东西而存在,它不要求任何对其起支撑作用和奠基作用的意谓行为。与之相反,偶性的意谓形式是作为这样一种合乎本质的东西而附加到本质形式上去(advenit[附加]),并在其上得以建构的。倘若偶性的意谓形式不是与一种独立的"本质性的东西"一起共同持存,则它所赋予的形式确定性就不能持续存在。在这种形式确定性中存在着这样的事态,即,这种形式确定性不能绝对地自为地持存;这是一种我们必须接受的客观的不可能性,这种不可能性绝不在我们的心理秉性中有其根据[①]。

在此,在意谓形式中自行反映着的独立对象和非独立对象之间的那种区分,在经验的实际性中作为物和特性的区分而与我们相遭遇。Ens simpliciter[简单地存在]与 Ens secundum quid[有所依据地存在]的区分与 Ens primum[首要存在]与 Ens secundum[次要存在]的区分是相一致的。隶属于这种普遍区分的是那种在实在的实际性中有效着的实体与偶性(Substanz und Accidens)的区分。"简单地存在"和"有所依据地存在"这些表达最好地描述了那种区分,对于该区分,司各脱在其本质普遍性中将其理解为伴随着对象一般而被给予的区分,并使之在意谓的形式理论

---

① 《论意谓形式》,第7章,5a,n.1。——原注

中显露出来①。

　　我们之前②所遇到的那两种在实在的实际性领域中有效的基本范畴,在现在的这种区分的光线中,表明自身乃是被归属于它们的应用领域(实在性)的特性所规定的修整(Modifikationen)③。若这样说的话,则本质的意谓形式就赋予了一种存在(Esse),但以此方式却不能意指实在的实存,而是意指那种存在(Esse):意谓为其所特有并且人们能够将其理解为"持存"。

　　当前,胡塞尔已经对独立对象和非独立对象的区分予以特别的关注,已经尽可能地在理论的纯粹性中来彰显此区分,并业已展现了那种由此而产生的本质合法性。独立对象的本质"绝不通过其自身——因而就是绝不先天地——要求任何交织在一起的别的什么本质","非独立的内容(对象)按其本质是与别的内容结合在

---

　　① Accipiendo esse simpliciter prout dividitur contra secundum quid, dico, quod sicut ens dividitur in prius et posterius vel pritmum et secundum, et prius continet sub se substantiam et posterius accidens, ita simpliciter in isto intellectu aequivalet ei quod est primum naturaliter et secundum quid aequivalet ei quod est posterius naturaliter[在简单地存在与有所依据地存在之间的那种区分正如在先行存在和后至存在之间或者说首要存在和次要存在之间的区分,并且隶属于这种(普遍)区分之下的乃是先行之实体与后至之偶性的区分,这样的话,在理智中简单地存在就相当于在自然中的先行存在,并且,(在理智中)有所依据地存在就相当于在自然中的后至存在].《牛津评注》,分类4,问题3,n.43。——原注

　　② 参看本文第1部分第1章,第260页以下。——原注

　　③ 此词的拉丁语词源modificare的本意是:达成形式,亦即(通过细节的调整)确切地测出(本己形式)。故此词在德语日常语用中的"修改、更改、限制"等意仍指向了"通过细节调整来凸显本己形式"这一根本意蕴。汉译名很难传达出这层意蕴,读者应予留心。——译注

一起的"①。这些定义可以轻易地应用于意谓形式的基本划分,正如邓·司各脱所实施过的那种划分。

本质的意谓形式现在能够得到进一步的确切说明。作为最普遍的形式(Modus generalissimus),它有这样一种功用,即,可以建构"语言成分"的本质,例如可以为了名词而给出本质形式。在它当中显示出名词本身的那种意谓功用;它规定了诸名词的领域,它们中的每一个都在自身中承载着普遍的本质。从这种最普遍的形式而来,等阶秩序可以一路下探至最低的属差("形式化的独特性"[eidetischen Singularitäten]②),最特殊的形式。这种最低的属差或最特殊的形式乃是终极性的,其下并不存在什么基础性的东西,就此而言,它本身必然是在自身中扬弃了那种最普遍的形式了的。

这种本质形式,这种既非最低属差也非最高之种的本质形式,适宜地获得了次级形式(Modus subalternus)的名称。"名词一般"并没有在它之上的什么可包含其事实性本质的种;"名词一般"的本质必然是最高的种,并且本身就为种规定了一个"领域"。

现在被严格分清的是:一种领域的真正的质料性的本质和

---

① 胡塞尔:《逻辑研究》,第 2 版,第 3 研究,"关于整体和部分的理论"。尤其参看第 236 页。——原注

② "eidetisch"此词在既有汉译中通常译为"本质的",若深究"本质"一词在西方思想中的本源意谓,则这种译法是可行的。但考虑到"本质"译名在此处语境中可能具有的误导性,以及它的词源乃是希腊语的 eidos,故在此折衷译为"形式化的"。——译注

形式性的本质,后者仿佛是那些"空洞的形式",它们以某种方式凌驾于所有领域之上。属于后一种类型的是本质形式,它在所有"语言成分"中都有所涉及。

伴随着这些对本质形式和偶然形式的普遍规定,邓·司各脱析取出了每一种"语言成分"领域的形式结构并列举了对每一种"语言成分"领域的划分。他把"空洞形式"的形式划分与"linea praedicamentalis"[范畴谱系]相对比,与那种等阶秩序(从一般的种到一般的属直到最下面的一般属差)相对比。而且,"谱系"这个词还清楚地揭示了,我们处于纯粹形式的、脱离于任何实事性的领域①。最普遍之种的本质不在于,在它之下有更多的属,而倒是在于,在它之上没有任何更高的种②。然而,[一般意义上的]种之本质却在于,在它之下是有诸多属的,但也不是要求这些属是实在地实存着的,而是以这样的方式——它们可以在概念上被理解——就可以了;只要那些有时实在地实存着的独特性(Singularitäten)被带入了被给予性之中,并且与之相关的那种属的本质在这些独特性中被觉察到了,

---

① 《论意谓形式》,第 7 章,5a,n. 1。——原注

② De ratione generis generalissimi non est in se habere plures sub se species sed non habere aliud supraveniens genus[从最普遍之种的角度来看,它的普遍性不在于它之下有更多的属,而是在于,它之上没有任何比它更高的种],《牛津评注》,第 1 卷,分类 8,问题 3,n. 19。——原注

这些属就是可以被抽象地理解的①。

关于那些非独立的意谓形式,邓·司各脱区分了两种类型:绝对的(absolutus)偶性形式和相对的(respectivus)偶性形式②。

第一种类型的意谓形式仅仅规定了那些独立之物,然而第二种类型的意谓形式却还把一种与其他意谓的关系赋予了这些独立之物③。

如此这般,邓·司各脱仿佛就揭露了那种形式的轮廓支架,那些单个的"语言成分"就是被建造到这个轮廓支架中去的。

对于那些单个的语言成分,只要我们的考察是纯粹为了它们自身,是着眼于那些效力于它们的建构着的意谓形式,则那种"语源学"的任务就实现了④。

---

① Ad rationem generis requiritur, quod multas habet actu species non quae existant actu vel potentia, sed quod tantum ab actu concipiantur per speciem intelligibilem ab individuis acceptam quandoque existentibus, et quod actu habeant aptitudinem participandi genus, quia talis actualitas est illorum, inquantum dicuntur species generis[从"种"的角度来看,存在着这样一种要求:种之下有很多属,但并不需要这些属都实际存在或具有实存的潜能,而只需要,它们能够通过理智中的属而从那些个体(它们是作为每时每刻都实存着的个体而被把握的)而来得到概念上的理解,并且,它们要实际地具有分有"种"的能力,因为,只要它们被称作是"种"的"属",这种实际性就是它们所应有的],《论波菲利〈范畴篇〉导言》诸问题,问题48,250a。Quanto genus communius tanto eius minor in re est unitas et ita nomen generis de suo primo intellectu importat aliquid, quod est materiale in speciebus[由于普遍之种和其下的那些属(所涉及的范围)是一样大的,所以它是统一的,这样的话,关乎其首要认知的那个"种"的名称就被带入某种东西中了,这种东西就是那些属中的质料性的东西],《论亚里士多德〈范畴篇〉诸问题》,问题7,455a。——原注

② 《论意谓形式》,第7章,5a, sq., n. 2。——原注

③ 《论意谓形式》,第7章,5b, n. 2。——原注

④ 《论意谓形式》,第7章,5b, n. 3。——原注

对于那些单个的语言成分,邓·司各脱对它们的意谓形式的探讨是按一种秩序进行的,这种秩序是他从语法学家多纳图斯那里引用过来的,这位语法学家所举出的是这样一种秩序:名词,代词,动词,副词,分词,连词,介词以及感叹词①。

名词

为了凸显"名词"这种意谓范畴的本质,必须去追问最普遍的名词的本质形式。这种本质形式必须表达出,是什么造就了每一个名词,它所特有的是什么样的意谓功用。名词的这种普遍的意谓功用是在"modus entis et determinatae apprehensionis"[存在的和有限理解的形式]中被给予的。名词的这种普遍的功用方式的意义并不是直接就清晰可见的。

但从每一种形式中我们现在至少知道这样一种形式,它在它的意谓中是从质料而来被规定的。因而现在就应在实际东西的领域中去寻找和发现那样一些因素,这些因素规定了"名词"这种意谓范畴的最普遍的意义②。

邓·司各脱指出,在实际东西的领域中可以发现某些最普遍的确定性,即存在的那些最普遍的方式(Weisen);存在形式(der Modus entis)就是这样的一种方式。每一种实际的东西,无论其归属于不同领域中的哪一种,它都是一个什么(Was),是一个对

---

① 《论意谓形式》,第 7 章,5b,n. 3。——原注
② 《论意谓形式》,第 8 章,5b,n. 4。——原注

象。这种作为某种东西的存在,在存在形式中得到了表达,司各脱把它更进一步地规定为一种"habitus"[习性],更确切地说是规定为一种"持续着的东西",这种东西适宜于每一种对象,只要它恰恰存在着。它是一切对象之所是和将能是的那种源初关系情形(Urbewandtnis)。这种源初关系情形也规定了"名词"这种意谓范畴的意义。这种语言成分的意谓功用乃是为了把对象作为对象而表达出来①。

然而就此而言,意谓功用的那种最普遍的意义却还没有得到详尽规定。有限理解的形式(der Modus *determinatae apprehensionis*)仿佛与存在形式纠缠在一起了。通过有限理解的形式,"名词"这种意谓形式首次作为一种确定的范畴而突出于其他范畴。这种形式仿佛是意谓形式的形式。这种形式的任务在于去进行规定并由此去作出区分。通过这种形式,一种对象成为一种对象,另一种对象则成为另一种对象。如此就完全可以说:这种形式是某种质的东西;在这种形式中存在着质一般。在每一种对象中因而就存在着那种最普遍的质的要素;并且只要名词在其意谓功用中恰恰意指对象本身,有限理解的形式——被规定了的或规定着的对象意谓的方式(Weise)——也就必然包含在名词的意谓功用中②。

当这两种形式聚合成一种统一的行为,就产生了名词的普遍的本质性的意谓形式。

为了透彻阐明他的定义,邓·司各脱引用了古代语法学家们

---

① 《论意谓形式》,第 8 章,5b sq., n. 5;参看之前的第一部分第一章,第 214 页以下。——原注

② 《论意谓形式》,第 8 章,6a, n. 7。——原注

的说法:nomen significare substantiam cum qualitate[名词意指实体和质]。在司各脱的理解中,名词的本质形式也是可以这样讲的。但是它在某一方面意指得多一些,在另一方面则意指得少一些。所谓有更多表明,是指,司各脱尽可能普遍地把握了他的规定,以至于名词的意谓功用始终没有局限于自然实际性的实体和质,而是扩展到了对象一般的世界。因为我们也无可置疑地把名词用来表达那些并不实存的逻辑的和数学的对象;同样,质的规定也必然不能只是从感性经验的实际性中而来的那些规定。

因而另一方面,名词的本质性的意谓形式的这一定义也就比古代语法学家们的那种定义要表明得更少。自然实际性的实体概念,和属于同一种实际性领域的质的概念一样,都拥有一种丰富得多的、恰恰是通过对自然实际性的归属而被规定了的内容。在存在形式和有限理解形式中,那种意谓差异被消解掉了;这种形式是如此普遍和如此苍白,以至于它可适应于它的应用领域的无限广度①。

或许必须要承认的是,从发生学的角度来看,使名词这种意谓范畴得以成形的起因就存在于经验的自然实际性中。但在此我们对形成与起因的问题并不感兴趣,当前之要务仅仅在于,去凸显意谓功用的那种客观的、理想的内涵与意义(*objektiven idealen Gehalt und Sinn*)。

在其逻辑著作中,邓·司各脱也一向坚持认为名词的意谓内涵具有这样的广度,而且名词的意谓内涵是区别于特殊的实际性领域的。在他确定 Ens[存在]这一名词之意谓的地方,他明确说

---

① 《论意谓形式》,第 8 章,6a, n. 8。——原注

道,它并不像分词 ens 那样意指实在的(*reale*)自然实际性和实存,而是意指:habens essentiam,拥有本质,是一个什么,一种对象存在(Gegenstand-sein)。名词意指其对象,无论其对象现在是否实存。如此,"苏格拉底"的意谓——只要这种意谓是一种意谓赋予行为的内涵,即便它不是一个实在的、实存着的苏格拉底的内涵——就为"苏格拉底"这个名字所标明了。名词因而并不意指通过时间而被测量的对象亦即持存着的、实际的对象,而是适用于每一种对象之所是(de essentia cuiuslibet[适用于任何本质])①。

对于邓·司各脱而言,在对名词之意谓形式的这种正确的广阔的理解中,去对前面业已提及的那种异议予以驳回,也不存在任何难度。人们自然会说,像"虚无"、"盲"这样的名词并不意指任何实际的对象;因而对于它们而言就不能有一种像名词的意谓功

---

① Solet antiquitus dici, quod ens potest esse participium vel nomen. Ens participium significat idem, quod existens; quia tenet significatum verbi a quo descendit ... Ens nomen significat habens essentiam[以前人们习惯于认为,"存在"可以是作为分词的"存在",也可以是作为名词的"存在"。作为分词,"存在"意指的是那种实际存在着的活动本身;因为它是由它所从出的动词而来才有这种意谓的……作为名词,"存在"的意思则是拥有本质],《论亚里士多德〈解释篇〉诸问题》,问题 8,554b sq., n. 10。

Nomen significat univoce rem remanente vel existente vel non existente. Ad quod sciendum, quod hoc nomen "Socrates" significat "Socratem" secundum quod est in actu, non tamen significat "Socratem existere"[名词意指的是持续的或实存或不实存的具有单一含义的事物。就所要理解的这一点而言,"苏格拉底"这个名词所意指的"苏格拉底"是根据在实际运作中的存在活动而有其意谓的,但并不是意指"苏格拉底实际存在"],《论亚里士多德〈解释篇〉诸问题》,第 2 卷,问题 2,586a。

Ens nomen non significat rem ut tempore mensuratam[作为名词的存在并不意指可通过时间而被测量的事物],《论亚里士多德〈后分析篇〉诸问题》,第 2 卷,问题 4,n. 3。

Ens nomen est de essentia cuiuslibet[作为名词的存在是就任何一种东西的本质而言的],同上, n. 2。——原注

用——这种功用事实上是从被意指的质料而来获得其确定性的——那样的意谓功用，那些被意指的对象因而也就不能被名词性地表达。邓·司各脱直截了当地承认，所涉及的这些对象当然不是什么实在(*Realitäten*)。但在司各脱看来，它们事实上却必须被看作是对象，可以是那些指向它们的行为的客体。它们因此也从属于那些适用于对象一般的最普遍的规定；并且因为只是从这些规定而来，名词的意谓形式才获得了其意义，它们因而也就能够被名词性地表达了①。

名词的普遍的意谓形式现在可以得到详细说明。首先得出的是这两种形式：通用形式(der Modus *communis*)和特殊适用形式(der Modus *appropriati*)②。着眼于本质的意谓形式，它们乃是属(Species)；另一方面，它们自身普遍地关涉于其他的在等级上位于它们"之下"的形式。

通用形式必然获得一种对其自身而言本己适用的意谓功用，这种意谓功用关乎对象的一种特性，但这种特性并不为每一种对象本身所具有。事实上存在着这样的一些对象，从它们当中可以分离出一种普遍的要素，可以使之自在自为地成为思想的对象并由此也成为意谓意指的对象。这种可分离性同时在另一方面显示为指向个别对象的可分配性。这种被分离出的对象性东西借助其

---

① 《论意谓形式》，第 8 章，6a sq. n. 9；参看上文第二部分第一章，第 304 页以下。——原注

② 拉丁文 appropriatus 的字面意为"作出本己的……"(词根 proprius 意为特性、个性)，故该词的"适用"意不同于 communis 的"普遍通用"，而是指"适用于个别的、特殊的(人、处境、场合)"。——译注

本质而有这样一种可能性，即，对于那些个别对象——它正是由之而分离出的——而言，它可以作为适宜于其中每一种对象的确定性而起作用。对于逻辑学家而言，这样的一些对象是在"universalia"[共相，普遍]这样的名称下为人所知的。

在近代不时被使用的"普遍表象"(Allgemeinvorstellung)①这一表达是不清晰的和令人迷惑的。若人们把这里的"表象"理解为心理行为，则就不能说，一种普遍表象是普遍的；因为行为作为实在始终是个体化的。但若该表达说的是"对一种普遍的表象"，且人们由此而把那种表象内容置入眼帘，则这种表达在严格意义上也不是普遍的。只是着眼于其功用，只是考虑到建基于其中的关涉许多个别对象的被述说的可能性，它才能被命名为普遍的[共相的]。邓·司各脱甚至明确地指出，共相能够就其自身而被知晓，它的本质能够成为一种认识的对象。通过这样一种证明，他也就使得共相的本质完全清晰地展现出来了。

例如，若我尝试去澄清"树"的本质，我就会去观察，那使得每一棵树成为树的东西是什么。我首先并不会在它的何所是(Was)中去研究本质，而是会去研究那适用(gelten)于每一棵树的要素。我在某个观察角度中把本质弄成了我的研究的对象。而这个观察角度对于树的本质而言是那种偶然的东西。我因而可以明确地认清我的精神性的视线方向的不同，这种视线方向先是指向了本质自身，然后又指向了本质对于许多具体对象而言的有效性。通过更进一步的反思，"对于……有效"的这种方式就自行成为了对象

---

① 这里的"表象"亦可译为"观念"。——译注

并如此就使得共相的本质得以被理解。共相本身存在于这样一种可能性之中,即有可能被限定为一种个别对象。共相不是一种心理实在,而是一种"在观念构成中"(*in Ideation*)被理解的本质(意谓内容)。有时人们也把实存着的个别事物的本质称作共相。但是这种作为实在性的共相与"universalis"[普遍的]和"singularis"[独特的]这样的规定毫不相干①。

---

① Dicendum, quod universale est per se intelligibile, quod patet sic: primum objectum intellectus scil. quod quid est, intelligitur sub ratione universalis; illa vero ratio non est idem essentialiter cum illo quod quid est, sed modus eius accidentalis, ergo intellectus potest cognoscere differentiam inter suum objectum primum et illum modum, quia potest distinguere inter omnia quae non sunt essentialiter eadem … igitur intellectus potest cognoscere modum sive rationem universalis; hoc enim modo reflectendo cognoscit intellectus se et sui operationem et modum operandi et caetera, quae sibi insunt[需要指出的是,共相是可以通过自身而被认识的,因为显然可以看出:理智的首要对象,亦即,首要事物之所是,是在共相的观察角度(形式)下被认识的;然而(前述)那种观察角度并不是(共相的)那种对事物之所是进行认识的本质性的观察角度,而是它的偶然形式,所以理智是能够认识在其首要对象之中的那些差异的,也是能够认识那种形式的,因为它(理智)能够在每一种这样的事物——在本质意义上并不同一的那些事物——之间进行区分……理智因而是能够认出共相的形式或观察角度的;事实上,理智是以反思的方式认出自身并认出它自己的运作活动、运作方式以及内在于其中的其余一些东西的],《论波菲利"〈范畴篇〉导言"诸问题》,问题5,106a,n.2。

… universale ex hoc quod universale natum est determinari ad suppositum[……共相就产生于这种共相本身,它被限定到谓述对象之上去的],《巴黎讲稿》,第1卷,分类19,问题5,248a sq.,n.11。

Universale est ab intellectu[共相出自理智],《论波菲利"〈范畴篇〉导言"诸问题》,问题4,97a,n.4。

Aliquando autem universale accipitur pro re subjecta intentioni secundae, id est pro quidditate rei absoluta, quae, quantum est de se, nec est universalis nec singularis, sed de se est indifferens[但共相有时也被看作是事物之基底,亦即,被视为绝对的事物之所是,但这种东西,无论它与自身的关系有多少种,却既不是共相的也不是独特的(个性的),亦即与这两种规定是毫不相干的],《论亚里士多德〈论灵魂〉诸问题》,问题17,n.14。——原注

"对于……有效"的这种方式构建了"通用名词"的那种意谓功用①。

通用形式中的这种意谓形式可追溯到被经验性地给予的实际性质料的一种特性,更确切地说,可追溯到这样一种特性,即,普遍的本质概念可从这种质料中分离出来并且可以再度被判归给个别对象。但是这些普遍的本质——尽管它们在认识中扮演了一种如此重要的角色——并不包含整个的实际性,更确切地说,它们并不包含那种东西,即把经验的实际性造就为特殊具体事物之数不胜数的多样性的那种东西:tota entitas singularis non continetur sub universale[整个独特存在(个性)并不包含于共相之下]②。

之前③我们曾对经验实际性所提供的那种独一无二的角度作出了一种简短的特性说明。在这种普遍的本质中,那种活生生的、直接的实际性丧失掉了;若这种实际性应按照意谓的方式来理解,则就必然且必须在本质概念(作为普遍性)之上加入新的意谓要素④。在这种情形下,独特的个别对象,或者说,在独特性的形式(Modus der Singularität)中表达着个别对象的那种意谓,不再可以意向性地指涉更多的对象;这种指涉将直接违背该意谓的内涵;因为它的意谓形式恰恰说的是,它不是这种指涉:singulare enim non est communicabile ut quod[独特的东西事实上是不可通用于

---

① 《论意谓形式》,第4章,6b,n.2。——原注
② 《牛津评注》,第2卷,分类3,问题11,276b,n.19。——原注
③ 参看之前的第一部分,第一章,第251—252页。——原注
④ ... singulare addit aliquam entitatem supra entitatem universalis[……独特的东西加之于某种本质存在之上且超过了普遍的本质存在],《牛津评注》,第2卷,分类9,问题2,437b,n.10。——原注

此的]①。

但从某种特定角度来看,独特的东西和普遍的东西也是可以结合在一起的。一方面,这种独特性可以被看作是客体——一种独特的对象是被意指的客体——另一方面,这种独特性也可以被理解为本质。在后一角度中,它变成了一种对普遍东西的理解方式②。

对于那个问题——在何种程度上,个别东西本身是可以被认识的,邓·司各脱的裁决是合理的:个别东西不能通过那种最低的、对它而言是最切近的属概念来被认识。

也就是说,作为个别东西,它始终还包含了一种多而那种属概念并未道说这种多。因此就应说,个别东西作为个别东西是不可被十足地把握的。一种不可道说的残余始终扣留着,人们顶多始终只能接近它,而不能充分使用它。但这却不是说,普遍化的方法是对异质的多样性进行表述的唯一的方法,似乎通过普遍概念的单纯联结,个性的东西就可以在思想上被达到了。对于实施着个

---

① 《牛津评注》,第 3 卷,分类 1,问题 1,26b sq., n. 10。——原注

② Aliud est singularitatem esse conceptam ut objectum vel ut partem objecti, aliud est singularitatem esse praecise modum concipiendi, sive sub quo concipitur objectum … Ita in intentionibus logicis, cum dico: singulare est universale, quod concipitur est singularitas, sed modus concipiendi, sub quo concipitur, est universalitas, quia quod concipitur ut concipitur habet indifferentiam ad plura[一方面,独特的东西可被领会为客体(事物)或客体(事物)的一部分,另一方面,独特的东西是被缩短了的理解形式,或者说客体(事物)就是在这种形式下被领会的……如此,在逻辑的向度中看来,可说:独特的东西就是普遍的东西,被领会的虽然是独特性,但是那种领会形式即在其下某物得以被领会的那种形式却是普遍性,因为这里所说的被领会乃是被领会为具有与杂多毫不相干的那种性质],《牛津评注》,第 1 卷,分类 2,问题 3,n. 7。——原注

性化工作的科学的那种本己权限而言,是现代逻辑首次为其进行了奠基,并且是现代逻辑揭露了其中的一些问题①。

与独特性形式中的认识方式相应的是一种意谓功用,是那种"modus significandi per modum appropriati"[通过特殊适用形式的意谓形式]。这种意谓形式和之前所说的通用形式代表了意谓功用领域中的两种基本向度,在这两种基本向度中,经验的实际性可以得到考察并相应地得到意指。邓·司各脱因而合理地并列引用了它们,并将其作为最普遍名词之本质形式的最直接的个别化

---

① Cum dicitur, singulare non est intelligibile nisi in universali, dico, quod sicut in communiori non continetur perfecte quidquid est entitatis in inferiori, sic nec in cognosci vel intelligi. Ideo dico quod in nulla specie, inquantum talis perfecte potest cognosci objectum suum per se singulare, quia aliquid includit, quod non species et quantum ad hoc non ducit species in eius cognitionem; et ideo dico, quod singulare non est per se intelligibile sub propria ratione perfecte[可以说,独特的东西(个别的东西)倘若不是在普遍之中,则它是不可认识的,我的意思是,这正如在更普遍的东西中若不全然地包含着每一种处于其下面的存在者,则后者就是不可认识和理解的。所以我认为,没有什么"属"能够提供这样一种可能性(因为只有"种"才能满足上述规定。——译注),即通过独特的东西自身来如此完善地认识它的客体(事物),因为其所包含的另一种意味在于,没有什么"属"能被引入对独特东西的认知中来;所以我说,独特的东西是不能通过自身而在本己的完善形式下被认识的(不能从自身而来得到十足的把握)],《巴黎讲稿》,第2卷,分类3,问题3,n. 15。

De singularibus non est facta scientia isto modo, quo scientia accipitur I. Metaphysicae, prout distinguitur contra experimentum, sed accipiendo scientiam pro certa notitia bene est scientia singularium[以这种形式进行的认知行为并不关乎独特的东西,因为按照亚里士多德《形而上学》第1卷的说法,知识是与经验相区分的,但是亚里士多德在那里却也认为,知识作为某种正确的知乃是对独特东西(个别事物)的知],《自由论辩集》,问题3,n. 13。

至于实施着个性化工作的科学的本己权限问题,可参看狄尔泰、李凯尔特以及西美尔的工作。——原注

产物而予以分类①。

　　这两种直接隶属于名词的本质性的普遍的意谓形式的类型，即通用形式和特殊适用形式，在它们那一方面就代表了种（*Gattungen*），这是着眼于落在它们之下的那些属而言的。普遍意谓形式的功用是：去把一个对象根本地意指为对象。在这里所说的还不是那些以某种方式被明确界定的个别对象。尽管在对运作于普遍方式和个别方式的意谓功用所做的区分工作的第一步就必须回归到个别对象，但这却是在一种完全确定的视角中发生的，更确切地说在通用形式那里是这样的一种视角，即，个别对象被看作是基础，被看作是对其共有的抽象本质的各自实现。并且这种普遍的本质本身并未在通用形式中被意指，而是那种在其中奠基着的功用——去关涉于许多个别对象并意指它们——得到了意指。同样地，严格而论，在特殊适用形式中也没有对个体性东西和独特性东西本身以及其内容性的构造作出澄清；毋宁说，只有一般个体性东西的本质、那种指涉于一种个别对象的意指方式才应得到凸显。

　　意谓功用之区分的进一步工作是以下述方式实现的，即，首先在通用形式那里去强调对象的那种内容性的结构。每一种对象都不仅仅是对象一般，更是作为这种对象而拥有内容上的确定性；每一种存在都是一种本质存在（*Sosein*），但不是每一种本质存在都需要实际存在。若在通用形式那里说的只是种本身（*Gattung überhaupt*），则我们就通过其分群（*Unterfall*）②、通过那种自立的形

---

① 《论意谓形式》，第9章，6b sq. n. 3。——原注
② Unterfall 是"种"之下的概念，亦可译为"次级类型"。——译注

式(den Modus *per se stantis*)而获得了一种意谓功用,这种意谓功用的目标在于去意指那些在内容上确定了的种。这种形式在严格的意义上构建了名词这种变格词(das Nomen substantivum)①②。

---

① 德文"Nomen"除了常用的狭义上的"名词"意项外,还表示既非代词又非冠词的变格词,通常用来统称名词和形容词这些更广意义上的"名词"。故这里亦可译为"名词性的名词",下文中"形容词变格词"亦可译为"形容词性的名词"。——译注

② Deinde sub his modis descendamus ad alios modos significandi subalternos minus generales istis, et primo sub modo significandi per modum communis; secundo sub modo significandi per modum appropriati.

Circa primum notandum, quod modus significandi per modum communis, habet duos modos sub se, qui sunt minus generales eo, scilicet modum per se stantis et modum adjacentis. Modus significandi per modum per se stantis sumitur a proprietate rei, quae est proprietas essentiae determinatae. Sicut enim modus significandi generalissimus sumitur a proprietate essentiae absolutae: sic modus significandi per modum per se stantis sumitur a proprietate ipsius essentiae determinatae: et hic modus constituit nomen substantivum. Nomen ergo substantivum significat per modum determinati secundum essentiam[在这些意谓形式下面我们就获得了那些从属性的意谓形式,但后者并不如前者那样普遍,并且它们首先是处于通过通用形式而得到的那种意谓形式下面;其次才是处于通过特殊适用形式而得到的那种意谓形式之下。就前者而言,应该注意的是,通过通用形式而得到的那种意谓形式本身是具有两种形式的,即自立形式和邻属形式,但它的这两种形式不如它本身普遍。借助于自立形式而形成的那种意谓形式严格说来是从事物的性质那里获得的,而事物的这种性质则是被本质性质所确定的。事实上正如最普遍的意谓形式是从绝对的本质性质那里得到的一样;借助于自立形式而从事物的那种性质(被其本质性质所规定的性质)那里获得的意谓形式也是如此;并且正是这种意谓形式构建了名词性的变格词。名词性的变格词因而是通过那种依照本质而被确定的形式而得到意指的],《论意谓形式》,第 10 章,7a, n. 4, 5。

... essentia variis modis dicitur de creatura: uno modo secundum rationem determinatam alicuius generis secundum quem modum dicimus hic est homo vel corpus vel albedo vel quantitas; et hoc convenit cuilibet enti sive existat actu sive in potentia sive per suam essentiam; nam quaelibet res reponitur in determinato genere per suam essentiam non per suum actum existentiae[对于被造物而言,本质是以不同形式被言说的:我们用以言说之的那种形式,按照某个种的确定的观察角度而获得的那种形式,乃是人,或身体,或白色,或大小;并且

一种在内容上确定的本质可以在其自身中区分出：自在的本质、其"内核"以及它所具有的那些确定性。一旦人们将目标定为在质料上被规定的本质，也就是说，伴随着那种自在独立的形式，那种邻属形式（der Modus adjacentis）就被同时给予了，后者表现的是本质所具有的那些确定性的意谓形式。以这种意谓形式就切合了形容词这种变格词（das Nomen adjectivum）的建构性的形式，对于这一事态的阐明，可以在司各脱对形容词的其他一些评注中得以发现。形容词的意谓功用是：规定。邻属形式这一名称如此也就证明了它的正确性，只要确定性之为确定性始终是为了一种有待确定的东西或已被确定的东西而言的。它需要某种东西，即它所归属的某种东西①。

现在有人会提出反对意见，说像在"corpus animatum"[灵活的身体]或"animalrationale"[理性的动物]这样的表达中那样，

这适用于任何一种存在者，无论这种东西是在实际中存在，还是在潜能中存在，抑或是通过其本质而存在；另一方面，任何一种事物都是通过其本质而不是通过其实际存在而被回置到确定的种之中的]，《论事物之本原》，问题8，346b，n. 1。——原注

① Adjectivum formaliter significat formam ut forma est eius de quo dicitur; propter istam proprietatem adjectivum non potest praedicari nisi praedicatione formali[就形式上的意义而言，形容词意指的是形式，并且形式正是就此而说的；形容词是不能按那种性质而被谓述的，除非是以在形式上被谓述的方式]，《自由论辩集》，问题5，203b，n. 6。

Adjectiva si praedicantur, de necessitate formaliter praedicantur et hoc quia sunt adjectiva. Nam ex hoc quod sunt adjectiva significant formam per modum informantis, de quo videlicet formaliter dicuntur[倘若形容词性的东西被谓述，则必然是在形式上被谓述的，因为这是形容词性的东西。因为由此而来形容词性的东西是通过构形方式而意指了形式，而这种构形方式显然是就形式而言的]，《牛津评注》，第1卷，分类5，问题1，448b，n. 7。——原注

"animatum"、"rationale"这样的形容词本身是与名词变格词联系在一起的,说尽管如此它们还是表现了名词。这种东西如何才可使之协调一致?名词变格词的意谓形式的确是一种独立的形式;它不像邻属形式这种"需要依据的东西",它不需要任何奠基。诸如"animatum"和"rationale"这样的表达,鉴于其意谓形式,的确不能同时是独立的和非独立的。对此必须如此回答,即,"独立的"和"非独立的"这样的说话方式只是关涉于单纯的词语,根本没有任何意义。自然,只有这些词语的意谓才是可被意指的。从"animatum"[生动灵活的]这个词语本身并不能看出,它使哪种意谓功用得以鲜活;只是当人们生活在这个词语的意谓中时,这种事情才会发生,更确切地说,只是当人们生活在一种意谓关联的实施中时,由之而来那种意谓功用才变得可以把握。并且在此就显示出这样一种特有的事态,即,"animatum"这个词在通常话语中是作为邻属形式中的形容词被使用的,当然那种自立(per se stantis)形式的意谓形式也是能够被结合起来的,亦即,那种活灵活现(Animatum)可以因此而作为名词来使用。通过名词化,从"蓝色的"这个形容词而来产生了"蓝色"这一名词,在每一种情形中都是如此。在上述那种异议中所暴露出来的是这样一种事实,对于那些常用词语中的各个词语而言,一种对于其意谓形式的深刻理解是非常重要的①。

倘若从自立形式和邻属形式下降到那些进一步的属差,并且

---

① 《论意谓形式》,第 10 章,7a,b,n. 7。——原注

那些属差形式①,亦即名词之本质形式(Modus essentialis nominis)的那些最低差异,得到了探究,则这就意味着,从那种质料(它在意谓形式之功用中规定着意谓形式)的方面来看,是质料促使了那些内容性的种还可以被进一步的细分。这样的话,当人们越是远离名词的那种普遍的、近乎空洞的意谓形式,人们就越是切近地触及到了那种参差不纯的、无法估计的实际性内容的诸多特性。因此不应感到奇怪的是,伴随着上述那种实际性内容的具体的丰富性,名词的那些最特殊的意谓形式的数量也由之增长。同时应注意到,名词的那些最低端的意谓形式在自身中包含了所有那些位于它们之上的种之本质和名词自身的本质,这种包含即便不是清晰的,但也的确是下述方式进行的:对一种最低形式之意谓功用的整体意义的理论性的阐明必须发现那种归属于它的本质以及这种意义和其本质双方之间的彼此归属。

那些归属于自立形式的最特殊的意谓形式,按邓·司各脱的看法,共有五种:普遍形式(Modus generalis)、特殊形式(Modus specificabilis)、衍生形式(Modus descendentis ab altero)、缩小形式(Modus diminuti ab alio)、聚集形式(Modus collectionis)。

为了理解每一种形式的意义,我们应再度求助于质料②。

在对经验性的实际性的考察中我们遭遇了某些确定性,它们中的每一种都区别于其他,但这些确定性又再度拥有了一种共同性。蓝不同于红,但是二者都是颜色。人们习惯于说,在它们之间存在

---

① 这里似乎应该理解为"特殊形式"。——译注
② 《论意谓形式》,第11章,7b,n.9。——原注

着一种属差。"颜色"这个名词因而在一种十分明确的意义上是对个别颜色的断言。它作为名词所特有的事情是,不只是去意指一种对象一般或是去意指一种本质(这种本质能够归之于所有可能的个别对象);进一步地说,它也不只是具有一种被深刻界定了的、特别的本质内容,而应看到,除此之外,它还在种(*Gattung*)的意义上——种的个别情形是以属差方式彼此差异的——有所意指。

这种普遍形式建构了普遍名词。它是这样一种意谓功用,这种功用直接从种的逻辑概念而来获得了其意义。

种的这种共同本质再现了普遍性的东西即共相,先前的那种通用形式恰就返溯于共相。共相之为共相,其关键因素就在于能就若干对象而被谓述。然而,在种那里(种又是共相的一个属),共相的那种本质要素必然无论如何都已经以某种方式使自身特殊化了。

波菲利对"种"的定义是:genus est, quod de pluribus differentibus specie in eo quod quid est, praedicatur[种之被谓述所关乎的乃是众多在其所是中发生属差的事物]①。

邓·司各脱将这一定义予以本己化并证明了它的正确性。De pluribus speciedifferentibus[关乎众多有属差的东西]和praedicari in quid[在本质所是中被谓述],这是此定义的两个基本规定;种之被谓述关乎具有属差的诸事物②,更确切地说,是作为本质而被谓述的;这两种规定构成了属差,正是由于这些属差,从

---

① 此句亦可译为:种是着眼于在属中彼此差异的诸事物之所是而被谓述的。——译注

② 亦即"种所谓述的乃是具有属差的诸事物"。——译注

"共相"之种而来的"共相"之属才成为一般意义上的种(diese beiden Bestimmungen bilden die spezifischen Differenzen, durch die aus der Gattung 'universale' die Art Gattung 'genus' wird)[①]。由于一种共相也可以从那些只是在数目上有差异的对象而来被谓述,所以就可进而指出,这种共相并不能被合乎本质地谓述,而只是被断言为质的规定性[②]。

[①] 这句话难以完全直译,这里只能采用部分意译的方式来表达原文意思,但需要指出的是,"共相之种"的"之"并非领属关系,而是指作为(非一般意义上的)"种"的共相,而"共相之属"的"之"则是表领属关系。此句句意事实上是紧承上文的那句话:"种又是共相的一个属"。这一问题可追溯至亚里士多德的存在问题:存在(on)不是一般意义上的种,但范畴(作为谓词之种)却是存在的属。——译注

[②] Dicendum, quod est vera definitio (generis), quod sic ostenditur: ratio universalis est praedicari de pluribus, cum ergo in definitione generis ponatur praedicari de pluribus, ponitur genus eius postea ponitur 'differentibus specie' et 'in quid' quae sunt per se differentiae generis. Probatio: quia per se dividunt superius, scil. praedicari de pluribus: ergo sunt per se constitutivae inferioris, ad quod superius per illa appropriatur. Dividitur enim per se 'praedicari de pluribus' in 'differentibus specie' et 'differentibus numero' ... Dividitur etiam in 'praedicari in quid' et 'in quale', ... [需要指出的是,我们可以这样来理解种的真实定义:共相的形式(根据)在于它之被谓述所关乎的乃是众多事物,所以"其谓述关乎众多事物"可以被置入种之定义中,随后还可被置入种之定义中的是"属差"以及"在所是中"("in quid"的字面意思直译是"到所是中去",但为了表达方便,我们一概译之为"在所是中"。——译注),它们通过自身而形成了"种"的差异。对此的证明如下:因为更高的东西是通过自身而被区分的,也就是说,它的被谓述是关乎众多事物的;所以通过自身而建构的东西是处于下层的,是通过那种差异而被更高的东西所本己居有的。事实上,"关乎众多事物的谓述"本身可以被区分为"属之差别"和"数目之差别"……此外还可被区分为"在本质所是中被谓述"和"在显现形式中被谓述",……],《论波菲利"〈范畴篇〉导言"诸问题》,问题 15, 191a sq., n. 4。

Convenienter ponitur 'differentibus specie' ut differentia, quia per illam

但种之被谓述并非只关乎在数目上有差异的诸事物而不关乎在显现形式(quale)上有别的诸事物,而应说,它也关乎在属上有差异的诸事物。由此,种之概念就得到了充分规定,并且普遍名词之意谓功用的意义也同时得到了充分规定。这种名词的意谓具有

---

particulam universale descendit in ipsum definitum, tamquam genus per differentiam [相应地,"属差"亦即"差异"就被建立起来了,因为通过"差异"这种小环节,共相就下降到它本身的限度中去了,这正如"种"通过差异(属差)而实现的下降],同上书,问题 17,n. 2。

Convenienter ponitur 'in quid', quia praedicari dividitur in 'praedicari in quid' et 'in quale', tamquam per primos praedicandi modos; igitur per illa descendit universale in species: genus autem non praedicatur 'in quale', igitur 'in quid'[它相应地就被置入到"本质所是中"了,因为"被谓述"是被区分为"在本质所是中被谓述"和"在本己显现形式中(被谓述)"这两种形式的,(但事实上乃是)通过第一种谓述形式所进行的谓述;所以通过这种区分,共相就下降到属中去了;但种是不能"在本己显现形式中"被谓述的,因而只能是"在本质所是中被谓述"],同上书,问题 19,259b,n. 2。

Nihil praedicatur in quid de illo respectu cuius est accidens, sed respectu cuius est genus: ut 'color' non praedicatur de substantia in quid sed de albedine respectu cuius est genus[在那些在所是中被谓述的东西中,没有什么是偶然的,但是这里所说的乃是相对意义上的"种";例如颜色之被谓述不是就实体之所是而言的,而是着眼于白色之为颜色的相对意义上,我们说"颜色"是一个"种"],同上书,问题 19,260b,n. 4。——原注

这样一种功用,它可表达出那些在本质上具有属差的对象①。

在具有属差的"诸物中被谓述"的那种可谓述性和在仅仅在数目上有别的"诸物中被谓述"的那种可谓述性是有差异的,这种差异使人猜想到,也还有某种意谓功用相应于上述最后那种谓述可能性,邓·司各脱把这种意谓功用称作 *specificabilis*[具述/特殊]。这种意谓功用所指向的那些对象,因而只需要按照数目而非按照属来彼此有别②。"借助于自立形式"(per modum per se stantis)而有的那种意谓功用的第三类属乃是衍生形式(Modus descendentis ab altero)。"因父之名"(Patronymicum)③的意义应

---

① Sicut enim a proprietate rei, quae est communicabilis pluribus, absolute sumitur modus significandi per modum communis absolute, sic ab eadem proprietate strictius sumpta, scilicet a proprietate communicabili pluribus specie differentibus, sumitur modus generalis. Ab hac autem proprietate, apud Logicum sumitur secunda intentio generis, et sic iste modus constituit Nomen substantivum generale, ut animal, color, et sic de aliis generibus. Nomen ergo substantivum generale est, quod significat per modum communicabilis pluribus, non solum numero, sed specie differentibus[同样地,更确切地说,意谓形式是借助于绝对通用形式而从事物的性质(事物的性质乃是诸多事物的共同之处)那里绝对地获得的,而既然普遍形式是从这样的性质中获取到的,当然它也就是从诸事物之属差的普遍性质那里获得的。但是从这第二种性质中或者说在逻辑层面上就得到了对种的第二种看法,并且这样的话这种意谓形式就构造了普遍的名词性变格词,诸如"动物"、"颜色"等,而且这样的话这些名词就是表达其他那些种的名词。名词性变格词因而是普遍的,它是通过诸多事物的通用形式而进行意指的,而这些事物并非仅仅是在数目上有别的,而是也在属上有别的],《论意谓形式》,第11章,7b, n. 9。——原注

② Secundus modus per se stantis, est modus significandi per modum specificabilis, sumptus a proprietate rei, quae est proprietas communicabilis pluribus non absolute sed solum numero differentibus[第二种自立形式是借助于特殊形式而有的意谓形式,它是从事物的性质那里获得的,这种性质是诸物的普遍的但非绝对的性质,这些事物仅仅是在数目上有别的],《论意谓形式》,第11章,7b sq., n. 10。——原注

③ 亦可译为"父名性的(名词)"。——译注

通过这种衍生形式而得到规定。

就意谓功用而言,无疑存在着一种值得注意的区分,即,不同的颜色属相(Farbenspezies)是否是通过"颜色"而被表达出来,或者,所谓的家族的不同成分是否会通过"普里阿摩斯之子"(Priamide)①而被表达出来。家族的诸成员诚然是每每不同的,但还是在某个方面上是类同的。这也切合于颜色属相。但诸颜色是在另一方面上有所不同的,也就是说,它们是按照它们在谱系图上的位置而彼此不同的,它们之类同也是就另一方面而言的,即,这是就它们归属于同一种谱系而言的。

被理解的或被意指之质料的那种没有疑问的、内在的结构差异为下述差异活动提供了充足根据,即自立形式与衍生形式之间的新的差异化②。

邓·司各脱把那些缩小化名词(die *Diminutiva*)安排在父名

---

① 普里阿摩斯(Priamos),希腊神话中的特洛伊国王,生有五十个儿子和若干女儿,其中最著名者无疑是特洛伊王子帕里斯和赫克托尔。作为对这一群体的命名,"普里阿摩斯之子"构成一个在形式上独立的名词,即"Priamide"。——译注

② Tertius modus per se stantis, est modus significandi per modum descendentis ab altero; ut ab avo, vel a patre: et hic modus constituit nomen substantivum patronymicum, ut Priamides. Et quia nomen patronymicum a propriis nominibus patrum vel avorum derivatur, ideo merito patronymicum nomen nuncupatur. Nomen ergo patronymicum est quod a propriis nominibus patrum vel avorum derivatur, significans per modum descendentis ab altero, ut a patre vel ab avo[自立形式的第三种形式是通过衍生形式(从别的东西那里衍生出来)而来的意谓形式;这种衍生是从祖先或者父亲那里而来的衍生。这种形式建构了因父之名而有的那种名词性变格词,如"普里阿摩斯之子"。并且因为这种因父之名而有的名词是从父亲或祖先所特有的名字中衍生而来的,所以它就被人们正确地称作是父名性的名词。因而就可以说,父名性的名词是从父亲或祖先的特有名字中衍生出来的,是通过从它者而来(从父亲或祖先而来)的衍生形式而进行意指的],《论意谓形式》,第 11 章,8a, n. 11。——原注

性名词旁边并朝下述向度规定了这些缩小化名词的意谓形式,即,它是在"被缩小的形式"中意指那通过它而得以表达的对象,不说"花"(Blume)而说"小花"(Blümlein),不说"石头"(Stein)而说"小石头"(Steinchen)。说意义存在于缩小化名词中,这肯定是正确的,但是这种意义却并不会在这种仿佛是量的特性中被穷尽。我们也常用这些缩小化名词来表达愉悦、戏谑、体谅以及好感等诸如此类的情绪。但这最终也并非什么异议,即并非对邓·司各脱对相关意谓功用之表述的反对意见。因为邓·司各脱的这一表述并没有对那以多种方式变化着的意谓内涵(Bedeutungsgehalt)——它作为实事性的意谓内涵能够存在于一种和同一种形式中——作出什么断言。并且进而言之,还可予以追问的是,这些心理上的情绪、感受行为——它们就其本身而言就已然不是单纯的了——是否实际地归属于缩小化名词的表达,或者我们问,这些行为是否并不是以某种特有的、迄今仍未澄清的方式而与相应的缩小化名词的意谓行为统一起来,而是作为部分行为(Teilakte)而与意谓行为构成了一种"现象学的统一性"。

对这样一种统一性的行为活动的采纳更加易于使我们想到,上述情形中的那些缩小化名词的用法并非什么纯粹理论性的表达。无论如何,无论那些错综复杂的现象学问题将以何种方式得到解决,若我们不去关注那在意谓形式领域中盛行着的那种关系之素朴性的话,则邓·司各脱所给出的那种东西——缩小化名词之意谓功用的那种看似近乎平庸的特性——就始终还是未被触动的①。

361　　聚集形式被邓·司各脱看作是自立形式的最后的一种特殊形式；它通常被视为集合名词(Kollektiva)的意谓形式。在每一个集合名词中都意指了那些彼此可分的个别对象的一种共同或者甚至是它们的一种共属性。但这种视角(从这种视角看来,它们构成了一种统一性)恰恰并不需要——如同邓·司各脱所指出的那样——是一种共同的位置上的确定性(*ötliche Bestimmtheit*)。这或许切合于像"沙丘"、"房屋群"这样的意谓；但与之相反,对于像"民众"、"种族"这些意谓,就需要取得统一性的一种"更高的"视角。现在,在这些意谓中,个别环节的一种共同得到了意指,这一事实是无可争议的。这里要注意的是,在各种各样的集合名词中出现了各种各样的构建着统一性视角,而且,那种空间性的共属性只是构建了共属性的一种类别,如此,邓·司各脱所标划的那种特性就显示出它的过于狭隘性和片面性。

　　在这种考察中,看上去不合理的也还有那种做法,即把父名性名词作为一种特别的意谓形式归置于集合名词旁边。把父名性名词归属于集合名词之下,这或许才是正确的做法,因为父名性名词分享着集合名词的那种共同的功用,即在通向统一性的某种特定的视角中来去统合个别对象。在父名性名词那里,这种视角当然是一种十分特别的视角,但却不是以这样一种方式而特别,即,其本己的意谓功用由此而得到建构。或许相反,倒始终存在着这样一种事实,即,与构建着统一性的诸视角有关的集合名词有别于种

------

① 《论意谓形式》,第 11 章,8a, n. 12。——原注

的统一性,并因此而合理地区别于普遍形式①。

名词的通用形式被划分为自立形式和邻属形式。对于前者即自立形式,我们已经追踪考察了它的那些最特殊的差异化形式。我们也将如此来展开对邻属形式的研究。

邻属形式的普遍的意谓功用是在对一种被归置于对象的规定性的意指活动中被发现的,更确切地说,是在对一种确定性的被归置活动的意指活动中被发现的(in dem Meinen des *Zufallens einer Bestimmtheit*)。

在对形容词的 24 种特别的意谓形式进行列举之前——对此我们却只能述及其中最重要者——邓·司各脱确定了一种区分。意谓功用绝对地拥有这样一种意义,即去意指一种规定性本身的被归置活动而无需差异化区分亦即无需更详细的意谓要素,而所谓差异化区分或意谓要素说的是,一种规定性是在何种方面并且以何种形态被归置于那有待规定的对象。这种意谓形式因此要比紧接着的那些其他的意谓形式更普遍,在后者中,邻属形式是在一

---

① 《论意谓形式》,第 11 章,8a, n. 13。——原注

些特定的观察角度中出现的①。

在名词和形容词的这种切近的关系中也存在着它们的意谓功用的一种类似的差异化活动。形容词可以是一种普遍的东西,例

---

① Deinde sub modo adjacentis alteri ad modos specialissimos descendamus: qui continet sub se viginti quatuor modos; quorum:

Primus est modus significandi per modum adjacentis alteri, seu denominantis ipsum simpliciter et absolute, speciali ratione non superaddita, et hic modus constituit nomen adjectivum denominativum, ut albus, niger, croceus. Nomen ergo Adjectivum denominativum significat per modum adjacentis alteri, sive denominantis alterum simpliciter et absolute. Et iste modus est generalior omnibus modis sequentibus, qui dicuntur modi adjacentis alteri, sive denominantis alterum, superaddita ratione speciali, ut postea patebit.

Secundus modus adjacentis est modus significandi per modum denominantis alterum, sub ratione communicabilis pluribus specie differentibus, et iste modus constituit nomen adjectivum generale significans sub ratione communicabilis pluribus specie differentibus, ut coloratus. Nomen ergo Adjectivum generale est, quod significat per modum denominantis sub ratione communicabilis pluribus specie differentibus.

[接下来,我们要从邻属形式出发下探到它下面的那些最特殊的形式,它们共有24种形式:

首先是通过邻属形式而来的意谓形式,这种形式所命名的是这样一种东西,它单纯且绝对地归属于别的东西,而且不给后者增加特别的规定。这种形式建构了一种派生性的形容词变格词(形容词性的名词),如"白色的"、"黑色的"、"黄色的"等。派生性的形容词变格词因而是通过邻属形式(通过单纯且绝对地从别的东西派生而来且对其所以派生者予以命名)而进行意谓活动的。这种形式要比其后的所有形式都更普遍,说起来此后的这些形式也都是(来自于)邻属形式,都是派生于别的某种东西且命名着这种东西,但却都为之添加了特别的规定。这将在下面得到说明。

第二邻属形式是通过那种派生于别的某种东西且对之予以命名的形式而来的意谓形式。这种形式是在诸属差的共同视角下运作的,并且正是它构建了那种在诸属差之共同视角下进行意谓活动的普遍的形容词变格词,例如"颜色的"这个词。普遍的形容词变格词因而是通过运作于诸属差之共同视角下的那种派生形式(且对其所以派生者进行命名的形式)而进行意谓活动的],《论意谓形式》,第12章,8a, b, n. 1, 2。——原注

如"被着色的";它意指那些个别的规定性,这些规定性就其类属而言是彼此差异的,但却归属于同一种在形容词形式中被普遍意指的形式规定性。

那些可能的、被归置于对象的个别规定性,它们的属上的差异性在特殊形容词那里是缺少的。邓·司各脱明确地指出,这里所涉及的那些形容词当然能够改变它们的意谓形式,虽说那外在的词语形态是维持着同一性的①。

物主形容词(das Adjectivum *possessivum*)再现的是一种本己特有的意谓形式,这是就它把一种规定性归置于对象而言的,这种规定性并非像"被着色的"那种形容词那样表达的是对对象的单纯附着,毋宁说,这种规定性所意指的乃是实体,是物料(Stoff),是对象所从出者。

缩小化形容词的意义是从缩小化名词的所说中自行产生的。这也同样切合于集合形容词,对于集合形容词,司各脱列举了"城市的"、"民族的"这样一些例子。与父名性名词对集合名词概念的那种归属性相类似,同种形容词(das Adjectivum gentile)②也应被归列到集合形容词之下③。

进而,邓·司各脱把形容词的高阶形式(Steigerungsformcn)④也归入到了形容词的特殊意谓形式这一类别中,他把这些高阶形式的特性表述为一种 Excessus citra terminum[界限(术

---

① 《论意谓形式》,第 12 章,8 b, n. 2, 3.——原注
② 拉丁语 gentilis 的本意是"产生于、归属于同一个种"。——译注
③ 《论意谓形式》,第 12 章,9a, n. 5, 6, 8.——原注
④ 语言学术语,指形容词的比较级形式和最高级形式。——译注

语)上的超出]，即对形容词之实在性的意谓内涵的一种超出①。

还有一些形容词是值得注意的，如"相似的"、"等同的"等等，在这些形容词中，"ad aliquid"[关于某种东西]即相关性的那种意谓形式得到了表达②。

至于时态形容词(白天的、夜间的、年度的)和地点形容词(邻近的、毗邻的)以及序数形容词(最优的、次等的……)在此只能简要提及了③。

在对形容词的不同意谓形式的这种列举中，已经可以明显看出，相关意谓的内容愈是变得特殊，意谓形式就愈是可以得到逐一列举。但应予提醒的是，意谓功用(Bedeungs*funktion*)并不像它所关涉的内容那样变化多端，因而，意谓理论所要考察的意谓形式是少于意谓内容的。

在名词之意谓功用的第一种差异化形式那里(它本身所指向的是对象自身)，可以凸显意谓形式的两种基本形式，即通用形式和特殊适用形式，它们相应于两种基本向度，而对实际性(Wirklichkeit)的那种沉思着的理解就能够运作于这两种基本向度之中。对于名词的那些普遍化的意谓功用，我们之前已经给出了阐释。

通过对特殊适用形式(Modus *appropriati*)的那些个性化的意谓功用的考察，本节的工作，对名词之意谓形式的特性予以规定，就走向了终结。

这些特殊的个性化的意谓形式所特有的首先是一些专名

---

① 《论意谓形式》，第 12 章，9b sq.，n. 16，17，18。——原注
② 《论意谓形式》，第 12 章，10a，n. 19。——原注
③ 《论意谓形式》，第 12 章，10b，n. 21，22，24。——原注

(Eigennamen)。它们在任何时候都意指一种个性(Individualität),更确切地说,意指这种个性本身。在被意指或被命名的对象那里,它的哪一方面恰恰成为了意谓意识的内容(Inhalt des Bedeutungsbewußtseins),这一点并没有通过这种意谓功用而得到规定。它所说的仅仅是,专名的意谓内涵是处于本己特有的视角之下的(sub ratione propria),也就是说,专名的意谓内涵是伴随着这样一种意识——它归属于且仅仅归属于那种被意指了的个体(Individuum)——而被"表象"的。这种个性化的意谓功用是那种可从变化不居的意谓质料中摆脱出来的形式[①]。

就人的名字(Vornamen)而言,它的职责或者说它的普遍的意谓功用在于,通过名字,具有这个名字的个人就得到了区分。在名字的这种意谓功用中,所谓的那种作为不同个性的个性(Individualität als differente Individualität)[②]就向我们活生生地显现出来。名字的意谓功用因而就是奠基于专名的意谓功用之上的。

姓氏(Cognomen)的意谓功用则在于,它有助于更进一步地刻划所意指和所命名的个体之个性,更确切地说,这是着眼于其来源而实现的;它在自身中承载着一种历史学的因素。

[①] Nomen quodcumque aliquid significans quod huic soli potest inesse, potest dici proprium nomen huic, sed simpliciter nomen proprius huius non est nisi quod primo significat hoc sub ratione propria, quia solum illud est proprium signum vocale huius[意指着某种东西并唯一地内在于其中的那种名称可以说是这种东西的专名,但是,倘若专名不是首要地意指那种在本己特有视角(形式)中的东西,则这种东西的专名就根本是不存在的,因为这种独一无二的东西乃是这种话语标志(专名)所特有的东西],《牛津评注》,第1卷,分类12,问题2,238a,n.7。——原注

[②] 亦即前文所谓的"个性本身"。——译注

这种情形也非常明显地表现在绰号（Beinamen）中，只不过是在另一种向度上。绰号的意谓形式是被本己特有的事件（*a proprietate eventus*）所规定的，亦即，是被一种独一无二的、特别重要的本有事件（Ereignis）所规定的，按其绰号而被命名的人就存在于某种特定的、随具体情形而自然发生变化的关系中。

邓·司各脱以"阿非利加的西庇阿"（Scipio Africanus）[①]为例说明了一种历史学的人格个性，这绝非偶然。因为历史作为个性化的文化科学，恰恰是以专名、姓氏以及绰号来开展工作的。如此，意谓理论的这一章（它探讨的是名词之个性化的意谓功用）恰恰给出了一种有价值的确认（对历史学的概念构成之切己特性的确认）和对意谓的确定（确定其属于一种个性化着的东西）[②]。

[①] Scipio Africanus，通常指历史学中所谓的"大西庇阿"。大西庇阿（公元前236—前184/183年），古罗马军事家和政治家，他以在扎马战役中打败迦太基统帅汉尼拔而著称于世，正是由于这场胜利，罗马人以绝对有利的条件结束了第二次布匿战争，西庇阿也因此得到他那著名的绰号："（征服）阿非利加的"（Africanus）。此外，其继孙小西庇阿（约公元前185—前129年）也由于攻灭迦太基、结束第三次布匿战争而获得了"阿非利加的西庇阿"的绰号。——译注

[②] Consequenter sub modo appropriati, qui ex opposito dividebatur contra modum significandi communis, ad modos specialissimos, quorum:

Primus est modus propriae denominationis, sumptus a proprietate individuationis absolute; et hic modus constituit Nomen proprium individui, et absolute impositum ut Socrates, Plato. Nomen ergo proprie proprium est, quod significat rem sub proprietatibus individuationis absolute.

Secundus modus appropriati est modus significandi per modum praenominationis, sumptus a proprietate differentiae, quae est facere differre: et hic modus constituit Nomen proprium praenomen, ut Marcus Tullius. Nomen ergo proprium praenomen est, quod impositum est rei individuae sub ratione differentiae.

第二章 意谓的形式理论　445

Tertius modus appropriati est modus significandi per modum cognominis vel cognationis, sumptus a proprietate parentali, quae est unum nomen pluribus commune; et hic modus constituit Nomen proprium cognomen, ut omnes de parentela Romuli dicuntur Romuli; et dicitur cognomen, quia pluribus cognatis est nomen commune. Nomen ergo proprium cognomen est, quod impositum est rei individuae sub proprietate parentali.

Quartus modus appropriati est modus significandi per modum agnominis, sumptus a proprietate eventus et hic modus constituit Nomen proprium agnomen, ut Scipio Africanus nominatus est, quia ex eventu devicit Africam. Nomen ergo proprium agnomen est, quod impositum est rei individuae, sub proprietate eventus. Patet ergo, qui et quot sunt modi significandi Nominis essentiales generalissimi, specialissimi et subalterni, et quae et quot sunt species Nominis per eosdem modos constitutae.

［特殊适用形式是与通用意谓形式相对的，我们现在接着就来考察特殊适用形式下面的那些最特殊的形式：

首先是特有命名形式，它是从个体性质本身而来获得的；这种形式建构了个体的本己特有的名称（专名），这种名称是烙印于个体本身之中的，如"苏格拉底"、"柏拉图"等。专名的特有性因而在于，它所意指的是绝对个体特性中的事物。

第二种特殊适用形式是以名字形式而有的意谓形式，它是从一种标志性的区分中获得的，而这种区分是可以造就差异的。这种形式建构了名字这种专名，如"马库斯·图利乌斯"（此系西塞罗的名字——译注）。名字因而就是一种专名，因为它是为了不同视角中的个性事物而建立起来的。

第三种特殊适用形式是通过姓氏形式或者说家族血缘关系形式而有的意谓形式，它是从祖辈的特性中获得的，它是许多人所共有通用的一个名称；这种形式建构了姓氏这种专名，因此罗慕路斯（罗马神话中战神之子，罗马城的奠基人，罗马王政时代的首位国王——译注）家族的所有成员全都被叫做"罗慕路斯"，这也就被称为姓氏（族姓），因为许多人是因为血缘关系而共有这种名称的。姓氏因而也是一种专名，因为它是为了家族特性中的个性事物而建立起来的。

第四种特殊适用形式是通过绰号形式而有的意谓形式，它是从本有事件之特性中获得的，这种形式建构了绰号这种专名，就如"阿非利加的西庇阿"这一绰号之得来是由于西庇阿的那一特有伟业：对阿非利加的完全征服。绰号因而也是一种专名，因为它是为了本有事件之特性中的个性事物而建立起来的。所以就可以清楚地看出，在本质性的名词那里存在着哪些意谓形式以及多少意谓形式（这些形式或是十分普遍的，或是十分特殊的，又或是从属性的），同时也可以看清楚，通过这些被建构的意谓形式，名词的种类会有哪些，会有多少］，《论意谓形式》，第13章，11a，n. 1—4。——原注

366　　迄今为止我们只是考察了名词的那些独立的意谓形式。为了把对名词之意谓形式的全方位的考察工作带向终结,从现在起就必须对那些非独立的意谓形式的特性也予以规定。

相对于名词的普遍本质形式(这种形式表明了它真正的和普遍的本质),属于通用形式和特殊适用形式等形式的其余那些特殊的意谓形式可以被理解为偶性形式(accidentelle Modi),这正如在多纳图斯①那里事实上发生的情况一样。但这些特殊形式并不是自主独立的,尽管它们在自身中承载着名词的普遍本质;它们的意谓功用并不需要什么奠基;较之于名词的普遍本质,它们包含有更多的东西,这种更多的东西来自于特殊的内容,而这种特殊的内容又是以使意谓形式得到保持的方式对这些意谓形式进行了修整(Modifikationen)。与之相反,纯粹的偶性形式在自身中并未承载名词之本质;它们本身并未被看作是名词和"名词"之本质的特殊化,它们应被看作是形式,这些形式是在名词的基础上才获得其立足点的,这些形式需要对名词的依赖,但自身并不具有什么独立的意谓。因此,邓·司各脱拒绝了多纳图斯的那种所谓的直观,并且把"属、种、数、形、格、人称"看作是名词的纯粹偶性形②。

367　　作为意谓形式,即便是作为偶性的形式,它们也像每一种形式那样都是被质料所规定的。

就名词的种而言——邓·司各脱是将之归结为做与遭受(Tun und Leiden)这两个范畴的——我们有理由怀疑,名词的种

---

① 爱留斯·多纳图斯,公元4世纪的罗马语法学家,著有《语法术》(Ars Grammatica)一书,对后世拉丁语语法研究有深远影响。——译注
② 《论意谓形式》,第14章,11b sq.,n. 1, 2。——原注

是否应被算作是意谓形式。它只是一种对词语的单纯的修整(Modifikation)①,从语言史的角度来看,这种修整诚然是源出于事实性的与认知性的动机,但却不具有任何能够成为地基的广泛性的实际性范畴,并且因此也不能作为对语句之逻辑意义的建构而得到考虑②。

为讲解非独立的形式,邓·司各脱举出了一些关于"属"(*species*)的例子:"山"与"山里人"(Mons und Motanus)。他反对那种看法(该看法在此只是想要看到诸词语的单纯区分),并且试着要去证明那种形式——此形式又分解为首要的和次要的形式——的质料规定性。首要形式(它存在于"山"这一名称中)关系于对象的绝对实存,次要形式则关涉于被规定了的实际存在物。这是因为,惟根本地有山存在,人们才能谈及山里人。与之相反,没有山里人,山也还是肯定可以存在的。"山里人"这个表达作为名词诚然是独立的,然而,在其意谓功用中却存在着一种要素,此要素只是依据于"山"的意谓才能得到理解。这些名词对于首要意谓的这种依赖应是奠定了"属"的那种意谓形式③。

同样地,邓·司各脱也不赞成把"形"(*figura*)之形式仅仅解释为对简单词和复合词的一种外在的区分。诸如"有学问的"(gelehrt)和"没有学问的"(ungelehrt)这样一些名词④指向的是质

---

① 对此词之根本意蕴的揭示(修整乃是为了凸显本己形式),请参看前文中的译注。——译注
② 《论意谓形式》,第 16 章,12b,13a,n. 1—5。——原注
③ 《论意谓形式》,第 15 章,12a,b,3—5。——原注
④ 即之前所谓的"形容词性的变格词"。——译注

料的规定性,只要质料能够是简单的、复合的或者甚至是多重复合的质料。这种特性刻划当然是一种相当粗略、不大精确的刻划,但在其不确定性中它却反倒适宜于去大概地指出那些事情中的特性,这无疑是对上述那些意谓的一种修整。司各脱在此所给出的,是相当普遍的和大致上的分类,为了对这些分类予以明晰的和确定的边界调整,还迫切需要进行深入细致的研究。什么是那纯粹的、被具体质料本身所规定的、绝对的意谓形式?另一方面,什么应被算作是语言发展的代价(语言之发展从来都不是以纯粹合乎思想的方式而实现自身的)?这些都只能根据一种具体改进了的范畴理论才能得到决定。

较之于先前所说的那些名词的偶性形式,偶性形式的那种依赖性的、不自主的特性要更为清晰地显现在数之形式中。复数性和单数性乃是[数的]意谓之修整(Bedeutungsmodifikationen),而这些意谓修整,惟当它们奠定了一种意谓(在当前情形中这就是指名词的意谓),它们才会给出一种意义。某种东西必然是属于一或多的。数之形式因而就朝下述向度而规定了意谓,即,一个对象或许多对象是在意谓中被意指的。有意思的是,在对这里所说的数之意谓形式的推导工作中,邓·司各脱并没有断然地就追溯到数学上的数或实数上去,而是把超越的一和多(das Unum und Multum transcendens)与真正的数予以合取,并使数的意谓形式从二者而来得到规定。这是因为,数的意谓形式事实上并不是仅仅由数学上的数所规定的,并且复数形式中的名词也并非只关涉于实际可数的对象,而是也还关涉于多样性,关涉于量。这将意味着:数的意谓形式之关涉于一个和其他,恰恰是按照一(Eins)和诸多可数对象而被裁剪出来的;如此它也就开显了它的凌驾于具体领域之上的有效性的广度(*Weite der Geltung*),并因而根本地显现出它的意义的苍白性(这对于意谓形式而言却是本己性的)。虽说在最初提到的那些偶性形式那里是可以提出一种合理的怀疑的,即它们是否实际地具有[数之意谓形式的]这种功用,或者,它们是否应被回溯到外在于意谓领域的那些语言史的要素中去,然而数之形式却由于它是被那种范畴(此范畴统领着一切具体东西)所规定的而拥有其持存[①]。

名词意谓形式的普遍本质可以在下述向度上得到解释,即,这种意谓形式意指的乃是作为对象的对象。"格"(Kasus)的那些偶性形式就反映着被理解之对象的那些特性,即,它们彼此处于特定的关系之中。对象间的纵横交错的关系构成了一种网络,在这种网络中,对象本身是作为关系的起点(Principium[本原])而起作用的,或者,在另一种观察角度看来,对象本身是作为基准点(Terminus[界标])——关系就是倾向于这些基准点的——而起作用的。格的那些偶然的意谓形式是这样一些反映(Reflexe),它们植根于意谓领域中,反映着最普遍的思想规定;从主观角度来看,它们的意义是从区分与对比等这样一些思想的原初活动而引发出来的。但这些形式的特性却并非由此就得到了详尽阐明。要区分名词的六种格即主格、属格、与格、宾格、呼格以及离格,下述阐释也许已足够了,也就是说,主格把名词之意谓内容(意谓内容是被名词所奠定的)规定为一种关系的起点(Ausgangspunkt),呼格赋予

[①] 《论意谓形式》,第 17 章,13a,b,n. 6,8。——原注

这种意谓以基准点(Bezugspunkt)的性质,而余下的四种格则可以按照两种观察角度来对那些归属于它们的意谓内容予以塑形。

为了对这些个别格的形式内涵进行更为确切的、不易混淆的规定,对象的另一种特性就必须得到考察,也就是说,对象在其本质亦即其所是中存在着,但也同样还可以是某种不同的东西①。

因而主格的意谓形式意味着:名词的意谓内容(名词是存在于其意谓内容中的)是作为一种关系的起点而在下述意义上被意指的,即,在其同一性中被意指的对象也还是另一种东西。如此,邓·司各脱就把"苏格拉底热爱"(Sokrates amat)这句话解释为:苏格拉底是"热爱"这一规定的本原(Principium);在其作为苏格拉底的同一性中,他还是别的东西,被判归于他的东西;他热爱,他是热爱着的苏格拉底。由于现在这句话的意义恰恰关涉于自然实际性,所以对本原的一种更进一步的内容上的确定就是可能的了。这种规定的起点同时是一种活动着的原则,是发生活动的本原根据;与之相反,例如在数学的语句中(它们的意义关涉于一种非感官所能感知的领域,由于这种对象领域的特性,在此是谈不上有一种发生活动的),主格的意谓功用就不能获得那种从自然实际性而来被规定的差异化。

有一种观点认为,主格把它所依附的那种东西即名词的意谓内容移置到了对象的下述功用中去了:有某种东西是"关于对象"而被谓述的,或者,有别的东西"在对象中"。这被司各脱当作错误的观点而予以驳斥。若以这种特性刻划,主格是不足以与其他诸

---

① 《论意谓形式》,第19章,14b, n. 1—16b, n. 12。——原注

格相区分的。因为某物之被谓述也可以是关于意谓内容的谓述，而这些意谓内容也是存在于在其他格之中的①。

属格作为意谓形式赋予意谓以这样一种特性，使之能够成为一种关系的本原或界标、起点或基准点，而且使之获得了更进一步的规定，即，它所有的是别的某种东西(ut cuius est alterum)。但是看上去，之前最后提到的那种界定(这种界定理应把属格本身和与格区分开来)只是一种同义反复罢了：属格是在属格性的形式中进行意指的。在"苏格拉底的兴趣"(Socratis interest)这句话中，"苏格拉底"是作为本原而起作用的，而在另一句话即"苏格拉底的同情"(Socratis misereor)中，"苏格拉底"则是作为界标②而起作用的，这后一种情形也显现在"是苏格拉底的儿子"(Filius Socratis est)这句话中。

与格同样是用更进一步的规定而把意谓设置为一种关系的起点和照准点(Zielpunkt)的，亦即，有别的东西被"给予"、赋予给了如此这般被设置的东西③。

宾格赋予意谓以作为照准点的意义，在此意义上，一种行为仿佛是获得了平静和完成。它因而就是行为之完成。有时宾格也把它所依据的意谓内容意指为绝对本原(Principum schlechthin)④，这种本原是无需那种界定的即对于主格乃是本己性的那种界定。在所谓的宾格加不定式那里就是这种情形。此外还应注意的是，

---

① 《论意谓形式》，第 19 章, n. 3。——原注
② 即作为界定性的术语而起作用。——译注
③ 《论意谓形式》，第 19 章, n. 6。——原注
④ 亦可译为"本原自身"。——译注

宾格可以是简单的,也可以和介词一并出现在语句中:Lego librum, curro ad campum[我读一本书;我跑到平地上去]①。

呼格把它所依据的那种意谓带到了界标的形式中来了,这种界标依赖于一种直接的行为实行。对之前三种格的那种进一步的界定在这里却是看不到的。就行为而言,人们有必要关注 Actus signatus[被表示的行为]和 Actus exercitus[被实施的行为]之间的区分。

被表示的行为是在动词和分词中找到了其表达。例如,通过"nego"[我否定]所表明的是,我实行了一种否定性的行为;行为本身则是通过"non"[不]来实施的。在"噢,亨利希"这个惊呼中,行为之实施是存在于这个"噢"当中的;它由此而来并非首先是被表明的,而是被实施的。并且呼格就构成了这种直接的行为实施的界标②。

如同属格和与格那样,离格是用"quo"[为了;去何处]这样的界定语来赋予意谓以本原或界标之形式的。在对这些格的这种完整的本质规定中,有价值的事情在于,邓·司各脱把这些格的功用普遍地确定为起点或照准点的做法具有重要意义。因为这些功用是每一种格都普遍具有的;深入详细的界定会随着这些格的应用领域以及恰恰是由这些格所奠定的那些表达的变化而发生变化。此外值得注意的是,邓·司各脱并没有对存在于这些格之中的意谓予以孤立,而是在语句的内在关联中对其进行了研究。与之相

---

① 《论意谓形式》,第 19 章,16a,n. 8—9。——原注
② 《论意谓形式》,第 19 章,n. 10。——原注

反，名词的各种变格并不是什么意谓形式，而是奠基于词语形态的不同变化之中。只是依据于不同的格，才会有变格本身，而这些格当然是意谓形式。在这个意义上，人们也可以说，变格是一种意谓形式，通过这种意谓形式，意谓内容就被"屈折"了，也就是说，被塑形为在不同的关系中存在着的东西[①]。

代 词

在对名词的本质意谓形式的确定中得到凸显的是，名词所意指的乃是作为对象的对象，但同时我们也看到，这种规定是不充分的，不足以把名词与其他语言成分区别开来。因为现在所要谈及的那种"语言成分"，代词，意指的是 per modum entis[借助于存在(者)之形式]，也就是说，其所指向的乃是作为对象的对象。然而它与名词的不同之处在于，在代词那里，对象并没有在内容上被具体确定亦即没有被规定为这种东西且不是其他什么东西。代词的这种意谓功用因而可以合理地被命名为未规定的，更确切地说，可以称之为不起规定作用的（nicht bestimmend）。邓·司各脱是从原初质料中推导出代词的这种本质特性来的。这种原初质料其本身是未规定的，它缺少任何一种形式，更确切地说，它既不包括任何形式也不排除任何形式。原初质料没有任何确定的倾向，即被某种确定的形式所规定的那种倾向；它仿佛是"静息"于每一种随意的形式之下，是任何一种形式都可通达的。这种特性对于它而

[①] 《论意谓形式》，第20章，17a, b, n. 3。——原注

言并不是被"强加上去的",而是作为造就其本质的那种特性而归属于它的;它的特性通过下述规定而得到了刻划:它是 Capacitas quaedam formarum[某种形式上的开敞],对于任何形式规定都是某种中立的可通达性。

从原初质料的这种特性——它是未被规定的但却是可被规定的——而来就推导出了代词的那种本质性的意谓形式。

由原初质料而来的这种规定性不应被如此理解,即,似乎原初质料把代词弄成那种通过原初质料而被意指和命名的对象了,我们倒应如此理解,即,原初质料仅仅是使得代词的意谓功用变得可以理解了。

古代的语法学家们以下述方式表达了同样的事态,他们说,代词意指的是无质的实体。相对于他们对代词的这种意谓功用所作的阐明,司各脱所作的相关阐明则显示出代词的意谓功用是一种更为普遍的意谓功用,也就是说,代词的意谓功用并非只限于实在的自然现实[①]。

[①] Modus significandi essentialis generalissimus Pronominis est modus significandi per modum entis et indeterminatae apprehensionis; a qua vero proprietate modus significandi per modum entis sumitur, prius dictum est, nam in hoc modo Pronomen a Nomine non distinguitur, ut dictum est.

Modus vero indeterminatae apprehensionis oritur a proprietate seu modo essendi materiae primae. Materia enim prima in se, extra indeterminata est, respectu cujuslibet formae naturalis, quae inest de se, ita quod nec includit formam, nec determinationem formae. Ab ista ergo proprietate materiae primae, quae est proprietas de se indeterminata, determinabilis tamen per formam, sumitur modus significandi per modum indeterminati, qui est modus significandi essentialis generalissimus Pronominis, non quod

Pronomen materiam primam significet tantum, sed ex modo essendi reperto in materia prima, intellectus movetur ad considerandum aliquam essentiam sic indeterminatam et ad imponendum sibi vocem sub modo significandi per modum indeterminati. Et hunc modum generalissimum essentialem Pronominis Grammatici expresserunt dicentes, Pronomen significare substantiam meram, vel substantiam, sine qualitate; dantes intelligi per substantiam modum entis, qui in substantia principaliter reperitur, ut dictum est: per meram, vel sine qualitate, modum indeterminatae apprehensionis.

[代词的最普遍的、本质性的意谓形式是借助于存在(者)之形式和不确定的领会形式而有的那种意谓形式;事实上,说这种意谓形式是通过存在(者)之形式而从存在(者)之真实特性中获得的,这已经在前文中(第八章。——译注)讲过了,在那里我们曾说过,代词与名词是不能在这种意谓形式中得以区分的。

真正被不确定地领会的意谓形式源自于那种特性,或者说,源自于原初质料的存在形式。因为原初质料无论是就其自在意义而言还是就其外在意义而言都是不确定的,是不被任何自然形式所(现成)限定的,因为自然形式是内在于(现成)质料之中的,更确切地说,原初质料是既不包含形式但也并非不能被形式所规定的。原初质料的特性就在于,它就其自身而言是不确定的,但却是可以被形式所规定的,因而从这种特性而来并且通过不确定的(领会)形式就获得了一种意谓形式,此即代词的那种最普遍的、本质性的意谓形式;并非因为代词所意指的仅仅是原初质料,而是因为它是从存在形式而来才在原初质料中被发现的,所以理智才被推向了这样一种看法中,即认为按此形式而出现的本质事态是不确定的,并且把它(理智)的词语置于通过不确定形式而得到的那种意谓形式之下。在语法学家们看来,代词的这种本质性的、最普遍的形式所要表达的是,代词意指纯粹的实体,或者说,意指没有质的实体。他们对存在(者)之形式的理解是通过实体而展开的,即认为,存在(者)之形式首先可以在实体中被发现,也就是说,借助于纯粹的实体或者说没有质的实体这样的说法,这些语法学家是把存在(者)之形式理解为不确定的形式了],《论意谓形式》,第21章,17b, n. 5, 6。

Materia prima ad nullam formam determinate inclinatur et ideo sub quacumque quiescit, non violenter sed naturaliter quieseit propter indeterminatam inclinationem ad quamcumque[原初质料并不倾向于任何一种既定形式,因而是静静地处于任何一种形式之下的;由于是不确定地倾向于任何一种形式,所以它不是以暴力的方式而是以自然的方式静息于其中的],《牛津评注》,第 1 卷,分类1,问题 1,311b, n. 6。——原注

374 　　然而也可以对此提出这样一种反对意见,即认为,对于一种语言成分的意谓功用而言,语言成分本身表现了某种肯定的东西,故语言成分的意谓功用也同样必然是肯定的(positiv)。但是按照之前所说,代词是在褫夺的(privativer)形式中运作的,是被不确定地理解的形式;因而代词的意谓功用就不能通过这种形式而得到确切的特性刻划。

　　邓·司各脱就此提醒道,以下述方式而显得不确定的那种东西应被称作褫夺的,即它排除了每一种形式并根本不允许任何形式规定。但是既不包含也不排除形式规定性的那种东西,并不是褫夺的。代词的意谓功用就是如此这般地显现的。即便人们不愿意承认说代词的意谓功用不是褫夺的,人们也能够说,通过将其视为一种褫夺性的意谓功用,代词的那种本真的意谓形式就得到了规定,即它绝对地关涉于一切东西①。即便假定,代词的意谓形式事实上是褫夺的并且并非只是在褫夺的形式中才得规定的,它也足以与其他语言成分明确地区别开来。这些语言成分不应被视为词语形态,而是应被看作意谓的那些非感性的原初范畴;这些语言成分乃是根据于灵魂的存在(Ens secundum animam),故在其特性中同样是肯定的并因而也是可以用肯定的方式予以区分的②。

375 　　之前曾经说过,代词在通用形式中意指具体的东西本身,并在每一种对象那里都关涉具体的东西本身。然而这种情形也通过存在(Ens)这个名词而发生;因此真正讲来这也是一个代词。邓·

---

① 《论意谓形式》,第21章,17b sq.,n.7,8。——原注
② 《论意谓形式》,第21章,18a,n.10。——原注

司各脱尝试去直面这种异议,他指出,"ens"[存在]这个名词的有效性广度是局限于其与代词的统治领域之关系中的,这表现在,它在其意谓中是不可适用于"一、事情、某种东西"这些超越性规定的,此外也不适用于褫夺和否定(nihil est non ens[没有什么是不存在的]);因此它也就不能与代词相重合,即使它有这样一种特性①。

但这种论证现在还不是无懈可击的。邓·司各脱是把存在(Ens)解释成可与那些超越性规定相转换的(konvertibel);这些超越性规定因而归属于存在的有效性领域;更进一步地,他是如此普遍地来把握"Ens"这个概念,以至于"Ens"这个概念事实上可被应用于任何一种可知的东西(quodlibet intelligibile)。因而就应用之可能性的广度而言,"Ens"和代词是一样的。从这个角度来看,二者是不能区分的,故那种异议还并未被驳倒,但人们忽略了,在所有的不确定性中,名词"Ens"的意谓功用都不同于代词的意谓功用。通过名词,我意指的是一个作为对象的对象。通过代词,我意指的是一种十分确定的对象,但这当然并不意味着,该对象已经通过代词本身而得到了内容上的规定。代词的意谓功用瞄准的乃是确定性(determinabilis[确定的]),这种意谓功用源出于代词——处于某种意谓关联(命题)中的代词——的具体运用。

代词的这种意谓功用自身并不限定于某种对象,而是通过各种各样的要素而获得了它的那种在具体运用情形中显现出来的明确的充实向度,而且这些要素是关涉于一般充实向度之现象的。

---

① 《论意谓形式》,第 21 章,18a, n. 9。——原注

458　早期著作

376　按照规定着这种充实(内容上的确定性)的那些要素的特性,各种各样的代词就可以得到确定。

　　对象能够在直接的直观中"实实在在地"当前存在,以至于对其实存的怀疑、对其在内容上可理解的那种所是的怀疑是不可能的。指示代词的意谓功用在于,它能够指出一种真实地被给予的对象。这种意谓功用本身并不是起规定作用的、但在其本质中却是被确定了的;它是通过每每都被直接"表象"的对象而获得其充实性的。

　　邓·司各脱在此作了一种有意思的区分:感性的指示代词(ad sensum)所意指和意谓的就是它所指示的对象;在"ille currit"[那个男人在跑]这个判断中,那种完全的被给予性得到了把握:"那个在那里跑着的男人"。理智的指示代词(ad intellectum)虽然同样是指向了一种直接被给予的对象,但并不是仅仅意指这种对象本身;在"haec herba crescit in horto meo"[这种药草生长在我的花园里]这个判断中,这个"haec"[这]虽然指的是我手上的药草①,但它并非仅仅意指位于我手中的药草,而是同时也意指长在我的花园里的药草;后一种事态并非直观地被给予的;因此这个"haec"是在理智的意义上被使用的②。

---

　　① 拉丁文的指示代词共有四种类型,较为复杂。其中阴性指示代词"haec"的语用习惯是:指近处的"这",靠近第一人称。——译注

　　② Modus ergo significandi, qui vocatur demonstratio, sumitur a proprietate rei, quae est proprietas certitudinis et praesentiae seu notitiae primae intellectus, et hunc modum Donatus vocat qualitatem finitam; et hic modus constituit Pronomen demonstrativum.

　　Pronomen ergo demonstrativum significat rem sub ratione vel proprietate praesentiae seu notitiae primae . Semper enim Pronomini sex demonstrationes correspondent praesentiae, sive sit ad sensum, sive ad intellectum, differenter tamen, quia Pronomen demonstrativum ad sensum hoc quod demonstrat, significat, ut ille currit. Sed Pronomen demonstrativum ad intellectum hoc quod demonstrat, non significat, sed aliud; ut si dicam de herba demonstrata in manu mea, haec herba crescit in horto meo, hic unum demonstratur, et aliud significatur; et hunc modum demonstrandi habent propria nomina; ut si dicam demonstrato Joanne, iste fuit Joannes, hic unum demonstratur et aliud in numeros significatur. Et sic contingit dare diversos modos certitudinis et praesentiae; et secundum hoc erunt diversi modi demonstrationum; et ex consequenti diversa Pronomina adjectiva. Contingit enim rem esse praesentem et certam et maxime certam vel praesentem, et sic demonstratur per hoc Pronomen ego, vel non maxime esse certam et praesentem, et sic demonstratur per hoc Pronomen tu, et alia similia.

[所以这种意谓形式(人们将其称为"指示")是从事物的特性中获得的,更确切地说,这种特性是确然的特性和当前显现的特性或者说是理智的原初之知,多纳图斯把这种形式称作确定的质;它建构了指示代词。

指示代词因而意指的是这种视角下的事物,它具有当前显现之特性或系原初之所知。事实上,在代词那里始终是有六种指示形式来与当前显现者相对应的,它们彼此间的差别在于,它们或是感性的,或是理智的,因为感性的指示代词所意指的就是它所指示的东西,例如"那个男人在跑"这句话就是如此;但理智的指示代词却并不(仅仅)意指它所指示的东西,而是也还别有意指:例如,当我指着我手中的药草说,"这种药草生长在我的花园里",此时这个"同一者"(即"我手中的药草"。——译注)固然是得到了意指,但同时也还有别的某种东西(即"我花园中的药草"。——译注)得到了意指。专名是具有这种指示形式的(指理智性的指示形式。——译注);又如,当我指着约翰说,"那个是约翰",此时这个"同一者"(即"约翰"。——译注)固然是得到了指示,但也有别的东西在数量上得到了意指(拉丁文指示代词"iste"的语用习惯是:指远处的"那",薹近第二人称。故卜述那句话的完整意谓是"你那边的那个是约翰",语境中所涉及者绝非一人,所以说"也有别的东西在数量上得到了意指"。——译注)。这样的话就出现了几种不同的确然形式和当前显现形式;并且据此就会形成几种不同的指示形式,进而由此构成不同的附加性的代词(即"指示代词"。——译注)。因为在第一种情形中(指"这种药草生长在我的花园里"。——译注),事物是确然的和当前显现着的,更确切地说是非常确然的和非常直接地当前显现着的,所以它就借助于"我"这个代词而得到了意指;而在第二种情形中(指"你那边的那个是约翰"。——译注),事物不是非常确然的也不是非常直接地当前显现着的,所以它就借助于"你"这个代词而得到了意指。其余指示代词也都是这般情形],《论意谓形式》,第22章,18b, n. 2, 3。——原注指示代词那里的充实是一种直接的充实（notitia prima[原初之知]），不像在关系代词那里的情形；关系代词意指的是在一种次生行为（Actus secundus）中的对象，也就是说，关系代词并不关涉于直接被给予的对象，而是关涉于那种现在并未被给予但却已经臻于被给予状态的对象；这种对象仿佛是通过关系代词而得到了"重述"，并被命名为"被重述的东西"，而非直接被给予的东西①。若从主观角度来看，这意味着：在我们所说的这种代词中存在着回忆（recordatio）的要素。回忆是对这样一种事情的知，这种事情被认知者认为是他一度所曾知晓的②。关系代词因而是把所意指的对象作为业已被意谓者来予以意指的。

在名词部分所曾提及的那种自立形式——通过这种形式，那种有别于其他对象的、自在地存在着的对象就得到了意指——也刻划出了人称代词（我，你，他，等等）的特性。这个"我"，它意指的是通常确定的和最为直接的东西，意指的是实际地实施着人称代词之意谓功用的实施者本身。这种意谓功用是一种十分确定的意谓功用，这种意谓之充实每每总是彼此之充实，因而常常是另一个我实现了这种意谓。这个"你"，尽管它很少会恰恰意指实施这种代词之意谓行为的实施者本身，

---

① 《论意谓形式》，第 22 章，19a，n. 4。——原注

② Recordatio est cognitio seu cogitatio actus alicuius praeteriti ipsius recordantis et hoc inquantum praeteriti[回忆是对过去的某种活动的知或思，这种活动被认知者本人思考为过去所曾知晓者]，《牛津评注》，第 4 卷，分类 45，问题 3，326b，n. 5。——原注

但它也在自身中承载着对当下说话者的一种指涉,只要说话者的那个"所与之交谈者"在当下得到了意指。"你"是"我","我"乃"它"(费希特)。它、她、他,乃指示性的代词(通常是在认知层面上的指示),并且是在自立形式中进行意指活动的,因此它们的常见应用也就是对真正名词的指代①。

在名词部分同样所曾触及的那种邻属形式,构建了物主代词的意谓功用,物主代词所意指的是这样一种东西,它或归属于说话者,或归属于说话者在思想中所意向的某种东西②。

邓·司各脱没有更进一步地去探讨代词的那些偶性意谓形式,而只是给出了这样的解释:它们和在名词部分所曾列举并业已讨论过的那些形式一样是同一种东西③。

显然邓·司各脱是知晓意谓领域中的代词的那种深远意义的,否则他就不会如此大费周章——在余下的语言成分那里他就并未这样做——在对代词的多种多样的意谓形式作出评注后,又再度回到对代词的意谓功用的详细探讨中来,并且还去确证那种由他所确立的代词之意义能经受得住可能出现的种种异议。

可能出现这样一种异议,即认为,若绝对地看来,代词本身是没有意谓的,它所有的只是去意指某种东西的这样一种"本有性质"(habilitas),而其所意指的东西乃是在指示行为和关联

---

① 《论意谓形式》,第 22 章,19b,n. 6,7;第 22 章,18b,n. 3。——原注
② 《论意谓形式》,第 22 章,19b,n. 8。——原注
③ 《论意谓形式》,第 23 章,20a,n. 2。——原注

行为意义上的某种东西。这种意见依据的是普利西安①的观点,普利西安把没有这种行为的代词看作是空虚的和空洞的②。

通过对意谓形式之本质和意谓形式与意谓之关系的追溯,邓·司各脱指出了这种观点的错误之处。就根本而言,只有现成存在着一种意谓,才能谈及某种被明确地区分了的意谓功用。倘若代词的意谓形式终竟是存在的,则代词就必然具有一种奠基性的、首要的意谓。然而在代词那里事实上也的确存在着某种像意谓形式那样的东西,因而它也就具有这样的一种首先使它者得以可能的意谓一般。

就普利西安的那句话而言,需要注意的是,在亚里士多德看来,"空虚的与空洞的"只可以被用来命名那种东西,这种东西是朝某种确定目标而得到规整的,但它事实上却没有达成该目标。代词的这种倾向却在于,它要去意指对象,却不在内容上予以规定。

这种"空虚与空洞"可以在双重方式上得到理解:其一,代词本身并不意指什么;其二,即便代词意指了某种东西,但也并非规定性地意指这种东西。代词乃是这第二种意义上的"空虚与空洞"。只要它的意谓功用是非规定性的,人们就能把它的意谓功用命名为"空虚的";然而,尽管代词的意谓功用不是规定性的,但它事实上却是确定的并因此不是空虚的,因为它

---

① 普利西安(Priscian),大约生活于公元500年前后,东罗马帝国语法学家,所著《语法惯例》对整个中世纪时期的语法教学有深远影响。——译注

② 《论意谓形式》,第24章,20a,n.3。——原注

的特性恰恰是明确的,即以不起规定作用的方式去意指某种东西。司各脱敏锐地驳回了这一异议,他认为,之所以有这种异议,只能是出于某种混淆,即对某种意谓功用本身和那每每随机变化的因而自身并不确定的(空虚的)意谓内容的混淆。

另一种异议认为,代词必然也必须有某种确定的意谓功用;因为否则的话我们就根本不会通过代词来想到什么东西,并且它充作判断的主词时也不会断言什么东西。但是,[这种异议认为]这种意谓乃是"存在"或者说"一般对象性"的确定的概念,这种概念就像种属等概念一样是可以应用于每一种单个的感性对象和超感性对象的。然而,这种对代词之意谓功用的阐释也是站不住脚的。因为这事实上等于说,代词本身充当主词时是没有任何实在的谓词(reales Prädikat)能与之相关的,并且这种阐释等于说:"我是一个人"这一判断是不可能的,且它的不可能程度,恰恰就如"'人'这个概念是一种生物"这一判断的荒谬程度[①]。

"illud est significatum Pronominis, significat scil. essentiam de se indeterminatam determinabilem tamen"[代词之意谓乃在于对本质的意指,即便这种本质本身还是不确定的],邓·司各脱正是以这样的话语而对代词的意谓功用进行了总结[②]。

维尔纳把下述事情看作是"引人注目的,即,邓·司各脱的那种迫切地追随着具体——个性之经验的思想……并没有注意

---

① 《论意谓形式》,第 24 章,20a, b, n. 4—8。——原注
② 《论意谓形式》,第 24 章,21a, n. 9。——原注

到代词的那种具体化着的特征。就此而言,在中世纪的语言逻辑与一种语言哲学之间仍然有相当长的距离,这是因为,在经院的——中世纪的哲学与一种深入探究了事物之具体本质的哲学之理解之间,仍存有相当距离"①。

经院哲学尚还远离于现实,远离于对实际现实的深切研究,它在近代的经验科学中对我们构成了阻碍。这一事实基本上是没有什么争议的。然而哲学却不是什么经验科学,并且,在一种意谓理论中恰恰并不存在个体的个别性和对象的特殊性,它所探讨的乃是原则性的东西、范畴性的东西和形式内涵。无论那些意谓形式在哪里出现(它们是为了对个体的理解而被规定的,但其自身作为形式恰恰是普遍的),邓·司各脱都会把它们视为那种东西,就如同在名词的那些最特殊的意谓形式那里所能揭示的那样。代词能多么确定地应用于个体对象,它们的意谓功用就能多么可靠地是一种普遍的东西,这种有待凸显的东西实际上归属于语言哲学的任务,倘若语言哲学能使自身免除于心理学之迷途的话。

有意思的是,如同邓·司各脱相当合理地解释了代词之意谓功用,在黑格尔那里也照亮了同样的思想位置,但黑格尔的那部如此丰富的《逻辑学》——它蕴含着丰富的区分和概念性的规定——始终还没有得到应有的充分探讨。"当我说:个别的东西,这种个别的东西,这里,现在,这些东西全都是普遍

---

① 卡尔·维尔纳:《邓·司各脱的语言逻辑》,载《皇家科学院哲学与历史学分类会议记录》,第85卷,1877年,第560页。——原注

性；一切东西和每个东西都是一种个别的东西，都是这种东西，若它是感性的，它就是这里，是现在。同样地，当我说我，我是把我意指为那种排除了一切其他东西的东西，但是我所说的东西，我，恰恰是每一种东西：我，这种把一切它者从其自身中排除出去的东西……我是自在并自为的普遍的东西……我……这种自身抽象着的东西是那种对于自身的纯粹关系。"①

动　词

除了名词，动词也通常被视为最重要的语言成分中的一种。动词在意谓整体（语句意义）中的这种优先地位可以直接从其意谓形式的质料规定性而来得到解释。名词的本质要追溯于对象性东西本身。每一种对象都是一种对象并且是彼此区分的。与一般对象同样源始的是"对象—事态"；在每一种对象那里都有且只能有这样一种共同的情形：每一种对象都与自身同一，而且彼此差异。

对象和对象事态，亦即，存在（者）形式（Modus entis）和存

---

① 黑格尔：《哲学科学全书》，G. 拉松编，"哲学丛书"第 33 卷，1911 年，第 55 页以下。——原注

在形式(Modus esse)①,邓·司各脱把它们合理地称作一般对象性东西领域中的最普遍的规定性②。

存在形式,对象事态,规定着动词的意谓功用。然而,这种形式并不足以对动词这种语言成分作出明确的规定。因为存在形式也适用于分词;因而,为了确定动词的完全本质,我们就需要有一

---

① 如同此前业已指出的那样,"Modus entis"亦可译为"存在形式"(entis 乃ens 的单数属格形式),因为"司各脱主义"(或者更直接地说,被邓·司各脱的"一义性"思想所深刻影响的这种语法理论)所理解的"ens"并不仅仅是后世所认定的"存在者",而是同时兼容了"存在者"与"存在"两种向度。从下面的拉丁文原文中可以看出,原作者对这两种形式的区分并不是按存在者与存在之区分来执行的,而是按"存在"的静态意谓(本质/所是)和动态意谓(生成/发生)来区分的,并由此而指出了"名词"和"动词"分别具有的存在学意味。——译注

② Et ut sciamus a qua rei proprietate iste modus significandi sumatur, notandum est, quod in rebus invenimus quasdam proprietates communissimas, sive modos essendi communissimos, scilicet modum entis et modum esse. Modus entis est modus habitus et permanentis, rei inhaerens, ex hoc quod habet essentiam. Modus esse est modus fluxus et successionis, rei inhaerens ex hoc quod habet fieri.

Tunc dico, quod modus significandi activus per modum entis, qui est modus generalissimus Nominis, trahitur a modo essendi entis, qui est modus habitus et permanentis. Sed modus significandi activus per modum esse, qui est modus essentialis generalissimus Verbi, trahitur a modo essendi ipsius esse, qui est modus fluxus et successionis, ut postea patebit.

[我们要知道的是,上述那种意谓形式是从哪种事物的特性中获得的,由此就需要知道,我们在事物中所找到的乃是某种通用的特性,或者说是通用的存在形式,亦即存在(者)形式和存在形式。存在(者)形式是习性和持存的形式,它内在于这样的事物中:这种事物拥有本质。存在形式则是流变和承继的形式,它内在于这样的事物中:这种事物拥有生成。

所以就可以说,那种借助于存在(者)形式而有的主动意谓形式,亦即名词的最普遍的形式,是从存在(者)的存在形式中获得的,后一种形式乃是习性和持存的形式。而那种借助于存在形式而有的主动意谓形式,亦即动词的最普遍的本质性的形式,乃是从存在(活动)本身的存在形式中获得的,后一种形式乃是流变和承继的形式,这一点将在后文中得到澄清]。《论意谓形式》,第 8 章,5b sq., n. 5, 6。——原注

种更进一步的规定。

动词真正的本质形式——正是它使得动词与一切其他语言成分区别开来——是分离形式（Modus distantis）①。

动词表达的是一种对象之事态，并且在这种意谓功用中动词仿佛是从对象中分离出了那种事态，以至于它又在这种分离中并通过这种分离使那种意谓内容再度关涉于对象，并把那种事态表述为对于对象而有效的东西（als vom Gegenstand geltend）。现在，动词与分词之间的那种区分也就可以得到澄清了。分词尽管和动词一样意指着同一种事态，但分词却不是在分离形式中来意指这种事态的，并没有把它谓述为对对象有效的东西，而不如说是将其表述为以某种方式与对象相等同或相结合的东西。

但要去把动词意谓的这种本质形式即分离形式追溯到与对象有别的意谓内容中去，现在看来这根本是不可能的；倘若这样做，就会有这样的后果，即这种形式——因为这并非适宜于所有动词——就不能作为本质形式而生效。在"存在存在着"（ens est, das Sein ist）这句话中，存在（Sein），这种通过"存在着"（ist）这个动词而被意指的事态，看上去并没有以那种方式（我们一向使对象与对象事态得以区分的那种方式）而与对象或者说与"存在"区分开来。与存在有别的本应是不存在（Nicht-sein）②。

邓·司各脱如何解决这一困难？他承认，这里的这个"存在着"（est）并不意指与作为对象的"存在"（ens）根本有别的某种东

---

① 亦可译为"差异形式"。——译注
② 《论意谓形式》，第 25 章，21a sq., n. 1, 9, 10, 11。——原注

西;他倒是指出,在所说的这一判断中,主词应被视为质料,谓词则应被视作形式,因为"存在"与"存在着"在本质上是不同的(at tamen in ista propositione subjectum accipitur ut materia et praedicatum ut forma, quae essentialer differunt[但是在这一判断中,主词应被视为质料,谓词应被视为形式,二者在本质上是不同的])①。

这句简短的话与其说是对之前那种异议的反驳,不如说是邓·司各脱对判断之本质的深刻洞见,这种洞见使自身与那些观点(此前就逻辑学基本现象所早已给出的那些观点)庄严地连接了起来,倘若还谈不上超越它们的话②③。

在这里,在原则意义上,邓·司各脱预先道出了一种至为现代和至为深刻的判断理论。拉斯克说:"逻辑形式与逻辑上无定形的质料块的那种附加就与这种认识活动结合在一起了。因而对于认识活动而言,质料就是根基性的东西,这种根基性的东西对于认识活动而言乃是'被给予的东西',是认识活动的基础,它的根基性体现在,认识活动是必须在它那里开展的。与之相对,范畴表现的是单纯的逻辑性的添加物,是那要被添加到质料基础上去的东西。真正的主词因而乃是质料,真

---

① 《论意谓形式》,第 25 章,21a sq., n. 11。——原注
② 参看前文中的"第一部分",第二章,第 268 页以下。——原注
③ 特别应是指前文该处所阐述的这一观点:"这个'est'[是/存在]绝非意指'实存',绝非感性的和超感性的对象意义上的实际存在。相反,它意指的是实际性方式(esse verum[是真]),对此,我们今天可以幸运地使用'有效'这一名称来表述它"。——译注

正的'谓词'……乃是'范畴'!"。①

单是表述中的这种近乎严格的一致性就使人大感兴趣。但首先不可忽视的是,邓·司各脱是从一种在内容上有重要意义的判断那里得出上述阐释的。在"存在(者)存在着"(das Seiende ist)这个命题那里,他仿佛除了把质料解释为主词、把形式解释为谓词就不再能作出什么别的解释了。因而在获取问题和解决问题的方式中,在司各脱与拉斯克之间是可以达成一致的,只要后者是在确定逻辑形式之统治领域的努力中得出了他的判断理论。在拉斯克那里,这一问题的提法要全面得多,因为是在原则意义上提出的,而邓·司各脱只是偶然地在对"ens est"[存在存在着]这一值得关注的命题进行阐释时才获得了对那种判断之本质的洞见。但是他并没有把这种认识(就其自身而言,这是一种深刻的、有价值的认识)扩建为一种普遍的判断理论。原因并不仅仅在于他的超逻辑的"立场",而且首先也是由于他的思想方式中的那种可以看到的缺陷,也就是说,尽管司各脱具有批判而独立的思想方式,但由于传统的束缚,它在自由的精神的灵活性上仍是有缺陷的。

"存在"(Ens)和"存在着"(Est)是"按照观察视角"(secundum rationem)而彼此区分的,这二者中的每一方都各有不同的关系情形(Bewandtnis),这是之前刚刚说过的;关系情形的这种差异已足

---

① 拉斯克:《范畴理论》,1912年,第58页。
在那篇已经多次被提及的探讨数的论文中,李凯尔特写道:"谓词首先只应被理解为这样一种形式,它赋予判断行为以内容。相应地,主词只应是这样一种内容,它是被形成的内容。在主词与谓词的这种比形式和内容之结合更为源始的结合或'综合'中,我们事实上就拥有了最简单的判断。"李凯尔特:《一个、统一一、:对数字概念之逻辑的评论》,载《逻各斯》,第2卷,1911年,第48页。——原注

470　早期著作

以去区分对象和对象事态。

每一种对象都有两种确定性:它的内容性的"Was"[什么/所是],即它的"Dieser-sein"[这个—存在],以及它不同于其他任何一种东西的"Unterschieden-sein"[不同—存在]①。

存在形式,作为动词和分词所共有者,源出于实际现实中的变化和承继现象,与之相对的是那坚定不移的实质上的规定性。但我们可以看出,动词所表达的并非只是实在的发生事件,而是也表达了无时间的情形(Verhältnisse)。邓·司各脱说,不是每一种存在都有一种承继性的存在。上帝的存在,并非变化,但我们的确在说"上帝存在着"。司各脱通过下述阐释而逃脱了这一困难:上帝

---

① Vel dicendum est, quod licet non sit dare ens praeter hoc, vel illud; et cum omne quod est, sit hoc vel illud, quia ens est concretum et significat duo, scilicet rem et esse, et illud esse non est ens; ideo hoc verbum est significat aliquid essentialiter distans ab ente.

Vel aliter, licet in ista propositione significatum Verbi non differat essentialiter et secundum rem a significato suppositi, differt tamen ab eo secundum rationem; et hoc sufficit ad distantiam et diversitatem Verbi a supposito, quae sunt entia secundum rationem; Verbum ergo est pars orationis significans per modum esse distantis a substantia.

[要么我们应认为:只有当存在者是作为这个存在者或那个存在者,才会有存在者。因为一切存在着的东西都无非是这个或那个,因为存在者是由下述两种要素所构成并意指这两种要素,此即事物与存在,并且这作为动词的"存在"不是那个作为名词的"存在(者)";因此这个作为动词的"存在"意指了与作为名词的"存在(者)"根本有别的某种东西。

要么我们应认为:在上述这个判断中,被意指的那个动词即作为动词的"存在"与作为名词的"存在(者)"在本质上和事实上是没有区别的,它们的区别只是观察角度的区别(亦可译为"形式之区分")。——译注],但这种区别也足以用来区分动词"存在"与名词"存在(者)"了,因为它们都是按照观察角度而有所不同的"存在";动词因而是这样一种句法成分,它通过存在形式而有其意谓,(就观察角度或形式而言)它与本质是有分别的],《论意谓形式》,第25章,22b,n. 12,13。——原注

之存在是一种在永恒之中的承继,而不是在时间中的承继。但是就连这种说法也只是一种类比;我们对上帝之存在的思考是受到了时间性承继概念的激发,仿佛祂乃是在永恒的承继中持存似的①。

除了形而上学的那种超感性的真实领域中的情形之外,那些非感性的数学的和逻辑的关系(Beziehungen)也能找到它们的动词性的表达,因此下述做法看上去是适宜的,即去把动词的意谓功用尽可能地普遍化和苍白化为对一种对象事态的意指。

那些十分普遍地持存于一般对象之间的关涉是通过名词性的动词而得到表达的,这种名词性动词的意谓功用还没有通过某些随具体的实际性领域而发生变化的存在之种类而得到规定。

若我们下降探入到自然实际性的对象领域中去——在此领域中,对发生、行动、做为与遭受的谈论是有意义的——名词性动词的意谓功用就可以得到适宜的规定。并且这样的话,主动的、被动的、中动的以及通用的动词就可以得到区分了。通用动词能够出现在主动动词或被动动词的意谓形式中;相反,中动动词则既不在主动形式中也不在被动形式中进行意指活动,以至于人们可以尝试着去把它分类到名词性动词的那种普遍的意谓形式的概念中去。然而,这种意谓形式本身是未被规定的,但它却适用于中动动词的形式。诸如"vivo"[活]与"sto"[站]这样的动词被司各脱用作中动动词的例子,但就某一方面来看,这些动词却是可以算作主动动词的。它们当然是描写了一种活动,这种活动虽非直接关涉

---

① 《论意谓形式》,第25章,21b, n. 2, 3, 4。——原注

于一种客体但就其自身而言仍是关涉于它的,这就像"doceo"[教训,通知]这个例子中的情形那样;但是这种区分不是一种范畴性的区分,因而也不会对上述阶层的区分进行奠基①。

邓·司各脱关于"综合"(Compositio)所作的阐释具有更为重要的意义,它可以进一步地阐明动词意谓形式的本质。基本上我们已在前文中通过这样一种注释——动词并不仅仅意指一种与对象有别的对象事态,更是意指那种同时归属于对象的东西——而指出了动词的那种偶性的意谓形式。邓·司各脱补充说道,古代的语法学家们未曾明确地提及综合,但事实上却恰恰是依据于亚里士多德的一句名言而了解了那个"est"(是),这个"是"表示了某种综合,若没有这种综合则被连接的成分就不能得到理解。

按照邓·司各脱的看法,这个"est"乃是被包含在一切动词当中的,它就好像一切动词的"根"一样。"综合"因而归属于动词本身并朝下述向度规定了动词的意谓功用,即,这种事态乃是作为自行"倾向于"对象、意向性地关涉于对象、对对象有效的东西而得到理解的。

但是邓·司各脱并不把"综合"算作动词的本质性的意谓功用;因为动词的本质性意谓功用乃是对事态本身的意指;只是依据于这种本质性的意谓功用,"综合"才得以建立起来。

就名词的这一方面来看,那种自立形式乃源出于动词的综合形式,通过这种自立形式,对象就作为那种被规定了的对象

---

① 《论意谓形式》,第 26 章,22a—23b。——原注

而得到了意指。这种综合乃是动词与名词结合为统一性意义的真正原则。

若人们想要把之前已经注明的对"ens est"这种判断的解释应用到每一种判断上去,那就可以说,动词所宜有的乃是形式之功用,并且,动词的那种偶性的意谓形式,综合,它表达的是趋于形式的某种要素,也就是说,其所表达的是那种指向质料(suppositum[谓述对象])、指向"被给予者"的有效性特征(inclinatio[倾向]);关系情形(Bewandtnis)始终是伴随着某种东西、关于某种东西的情形;事态始终是事态(ein Sachverhalt ist immer ein Sachverhalt)。

这样的话,分离形式与聚合形式,这两种初看起来彼此反对、看似相互矛盾的形式,是可以在动词的那种意谓功用中得到统一的[①]。

动词能够简单地表达那种事态,对其进行命名,也就是说,可以这样对其断言:它是事态并且是作为事态而对对象有效或无效。除了这样的断言活动,主词对于事态采用其他的表态方式也是可能的;它可以是一种被意愿的、被询问的、被命令的、被质疑的事态。并且,相应于这多种多样的行为特性就会产生动词之意谓功用的各种各样的偶性形式。这些形式是主词的

---

① 《论意谓形式》,第 27 章,24a,b。
Compositio est modus significandi mediante quo verbum primo et principaliter dependet ad quemlibet suppositum ante se[综合是这样一种意谓形式,正是借助于这种形式,动词才首先且根本地取决于任何一种后置的、间接的东西(间接格)],《论意谓形式》,第 29 章,26a,n. 3。——原注

多种多样的表态形式，并且正是作为这样的形式，它们对"综合"进行了修整(modifizieren)。这些命令句、意愿句、问句和疑问句在今天也还没有得到足够的澄清和彼此间的区分；尤其含混的仍是它们与判断的关系。邓·司各脱把它们归为偶性形式所以也就是把它们算作被奠定的意谓功用的做法，指示出这样一个事实：司各脱也没有把它们理解为绝对的单纯的东西，而是将其理解为具有多种多样的复杂性的行为。邓·司各脱十分确切地强调道，行为性质的多样性首先带来的是一种综合的多样性，是事态与对象之关涉方式的多样性。

动词不定式——司各脱把它排入了上述形式之中——是动词的形式，在这种形式中，动词命名了从动词而来被意指的那种事态本身的内容上的东西；在这种不定式中，事态被素朴地表象了(vor-gestellt)。如此也就可以阐明，前述的那些形式全都可以消解于这种不定式中，因为它们全都包含有那种事态——这种事态以某种方式得到了行为性质的"润色"①。

邓·司各脱通过形式(Forma)奠定了特殊意谓形式的一种更进一步的类型。它们分为完善的形式、沉思的形式、重述的形式、表动作起始的形式、缩小的形式等。然而，在这些形式中得到表达的那些修整工作却很少作为动词的当下内容(作为被意指之事态的内容)而切合于动词的本真的意谓功用②。

作为意谓功用的要素，综合说的是，在动词中被命名的关系情

---

① 《论意谓形式》，第 28 章，24b sq.，n. 2, 3, 4。——原注
② 《论意谓形式》，第 28 章，25b, n. 6。——原注

形是一种关乎对象的关系情形;关系情形只有作为关于某种东西的关系情形才是可被思想的;分析地看来,动词的存在形式,或者说,动词的那种本质性的东西(动词之形式意指的是一种关系情形)要求的是一种对象,而那种情形似乎就能依据于这种对象之上。这种存在形式意指着事态,它同时也要求着事态所赖以成立的根据。反过来说,只有作为"事情"之间的"关系",作为关联方之间的关联,事态才是可被思想的;因而,伴随着这种存在形式同时也就有对象被给予了,依据于这些对象,那种在形式中被意指的事态就得以持立①。

"综合"把事态意指为归属于对象的东西,仿佛是将其"向前"与语句主词连接起来。在"综合"之外,还存在着动词之意谓功用

---

① Item sicut Verbum per modum distantis exigit modum per se stantis pro supposito, ita per eundem modum esse exigit modum entis esse in obliquo. Et sicut Verbum per modum compositionis exigit modum entis per se stantis in ratione principii in supposito; sic per modum generis exigit modum entis per se stantis in ratione termini in obliquo. Item sicut Verbum per modos proportionales casibus modo Verbi superadditos exigit in supposito rationem principii, aliter et aliter conjunctam, et ex consequenti aliud et aliud suppositum; sic etiam Verbum per modos proportionales casibus generi Verbi superadditos Verbum exigit in obliquo rationem termini, aliter et aliter conjunctam; et ex consequenti alium et alium obliquum[此外同样地,动词是通过分离形式而要求着作为谓述对象(质料)的自立形式,所以它是通过上述那种存在形式而要求着在间接格中存在着的存在(者)形式。同样地,动词是通过综合形式而要求着自立的存在(者)形式,后者处于谓述对象的基本形式中;这样的话它就通过语态的形式而要求自立的存在(者)形式处于间接格的术语形式之中。同样地,通过以成比例的形式把(名词的)格附加到动词形式上去,动词就提出了这样一种要求,即:任何一种结合物以及任何一种由此而来被谓述的东西都要处于谓述对象的基本形式之下;这样的话,通过以成比例的方式把(名词的)格附加到动词的语态上去,动词就要求一切结合物以及一切由此而来间接附属的东西都要处于间接格的界限(术语)形式之中],《论意谓形式》,第30章,27b sq., n. 11。——原注

的一种更进一步的偶性要素,即 Significatio[指称]①;指称说的是,事态是与对象结合在一起的,对象并不被思作语句主词的内容,因而也就存在于那些间接的格中。对"指称"这一命名的解释是:在指称中,动词的一种特性得到了表达,这种特性是建基于动词的内容性的意谓之中的。动词的那种随情形而变化的内容也规定了名词的多样性——名词是依赖于动词并存在于多种多样的格之中的;那种规定性,在动词中得到表达的那种情形的内容上的规定性,导致了事态具有一种或多或少变化着的多样性②。

这种在动词中被意指的情形能够通过那种关联(与那些不归属于语句主词的对象的关联)的当下差异而得到不同规定。而指称——它本身业已被理解为动词之普遍意谓功用的一种偶性的规定——却通过动词的那种偶然的语态(Genus)③而获得了一种更

---

① 这种指称活动的特性在于它是一种外在的、非本质性的、偶然的指示,也可在宽泛的意义上仍译为"意谓"。——译注

② 《论意谓形式》,第 29 章,26a,n.3。——原注

③ 这里的"Genus"并非语言学中的常见意即名词的"性",而是指"语态",即"动词的表达形式",它刻划的是"主词与发生事件的关系"(此据《瓦里希词典》)。——译注

进一步的规定。这似乎是指称的一种性质(Qualität)①。

但对于动词的语态,邓·司各脱补充说明道,动词可以分为主动的、被动的、中动的和通用的四种语态,它"首先"是依据于动词之词语形态的种种差异之上。他就此而给出了这样一种暗示,动词的语态不可以被理解为纯粹的意谓性的要素,而应更多地在单纯的语法关系上去考虑②。

从现在起,还应得到阐明的是,邓·司各脱是如何规定"时间"

---

① Consequenter de Genere videamus. Genus in verbo sumitur a proprietate rei Verbi, quae est proprietas dependentiae rei Verbi post se ad obliquum sub ratione termini non contracti sed contractibilis. Genus ergo in Verbo est modus significandi accidentalis Verbi, mediante quo proprietatem dependentia rei Verbi post se ad obliquum sub ratione termini significat. Et hoc patet per Petrum Heliam, qui diffinit Genus per significationem accidentalem, sic dicens: Genus est significatio accidentalis cum determinatione in o vel in or; dans intelligere per significationem accidentalem modum significativum transeuntis, ut dictum est, id est, dependentiae ad quemlibet obliquum post se. Per terminationem in o vel in or dat intelligere species generis, quarum diversitas maxime attenditur penes vocis terminationem secundum Grammaticos, ut patebit[按照顺序,我们现在要来考察(动词的)"语态"。动词的语态是从动词(所揭示)的事态(事物)之特性中获得的,动词(所揭示)之事态的这种特性却取决于一种后置的、间接的东西,且这种东西是处于未被限定的、但却可以被限定的界限(术语)形式之中的。动词的语态因而是动词的偶然的意谓形式,正是通过这种形式,动词(所揭示)之事态的这种特性才被用来意指一种处于术语形式之下的后置的、间接的东西的归属。这一点也曾被皮特鲁斯·荷里亚斯清晰地认识到,他也把动词的语态规定为偶然的意谓形式:语态是(动词的)偶然的意谓形式,它的语音形式是以"-o"或"-or"结尾的。他所说的"偶然的意谓形式"是指我们此前(指第29章。——译注)业已说过的那种"及物的意谓形式",也就是这样一种形式:动词取决于任意一种后置的、间接的东西(间接格)。他所说的"以'-o'或'-or'结尾的语音形式"是指动词语态的形式,在语法学家们看来,这些语态形式的不同首先体现在语音结尾的屈折变化。对此的进一步解释,将在后文中展开],《论意谓形式》,第30章,26 b, n. 1。——原注

② 《论意谓形式》,第30章,27a, n. 4。——原注

这种范畴与动词的关系。德语把动词叫做"Zeitwort"①,这种命名或许会导致人们想要把时间范畴看作是在此所探讨的那种语言成分(动词)的本质。从上述论述中已经可以看出,司各脱并不持有这样的观点。对于他而言,时间只是一种偶然的形式,但不是什么相对的形式(respektiver)——相对的形式乃是建基于动词与语句主词或语句宾词(即存在于间接格之中的名词)的关系之上的。他认为时间是这样的一种形式,它是奠基于事态本身之中的,但因而就不必和事态一道被给予。逻辑性的和数学性的事态是没有时间规定的②。

分　词

动词之意谓功用的特性可以简要地表述为,这种意谓功用意指了一种事态,更确切地说,是将其意指为关于对象而有效的东西(通过分离形式)。

分词的普遍功用同样在于对一种事态的意指,但不是在分离形式中进行意指,而是非分离地(indistantis)意指。这说的是:在分词那里,其意谓的重音并不是很需要落实在事态对于对象的那种归属性上,毋宁是更多地要落实在那种被认为是与对象相统一了的事态上。在这种意谓要素中,对象与事态之间的那种张力仿佛是被取消和清除掉了,通过这种意谓要素,分词就与动词区分开

---

① 德语"动词"的字面意为"时间词",它由两个名词构成:Zeit(时间)与 Wort(词语)。——译注

② 《论意谓形式》,第 32 章,28b, sq., n. 3, 4, 6。——原注

了①。

---

① Modus significandi essentialis generalissimus Participii est modus significandi per modum esse indistantis a substantia, circa quod notandum quod modus esse in Participio et in Verbo ab eadem rei proprietate oritur, quae est proprietas fluxus et successionis; et in hoc modo Participium a Verbo non discrepat.

Modus autem indistantis a substantia seu modus uniti substantiae, sumitur ab eadem rei proprietate in Participio, a qua sumitur modus adjacentis in Nomine; et compositio in Verbo; et haec est proprietas inhaerentis alteri secundum esse. Et non est inconveniens ab eadem rei proprietate modos significandi diversos, non oppositos, oriri; cum modi significandi oppositi in eadem voce possint fundari. Et per hunc modum significandi Participium a Verbo distinguitur, et per ipsum Participium in suum suppositum in constructione et in situ collocatur.

Participium ergo est pars orationis significans per modum esse indistantis a substantia, sive uniti cum substantia quod idem est. Et dicitur Participium quasi partem Nominis et partem Verbi capiens non partem essentialem id est modum essentialem utriusque. Et quidam dicunt, quod Participium significat per modum entis et per modum esse, quod falsum est; quia tunc Participium non esset ab utroque distinctum specifice, quod est inconveniens. Sed pro tanto dicitur Participium capere partem Nominis et Verbi; quia habet quosdam modos significandi accidentales modis accidentalibus Nominis et Verbi consimiles, ut statim apparebit.

[分词的最普遍的、本质性的意谓形式是通过与实体（本质事态）不相分离的存在形式而有的那种意谓形式，这里需要注意的是，分词中的存在形式和动词中的存在形式都是源自于事物（事态）之特性，这种特性乃流变和承继之特性；就此形式而言，分词与动词是没有区别的。

但这种不与实体分离的形式或者说与实体相统一的形式，在分词中是从这样一种事物（事态）之特性中获得的；名词中的邻属形式也是从这种事物之特性中获得的，并且动词中的综合形式也是从同一种事物之特性中获得的；这就是合乎存在的另一种固有特性。从这种事物之特性中获得的各种不同的但并非对立的意谓形式并不是（完全）异质的；即使对立的意谓形式也能建立在同一种语音形式（话语）之上。虽然如此，但分词仍通过其意谓形式（与实体相统一）而与动词相区分，并且也正是通过这种形式，分词才得以在句法结构和语句位置中被置入其谓述对象中。

分词因而是这样一种话语成分，它通过存在形式而意指了与实体（本质事态）不相邓·司各脱对分词之名称的解释如下:这种语言成分仿佛是分有了名词和动词的意谓功用。然而,说分词似乎同时意指一种作为对象的对象和一种作为事态的事态,但这却不是就本质要素而言的。这种阐释必须被驳斥,因为它是错误的阐释;倘若它竟是合理的,则我们就不能洞见到,分词应如何表现出一种独立的、特别不同于其他那些意谓形式的意谓形式。只要分词像名词那样具有"数"和"格",但同时也像动词那样具有"时态"和"指称",分词的这种所谓"分有"就仅仅只能关涉于偶性的形式①。

对分词的那些特殊的意谓形式的划分工作类似于对动词之意谓形式的划分工作②。

分词本身并不具有名词性的偶性东西,只是依据于那种在其本质中所包含着的与对象的关联性,它才具有这种偶性③。

分离或者说与实体相统一、与之同一的这样一种事态。它之所以被称为"分词"是因为它似乎既分有名词又分有动词——但并不分有二者中任何一方的本质性的东西,也就是说,并不分有二者中任何一方的本质性的(意谓)形式。有人认为,分词是通过存在(者)形式和存在形式来进行意谓活动的,这种看法是错误的。因为这样的话分词就不能与此二者(名词和动词)特别地区分开来了,因为它们(虽不是完全异质,但事实上仍然)是异质的。事实上,之所以人们认为分词是分有了名词和动词,乃是因为,分词所具有的一些偶然的意谓形式与名词和动词的那些偶然的意谓形式是非常相似的。我们马上会在下文中对此予以澄清],《论意谓形式》,第 36 章,32a,b。——原注

① 《论意谓形式》,第 38 章,33a,n.1－3。——原注
② 《论意谓形式》,第 37 章,32b,n.4－6。——原注
③ 《论意谓形式》,第 38 章,33b,n.3。——原注

副词

　　副词是通过存在形式而进行意谓活动的,也就是说,对事态的思想是一并被包含在其意谓中了的。若更加仔细地看来,副词之功用的目标在于,要以某种方式去对"综合"——综合乃是事态对于对象之归属活动的要素——进行规定。因为在分词中综合之要素是被排除掉的,它的情形恰恰有别于动词,所以人们就不能在本真的意义上把副词说成是对分词的限定。然而,只要事态在分词中也得到了意指,事态本身也就必须可以被副词之意谓功用的那种规定形式所关涉。但副词的那种普遍的、本质性的意谓功用却仅仅关乎动词[1]。

---

[1] Modus significandi essentialis generalissimus Adverbii est modus significandi per modum adjacentis alteri per modum esse, significans ipsum simpliciter, id est: absolute determinans. Et quia Participium significat per modum esse sicut Verbum, ideo Adverbium determinat Participium sicut Verbum; licet Adverbium dicatur Adjectivum Verbi secundum Priscianum. Hoc est ideo, quia Adverbium secundum omnes species eius determinat Verbum sed non Participium; quia Adverbia determinantia Verba genera compositionis et genera sui modi, qui est qualitas compositionis, Participia determinare non possunt, cum Participium compositionem et modum Verbi non habeat. Et sumitur iste modus determinantis a proprietate terminantis in re.

Adverbium ergo est pars orationis significans per modum adjacentis alteri, quod per modum esse significat, ipsum esse absolute determinans.

Et notandum, quod Adverbium de suo modo significandi essentiali generalissimo tantum determinat ea, quae per modum esse significat; licet de aliquo modo essentiali speciali et accidentali possit alia determinare, ut patet de Adverbiis exclusivis, quae sunt

393　　然而，倘若这种普遍的意谓功用获得了特定的详细说明例如那种限制或排除的意谓要素，则副词就可以应用于一切为了这种意谓功用（这种得到详细说明的意谓功用）而预先形成了的意谓。如此也就可以说，名词与代词也是可以与副词结合在一起的。

但这看上去与一开始所注明的副词的那种功用性的意谓相矛盾。在那里我们曾说，对事态的思想是一并包含在副词的功用之中的；但是名词和代词事实上也意指着作为对象的对象。对此可以做这样的回复：诸事态也可以在名词性的和代词

---

tantummodo, solummodo et huiusmodi; quae propter modum significandi per modum excludentis possunt determinare omne illud, quod habet se per modum exclusibilis.

［副词的最普遍的、本质性的意谓形式是通过邻属形式而有的，而这种邻属形式又指示着存在形式（所以副词是通过存在形式来进行意谓活动的）；副词是以简单的方式意指着事态本身，也就是说，对其单纯地进行着规定。并且因为分词和动词一样是通过存在形式而进行意谓活动，所以副词就像规定动词那样规定了分词；但按照普利西安的看法，人们却可以认为，副词乃是修饰动词的"形容词"，这种看法的依据在于，从副词的所有种类来看，副词都只是规定了动词而不是对分词的规定；由于副词对动词的规定是对其综合之语态和其形式之语态的规定，且考虑到动词形式（所展现的）乃是"综合"的"质"（的层次），所以就可以说，副词是不能规定分词的，因为分词不具有综合和动词形式。（分词的）那种规定形式是从那种在事态之中予以限定的特性那里获得的。

副词因而是这样一种话语成分，它通过邻属形式而进行意谓活动，这种邻属形式又通过存在形式而有所意指，故副词乃是对后一种形式的"存在"的单纯规定。

需要指出的是，就副词的这种最普遍的、本质性的意谓形式而言，副词所规定的仅仅是通过存在形式所意谓的东西；但就副词的某种特别的本质形式和偶然形式而言，副词也能规定别的东西，例如限定副词就是这样，如"仅仅"、"只是"等等这样的副词；按照这种通过排除形式（排除它者的形式）而形成的意谓形式，副词就能去规定所有那样的东西，这类东西是通过排除形式而具有自身的］，《论意谓形式》，第33章，29a sq., n.1,2。——原注

性的意谓形式中得到命名，因此，倘若它们也被副词性地规定了，这也不是什么离谱的事情。

然而困难并没有被排除掉。因为，倘若在名词或代词的意谓功用中存在着一种事态，我就不再会把它视为事态，而是视其为对象。在我看来，要消除这种矛盾，需要人们想清楚下述事情：所谓名词与代词的那些副词性的规定，就其完全的意谓内容而言，只可以在一种完整的命题中得到"思考"，在这一命题中，始终只有事态得到了意指，例如邓·司各脱所曾引用的这一命题：homo tantummodo legit，"只有人阅读"；副词因而始终是以某种方式关涉于事态的，也就是说，副词始终以某种方式关涉于那些表达着这些事态的动词[1]。并且设若副词并不存在于与动词或分词的关系之中，也就是说，假设它并不存在于那种规定着事态的功用中，则副词之意谓——诚如邓·司各脱所曾强调指出的那样——就被弄得"残缺了"[2]。

副词性意谓功用的本质允许有这样一种详细阐明，正是在这种阐明中，副词的那种本真的限定特征得到了表达。这指的是，副

---

[1] 《论意谓形式》，第33章，29a sq，n 2。
Adverbium licet sit adjectivum verbi non tamen habet modos significandi speciales, quibus ipsi soli verbo proportionatur. Unde quia habet modos significandi generales, ideo determinare potest participium, pronomen et ipsum nomen[副词可以说是动词的形容词，但并不具有这样一种特殊的意谓形式，即只与动词本身存有成比例的关系。恰恰是因为它具有的是普遍意谓形式，所以它能去规定分词、代词和名词本身]，《论亚里士多德〈辩谬篇〉诸问题》，问题33，48a。——原注

[2] Adverbium enim nisi habeat participium vel verbum, semper est truncata locutio sive incongrua[因为副词若不是具有与分词或动词的关系，则它就始终只是残缺的表达或不连贯的表达]，《牛津评注》，第4卷，分类50，问题6，567a, n. 10。——原注

词可以在双重层面上来规定动词和分词。这既是就它们的意谓内容本身而言,也是就它们的意谓形式而言的。副词性规定之功用的这两种类型还可以被进一步地详细说明,通过这种详细说明,人们可以获得副词的多种多样的具体形式。

一种通过动词而表达出来的事态可以关乎空间范畴、量的范畴和质的范畴,动词的意谓行为的那种行为性质进而可以获得更为切近的副词的规定性①。

动词本身的意谓功用并不是在这种意谓功用中每每所表达出的那些事态的那种内容性的"什么",它是鉴于"综合"、鉴于时间和动词之性质才是可规定的②。

对于那些依据于诸事态的内容上的差异性并按上述范畴才得以可能的副词性的规定,在此不应逐一细究,因为真正讲来,它们与动词的那种意谓功用不再有什么关系了,它们倒是表现了质料的区分。

相反,或许使人有兴趣进行一番查看的是,邓·司各脱是如何在其讨论副词性规定(这些规定所指向的是动词的意谓功用)的时候澄清了那些通常只是从现象学而来才得以知晓的难题,或者说,他至少是在他的意谓学说内部为这些难题指定了一个位置,但这是如何做到的呢?

在对动词之综合和这种综合所修整的那些行为性质的讨论中,已经得到暗示的是,邓·司各脱是如何指出了一个长久以来尚

---

① 《论意谓形式》,第 34 章,29a, n. 5;第 35 章,30a, n. 7。——原注
② 《论意谓形式》,第 35 章,30b, n. 13。——原注

未得到充分探讨的问题领域。那些在此只是作为综合之规定而得到讨论的副词从其每每所关涉的行为性质那里获得了它们的细致特征,诸如:发问、质疑、肯定、否定。副词也属于这样一种序列,亦即,它们的出现乃是与直陈式、希求式和命令式联系在一起的,是与意愿活动和要求活动的行为性质(这些行为性质乃是副词的更确切的规定)联系在一起的。与之相反,时间副词却或许应被归入前面说过的那一组即涉及事态的内容性方面的那一组[①]。

连 词

就如其名称所说的那样,连词的任务在于把诸成分连合起来。但以这样一种十分普通的特性标明,这种结合的类型和有待结合的那些成分的本性都没有得到一点澄清。结合可以分为两种基本类型,相应地也就可以分为两类连词。诸成分可能会有这样的一种结合,quae inter se dependentiam non habent,也就是说,被结合起来的诸成分的那种内容性的"什么"本身并不要求所涉及的这种结合;对于它们而言,这种结合仿佛是"从外面而来"被强加上去的。连词的这一类型被不无适宜地命名为 conjunctio per vim「通

[①] 《论意谓形式》,第 35 章,30b sq., n. 14—19。——原注

过暴力而进行的结合]①。

396 归属于此的是那些连接性的连词,例如"和";这个"和"能使两个名词或两个副词又或两个完整句子互相连接起来;但就它们的意谓内容而言,它们并没有显示出任何内在的划分,因而就并不要求那种连接性的结合。有一种关联存在于这种连词之中,其特性

---

① Modus significandi essentialis Conjunctionis generalissimus est modus significandi per modum conjungentis duo extrema. Et sumitur iste modus significandi a proprietate conjungentis et unientis in rebus extra. Conjunctio ergo est pars orationis per modum conjungentis duo extrema significans.

Sub modo essentiali generalissimo Conjunctionis ad modos subalternos per divisionem descendamus. Dividitur autem iste modus conjungentis duo extrema in modum conjungentis duo extrema per vim et in modum conjungentis duo extrema per ordinem. Et hos duos modos Donatus appellat potestates. Et habet se similiter potestas in Conjunctione sicut significatio in Adverbio. Nam sicut significatio in Adverbio consistit in speciali modo determinandi; sic potestas in Conjunctione consistit in speciali modo conjungendi. Et istius modi est modus conjungendi per vim et per ordinem. Ex hoc patet quod potestas in Conjunctione non est modus significandi accidentalis, nisi pro tanto, quia est extra rationem Conjunctionis simpliciter et absolute sumptae, ut dictum est de significatione in Adverbio.

[连词的最普遍的和本质性的意谓形式是那种通过对两端进行结合的形式而有的意谓形式。这种意谓形式是从对两端之物的连合与结合之特性中获得的。连词因而是这样一种话语成分,它是通过对两端事物的结合形式而进行意谓活动的。

在连词的这种最普遍的和本质性的意谓形式下面,我们要通过更确切的区分来下探到它的从属性的形式上去。连词的这种对两端之物的结合形式是可以分为下述两种从属性的形式的:通过暴力对两端之物进行结合的结合形式,以及,通过次序对两端之物进行结合的结合形式。多纳图斯把这两种形式都归之于力。在连词中存在着的这种力类似于副词中的指称活动。正如副词中的指称活动存在于特殊的限定性的形式中;连词中的力也存在于特殊的结合性的形式中。如前所述,连词的结合形式可以分为通过暴力进行结合的形式以及通过次序进行结合的形式。由此就可以看出,连词中的这种力不是偶然的意谓形式——除非是这样,即它不是以结合形式而是以简单和单纯的方式获得的——这种情形也适用于副词中的指称活动],《论意谓形式》,第39章,33b sq., n. 5, 6。——原注

在于：此关联并非始终受限于两种成分，而是能够自行拓展到第三方中去并进而能拓展到任意多的成分中去。通过暴力而来的连接也就是分裂。它们只有这样一种特性，即它们是下述方式来结合两个成分的：这两个成分是着眼于第三方而有区别的；邓·司各脱引用了波埃修斯的一句话，这句话说的是那种分裂的连词①：它把两个成分带入关联之中，但又同时禁止二者同时存在②。

连词的第二种类型是通过次序而形成的。有待结合的诸成分要求按照它们的意谓内容而获得特定的结合形式；在邓·司各脱看来，那种连词，在"原因和效果"（实在的对象和事态）与"根据与后果"（逻辑的对象和事态）这两方面之间起调停作用的连词，就是所要求的结合形式③。

在真正的连词——它们的意义是奠基于话语和语句的本质之中的——的这两种类型之外，还存在着一种目的在于修饰话语的连词。因为这种连词，就其本质而言，并不归属于那些本真的意谓形式，所以也就不必对其进行深入的探讨了④。

介 词

介词也可以被理解为一种连接方式。但介词并不应被归结为别的某种显现于意谓关联中的东西，它倒是表现出了一种新的独

---

① 亦即逻辑学通常所谓的"选言推理/选言判断"。——译注
② 《论意谓形式》，第39章，34b，n.7。——原注
③ 《论意谓形式》，第39章，34a，b，n.8，9。——原注
④ 《论意谓形式》，第39章，34b，n.19。——原注

立的意谓形式。这种连接乃是一种与名词的连接,以至于这种连接是处于某种格之中的。通过这个格,在相关意谓中被意指的对象就被认为是处于特定关系之中的。介词因而在意谓关联中具有这样一种功用,即要去规定相关的关系并使进一步的意谓关联得以可能。

然而,倘若介词是与别的意谓形式如动词连接在一起的,就语言层面来说,它就与动词构成了一个单位,这样它也就丧失了它的意谓功用;它不再表示任何独立的表达,它倒是获得了相关词语的意谓形式,在语言层面上,它是与这种词语连接起来了。介词虽然能对意谓内容产生决定性的影响,但并不是在介词的那种特殊功用中发生的①。

感叹词

邓·司各脱把感叹词理解为对动词或分词的更确切的规定。人们因而可以猜想,感叹词并不表示任何独立的意谓功用,而是与副词相重叠了。然而应予注意的是,感叹词的意谓内容始终是在表现情绪活动,它因而是关乎情绪行为的。因此,感叹词也并非规定了动词本身的意谓内容,也就是说,并非规定了在动词中被意指的事态;感叹词的那种决定性的功用倒在于,使动词的意谓行为与意识发生关联②。

---

① 《论意谓形式》,第 41、42 章,35a sqq.——原注
② 《论意谓形式》,第 43 章,36b, n. 10。——原注

按照多种多样的情绪活动,如痛苦、悲伤、喜悦、钦佩、畏惧、惊怖等,就会产生感叹词的那些具体的形式①。

---

① 《论意谓形式》,第 44 章,37a sqq。——原注

结论
范畴问题

箴言：
"我们到处寻求无限的东西
却始终只找到了有限之物。"
诺瓦利斯《残篇》
第 2 卷（米诺版）[①]，第 111 页

作为一种问题史研究，这一研究的真正目标在于，在对成果之要点进行探讨性的和评估性的返观与统观之外，它最终要求以体系的必然性来对范畴问题的那种体系性的结构进行一种展望。然而它在此所作的工作也顶多是凸显了问题的那些本质性的潜能以及这些潜能的内在关联，而迄今为止的问题探讨也还尚未实现对这些潜能的本原性的准备工作。这也解释了，为什么迄今为止所尝试过的那些范畴体系会不可避免地给人留下某种非常之空洞的印象。

---

① 指 J. 米诺编的三卷本《诺瓦利斯集》，首版于 1907 年。——译注

在先前的文本中①,我们曾说,首先应表现出范畴问题的历史学的形成过程并同时在体系性的东西中予以扬弃;但在那里是不允许把原则性的、在内容上被规定了的主题放置到开端处的;因为,就它们与特殊问题形态的那种拓展着的关系而言,若没有对那种问题形态的先行认识,这种关系就必然始终是有疑问的。此外,原因还在于,这种必然与原则性的表态结合在一起的、但经常被弄得空无所有的疑难问题,会对那种表述(其目标在于达成简单的和系统的理解)施以过度的重压,并会通过持续地带来开放的问题而对这种表述产生令人不快的干扰。相比而言,我们现在已来到了一个适当的位置,从现在起,那种迄今一直被抑制的精神的不安,那使得哲学家在任何时候去对其问题世界的历史形态进行钻研时都必然要经历的东西,都应被带入言辞之中。

但是,对范畴问题的那些本质性的潜能的凸显只有以下述方式才是可行的,即,把这些潜能隔离开来并逐个予以分析。从一开始就应更加迫切地强调的是:它们是彼此相互规定的,那看似直接的和突然的东西却始终是一种调协之物;并且,那随后被分别确定的东西,却只有在总体性中才能获得其完整意义。

若人们把范畴理解为可经验东西——对象性东西本身——之意义阐明工作的始基和手段,则就会有这样一种范畴理论的基本要求,即,要在范畴的彼此不可相互归结的区域中对各种各样的对象领域予以划界并规定其特性。通过对此前研究的完整的建设

---

① 应是指"第一部分 范畴学说"的开头几页。——译注

(*Anlage*),对上述任务的实施就已经具备了其价值①。由之也必须同时做到的是,去把迄今为止的那种看法——中世纪的经院逻辑由此而看似是一种贫乏的和无问题意识的逻辑——给摧毁掉。要做到这一点,就需要去凸显那些规定性的始基,它们在各种对象领域中是起奠基作用和特性规定作用的。它们向对象性东西(超越性)之最终范畴领域的拓展递入就把那种原则性的、统合性的联合赋予了那些分崩离析的领域。在这种情况下,一种严格的概念性的、在某种意义上是单方面的表述方式就得到了要求,与之相伴随的是对深刻地延伸着的形而上学的诸多问题方面的有意识的排除。

若每一种范畴理论的第二种基本任务都在于,把范畴问题置入到判断问题和主体问题中去,则作为范畴问题的终极决定者,上述那些始基就应首先得到理解。在经院逻辑中,范畴问题的这一方面也至少是有所触及的,尽管邓·司各脱的判断理论的表述具有另一种倾向:判断理论应对逻辑性领域的特性进行规定,在该领域中,判断之于范畴本身的那种本质性的关系目前还处于黑暗之中。与之相比,这种意谓理论应使得一条通达主体性的道路得以可能(这种主体性所意指的不是个体性,而是主体本身)。邓·司

---

① 奥斯瓦尔特·屈尔佩也强调了"范畴之有效性领域的多样性"。参看《论范畴理论》,载巴伐利亚皇家科学院《哲学与历史学分类会议记录》,1915年,第46页以下。只是当屈尔佩结束了上述研究之后,他最后的、极其具有价值的工作才显现出来。屈尔佩的论文以及那种哲学位置(这位过早逝去的学者所业已赢得的那一位置)本身的重要性,要求我们对之有所表态,但只要我们在接下来的思考中朝此向度而努力就可以了。即便我们始终没有特意地说明,我们对于这位逝者的崇敬也不会由此而受到丝毫损害。——原注

各脱的那一任务（要对某种行为层面即意谓形式进行分析）驱使着他要去深入到行为本身的领域中去，并且，要去对各种行为层面（意谓形式、认知形式、存在形式）所共有的原则性的东西和它们彼此间的关系予以确定。

恰恰是一种存在于中世纪经院哲学中的意谓理论开显出一种精细的格局，在此格局中运作着一种可靠而又深邃的倾听，它所探入并倾听的乃是主体性以及那些内在于主体性中的意义关联的直接的生机活力，而且无需去获得一种深刻的主体概念。人们可能会受到这样的诱惑，即想要通过对中世纪的学派活动和其传统的指示来对这些"语法"的实存作出"解释"。就我们的情形而言，这样一种通常在历史科学中广受欢迎的、但在精神之历史的问题中却极其可疑的"解释"，在某种程度上也还是有其合理性的。但若问题在于，想要活生生地理解一个"时代"和精神在这个时代中的有效成就，则一种被终极目的思想所引导的、对时代之意义的阐明就变得有必要了。对于这样的一种意图，人们通常习惯于把"虚构"这种廉价的标签加诸其上，认为它是非历史的并因而是无价值的；人们把它轻蔑地搁置于一旁，却没有注意到（这是源于一种本原性的无知，即对历史认识和历史概念构成之本质的无知），那种把尽可能多的"事实材料"胡乱塞进去的做法，是多么地偏离了历史之过往中的活泼泼的生活，这种做法是多么奇特地接近于虚构，一种均等化着的、把意义（正是意义给予着统一性和目的）排除出去的虚构。

对于一种对中世纪经院哲学的、关联于范畴问题的哲学阐释而言，意谓理论——尽管其具有直接的公式化的特征——具有特别的重要意义，这是由于，它回溯到主体性的一种基本问题域（行为层面）中去了。对存在形式与"主观的"形式（意谓形式和认知形式）之关系的研究导向了每一种形式之质料规定性的原则，这一原则，就它那方面而言，在自身中包含了客体与主体的那种基本的相互关系①。认识之对象与对象之认识之间的这种本质性的关联，在"动词"（动词乃是诸超越性中的一种，这些超越性是对对象本身的规定性）之概念中，得到了最深刻的表达。尽管如此，那与对认识问题本身的理解——它曾被理解为是把判断问题有意识地加入到主客关系中去的那种加入，又被理解为是对范畴与判断之关系的那种设置——有内在关联的东西却是缺乏的。

因为即使在今天，在实在论出现的地方，这种问题关联也还没有得到原则性的洞见，那么，与对象领域之界定工作一样，这也是范畴理论的基本任务，这一基本任务也还应得到深入的探讨。在此就出现了这样一个时机，即至少要在最普遍的轮廓中去指出，对认识问题的一种形而上的终结的必要性。

范畴是最普遍的对象规定性。对象与对象规定性只是对于主体而言才有意义本身。客体性是通过判断而建基于主体之中的。倘若人们想要由此而把范畴决定性地理解为对象规定性，则范畴就必须被带到与那种形成物（建立着对象性的那种形成物）的本质关系之中。如此，下述事实也就不是什么"偶然"了，而是奠基于范畴问题的最内在核心中的，即：在亚里士多德那里和在康德那里一

---

① 埃克哈特的神秘主义是如何从那种关联（与有待进一步探讨的真理问题之形而上学的关联）而来获得了其哲学性的阐明与评估，对此我希望能有机会在别处予以揭示。——原注

样,这种形成物都是以某种关联于谓述亦即关联于判断的方式而出现的。由此人们可能认为,范畴必然会被还原为单纯的思维功用,为此,一种哲学(它已承认了意义问题)的可能性就根本看不到了。人们不可以把先验唯心论的当今形态与康德的知识论和康德知识论的表述等同起来,恰恰是先验唯心论从一开始就强调了,一切思想和认识都始终是对对象的思想和认识。就此也就可以测量出,作为单纯"思想形式"的范畴具有何种性质①。

就连那些最普遍的、按其内容而被苍白化了的对象规定,那些反思性的范畴,若不关涉于那建构着客体性的判断,也是不能得到完整把握的,这说的是,一种仅仅"客观的"普遍的对象理论若不包含"主观的方面"必然始终是不完整的。诚然,每一种差异都是从对象性东西而来的差异,但话说回来也只是被认识了的、被判断了的差异。内在于范畴之整体中的有效性领域之所以会有一种多样性,原因首先在于——但并非仅仅在于——对象领域的多样性,这种多样性每每都规定了一种与诸对象领域相应的判断构形的结构

---

① 对判断问题之基本意谓(它指向的是对客体性的奠基)的漠不关心也可以用来解释,为什么屈尔佩在其《实现》(1912)一文中就像他在先前提及的那篇论文《论范畴理论》中一样,很少成功地做到——并且也不能做到——对先验唯心论的反驳。恰恰在关键的地方,屈尔佩对"反映论"这一名称有不正确的驳斥,认为它是服务了批判性的实在论的,而且他强调道:"那有待表述的、有待在认识中去规定[!]的真实世界的对象不是已经现成可见的感觉之成分,不是在意识中被单纯给予的东西,而是首先通过一种认识程序,尤其是通过科学研究才可以被理解的"(着重号为作者所加)(参看《论范畴理论》第 42 页),这时,屈尔佩所依据的那种论证,其实早已被先验唯心论有意识地推至问题之中心。若批判性的实在论能用来把判断根本性地收入眼帘以便探讨认识问题,并且另一方面,若能够把形式之质料规定性的原则有机地加入到先验唯心论的基本立场中去,则我们就必然可以成功做到,把当前的这两种最重要的和最有成效的认识论"向度"扬弃到一种更高的统一性中去。——原注

化形式,从这种结构化的形式而来,诸范畴就能首先按其完整内涵而被"读出"。

也只有从判断而来,"范畴的内在的和外在的(外在于思想的)有效性"问题才能得到解决。若不对"主观逻辑"加以考虑,则谈论内在的和外在的(immanenter und transeunter)有效性,就根本没有意义。内在和超越[外在]是关联概念,这对关联概念只是通过确定了那种东西——相对于它而是内在的或超越的东西必须得到思考——才获得了它们的确切意谓。始终无可争议的是,"一切外在有效性之成毁全在于对对象的承认"①;当人们注意到,对象性只是对于进行判断的主体才是有意义的,若没有这种主体,则也就永远也不能成功地做到把主体的完整意义给凸显出来,而这种完整意义,人们称之为有效性;这时,问题恰恰只在于,对象性能够只是哪种类型的对象性? 有效性是意指一种特有的"存在",还是意指一种"应当",还是说对此二者都不意指,而是只有通过那些深刻地存在着的、涵括于活生生的精神之概念中的并且无疑是与价值问题紧密联系在一起的问题群才能得到把握? 这里还不是解决这些疑问的地方。

---

① 参看屈尔佩《论范畴理论》第52页。逻辑地进行着判断的主体的那种一并包含在内的必要性,在当前,特别是由李凯尔特在其"认识之对象"一文中给清晰地点出来了。人们必须放弃去对"进行判断的意识本身"这一问题予以最终表态,就像不应对"无疑问的肯定"(同上,第318页以下以及334页以下)这一问题进行盖棺定论那样,直到为此而必需的各种普遍的奠基工作通过那种正在改进中的价值理论而呈现出来。类似的东西也适用于胡塞尔就"纯粹意识"所作的那些有价值的确定工作(《观念》,第141页以下。《胡塞尔全集》,第3卷,1950年,第174页以下),这些确定工作给出了一种决定性的对"意识"之丰富性的概观,并摧毁了那种常常出现的谈论意识本身之空虚的看法。——原注

范畴问题与判断问题之间的紧密关联也就可以使得那种"形式—质料关系"和质料的那种区分着意谓的功用被重新带到问题之中。在今天,这种形式—质料的二重性已经是一种决定性的探讨认识论问题的手段,以至于对这种二重性之价值和界限展开一种本原性的研究已经变得不可避免了。

诚然,通过在意义之逻辑领域和意义之结构中的滞留(Stehenbleiben),并不能获得对此问题的一种最终澄清。但人们至少能得到一种乘方(按拉斯克的"诸形式的楼层理论"),这种自身相乘无疑会产生有深远意义的事情,即去照亮逻辑性东西本身的那种结构的多样性,但这却恰恰会使质料的那种意谓区分之功用问题变得愈发复杂并将其置入到一种新的领域中去,但却没有充分考虑到感性质料和非感性质料的那种根本性的差异。

倘若逻辑和其问题本身的那种内在关联——正是从这种内在关联而来,此二者才得到了意指——没有成为一种超逻辑的东西,则人们就不能在真实的光线中看到逻辑和其问题本身。从长远角度看,哲学不能缺少它本真的光学即形而上学。对于真理理论而言,这意味着这样一种任务,即对意识做出一种终极的形而上学—神学的阐明。在意识中原本就已存活着有价值的东西,这种东西之所以有价值是因为它是有意义的行为,是实现着意义的活生生的行为,但倘若这种行为被中和到一种生物学的盲目的事实性之概念中去了,则人们就根本还没有对之有丝毫理解。

在活生生的精神的那些丰富的造形向度中,理论性的精神态度只是其中一种,因此,倘若哲学自得于对实际性的一种费力辨识而不是去实现其真正使命(其真正使命在于,越过一种始终只是暂时的、对可知物之整体予以匆忙收拾的概述,而将目标定向于一种突破,以突入那真的实际和实际的真中去),这就必然称得上是哲学——作为"世界观"的哲学——的一种原则性的、灾难性的错误。只有以这种着眼于活跃精神和其"永恒肯定"(弗里德里希·施乐格尔)之概念的定向,认识论的逻辑才能在一种对构造研究的特有限制面前始终得到保护,并且使逻辑意义也按照其存在意义而形诸问题。惟如此才有可能对下述问题给出一个满意的回答:那"不实际的""超验的"(transzendente)意义是如何向我们保证了那真实的实际性和对象性的。

判断理论和范畴学说中的构造问题恰恰是通过拉斯克才得到如此彻底的凸显的,他本人则是受到了构造问题与形而上学问题之内在关联的持久激励,尽管他也可能对后一种问题没有充分的意识。他用"超对立性"这一词语来刻画对象概念的特性,恰恰在这样的对象概念中存在着一种富有成效的本原,正是在这种本原中,各种各样的在今天还彼此分裂着的认识论还是可以被统合起来的。在这里,矛盾问题与价值问题所关系的那些困难,那种关乎"对象"之存在阐释和逻辑理解的问题是不应被错认的[①]。

在对对象概念的这种先验的—存在者层面的(transzendental-ontischen)理解中,范畴的"应用"问题就丧失了其意义;拉斯克,这个愈确切就愈勇敢的人对于内在性命题(Satzes der Immanenz)的原则性意谓——但绝不是对其进行"个体主义的"说

[①] 关于这一问题,作者希望今后能在一种更为深入的对存在、价值以及否定的研究中作出原则性的规定。——原注

明——是认真加以实施了的;在我看来,他的那种必要的、只是在形而上学上才可贯彻的最后论证应从活生生的精神的那种得到预示的概念而来予以实现。倘若可以在某处实现之,那么就恰恰必须在范畴之应用问题那里予以实现,只要人们承认这一问题本身乃是一种可能的问题,而且,范畴问题的那些所谓唯独仅有的客观的—逻辑的探讨方式能被看出其片面性[1][2]。

认识论上的主体并不意指精神在形而上学中的那种最为重要的意义,更谈不上去意指精神的完整内涵了。但恰恰是通过置入到精神的上述意义和内涵中去,范畴问题才获得了它真正的深邃的维度和丰富性。就词语的最宽泛的意义而言,那活生生的精神本身乃是本质性的和历史性的精神。在真正的世界观与理论(作为一种从生活中剥离出来的理论)的那种单纯的精细存在之间,存在着相当遥远的距离。惟当精神之功业亦即精神之历史的完整幅度在精神中得到了树立(aufgehoben),精神才能得到理解,伴随着那种在对历史的哲学理解中始终增长着的历史之幅度,一种去活生生地理解上帝之绝对精神的方法就被给予了,这种方法是不断

---

[1] 可惜的是,就连屈尔佩——但就他对"客观逻辑"的一贯偏爱而言,这也是可以理解的——在这个问题上也从未深入研究过拉斯克的《判断理论》(1912),我必须指出,较之对"哲学之逻辑"的研究,对这种判断理论的研究要具有更为深远的意义。这部探讨判断问题的著作具有非比寻常的丰富远景,但我们也因而会更加为此感到惋惜:屈尔佩虽然拥有一种典范性的、重要的阐释方式,但他却不再能够做到,让专业圈子了解,在那个(在我看来)决定着一切的判断问题上,他是如何看待拉斯克的思想的。屈尔佩在其对拉斯克思想有所评论的最后作品中曾写下了一句话,在今天看来,这话也同样适用于屈尔佩本人:"毫无疑问,这位拥有高超天赋的研究者,倘若他不是由于一种令人无法忍受的命运而过早离开我们的话,他必然会因他那深邃通透的思路(关于形式差异化问题——作者注)而取得成功。"《论范畴理论》,第26页,注2。——原注

[2] 拉斯克和屈尔佩在1915年先后逝世。——译注

自行提升着的。只要人们想要去塑造出范畴的整体世界,以便如此来超越一种贫乏的、概要性的范畴表,那么,历史和对历史所作的那种文化哲学—神学的阐释就必须成为一种规定着范畴问题之意谓的本原。这就是第三种基本要求,即除了去界定对象领域和把判断问题涵括进来之外所应实现的第三种基本要求,这一切都是为了要很好地解决范畴问题。相反,为了活生生地把握精神历史的各个时期,那些概念性的方式和目标给予(Zielgebungen)是可以从一种有如此遥远之指向的范畴理论而来首先被给出的。我们在导论中就已触及的"中世纪的世界观"问题与当前的研究是有内在关联的,此问题必然会激起我们特别的兴趣;但直到今天,若我们真正做过深入研究的话,我们会发现,那种真正的概念性的、文化哲学的奠基工作——它首度给予整体以清晰性、可靠性和统一性——还是缺少的。这个时代的那种特有的生命意志和那种精细的灵魂之分寸感,要求着那种与它们相宜的开放性(*Aufgeschlossenheit*),即能够进行设身处地之领会和开阔之评价(亦即在哲学向度上的评价)的那种开放性。例如,在此研究中①,在形而上学的实际性问题那里,我们曾谈及类比概念,此概念乍看上去像是一个十分苍白的、没有广阔意谓的学术概念。但作为感性和超感性情形之范畴领域中的统治性原则,它包含的是对中世纪人们的体验世界的那种概念性的表达,中世纪的这一体验世界是一种在质上被充实了的、自身具有价值的并与超越相关联的世界;类比作为概念性表达所表达的是系泊于那种源初境遇(灵魂与上帝之

---

① 参看上文,第 197 页以下。——原注

间的超越的源初境遇)中的内在生存的形式,正如这种境遇在中世纪的那种罕见的整体性(Geschlossenheit)中所活生生地呈现的那样。借助于各自的远离或切近(在质的强化意义上),上帝与灵魂、彼岸与此岸之间的那种生命关系的多样性也会发生变化。通过超越而实现的这种形而上的互相紧合,同样是多种多样的对象性的源泉,因而也就是内在的个体生命的至为丰富的生命之源泉。

超越绝不意味着什么彻底的、自行丧失着的对主体的远离——倒应说,恰恰存在着一种建立在关联性之上的生命关系,这种生命关系本身并不具有唯一的僵硬不变的向度,而是应将其比作是在彼此亲和的精神个体中奔腾不息的体验之洪流,虽说我们在这里并没有去考虑我们是否对关联成分给予了绝对的高估。这种价值设定因而并非仅仅是被吸引到超越活动中去了,而应说,它仿佛是从超越活动之幅度和绝对性而来得到了反映(reflektiert)并静息于个体之中的。

因此,在整个中世纪的世界观中——因为中世纪的世界观已经被根本地理解为是按目的论来定向的——也就存在着一个由多种多样的价值差异所构成的整体世界。由此而来导致了,主体性的那种体验可能性和体验幅度因而是通过灵魂生命的那种自行延伸到超越活动中去的维度而得到了规定,它并不像今天那样是通过超越活动的内容上的粗略幅度来被规定的。在今天的这种运行于平面上的生活形态中,愈发不可靠和完全迷失方向的可能性会变得愈发巨大甚至会无限大,与之相反,中世纪人们的生活形式的基本形态从一开始就根本没有自失于感性现实的内容广度之中,也没有固定于此,而应说,这种本身需要固定的东西恰恰是归属于一种超越的必然目标的。

在活生生的精神和其与形而上的"起源"(Ursprung)之关系的概念中,一种洞见得以开启,我们可以借此去洞见精神的形而上的基本结构,在这种基本结构中,行为活动的独特性和个体性与那种普遍有效性即意义的那种自在之持存被统合到一种活生生的统一性中去了。客观地看,时间与永恒、变化与绝对有效、世界与上帝的关系问题是存在着的,这一问题以知识论的方式反映在历史(价值形态)和哲学(价值有效性)之中①。

若人们对哲学的那种深刻的、世界观性的本质予以沉思,则对中世纪基督教哲学的那种理解(这种理解认为,中世纪基督教哲学就是经院哲学,它与同时代的神秘主义乃是彼此对立的)也就必须被揭示出它的原则性错误。经院哲学与神秘主义本质性地共同归属于中世纪的世界观。"理性主义与非理性主义","经院哲学与神秘主义",这两种"对立"组合是并不相同的。若谁想要把它们等量齐观,这种等同化的做法所依据的也只是哲学的一种极端的理性化而已。作为从生活中剥离出来的理性主义之产物的哲学是孱弱无力的,作为非理性主义之体验的神秘主义则是茫无目标的。

---

① 由此而来,"永恒哲学"(*philosohia perennis*)这一概念也就首先可以用知识论的方式来加以分析和确定,但迄今为止我们还远远没有做到这一点。同样地,直到今天我们也还没有把对天主教神学的知识论考察这个与上述问题有密切关联的问题当成一个真正的问题,更不要说去寻求这一问题的答案了,这一现象的部分原因在于,迄今为止对逻辑学的探讨方式过于传统,对问题视若无睹。最先指向这一领域且被根本理解了的重新定向工作是由盖瑟尔所做出的,我此前就曾指出应注意他的《逻辑学与认识论的基础》(1909)一书。(参看我的题为《逻辑学的新研究》的评论文章,载《文学评论》,J. 饶尔编,第 38 卷(1912 年),第 11 期,第 522 分栏页下。[本书[边码]第 35 页以下])。——原注

活生生的精神的那种哲学,真切之爱的那种哲学,崇敬着的神之热忱的那种哲学,对于它们的最普遍的基准点这里只能略加暗示,特别是当我们考虑到,一种从它们的基本倾向中导出的范畴理论所面临的任务是如此艰巨时,我们更是只能如此选择。这一任务的艰巨性体现在:这种范畴理论要进行一种原则性的争辩,其对手则是在幅度、深度、体验之丰富性以及概念塑形上都至为强大的一种历史世界观体系,这一体系把此前所有基本的哲学问题主旨都扬弃于自身中了;也就是说,要同黑格尔展开一场原则性的争辩。

作者自述[1]

这一问题史的研究最终的体系性的目标在于范畴理论,而对范畴理论的根本奠基和有机扩建,被今天的哲学视为其业已清楚知晓的基本任务。作为问题史的研究,它的研究对象是经院学者邓·司各脱的哲学。邓·司各脱的思想堪称是中世纪—经院哲学思想中最为完美和最为丰富的那些思想类型中的一种,本研究的目的就在于,着眼于范畴问题和逻辑学本身,使这种思想本身得到一种更切近的和更深刻的理解,并且要去对付那种通常的评价,即对中世纪经院哲学和其逻辑学的通常评价。在本书的第一部分(范畴学说)中,作者指出了每一种有重要价值的对范畴问题的探讨都应满足的基本要求:要对对象性东西本身中的不同领域进行界定。首先必须对那些最普遍的对象规定性本身和那些具体的领域(逻辑的、数学的、物理的、心理的和形而上学的实际性)作出阐释性的特性规定。本书的第二部分(意谓理论)则使得下述工作得以可能:要去更加深入地呈现一种特定的对象领域即意谓的对象领域,并且还要去突出强调这样一些原则性的论题并使之互相关

---

[1] 海德格尔的这部教授资格论文曾作为单行本出版,此系海德格尔为该书所作的书讯广告。——译注

联,这些论题探讨的是意谓行为与认识行为的行为和行为意义,并进而探讨了意谓本身的那些基本形式(诸"意谓范畴")。本书的结论部分则进行了这样一种尝试:去对范畴问题的结构作出有前导意义的规定,并指出那条有可能解答这一问题的道路。

弗莱堡 马丁·海德格尔

历史科学中的时间概念

箴言：
"时间千变万化，
永恒却素朴自持。"
埃克哈特大师

415　这些年来，某种"形而上学的渴望"在科学的哲学（wissenschaftlichen Philosophie）中苏醒了。在单纯的知识论中的那种滞留将不再令人感到满足。那种坚持，从对批判之必要性和价值的一种合理的、有活力的意识中生发出来的那种坚持，坚持于认识论难题之中的那种坚持，并不能使得哲学的目标问题获得其内在的意义。因此，形而上学之倾向就会一方面是隐蔽的，另一方面又是明白可见的。人们将必然把这一事态阐明为对哲学和哲学之难题的一种更为深刻的理解，并且将会在其中看到哲学的那种权力意志，但肯定不是在那种所谓"自然科学的世界观"的理智性暴力意义上的权力意志。

在现代的科学和哲学中，那种批判性的意识是过于生动猛烈了，以至于它竟然想凭借着那些无根据的和根基恶劣的力量之要求来克服我们的文化，这种批判性意识是如此猛烈，以至于，在对最终的形而上学奠基(柏拉图意义上的ὑπόθεσις[前提,根据])之必要性的全部认识那里,它始终还是把其力量的主要部分都施展到了对认识论难题——在更宽广的意义上,亦即逻辑难题——的克服工作上去了。因为人们并不会在下述事情上弄错,即,还有很多的自然科学理论难题有待解决,尽管在过去的数十年里,这一领域的研究也的确获得了丰富的成果。正如文化科学那样,自然科学也在其逻辑结构上遭遇了疑难问题;诚然,这种研究之主要成果中的一种就是对其彼此界限的精细界定和对其独立性的逻辑论证。尽管如此,在普遍的科学理论的那种全面包容性的未来任务能够得到把握之前,仍然有很多具体问题需要解决。这样的一种具体问题应该在接下来成为研究的对象。

这里我们想预先给出关于科学和科学理论的一些普遍性的勾勒,为的是让这一研究的目标和本己特征随时都能当前显现。

科学是一种通过有秩序的和有根据的原理而达成的理论知识的关联。知识被下放到诸判断中了;这些判断是真的,它们有效。尽管严格说来,并不是判断行为——亦即具体的研究者在获取知识的活动中所做的那种行为——有效,而是判断的意义(*Sinn*)有效,亦即其意谓内容(*Gehalt*)有效。每一种科学,在其完善之理念中想来,都是由有效着的意义所构成的一种自在地持存着的关联。那些个别的、具体的科学,作为在时间上被规定了的文化事实,是永不完善的,而是始终处于真理之发现的半路上。

知识在具体科学中得以被发现的那种方法和方式,亦即,研究方法,是通过相关科学的对象和那种视角(该科学正是在这种视角中观察其对象的)而得到规定的。许多科学的研究方法都是凭借着某些基本概念来展开工作的,科学理论也就必须要对这些基本概念的逻辑结构予以思考。科学理论的提问是从具体科学而来进入到逻辑的最终的基本要素之领域亦即范畴之领域中去的。在具体科学的研究者那里,这些科学理论的研究会轻易地唤起这样一种印象,即让人感到某种自明性并因而感到某种无益性。但是,只是当他期待着从这些研究(这些研究所效力的是他的具体科学领域)中获得新的实质性的东西时,事情才会是这个样子。科学理论研究当然不能带来新的实质性的东西,因为它运行在一种全新的维度中。因而,对于具体科学领域的研究者而言,科学理论研究的意义就在于且仅仅在于这样一种可能:他忘记了自己乃是一位具体科学的研究者——他哲学地思考着。

　　对具体科学之研究方法的逻辑基础的突出强调因而是作为科学理论的逻辑学的一种事务。但逻辑学这种科学理论并不能在接下来的探讨中得到全幅展开;接下来的工作不如说是选择某种具体的范畴(逻辑的基本要素)亦即"时间概念"并对其结构予以澄清。最终显示出来的是,这里将会有一个中心概念被置为疑难问题,从对此问题的解决而来,运用着该中心概念的那些具体科学的逻辑性的整体特征也就必然得到了照亮。现在的问题在于,通过什么样的道路,我们才能够最为可靠地通达对历史科学之时间概念的逻辑结构的认识。当我们谈论这种时间概念的某种特别的逻辑结构时,我们就是想要以此意指下述事情,即,时间概念的内容是以特有的方式而被那些十分明确的终极性的范畴要素所规定的。现在应该得到突显的是把"时间一般"这一概念规定为"历史时间"概念的那种规定。这种规定是通过下述方式而被给予的,即,历史科学是相应于其任务而运用时间概念的。我们因而将能够从时间概念在历史科学中的功用中解读出历史的时间概念的结构;反过来说,这种特有的功用也必然可以从历史科学的目标而来得到理解。因此,为了解决我们的任务,即为了澄清历史科学中的时间概念的逻辑特征,我们所要经行的道路就是,从历史科学的目标而来,经过由此而出现的时间概念之功用,抵达时间概念之结构;并且这一问题还可以简要地表述为:为了能够作为时间概念运作起来并相应于历史科学之目标,历史科学的时间概念必须具有何种结构?这因而绝不意味着是预设了和探讨了历史科学的某种哲学性的理论,也不是在问时间概念的何种结构适宜于历史科学,而是说,我们要从作为事实的历史科学出发,对历史科学中的时间概念的那种事实性的功用展开研究并由此而对其逻辑结构予以规定。倘若我们解决了上述这一任务,并且假如我们认识到历史科学的时间概念乃是其中心概念中的一种,那就很有可能做到,去对历史(作为科学的历史)的逻辑结构的普遍性东西作出澄清。

  历史科学之时间概念的结构的特性将无疑会愈发清晰地显露出来,倘若它能够与时间的另一种类型的结构形成鲜明对比的话。为了使之得以可能,我们就应该在完成我们本己的任务之前,先对自然科学——更确切地说,物理学——中的时间概念进行一种简要的特性刻划。着眼于物理学的时间概念,我们也以同一种方式——就像我们在历史科学的时间概念那里所做的事情那样——提出问题并且问道:为了能够作为时间概念运作起来并相应于物理学之目标,物理学的时间概念必须具有何种结构?

I

现在首先要做的事情因而就是,去对作为科学的物理学的目标进行澄清。要做到这一点,最可靠的途径在于,我们去把物理学的基本趋势予以凸显,而在物理学从伽利略直至当前的历史发展中,这种基本趋势是愈发地明显了。

古代的和中世纪的自然哲学①所试图研究的是在直接的实际性中涌现出来的诸现象的形而上学本质以及这些现象的隐秘原因。与这种对自然的形而上学沉思相比,伽利略的科学在方法上意谓着某种根本全新的东西。这种科学试图通过定律以及研究它如何获得定律来掌控现象的多样性,这是它所特有的新的功绩。因为从这种认识定律的方法而来,物理学的基本趋势可以最清楚地被看到,故这种方法就可以在一种经典的例子中得到阐明,也就是说,可以在伽利略所发现的落体定律中得到阐明。在落体问题上,古代的自然考察是这样处理的:它是试图通过对落体现象中的个别情形的考察来查明一切落体现象所普遍共有的东西,以便由此而来推断出落体的本质。伽利略并不是从对个别落体现象的观察入手的,而是开始于一个普遍的假定(假设),亦即:物体,倘若其

---

① 事实上,中世纪的思想并非如人们通常所认为的那样是疏离于经验的;中世纪的思想是懂得对合乎经验的研究或至少对那种记录事实的研究予以赏识的;对于效力于自然研究的数学的价值,中世纪的人们是有所意识的,尽管这种意识并未在理论上得到澄清,而且他们也是能够做实验的;尽管如此,在中世纪那里仍然缺乏真正的自然科学的提问。——原注

支撑物被去除掉,它会这样落下,即,它的速度会以和时间成比例的方式增加($v = g \cdot t$),也就是说,物体是在一种均匀的、加速度的运动中下落的。开始的速度为 0,最后的速度是 $v = g \cdot t$。若我们把中间的速度取为 $g/2 \cdot t$,我们就有了一种均匀的运动;对于这一运动而言,"$s = c \cdot t$"这一定义性的基本公式意味着:距离等同于速度和时间的乘积。在我们所说的情形中,$c = g/2 \cdot t$;把这个值代入前述最后那个公式中,就会得出 $s = g/2 \cdot t^2$。伽利略在具体情形中对这个方程式加以检验,而且具体情形也验证了这个方程式。因而之前那个假设就是有效的,由此而来,那种先是纯粹演绎出来、随后在实验中被验证的定律就被获得了。我们特意地把整个思想进程更详细地展示出来,为的是揭示出,在这整个思考中,没有任何一处地方谈到这种或那种特定的物体,没有任何一处地方讲到这种或那种时间延续,也没有任何一处地方论及这种或那种下落空间。"$v = g \cdot t$"这一假设——这一假设随后通过从验证性的实验所得出的结论而成为定律——是一种关于物体一般的普遍假设。

在这个新的方法中因而就存在着一种二重性的特性:1. 它建立了一个假设,这个假设可以使某个领域的现象——在此就是运动现象——得到普遍把握。2. 这个假设绝不是设定了一种隐秘的质并视之为解释诸现象的原因,而是包含了这样一些关系,即存在于被理想地思考的现象要素之间的、可以数学性地把握亦即可测量的那些关系。这种提问的方式,伽利略所首度自觉地应用的这种提问方式,随着时间的流逝,逐渐获得了对物理学的那些具体分科的统治权(机械力学、声学、热学、光学、电磁学)。在这每一个领域中,物理学都力求获得方程式,正是在这些方程式中,与相应领域中的事情进程有关的那些最普遍的规则性的关系才被记录下来了。

但是现代物理学并不是始终逗留在这个层面上的。它已经发现了基本定律,这些定律一方面允许声学和热学被包含在机械力学之中,另一方面又允许光学和磁学以及放射热能理论被包含在电学之中。如此,物理学的林林总总的具体领域在今天就可以归结为以下两种:机械力学和电动力学,或者——如同另一种说法——可以说:物质(Materie)的物理学和以太的物理学。尽管现在在机械力学的和电动力学的"世界观"(!)之间也爆发了如此剧烈的斗争,但这两种领域——如同普朗克所说的那样——"长远看来根本不能清楚区分"①。"机械力学为了达成其奠基,在原则上仅仅需要空间概念、时间概念以及运动着的东西的概念,对于这种运动着的东西,人们可以称之为实体也可以称之为事态。但上述这些概念也是电动力学所不能缺乏的。一种被适宜地普遍化了的机械力学因而也是能够很好地包容电动力学的;并且事实上也有很多迹象暗示着,这两种现在已经部分地交织在一起的具有决定性意义的领域最终将会统合成一种唯一的、普遍的动力学"②。

作为科学的物理学的目标因而就需要得到凸显;物理学的目标是物理性的世界图景的统一性,是要把一切现象都归因到那些从属于一种普遍动力学的、可以在数学上得到确定的基本规则中

---

① 普朗克:《关于理论物理学的八个讲座》,1910年,第8页。——原注
② 同上,第9页。——原注

去,归因到属于某种待定之质量的那些运动定律中去。由于我们现在知道了物理学的目标,第二个问题就可以提出来了:这种科学中的时间概念具有何种功用?

我们现在可以简要地这样说,物理学的对象是运动的规律性。运动是在时间中进行的。那么这说的是什么?"在时间中"的这个"在之中"具有一种空间性的意谓;但时间显然不是什么空间性的东西,人们却还是始终把空间与时间加以对照。但同样可以看到,运动和时间是以某种方式关联在一起的。伽利略在他的《对话》①中的一个地方曾经直截了当地谈到了"时间概念与运动概念的一种亲缘性"。"因为正如运动的一式性是通过时间的同等性和空间的同等性而得到规定和理解的……,如此,我们也能通过时间之诸部分的这种同等性来把这种速度之增加(加速度)理解为以简单方式所实现的东西"②。显然,在运动和时间的关系问题上,所涉及乃是借助于时间来对运动进行的测量。这种测量作为量的规定乃是数学之事务。理论性的亦即数学性的物理学构成了实验性的物理学的基础。因而,倘若我们想要获得运动和时间的精确概念,我们就必须在它们的数学形态中来考察它们。

空间中的一个物质性的点的位置是通过它与之叠合的那个空间点(Raumpunkt)而得到规定的。我们想到,除了物质性的点(它的位置是应该得到规定的)之外,空间乃是空的。但空间又是

---

① 即通常所谓的《两门新科学的对话》,其正式书名见下注。——译注
② 《关于涉及力学和落体定律的两种新的知识领域的对话和数学演证》,"第3天和第4天的谈话"(1638年),德译本,A. v. 乐廷根翻译和编辑,1891年,"奥斯特瓦尔德——精确科学的经典学者系列",第24卷,第7页。——原注

无限的,每一个空间点与其他的每一个空间点都是等值的,同样地,每一个方向与其他的每一个方式都是等值的。对于物质性的点而言,若没有这样一种点——正是通过关系于这个点,物质性的点的位置才可得到规定——则对它的一种位置规定就是不可能的。这样的一种基准点必须始终都已被预设了。一切的位置规定都是相对于它而有效的,因而也就永远不是绝对的。位置规定是下述方式随后发生的,即,我们在思想中通过那个基准点而设置了三条相互垂直的直线——x 轴,y 轴,z 轴。P 点的位置现在是通过与坐标轴的距离而得到规定的,是通过 x、y、z 的坐标而得到规定的。我们想到,P 点是位于一种空间曲线上的。我们现在是在它的运动中来观察它的,也就是说,我们研究它的那些位置,研究它们是如何在时间中相继的。对于每一秒而言(我们是从钟表上读出它的),我们是能够实行三种测量的,也就是说,能够给出 x、y、z 这三个确定的值,正是这些值规定了 P 点之相对于时间 t 的位置;x、y、z 在它们的取值当中因而也就取决于 t 的每一个值,也就是说,它们乃是时间的函数[$x = x(t); y = y(t); z = z(t)$]。若时间 t 的值是以一个无限小的值而发生变化,则坐标的值也会发生变化。若我们把一切可能的、相继的值都代入 t,则坐标作为 t 的持续函数就会给出 P 点的所有在时间中相继的位置的整体(Inbegriff)。所有位置的这一整体,我们称之为运动。

"若我们想要描述一个物质性的点的运动",爱因斯坦说,"我们就给出它的在时间函数中的坐标的值"①。

运动理论的所有进一步的基本概念,如速度、一式性运动、加速度以及不规律运动等,都是通过时间值和空间值之间的某种关系而得到规定的。被规定之现象的那些感性的—直观的性质被去掉了,被完全提升到数学性的东西中去了。

运动作为物理学的对象因而是借助于时间而得到测量的。时间之功用就在于,使测量得以可能。由于对物理学中的运动的考察一向是着眼于可测量性而展开的,运动就绝非只是被偶然地带到了与时间的关系中以至于竟会存在着这样的一些物理学知识,在这些知识中时间本身竟是被排除掉了的;我们倒应看到,正如之前的运动方程式所已揭示的那样,时间构成了运动之定义中的一种必然的要素。与时间必然联系在一起的运动首先是可以在数学上和物理学上得到理解的。由于时间被认为是物理学对象亦即运动的数学上的可规定性之可能性条件,所以我们就能直接回答那个最后的问题了,它所问的是时间概念的结构。在"$x = x(t)$,$y = y(t)$,$z = z(t)$"这些运动方程式中,时间被预设为独立的变值,更确切地说,它是持续变化的,亦即,不带跳跃地始终以同一种方式从一个点向前流到另一个点。时间表现了一种单纯定向的序列,在这个序列中,每一个时间点都只是通过它的位置(这个位置是从起始点而来被测量的)而得到区分的。这一个时间点与先行的那个时间点就这样且只能这样区分开来,即它乃是那个后继

---

① 阿尔伯特·爱因斯坦:《论运动物体的电动力学》,载《物理学年鉴》,第 17 卷,1905 年;重印于《数学科学在专题论著中的进展》,O. 布鲁门塔尔编,第 2 册,《相对性原理》,1913 年,第 28 页。——原注

的时间点,由此,测量时间将是可能的,并且对运动的测量也因此而是可能的。只要时间被测量了——并且只有作为可测量的和有待测量的时间,它才会在物理学中拥有一种有意义的功用——我们也就规定了一个"如此多"。对这个"如此多"的这种指示把直到那时所流逝的时间点给聚合为一体了。我们仿佛是在时间刻度中做了一种切割,由此我们摧毁了本真的、处于流动之中的时间,使之凝固了。这种流动凝固了,变成了平面,并且只有作为平面它才是可测量的。时间变成了一种同质性的位置秩序,变成了刻度,变成了参数。

在我们结束对自然科学的时间概念的考察之前,还有一种异议必须得到注意。人们可能会就此指出,在迄今所说的东西中,物理学的那种最时髦的理论亦即"相对论"并没有被考虑到。从相对论中所形成的那种对时间的理解"在勇敢上可能超越了在迄今为止的思辨自然研究甚至是哲学认识论上所成就的一切东西"[1]。

然而,下述事情多半被忽视了:作为一种物理学的理论,相对论所探讨的是时间测量问题,而不是时间本身。时间概念始终未被相对论所触动;事实上它只是在更大程度上证实了那种东西,即那种此前作为自然科学之时间概念的特质而得到凸显的东西,也就是那种同质性的、可以在量上被规定的特征。物理学时间概念的这种数学特征并不能获得比下述表达更为清晰的表达:它是在三维空间之外作为第四种维度而被建立起来的,它和三维空间一起是通过那种非欧几里得几何学亦即多于三维的几何学而得到研

---

[1] 普朗克:《关于理论物理学的八个讲座》,1910年,第117页。——原注

究的。

倘若我们现在想要进而去展示历史科学中时间概念的结构,则看上去首先就有这样一个合理的质疑,即,这里究竟还能否提出一个新的问题。因为,对于历史科学而言,时间仿佛是一种位置秩序,伴随着与这种位置秩序的关联,诸事件就获得了它们的被指定的时间位置,并且由此就被历史学地确定了。M. 弗里显森-科勒最近写道,"在某种情况下,时间之确定……足以从一个按照自然科学原理而形成的概念中造就出一种历史学的东西"①。如此,"公元 750 年富尔达的饥荒"②这一概念就表明了某种十分独特的事件并因而③是一种历史学的概念。

我们在此面临着一种抉择:我们要么是认为在上述概念那里不存在任何历史学概念,只要我们看不出来,从一种普遍概念而来的这种单纯的时间规定为何应被弄成一种历史学的概念,因为物理学中的运动进程也仍然是在时间上被规定的,——我们要么是在上述概念那里看到了一种真切的历史学概念。但要是后一种情形的话,在上述概念中可被发现的那种时间规定就是一种完全特有的时间规定了,它只有从历史科学的本质而来才能得到理解。

我们至少弄清了下述事情:在历史科学的时间概念中隐藏着一个疑难问题。我们对历史学的时间概念之结构的追问因而是有意义的和合理的。对于这一结构,我们只能依照历史科学中的时间概念之功用才能解读出它来,反过来说,历史科学中的时间概念

---

① 《科学与实际性》,1912 年,第 168 页。——原注
② 富尔达(Fulda),德国中部城市。——译注
③ 在何种意义上,独特的=历史学的?——作者边注

之功用又只有从历史科学的目标和对象而来才能得到理解。

II

在历史科学那里,那条道路,从历史科学之目标进展到历史科学中的时间概念之功用并由此而推进到这种时间概念之结构的那条道路,或许看上去像是一条弯路。在历史科学中也的确是可以更为简易和更为迅速地达到目标的,我们想到,在历史科学的方法论中是存在着一种特别的辅助学科的,它所特地从事的就是历史科学中的时间规定,此即:历史学的年代学。在此,历史学之时间概念的那种特性想必是直接达乎光亮了。但为什么我们没有选择这条直路呢,此中缘由只有在结尾处才能得到解释。那时,下述问题也就必然可以得到理解了:年代学中是否有什么东西能使得历史学的时间概念成为那种独一无二的本质性要素。我们因而要踏上之前已经指明的那条道路,并首先尝试着针对历史科学之目标去做出某种澄清。

我们在此立即会碰到一种困难,因为在历史科学的目标和对象问题上,历史学家们并没有达成完全的一致。因而在这里,对于这个问题,我们所做出的决定是,不对定论性和完备性提出什么要求。但是,假如我们只是把历史科学之时间概念中的那些要素——正是这些要素使得时间概念在历史科学中的功用得以被理解——加以逐一列举的话,这也不会对我们的真正问题构成危害。

历史科学的对象是人,但不是作为生物学客体的人,而是在这个意义上的人:通过其精神的和形体的成就,文化的理念得以实现。存在于人的丰富性与多样性之中的这种文化创造是在时间中运行的,它经历了一种发展,它从属于那些至为繁复的革新与回构(Um-und Rückbildungen)①,它采纳了过去的东西,为的是进一步予以加工或与之相抗争。人的这种文化创造是内在于同样是由人所创造的协会和组织(国家)之中的,是与之结合在一起的,说到底,它乃是人之精神的客观化②。令历史学家感兴趣的是在时间之流逝中实现着的精神的客观化,但不是存在于其每一次的完整性中的那种客观化——仿佛历史学家是想要把一切在时间中发生的东西都记录下来似的;令历史学家感兴趣的,诚如人们曾经指出的那样,仅仅是有历史学效应的东西。曾经作出这一规定的埃德瓦德·梅耶尔,对之亦有正确的补充和阐明:"这种选择所依据的乃是历史学的兴趣,这种兴趣是当前依照着某种效果而有的,是依照着发展的一种成果而有的,……"③

但一种兴趣必然始终是从一种观点而来得到规定的,必然始终是通过一种规范而得到引导的。从被给予的丰富性中而来的那种历史学的选择因而是奠基于一种价值关系之上的。历史科学的目标因而就在于,在其通过关系于文化价值而变得可理解的那种独特性和唯一性中去呈现人之生活的那些客观化成果的效应关联和发展关联。但这仍然没有触及每一种历史学对象的最为本质性

---

① 德文词语"Rückbildung"在生物学中意为"萎缩,退化",但在语言学中则意为"逆成构词,逆派生词"亦即有"反向重构"之意,综合上下文语境可以看出,这里应是后一种意思,故译为"回构"。——译注
② 这意味着什么?"协会"是客观化吗?——作者边注
③ 《短篇集》,1910年,第44页。——原注

的特征。历史学的对象作为历史的东西始终是过去了的,严格说来,它不再实存了。从我们的角度看来,过去的东西不仅仅是不再存在(*ist*),它也是一种不同的东西(*es war auch ein Anderes*)①,不同于我们和我们今天的生活关联②在当前之所是。已经可以很清楚地看到,时间在历史中具有一种十分源始的意义。相对于一种当前而言的过去时间的这种质的不同性根本地挤迫着进入了意识之中,历史学的意义正是在这里才被唤醒了。只要历史学的过去始终是一种相比于人之生活的客观化的不同性,而且只要我们本身始终是活在这样的一种客观化之中并且创造着这些客观化,则那种可能性,去理解过去的那种可能性,从一开始就被给予了,因为过去并不能是什么不可比较的不同的东西。但是在历史学家和他的对象之间仍然存在着一条鸿沟。倘若他想表述这条鸿沟,他就必须以某种方式拥有他面前的那种对象。因而就有必要去克服时间,穿越时间之鸿沟,从当前进入过去并适应于兹。在历史科学之目标和其对象中必然随之产生了对时间予以克服和对过去予以呈现的这样一种要求,但这种要求就其自身而言只有在下述情形下才是可能的,即,时间本身在此已然以某种方式在运作了。约翰·鲍狄努斯③(1607)在其"Methodus ad facilem historiarum cognitionem"[《易于认识历史的方法》]一书中曾经专辟一章探讨

---

① 德文"war"为系词"sein"的过去式,但考虑到语境和语法的特殊性,汉译却并不应在此译之为"曾是",直接译为"是"反倒更为适宜。——译注

② 按照《瓦里希辞典》的解释,"关联"(Zusammenhang)意指:具体部分的结合,按照意义而有的关系。——译注

③ 鲍狄努斯(Johannes Bodinus,1530—1596),法国哲学家,法学家,以对国家哲学和魔法理论的研究著称。——译注

时间。其中有这样一句话:qui sine ratione *temporum*［der Plural ist bemerkenswert］ historias intelligere se posse putant, perinde falluntur, ut is labyrinthi errores evadere sine duce velint［谁若是认为他们不要时间之根据就能自己认识历史（这个复数形式是值得注意的①）,那他们就错了,这种错误就好像是,想要无需引导就能够规避迷宫之歧途］②。

倘若我们把我们的注意力集中在历史科学的方法论上（正是通过这种方法论,历史科学才获得了通向过去的通道,才呈现了那种历史的东西）,则在对时间的克服（这种克服是历史科学所必需的）中,我们就将能够至为可靠地研究时间之功用了。去对内在于历史科学的方法论中的时间之功用予以淋漓尽致的追究,去对它的基本概念与主导概念之间的种种关系予以揭示,这将会使我们偏离主题太远。毋宁是,只有那些特别地跃入眼帘的、揭示着时间概念之功用的概念和历史科学方法的施行方式才应得到特性规定。这样可以获得一种至少是充分的要素来对时间概念之结构进行分析。

历史科学的第一种奠基性的任务在于,它必须根本地把它所要描述的那些事件进程的事实性首先确立起来。道森指出,"或许,我们的科学中的那种批判学派的最大功绩（至少从方法的角度来看是最有意义的功绩）就在于,贯彻了那种洞见,

---

① 拉丁文"temporum"是"时间"的复数属格形式,括号里的这句话是海德格尔的夹注。——译注
② 鲍狄努斯:《易于认识历史的方法》,1607 年,第 7 章,"论普遍时间的根据",第 431 页。——原注

即,我们研究的基础乃是对我们所汲取的那些'来源'的检验①。历史与过去的关系因而就被置于可以科学地加以测量的那个点之上了"②。

这种"来源"因而使得通达历史实际性的那种科学的通道得以可能。正是从这种来源而来,那种实际性才首先被建立起来了。但这又只有在下述情形下才是可能的,即,来源在其价值中被确保为来源了,也就是说,它的真实性被证实了。这是通过批判而发生的。举例说来,一种文书的真实性是应该得到证实的。这种证实工作或可通过寻求达成对"文书处特征"的决断而得以进行。"一个井然有序地运作着的文书处所开出的文书证明,将会在自身中承载着特定时间的特定标志。特定时间中的所有这些标志的整体就构成了文书处特征"③。

但是,对文书处特征的检证,亦即那种古文书学的批判审查(diplomatische Kritik),必须通过法律历史的和一般历史的批判审查来加以补充,这也就是说,文书必须要与时间中的那些法律性的和一般文化性的关系相比较,文书也应是归属于时间之中的。例如,通过指出其中一些所谓的教皇函件中的年代错误,"伪伊西

---

① 这种检验并不是"事实之确定"。——作者边注
② 道森:《历史学概要》,第 2 版,1875 年,第 79 页以下。——原注
③ O. 雷德里希:《古文书学》,第 1 部分,1907 年,第 21 页以下。——原注

多尔教令集"①就被证明是伪造的了。我们知道,教皇格里高利一世②是第一位在其函件的开头使用"servus servorum Dei"[天主的众仆之仆]这一称号的教皇。但在上述"伪伊西多尔教令集"的函件中却可以看到更早的一些教皇已经这样自称了。我们还知道,4世纪末期之前的教皇们是不会按照罗马执政官的名字来注明其函件的年代日期的;但在上述"伪伊西多尔教令集"的函件中却发生了这样的事情;而且,其中的那些所谓来自于最初几个世纪的教令预设了一些后来才有的教会法规的情形。这种批判审查因而揭示出,在正式的和实质的方面看来,这些函件根本没有承载它们本应在其中出现的那种时间的印记,而是承载了后来的时间的印记。一种"来源"要具有科学上的可应用性,它的出现时间就必须是确定的;因为它作为证据的价值就取决于,它在时间上距离它所要证实的那种历史学事实有多远。"最普遍的手段是比较研究,即要去研究一下,我们所说的那一来源在形式、风格、内容上——简而言之,在其整个特征上——首先相应于哪一个时代,……因为每一个时代都在其全部的作品和表现中承载了一种不同于其他时代之特征的特征,而对于这种特征,我们或许是能够认识的。"③就文字性

---

① "伊西多尔教令集"是公元9世纪中期出现的一部教令文献汇编,因其据说系著名拉丁教父伊西多尔(约560—636年)所编而得此名。此教令集汇编了公元1—8世纪历代教皇的赐令和历届大公会议决议,其中文件多为伪造,但直至15世纪以来才被一些学者有力证实其虚假性,故亦称之为"伪伊西多尔教令集"。其中伪造文件的目的多是为了论证和扩展教皇之世俗主权要求。——译注

② 教皇格里高利一世(Papst Gregor der Große),约540—604,第64任罗马教皇(590—604年在位)。——译注

③ E.波恩海姆:《历史学方法教科书》,第5和第6版,1908年,第393页。——原注

的来源而言,首要的是作品和语言,它们是"时代精神的最灵活的表达",是它们使得我们能够做出一种时间规定。

时间概念在历史学方法的第二种主要任务中发挥了同样本质性的作用:它突显了那些首先只是被个别地确认的事实之间的关联。这里首先要做的事情是,在这些个别事实的指向那种关联的意谓中正确地理解这些个别事实,也就是说,要去正确地阐明"来源"的那种事质性的意谓内容。

特洛尔奇①新近所作的那部奥古斯丁研究②提供了一个有趣的例子,可借此说明历史中的时间概念的广泛功用。特洛尔奇揭示出,奥古斯丁"事实上是基督教古典时期的终结和圆美完成,是基督教古典时期最后的和最伟大的思想家,是基督教古典时期的教会实践家和民众领袖。他必须首先由此而来得到理解"③。另一方面,着眼于奥古斯丁的决定性意义,特洛尔奇对基督教古典时期的特性作出了规定。也正是这种特性规定使得他能够把基督教历史的第二时期与第一时期区分开来。对于这两个伟大时期的种种区分,特洛尔奇写道:"它们必然是按照基督教教会对于当时的普遍的文化境况的归属性而被造就的"④。

这些例子或许已足以去对历史时间概念的那种本质性的东西立即作出说明。历史的诸时间是在质上彼此区分的。一个时代的

---

① 恩斯特·特洛尔奇(1865—1923),德国新教神学家,著有宗教史和哲学史著作。——译注

② 特洛尔奇:《奥古斯丁——结合〈论上帝之城〉这本书来探讨基督教的古典时期与中世纪》,1915年。——原注

③ 同上,第6页以下。——原注

④ 同上,第172页。——原注

那些"主导性的趋势"(兰克),对于这个时代与另一个时代的区分而言,乃是决定性的。

历史科学中的时间概念因而完全不具有自然科学的时间概念的那种同质性特征。历史学的时间也就不能用数学的方式通过一个序列而得到表达,因为对于历史学的时间而言,并不存在着这样的定律,即规定了诸时间如何彼此相继的定律。物理学时间的那些瞬间只是通过它们在序列中的位置的不同才彼此区分开来的。历史学的时间诚然也是彼此相继的——否则的话它们就根本不是时间了——但是,在它们的内容性的结构中,它们每一个都是①另一个。历史学时间概念的那种质的东西所意指的仅仅是稠密化——结晶化——一种在历史中被给予的生活的客观化。历史科学因而不是凭借量来展开工作的。但是那些历史事件的年份数字是些别的什么东西吗?在"公元 750 年富尔达的饥荒"这一概念中,历史学家是不能用"750"这个数字本身来开启什么的;作为量的这个数字并不能使他感到有兴趣,这个数字作为一个要素,作为一个在从 1 到无限的数字序列中具有其特定位置的要素,作为一个或许可以被"50"所划分的要素,作为一个具有诸如此类性质的要素,是不能令他有兴趣的。对于"750"这个数字以及其他的每一个历史年份数字而言,只有着眼于那种在内容上具有历史学意义的东西,它们才在历史科学中具有意义和价值。"Trecento"[十

---

① 这里的"是"是什么意思?它并不关乎客观的质。——作者边注

三]和"Quattrocento"[十四]并非只是量的概念①。在物理学中对"何时"的追问和在历史中对"何时"的追问,其意义是完全不同的。在物理学中,我问道,阿特伍德落体机器(Atwoodsche Fallmaschine)②上的平衡重块是在什么时候抵达了刻度上的一个特定位置?我问的是"何时",亦即,在秒摆摆动多少次之后。若我追问的是一个历史学事件的"何时",则我就是在问它在质的、历史学的关联中的位置③,而不是问一种"多少"。但是历史学家有时也的确会提出关于"多少"的问题。今后的战争史也肯定会有兴趣去追问,为了把我方攻势从卡巴森山脉一路呈现到俄罗斯—波兰的堡垒方阵面前,马肯森④的军队需要多长时间才能做到这一点。但是对于历史学家而言,这种量的规定——大约12周——本身是没有价值和意义的,而是,只有当它让我们由此理解了我们的同盟国军队所具有的巨大冲击力和整个行动的目标准确性并且另一方面让我们从中判断出了俄国军队的抵抗力,它才是有价值和意义的。年代数字是合适的数字标志,然而就其自身来看它们却是没有意

---

① 在历史学中,意大利语的这两个表面上只是量之概念的词语(前者是对1300的简称,后者是对1400的简称)往往被分别用来特指"14世纪的早期文艺复兴"和"15世纪的早期文艺复兴"。——译注

② "阿特伍德落体机器"是英国物理学家阿特伍德(1746—1807)于1784年制作的一种测定重力加速度及阐明运动定律的器械。其基本结构为在跨过定滑轮的轻绳两端悬挂两个质量相等的物块,当在一物块上附加另一小物块时,该物块即由静止开始加速滑落,经一段距离后附加物块自动脱离,系统匀速运动,测得此运动速度即可求得重力加速度。——译注

③ 这里的"位置"是什么意思?——作者边注

④ 奥古斯特·冯·马肯森(1849—1945),德意志第二帝国陆军元帅,是第一次世界大战中德军最优秀的将领之一。海德格尔写作此文时正值战争期间,故有"今后的战争史"之语。——译注

义的，因为对于每一个数而言，只要人们移动计数的开端，都可以有另一个数与之等价。但是这种时间计数的开端恰恰揭示出，它所开始的始终是一种有历史意义的事件（罗马城的建立，基督的诞生，穆罕默德从麦加到麦地那的迁徙）。

作为历史科学的辅助学科，历史学的年代学因而只是着眼于时间计数之开端才对历史学时间概念理论是有意义的。例如，有研究指出，基督徒们起初是不满意把一年的开端定为1月1日这种做法的，"因为这个日期和基督教完全没有任何关系"①。教会因而把纪念耶稣受割礼的节日改到1月1日这一天②，以便给它一种宗教的意谓。一年的开端之日一向都是在那些重要的节日——复活节、圣诞节——的基础上得到确定的。这揭示出，那种根本地依照数字性的东西和各种计数——它们所关乎的乃是历史科学中的时间——而显现出来的东西，是通过对计数之开端予以确定的那种方式而在质的意义上被规定的。人们可以说，历史学的概念构成的原理甚至在日历计数的开端处就已经显示出来了：价值关系③。

对历史科学时间概念之基础性意义的认识以及对这种时间概念与物理学时间概念的那种完全异质性的认识，将使得下述事情得以可能：去进一步地对历史科学的那种本真的特征予以科学理

---

① 鲁尔：《中世纪的和近代的年代学》，1897年，第24页。——原注
② 按犹太教律法，男婴应在出生满8天后接受割礼，并且，若以圣诞节为基准点，则耶稣割礼日应为1月2日，故有观点认为天主教会把这个节日提前了一天，以便赋予1月1日以宗教意义。——译注
③ 对于历史学的"概念构成"这一基本概念的探讨，参看李凯尔特：《自然科学的概念构成之界限》，第2版，1913年，第333页以下。——原注

论性的钻研,并且,去在理论上把历史科学奠定为一种源始的、不可还原到其他科学中去的精神态势。

文献说明

现代哲学中的实在性问题。首次发表于:《格雷斯协会哲学年鉴》,C. 古特伯利特编,富尔达,第 25 卷,1912 年,第 353—363 页。

逻辑学的新研究。首次发表于:《天主教德国的文学评论》,J. 饶尔编,赫尔德出版社,弗莱堡,第 38 卷,1912 年,第 10 期,第 465—472 分栏页;第 11 期,第 517—524 分栏页;第 12 期,第 565—570 分栏页。

书评—F. 欧曼编注:《康德书信选》,因瑟尔出版社,莱比锡,1911 年。发表于:《天主教德国的文学评论》,J. 饶尔编,赫尔德出版社,弗莱堡,第 39 卷,1913 年,第 2 期,第 74 分栏页。

书评—尼考拉·冯·布普诺夫:《时间性与无时间性》[论一种具有典型构形的决定性的理论的—哲学的对立及这种对立对于现代哲学理论的意义],文特出版社,海德堡,1911 年。发表于:《天主教德国的文学评论》,J. 饶尔编,赫尔德出版社,弗莱堡,第 39 卷,1913 年,第 4 期,第 178—179 分栏页。

书评—弗兰茨·布伦塔诺:《论心理现象的分类》[新的版本通过附录一章"经验立场的心理学"而得到很大扩充],敦克尔和胡穆布劳特出版社,莱比锡,1911年。发表于:《天主教德国的文学评论》,J.饶尔编,赫尔德出版社,弗莱堡,第40卷,1914年,第5期,第233—234分栏页。

书评—查理斯·森托尔:《康德与亚里士多德》,由L.海因里希斯译为德文,"德国康德协会"嘉奖论文,克瑟尔出版社,肯普腾/慕尼黑,1911年。发表于:《天主教德国的文学评论》,J.饶尔编,赫尔德出版社,弗莱堡,第40卷,1914年,第7期,第330—332分栏页。

书评—F.格豪斯编:《康德门外指要》[从康德的著作、书信和口头意见中摘编出的一种对康德的世界观和人生观的表述,适用对象为具有一定文化但没有受过专业教育的读者],得到改善的第2版,布鲁克曼出版社,慕尼黑,1912年。发表于:《天主教德国的文学评论》,J.饶尔编,赫尔德出版社,弗莱堡,第40卷,1914年,第8期,第376—377分栏页。

心理学主义的判断理论:批判性且肯定性的逻辑学论稿。博士论文,弗莱堡,1913年。首次出版于:约翰·阿姆布罗休斯·巴特出版社,莱比锡,1914年,前揭共7页,正文共110页。

邓·司各脱的范畴学说和意谓理论。教授资格论文,弗莱堡,

1915 年。结论一章系后来为付印所撰。首次出版于：J. C. B. 莫尔（保罗·西贝克）出版社，图宾根，1916 年。共 245 页。配有人名索引和术语索引。

作者自述：《邓·司各脱的范畴学说和意谓理论》，载于：《康德研究》，第 21 卷，第 4 期，柏林，1917 年，第 467—468 页。

历史科学中的时间概念。（作者的说明："接下来的这篇文章在内容上与作者为取得高校教书资格而于 1915 年 7 月 27 日在弗莱堡大学哲学系所作试讲是一致的。文本形式在这里做了一些调整，以更多地适合论文之特性。"）首次发表于：《哲学与哲学批评杂志》（此前名为《费希特—乌尔里希杂志》），第 161 卷，莱比锡，1916 年，第 173—188 页。

编者后记

I

437　　"道路——而非著作",这是马丁·海德格尔在其去世前几天①为他的最终审定版②全集在标题页上亲笔写下的主导箴言。此前,同年二月,海德格尔已在标题页的另一面上为其夫人艾尔弗莉德·海德格尔(婚前姓"佩蒂")写下了一段献辞:感谢"漫长道路上您所给予的迫切支援",这种"支援"始于1915年的婚约并且持续了逾60年之久。本书提供了对此标题页、箴言以及献辞的摹本。

　　马丁·海德格尔曾有意为全集撰写一篇前言并将其放置到全集第一卷之前,以阐明他本人所筹划并开启的这一全集的任务与

---

① 海德格尔于1976年5月26日去世。——译注

② "最终审定版全集"(Gesamtausgabe letzter Hand),指作者本人所编定的或至少是在其监管下进行的、贯彻作者本人意图(作者希望以此使文本具有定局性,以区别于历史批判版)的全集出版形式,亦可理解为"作者亲定本全集"。海德格尔之所以用这种形式来出版其全集,主要是因为,他认为自己的思想是被任务本身(问题本身)所决定的,并不可以被历史学地探讨也不希望被如此探讨;还有一个原因在于,他希望这套一百多卷的全集能够在可预计的时间内以相对较快的速度出版完毕。——译注

意义。但突如其来的死亡使得他不再有时间来实现他的这一意图。这位哲人在其尘世生活的最后几天里清晰地感觉到了死亡的征兆。他因而写下了主导箴言以取代那篇将永远滞留在准备中的前言。

在他遗留下来的为准备那篇前言而做的一些笔记中,有两处写在不同纸张上的文本可以与大家分享,它们为全集之主导箴言做出了诠释:

> 全集应以多种多样的方式揭示出一种"在路上",这种"在路上"运作于一种道路域中,这种道路域归属于具有多种意义的存在问题的那种自行变化着的发问活动。全集应以这样的方式来进行引导:去接受问题、去随之一道发问,而且首先就要更具探问精神地发问。更具探问精神地发问——这叫做,实施返回之步伐;返回到那种"扣留"之前去;返回到那种命名着的道说中去(作为思想之道路特性的"返回",而不是时间的—历史学的返回)。
>
> 关键在于唤醒那种争辩,对思想之实事(思想乃是与存在[作为在场状态]的关联;巴门尼德,赫拉克利特:νοεῖν[思想],λόγος[逻各斯])问题的争辩,而无关乎对作者意见的告知,也无关乎对作者立场的表明,并且也与那种做法无关,即,把作者的观点编排到其他的可以用历史学的方式得到确定的哲学观点所构成的那种序列中去。这类做法当然在任何时代都是可能的(尤其是在这个信息时代),但是,对于要准备一种探问着的通道以通向思想之事情的那种工作而言,上述做法毫无

意义。

第二处文本是这样写的:

> 全集卷帙之繁多只不过是证明了"存在问题"的那种持存着的成问题性,并且为自检和反省给出了多种多样的动机。在全集中所积聚的那种努力,就它那方面而言,始终只是那个开端——那个愈发遥远地避开我们的开端:"无蔽"的那种自持着的抑制——的一种微弱的反响。"无蔽"在某种方式上是显明的,并且始终是被经验了的;但它所特有的东西在开端中却始终必然是未被思的,这一事态把一种特有的克制托付给了一切后至的思想。想要把开端性的众所周知的东西改造成一种被认清了的东西,这种想法,乃是蒙蔽。

II

这部《早期著作》是最终审定版的海德格尔全集第一卷。较之1972年出版的单行本《早期著作》,全集版第一卷增加了海德格尔青年时期的七篇文章。这一卷从现在起就完整地包括了马丁·海德格尔早期(从1912年到1916年)所发表的全部作品[①]。

[①] 伴随着新的、更多的海德格尔早期作品的发现,本书编者在1978年所作出的这一断言已被证明是需要修正的。本卷所遗漏的海德格尔早期作品(包括1912年之前的作品)绝大部分被收录在全集第16卷中,少数作品被收录在全集第13卷中。——译注

在那两篇最早的论文——《现代哲学中的实在性问题》(1912)和《逻辑学的新研究》(1912)——发表时,海德格尔还是一位大学生,一年之后他才被授予博士学位(1913年)。其余那五篇新被选入的短篇作品是书评(1913—1914)。那两篇较大的论文和那三篇较长的书评,在主题上是切近于随后的那些研究的;那两篇较大的论文和那篇最详细的书评被海德格尔在其博士论文、教授资格论文以及教职试讲中所引用。

在马丁·海德格尔的私人参考藏书中,其博士论文、教授资格论文以及教职试讲都有一份作者自用样本。与后来的相应作品相比,它们除了有很少的边注外,没有其他区别。从字迹和它们的内容来判断,这些边注写于这些作品发表后的随后几年中。如同全集第一部分的每一卷一样,这些边注都作为脚注而被刊印出来了,并且,为了与通常为文本注释所配备的那些符号相区别,它们是用小写字母来表示的①。

《早期著作》中的引文数量非常多,对全部引文的检查以及对人名索引和术语索引的修订和扩充,要归功于哈特穆特·蒂特延博士先生。对于全集的编辑,马丁·海德格尔有一个普遍的指示,即全集所有卷次都不应附上任何索引,而第一卷之所以与此相反地附有人名索引和术语索引,有其特殊原因,因为这些索引是有来历的。教授资格论文《邓·司各脱的范畴学说和意谓理论》在1916年出版时就配有作者本人所制订的人名索引和术语索引。当马丁·海德格尔决定把他的博士论文、教授资格论文以及教职

---

① 中译本标识为"作者边注"。——译注

试讲都合并到1972年的单行本《早期著作》中时,他曾委托我(我也是单行本的编者)把他既有的教授资格论文的索引进行扩充,使之也包含其他两部著述,这就使得单行本《早期著作》在出版时附上了人名和术语这两个索引。全集版《早期著作》在增加了前述七篇文章后,也面临着同样的增订任务,即,在保持索引的那种源始的、由马丁·海德格尔本人所确立的特征的前提下来扩充既有索引。

在书中页侧所使用的那些符号(也可以叫做边页码),它们所关涉的是1972年出版的单行本《早期著作》的页码[①]。

在目录中以圆括号括起来的年份数字指示的是作品的形成日期。

关于海德格尔全集的那种特性,即为何做成最终审定版而不是历史批判版,可参见全集第五卷《林中路》后记的说明。

我要衷心感谢哈特穆特·蒂特延博士先生和克劳斯·瑙伊格鲍尔先生,感谢他们所做出的谨慎细致的校对工作。

弗里德里希-威廉·冯·海尔曼

1978年7月于弗莱堡

[①] 中译本未提供。——译注

人名索引[1]

A

Albertus Magnus 大阿尔伯特 193
Aicher, S. 艾舍 49
Ameseder, R. 阿梅瑟德 27f.
Aristoteles 亚里士多德 33, 46, 49ff., 55f., 92f., 123, 175, 180, 194, 197, 201, 205, 378, 386, 403
Augustin 奥古斯丁 372
Avenarius, R. 阿芬纳留斯 6

B

Baco von Verulam 培根 210
Bäumker, Cl. 鲍伊姆克 193
Bergson, H. 柏格森 46, 168, 306
Berkeley, G. 贝克莱 2
Bernheim, E. 波恩海姆 430
Blumenthal, O. 布鲁门塔尔 423
Bodinus, J. 鲍狄努斯 428
Boethius 波埃修斯 396
Bolzano, B. 博尔扎诺 20, 46, 278f.
Bonaventura 波纳文图拉 194
Braig, C. 布莱格 57
Brentano, F. 布伦塔诺 34, 47f., 56, 65, 93, 115—124, 163, 187
Brunetière, F. 布吕纳蒂耶 1
Bubnoff, N. v. 布普诺夫 38, 46

C

Cohen, H. 柯亨 19, 51, 63
Cohn, J. 柯恩 34
Couturat, L. 库图哈特 42, 174

D

Descartes, R. 笛卡尔 43
Dilthey, W. 狄尔泰 56, 203, 353
Donatus, A. 多纳图斯 346, 366
Dostojewski, F. 陀思妥耶夫斯基 56
Driesch, H. 德里施 181, 184, 201
Droysen, J. G. 道森 428
Duns Scotus, J. 司各脱 189—412

E

Eckhart 埃克哈特 218, 402, 415
Einstein, A. 爱因斯坦 423
Eisler, R. 艾斯勒 218
Erdmann, B. 艾尔德曼 20, 34, 66
Ewald, O. 伊瓦尔德 19

F

Fichte, J. G. 费希特 377
Finke, H. 芬克 61, 191
Frege, G. 弗雷格 20
Fries, J. F. 弗里斯 19, 63

---

[1] "人名索引"中的索引页码为德文全集版页码即中译本边码。页码后的"f."意指"该页及下页","ff."意指"该页及随后数页"。"术语索引"亦同此。——译注

Fischer, K. 费舍尔 127, 188, 254, 318
Frischeisen-Köhler, M. 弗里显森—科勒 425

G

Galilei, G. 伽利略 274, 418ff., 421
Garcia, M. F. 加西亚 206
Geyser, J. 盖瑟尔 7, 12, 15, 22, 34ff., 39ff., 270, 410
Grabmann, M. 格拉布曼 193, 197
Gröber, C. 格约伯 56
Groβ, F. 格豪斯 54

H

Hartmann, E. v. 哈特曼 15, 202
Hegel, G. F. W. 黑格尔 3, 56f., 193, 217f., 380f., 411
Heinrich von Gent 根特的亨利 242
Heinrichs, L. 海因里希斯 53
Heraklit 赫拉克利特 46
Herbart, J. F. 赫尔巴特 19, 63
Heymans, G. 海曼斯 20f.
Höfler, A. 豪夫勒 279
Hölderlin, F. 荷尔德林 56
Hume, D. 休谟 2f., 5, 94, 129, 134, 141f., 153
Husserl, E. 胡塞尔 8, 19f., 22, 29f., 39, 46, 56, 63f., 114, 126, 181, 191, 203, 268, 278, 282, 285, 297, 299, 310, 322f., 327f., 343, 405

K

Kant, I. 康德 1ff., 9ff., 19, 22, 24, 29, 33, 36, 42, 46, 49ff., 53f., 63, 70, 90, 129, 141, 153, 197, 202, 223, 274, 403
Kierkegaard, S. 克尔凯郭尔 56
Klimke, Fr. 克里姆克 2, 6
Kopernikus, N. 哥白尼 113
Kostyleff, N. 考斯特勒夫 15

Kraus, O. 克劳斯 115
Kreibig, Cl. 克莱比锡 32, 34, 36
Külpe, O. 屈尔佩 2, 4ff., 9ff., 13ff., 400, 403f., 407

L

Lask, E. 拉斯克 24ff., 32ff., 46, 56, 154, 177f., 191, 205, 267, 335f., 383f., 405ff.
Lasson, G. 拉松 381
Lehmen, A. 莱曼 32
Leibniz, G. W. 莱布尼茨 41
Lipps, Th. 里普斯 20, 65, 89, 109, 125—159, 187
Locke, J. 洛克 129
Lotze, H. 洛采 23, 34, 36, 46, 66, 170, 200, 309, 314, 323ff., 335, 337

M

Mach, E. 马赫 6, 9
Mackensen, A. v. 马肯森 432
Maier, H. 迈尔 23, 65, 91—114, 179, 187
Mally, E. 玛利 29, 173
Mandonnet, P. 芒东内 194
Martinak, E. 马蒂纳克 337
Marty, A. 马蒂 115ff., 120f., 187
Meinong, A. 迈农 26ff., 32, 35ff., 146
Mercier, D. 莫西尔 49
Messer, A. 梅瑟 8, 184
Meyer, E. 梅耶尔 427
Mill, J. St. 密尔 20, 37, 129
Misch, G. 米西 170, 309

N

Natorp, P. 那托普 19, 51, 63, 167, 231
Nietzsche, F. 尼采 56, 196
Novalis 诺瓦利斯 399

人名索引　539

O

Öttingen, A. v.　乐廷根　421
Ohmann, F.　欧曼　45
Ostwald, W.　奥斯特瓦尔德　421

P

Parmenides　巴门尼德　46
Pfordten, O. v. d.　普福德腾　196
Plank, M.　普朗克　420, 424
Poincaré, H.　庞加莱　38
Platon　柏拉图　24, 46, 170
Porphyrius　波菲利　358
Priscian　普利西安　378
Pyrrhon　皮容　37

R

Ranke, L. v.　兰克　431
Redlich, O.　雷德里希　429
Rehmke, J.　雷姆克　35
Rickert, H.　李凯尔特　19, 28, 34f., 51, 53, 56, 61, 63f. 153, 176f., 190, 218, 227, 231, 253, 276, 285, 307, 318, 353, 383, 404, 433
Riehl, A.　里尔　36, 51, 64, 113
Rodin, A.　罗丹　171
Rotta, P.　洛塔　304
Ruge, A.　鲁格　4
Rühl, F.　鲁尔　432
Russell, B.　罗素　42, 174

S

Sauer, J.　饶尔　197, 410
Sentroul, Ch.　森托尔　49ff., 197
Siebeck, H.　西贝克　277, 283
Siegel, C.　西格尔　42
Sigwart, Chr.　西格瓦特　20, 23, 37, 66, 100, 106, 111, 183, 202

Simmel, G.　西美尔　353
Spinoza, B.　斯宾诺莎　46
Schelling, W.　谢林　56f.
Schlegel, F.　施乐格尔　406
Schlunke, O.　施伦克　35
Schmidkunz, H.　施密特昆茨　39f.
Schneider, A.　施耐德　61, 205
Schopenhauer, A　叔本华　13, 19, 51, 63
Schubert-Soldern, R. v.　舒伯特—饶德恩　5
Schuppe, W.　徐佩　5
Stadler, A.　斯塔德勒　32, 51
Steinthal, H.　斯坦塔　177, 303
Stifter, A.　斯蒂夫特　56
Stoa　斯多亚　94

T

Thomas von Aquino　阿奎那　194, 238, 249, 283
Thurot, Ch.　图若　304
Trakl, G.　特拉克尔　56
Trendelenburg, A.　特恩德勒伯格　197
Troeltsch, E.　特洛尔奇　430

V

Vöge, W.　弗戈　57
Voβler, K.　福斯勒　338

W

Walz, E.　瓦尔茨　3
Werner, K.　维尔纳　304, 340, 380
Whitehead, A.　怀特海　42
Windelband, W.　文德尔班　19, 25, 36, 51, 63, 202, 335
Wulf, M. de　伍尔夫　218, 303
Wundt, W.　冯特　8, 23, 65, 66—90, 125f., 131, 162f., 178, 187

术语索引

A

Abbildung 反映 270，281
Abbildtheorie 反映论 214f.，403
Abhängigkeitsurteil 依赖性判断 72
Absolute, das 绝对/绝对者 224，260f.
Accidens 偶性 214，235，260f.，280，343，392
adaequatio rei et intellectus 知与物的肖似 176
Adjektivum 形容词 309，325，355f.，362ff.，396
Adverbium 副词 325，346，392ff.，397
Ähnlichkeitsurteil 相似性判断 148
Äquivokation 歧义性 113，328ff.，334，336，341
Ästhetik 美学 63，91，128，171
Affekt 感情活动/激动 79
Akte, verschiedene Formen der 不同词形的"行为" 8，22，30，68，91，95ff.，104，107，113f.，117，125，130，143f.，149ff.，153，156f.，162，174，183，270ff.，277，282，285ff.，298ff.，307ff.，317，320ff.，333f.，341f.，348f.，360，371，378，387，397，401f.，410，412
Akustik 声学 420
Allgemeingültigkeit 普遍有效性 8，21，85，88f.，98，107f.，122，152f.，161，410
Allgemeinvorstellung 普遍表象 350
Analogie 类比 13，255ff.，260ff.，281f.，328，333ff.，408
Anerkennung[sakt] 承认[行为] 47，117，123ff.，130，138，144，146f.，149ff.，154ff.，159，404
Annahmen, verschiedene Formen der 不同词形的"看法" 9，32，36f.，102，117，129，146，419f.
Anschauung 直观 9，72，86，323，376
Anthropologismus 人类中心论 39，110
Anzahlenurteil 数量判断 148，156
Apperzeption 统觉 66，68，81ff.，129f.，142，145f.，162
ἀπόφανσις 断定 278
ἀποφαντικός 陈述 278
Apriorität 先天性 9，90，140
Assoziation[en] 联想 11，68，81ff.，86f.，133，140f.，162，167，308
Attribut 属性 83
Auffassung 理解/把握 12，66f.，71，95，97ff.，103，113，213，298，332，352，364
Auffassungsdaten 有待把握的材料 101f.
Aufmerksamkeit 注意力 71，76，81，95，145f.
Aussage 断言/陈述 33，67，74，120f.，173，177，185，301，329，336，

术语索引 541

387
Axiom 公理 89

B

Bedeutung 意谓/含义 29ff.，37f.，42，69，102，113，130，139f.，166，175f.，178，182，203，212，251，256f.，264f.，268，288，290—398，401，412
Bedeutungslehre 意谓理论 30，55，189，207，210，212，223，225，264f.，301，302ff.，314，320，328，337ff.，364f.，380，395，401f.
Begriff 概念 7，10，32f.，35f.，41f.，66ff.，72ff.，78f.，82f.，93，130，262，269，292，329，353
belief 信念 94
Benennungsurteil 命名判断 95，185
Beschleunigung 加速度 421，423
Bestand des Urteils 判断之组成 65，162f.，166，176
Bestimmbarkeit 可规定性 247f.，266f.
Bestimmtheit 确定性/明确 52，71，101，154，163ff.，222ff.，230，233f.，237ff.，246ff.，253ff.，264，267f.，317，346，349，354f.，357f.，362，373，375，384
Bewegung 运动 13，50，72，236，263，421ff.
Bewegung, beschleunigte 加速度的运动 419
Bewegung, gleichförmige 均匀的运动 419，421，423
Bewegung, ungleichförmige 不均匀的运动 423
Bewegungsgesetze 运动定律 421
Bewegungslehre 运动理论 423
Bewußtheit 清晰意识 223，268，277
Bewußtsein 意识 5，8，12，19，21，30，35，48，63，67，80ff.，85，94ff.，97f.，106ff.，112，116ff.，121，129ff.，135，138ff.，142，144f.，149ff.，224，246，250，252，277ff.，285，287，296，300，307ff.，315f.，318ff.，326，398，403ff.
Bewußtseinsinhalt 意识内容 6ff.，12，68，101，142ff.，152
Bewußtseinsgegenstand 意识对象 135，142ff.
bonum 善 216，232

C

causa 原因 256
Chronologie, historische 历史学的年代学 426，432
Compositio 综合 386ff.，392，394f.
Constructio 句法结构 321，324ff.

D

Denkakt (Denken) 思想行为(思想/思维) 6ff.，10f.，13，20f.，26，40，63，67ff.，78，80ff.，96ff.，102，107ff.，113，118，123，128，139，144，146，148，152，156，158，163，172，174，178，183，218，224，279，284ff.，296，308f.，314，324，326，369，403
Denkgesetze, logische u. psychologische 逻辑的和心理学的思维规律 11，20ff.，79，85，87ff.，125f.，128，140f.，150，152
Denkinhalte, logische 逻辑的思想内容 79，89
Dialektik 辩证法 199
Ding 物/事物 6，9，51f. 67，95，169，219，246，270，295，343，380，399
Diskretion 离散 240ff.，248，255
Distribution 分配 332f.
Dualismus 二元论 263

E

Eigenschaft 特性 39，67ff.，185，216，235，244，247，343，389

Einheit 统一性/单位/一体性 23，28，66，201，222，225f.，228，233，238ff.，246，249ff.，263，269
Elektrizitätslehre 电学 420
Elektrodynamik 电动力学 420f.
Elementarurteil 基本判断 94ff.，98ff.，103ff.，112，179f.
Emotionale, das 情绪 91f.，95f.，107，113，197f.
Empfindung 感受 5f.，8ff.，12ff.，81，95，97，105，128，130，132f.，143，162，285
Empirismus 经验主义 2f.，5，46，134，165
Ens 存在（者）214ff.，224，229ff.，265，275ff.，288，313f.，348，375，382，384
Entstehung des Urteils 判断的产生 65ff.，78f.，132，162，164，184
Erfahrung 经验 2，6，8，10f.，13，49，85ff.，91，103，128f.，133，140f.，151
Erinnerung 回忆 80，93，121，132，138，140f.，169，276，377
Erkenntnis (Erkennen) 认识（认识活动）2，5，7ff.，14f.，19，22，25f.，28，30ff.，38ff.，48ff.，53，63，65，79，91，94f.，102，106f.，122，128，130，133，135，137，149，152，156，160f.，174，176，178，180，183，186，200，210，262f.，265ff.，271ff.，278，281，284f.，287f.，295f.，305ff.，315，318ff.，326，350f.，383，402f.，412，416
Erkenntnistheorie (-lehre) 认识论 2，4f.，7，11，15，21f.，32，34f，49f.，122，127，141，153，166，173，176f.，199，273，315，403ff.，415，424
Erlebnis, psychisches 心理体验 38，48，79f.，84，108ff.，144ff.，151f.，171，410
Erwartung 期待 121

Ethik 伦理学 63，128
Etwas, das 某物/某种东西 27，97，101，157，169f.，185，214，217ff.，221，224，227，314，346，355
Evidenz 明见性 38ff.，85ff.，104，108，301
Ewigkeit 永恒 410
Existenz, verschiedene Formen der 不同词形的"实存" 2，7，11，33，77，118ff.，123，138，147，170，172，178，184，186，246，260，276f.，280，285，290，300ff.，320，348，367
Existenzialurteil (-satz) 实存判断（句）65，71，77f.，99f.，102，119ff.，123，137f.，147，149，158，186
Experiment 实验 21，418

F

Fallgesetz 落体定律 419
Falschheit 虚假 268，292，313
Figmenta 虚构 288f.，311f.
Folgerungsurteil 推论判断 138ff.
Folgeurteil 结果判断 138ff.
Forderung 要求 142ff.，151f.，154ff.，164
Form 形式 24ff.，33，70，82，89，92，163，223ff.，237ff.，245ff.，251，258，263ff.，267，280，287f.，310ff.，317ff.，324ff.，328f.，342，346f.，364，366f.，373f.，380ff.，386ff.，402，404f.
Formenlehre 形式理论 203，264，303，315，341ff.
Frage 问题 32，100f.，111，118，160
Funktion, verschiedene Formen der 不同词形的"功用" 22，32，36f.，42，68，73，76ff.，81，86，88，90，105，111，125，154，235，238f.，278，284，286，299，307，314，318，323，325ff.，333，335f.，341，344，350，353f.，356，359，369f.，372，386，390，392ff.，397f.，405，417f.，424f.，428

Funktion, mathematische 数学函数 42，88f.，422f.

G

Gefühl (Fühlen) 感觉 39，47，80，82，85，91，131f.，152，154f.，276，360

Gegebenheit 被给予性/既有事实 34，95，140，213，224，253，268ff.，273，281，285，301，318ff.，345，376f.

Gegensatz, kontradiktorischer 矛盾的对立 228ff.

Gegenstand 对象 5，8，11，13，20，24，26f.，28，34，36，39ff.，47，50，67ff.，76f.，95f.，113，115f.，118ff.，122ff.，129，138，142ff.，150ff.，158，160f.，164，166ff.，175f.，179f.，182，184，208 ff.，214ff.，226ff.，246，249ff.，261，265ff.，274ff.，287f.，295f.，300ff.，313ff.，322f.，326，328ff.，342ff.，346ff.，352ff.，357，359，362ff.，369f.，372，374ff.，381ff.，385ff.，391，393，396f.，400ff.，427

Gegenständlichkeit 对象性 24，52，215f.，222，282，310，379，403ff.，412

Gegenstandstheorie 对象理论 26，28f.，146，173f.，404

Geisteswissenschaft 精神科学 56，106f.，128

Geltung (Geltungsbewußtsein) 有效性（有效性意识） 19，24，26，29，34，36，40，52，67，88，94，98，101，103，113f.，124，130，133，142，145f.，149ff.，166ff.，170，172，175f.，178f.，182ff.，203，236，260，269ff.，278ff.，283ff.，291，293f.，335ff.，350，368，375，387，400，404f.，410，416

Geometrie 几何学 424

Geschichte (Historie) 历史（历史学） 61，196，207f.，253，262ff.，365，401f.，408，410，417f.，427f.，431

Geschichtswissenschaft 历史科学 53，176，253，401，417f.，425ff.

Geschwindigkeit 速度 419，421，423

Gesetz, naturwissenschaftliches 自然科学的定律 419

Gesetze, logische 逻辑定律 23，40，85，89，339

Gesetze, psychologische 心理学定律 13，85，89

Gewißheit 确信 8f.，73，86，88，215，297

Glauben, religiöser 宗教信仰 54，91

Gott 上帝 136，193，224，252，258，260，264.，280，384f.，408ff.

Grammatik 语法 31f.，69，71，83，93，95，98f.，103，112，117，177f.，207，210，290，294f.，303f.，327f.，338ff.，401

Grund 根据 36，139f.，154，256，334，396

H

Habitus 本己行为/习性 229f.，312f.，346

haecceitas 个性/此性 203，253

Heterogeneität 异质性 23，85，257ff.，262，275

Heterothesis 对成 218ff.，230

Homogeneität 同质性 254ff.，260ff.，217，282f.

I

Ich 自我 38，80，149，151ff.，163，198，223，377，380f.

ideal 理想的 8，11，13，52f.，106f.，113

Idealismus 唯心论 3，19，63，153，273，318，338，403f.

Identität 同一性 2，25，32，34，41f.，52，257ff.，293，329ff.，334，370

Identitätsurteil 同一性判断 74，148
ἴδιον πάθος 特殊的情绪 117
Immanenz 内在性 172，273，404，407
Individualität 个性 53，198，204，252ff.，262f.，277，284，352ff.，364f.，401，409f.
Intentionalität 意向性 115ff.，124，205，277，281ff.，291，308，310，316，319f.，328，352
Interjektion 感叹词 346，397f.

K

Kantinterpretation, psychologische 心理学的康德阐释 19，63，153
Kantinterpretation, transzendental-logische 先验的—逻辑的康德阐释 19，63，153
Kategorie 范畴 10，24ff.，33，35，70，126，211，214f.，219，235，247，261ff.，276ff.，281，287f.，315，335f.，380，383，399ff.，407f.，416
Kategorienlehre 范畴理论 24，189，202f.，207，211f.，236，255，264，287，289，335，339，368，400ff.，408，411f.
Kategorienproblem 范畴问题 24，55，399ff.，405，407f.，412
Kausalität 因果性 2，33，276f.
Konjunktion 连词 72，346，395ff.
Konsequenztheorie 推理理论 102
Kontinuum 连续性 240ff.，248，253ff.，275
Konvertibilität 可转换性 216，221，265，279f.，375
Konszientialismus 意识主义 2f.，5f.，9，11，15
Kopernikanische Tat (Revolution) 哥白尼式行为（革命） 11，63
Kopula 系词 31，33，52，69f.，74ff.，78，93，98，120，136f.，147f.，150，157ff.，177ff.，182ff.，269f.
Kulturwissenschaften 文化科学 53，365，415
Kunst 艺术 18，57，63，171

L

Leben, psychisches 心理生活 7，79，109，129
Literatur 文学 18，63
Logik 逻辑（学） 5，7，10，17f.，20ff.，28ff.，36f.，40ff.，47f.，59，61，63ff.，69f.，74，76ff.，83ff.，89ff.，105ff.，112ff.，121ff.，126ff.，131，135，142，148，151ff.，156f.，159ff.，163，166，172ff.，179ff.，183f.，186，205，210，212，223，228，236，252，256，268，270，278，283f.，290，303，305，320，328，337ff.，353，383，400，404ff.，410，412，416f.
Logik, aristotelische 亚里士多德逻辑学 67，92，202ff.，211，260，263，287，378，386，403
Logik, mathematische oder symbolische; Logistik 数理逻辑；逻辑斯蒂 29，41f.，48，174
Logik der Scholastik 经院逻辑 202，204f.，207，263，279，400f.，412
Logische, das 逻辑（性）的东西 19，24，30，33，63f.，85，87，90，110，112，114，122f.，135，165f.，169，172，176，179，182f.，212，252，276，280，290，294f.，314，401，405
Logizismus 逻辑主义 90，114
λόγος 逻各斯 278f.

M

Magnetismus 磁学 420
Mannigfaltigkeit 多样性 220，225，233f.，237，253ff.，257ff.，263，306，330，333，351，353，368，389，404
Marburger Schule 马堡学派 65f.
Masse 质量 421
Material 质料 10，24f.，33，40，68，

77，86，143，149，238ff.，251，258f.，264，270，280f.，288，311f.，317f.，320f.，331，335f.，346ff.，356 f.，359，367f.，373，383，402，404f.
Mathematik 数学 2，20，28f.，38，41ff.，50，54，61，174，176，197，203，231，234ff.，247，250f.，262f.，267，275，282f.，287，418，422
Mechanik 机械力学 420f.
Mengenlehre 集合论 41，174
Meinen，Meinung 认为，看法 11，121，130，142f.，146，201，329，352，354，362，377，385
Messung 测量 233，247f.，258，262
Messung，physikalische 物理测量 421ff.
Metaphysik 形而上学 2f.，15，54，201，276，385，406，415，419
Methode 方法 17，20，23，42f.，198ff.，210，274，341，416，420，428，430
Methode，psychologische 心理学方法 18f.，63，109
Methode，transzendentale 先验方法 2，4，19，54，63
Methodenbewuβtsein 方法意识 198ff.
Methodik，geschichtswissenschaftliche 历史科学的方法论 426，428，430
Methodologie 方法论 210f.，253
Mittelalter 中世纪 1，193，198ff.，203f.，263，304，340，409
Modus essendi 存在形式 310f.，313，321，401
Modus significandi 意谓形式 226，303，309ff.，317，319ff.，323ff.，336，342ff.，353，372，374，378，401f.
Monismus 一元论 2，263
Moral 道德 91
Multum 多 221，224ff.，229f.，232f.，368
Mystik 神秘主义 402，410

N

Nachsatztheorie 后件理论 102
Naturalismus 自然主义 263
Naturgesetze 自然规律 23，89，150
Naturphilosophie，antike 古代的自然哲学 418
Naturphilosophie，mittelalterliche 中世纪的自然哲学 418
Naturwirklichkeit 自然实际性/自然现实 166，213，219，223，235f.，251ff.，260f.，263，275ff.，287f.，314f.，334，348f.，370，373，385
Naturwissenschaft 自然科学 2ff.，30，43，50，53，56，63，128，235，263，307，415，418
Negation 否定 29，35，73，75，78，100，155，177，181ff.，219，227ff.，375
Nichts，das 无 220，227，229f.，301，349
Noema 意向对象 205，277，282ff.，310f.，317
Noesis 意向活动 284，310f.，317
Nomen 名词 83，344ff.，353ff.，361，364f.，366ff.，372，375，377f.，380f.，386，389ff.，397
Nominalismus 唯名论 3，130
Norm 标准 22，34，85，87，89，91，106，108，110，113，128，152
Notwendigkeit 必要性/必然性 21，86ff.，107ff.，133，135f.，150，154
Notwendigkeitsbewuβtsein 必然性意识 135f.

O

Objekt 客体/事物 5f.，10ff.，14，21，25，27，34，47，51，80，87f.，97ff.，101ff.，105，107，111，113，115ff.，123，128ff.，135，137f.，140ff.，150，266，273，278ff.，288，295，300，322，

329, 337, 348f., 352, 385, 402, 426
Objektiv 客观的 27, 29, 35, 99, 146, 173f.
Objektivierung 客观化 95ff., 99, 101, 103ff., 111
Objektivität 客体性 24, 51f., 135, 154, 176, 273, 321, 403f.
Optik 光学 420
Ordnung 秩序 184, 212, 224, 233, 242, 246, 255ff., 260f., 280f., 287f., 291, 33f., 342, 346

P

Pädagogik 教育学 63
Pärtizipium 分词 346, 371, 382, 384, 390ff., 397
Phänomen, psychisches 心理现象 47f., 65, 115ff., 121, 163f.
Phänomenalismus 现象主义 2f., 5, 9, 11, 15
Phänomenologie 现象学 30, 48, 202, 205, 284, 310, 328, 394
Phantasie 幻想 91, 107
Philosophie 哲学 3ff., 15, 17, 24, 26f., 30, 47, 56, 61, 63, 122, 127f., 174, 177, 193, 195ff., 200, 203ff., 208, 219, 223, 230, 303, 380, 403, 446, 410, 412, 415
Philosophie, Geschichte der 哲学史 24, 195ff., 202, 204, 340
Philosophie des Mittelalters 中世纪哲学 15, 193ff., 207ff., 283, 380, 409f.
Philosophie, moderne 现代哲学 1, 3, 197, 204
Physik 物理学 3, 53, 61, 263, 274, 418ff., 431, 433
Physische, das 物理性东西 2, 170, 252
Prädikat 谓词 31, 33, 69ff., 74ff., 83, 93, 98, 100f., 118, 120, 131, 135ff., 147, 150, 157ff., 177f.,

181ff., 270, 379, 382f.
Prädikation 谓述 33, 119, 217, 403
Präposition 介词 346, 371, 397
prima intentio 第一意向 279
Prinzip 原则 6, 8, 11, 14, 32, 41, 116, 200f., 237, 256, 312f., 315, 324, 334, 416
Privation 褫夺 200f., 219, 221, 224ff., 228ff., 288f., 311ff., 374f.
Pronomen 代词 346, 372ff., 393
Propädeutik, logische 逻辑学的基础知识 64
πρότασις 前置 278
Psychische, das 心理性东西 2, 30, 64, 85, 114, 122, 135, 150, 153, 161, 164f., 169f., 205, 213, 251f., 271, 275ff., 284, 286, 308, 315, 321 Psychologie (moderne) （现代）心理学 8, 11f., 14, 18ff., 26, 29ff., 40, 47f., 63, 66, 79, 83ff., 87, 89ff., 92, 104ff., 107, 109, 112f., 114, 121ff., 127f., 142f., 151f., 155, 157, 159, 162, 166, 205, 252, 283f., 286, 294, 308, 327
Psychologie der Scholastik 经院哲学的心理学 205, 284, 286
Psychologische, das 心理学事物 18, 112, 154, 167
Psychologismus 心理学主义 18ff., 22f., 29f., 38, 43, 46, 48, 59, 64ff., 79, 84, 90, 109ff., 121ff., 126, 134, 143, 145, 150, 154, 156, 159ff., 174, 205, 275, 305

Q

Qualität 质 219, 231, 278, 347f., 373, 389, 394, 420, 431
Quantität 量 36, 180, 219, 231, 235ff., 243, 246ff., 259ff., 283, 394

R

Raum 空间 72, 237, 394, 420ff.

术语索引 547

real 实在的/真实的 5，8，11，13ff.，22，113，149，184，219，242，246f.，251ff.，256f.，260ff.，272f.，276，278ff.，288，290，293，296，300，308，313ff.，340，343，348，379f.，396

Reale, das （Realitäten, die） 实在物（实在性） 1，3，5，9，13f.，21，84，112，114f.，122，223，241，251，257f.，261，275，281，283，286，295，301，308，350

Realisierung 实在化/实现 5，10ff.，107，113，139，149，403

Realismus 实在主义/实在论 1ff.，6，11ff.，263，318，402f.

Realität, verschiedene Formen der 不同词形的"实在性" 14，122，161f.，176，201，223，225，236，241，251f.，262，271，273，276f.，278ff.，284f.，287，300f.，306，312，316，321，332，336，343，351，385，408

Recht 权利 91

Rechtspraxis 法学实践 63

Rede 话语 305f.，309f.，323，336，342，344f.，372，374，378，381f.，396

Reflexion 反思 79，120，213，306，323，339，350

Reflexionsurteil 反思判断 132

Reihengesetz 序列规则 247ff.，254

Relation 关系 2，27，33，36，52，70，72，87，99，103，124，131，136f.，147f.，158，175，177ff.，182f.，185，219f.，223，227，229f.，239，246，269f.，296ff.，301，336，372，388，396，404，423

Relationsurteil 关系判断 99，102，147f.，158

Relativitätstheorie 相对论 424

res 事物 52，176，219f.，265，375

S

Sachverhalt 事态 225，271ff.，301，306，386ff.

Satz 命题/语句 27，31f.，34，36f.，94f.，97，100，102f.，112，117ff.，138f.，170，177f.，186，278ff.，290ff.，307，325，337，367，370，375，381，390，396

Satzurteil 句子判断 139f.

Schluß 推论/结论 10，37f.，79，139，291

Scholastik 经院哲学 193ff.，201ff.，216，218f.，264，266，269，274，279，283，286f.，380，400ff.，410，412

secunda intentio 第二意向 279

Selbstbewußtsein 自身意识 68，80

Sensualismus 感觉主义 2，11，14，134，308

Sinn 意义 20，22ff.，30f.，33f.，36，41，48，50，72，90，95，104，110，112ff.，119，123，125，139，157f.，170ff.，174ff.，181，184，186，203，271ff.，276ff.，283，285f.，290，292ff.，305，307，314，320，327，336f.，346，348，367，369ff.，400f.，403，405ff.，410，412，416

Sinnesdaten 感觉材料 104

Sinneseindruck 感官印象 13，81

Sinnurteil 意义判断 139

Sitte 习俗 91

Spiritualismus 精神主义 263

Spontaneität 自发性 85

Sprache 语言 32，55，71f.，83，92f.，95，97f.，100，102，104，112，117，129f.，138，147，158，177，179ff.，182，264，278f.，290ff.，303ff.，315，324，338ff.，339

Sprachgehalt 语言内涵 290ff.，299，305，336

Sprachgestalt 语言形态 182，290ff.，299，302，323，329ff.，336

Subjekt 主体/主词 5，7f.，11f.，25，31，33ff.，38，68ff.，75ff.，80f.，83，

94，98，110ff.，123，125，131，136ff.，147f.，150，157ff.，163f.，166，177ff.，183，198f.，213，228，231，266f.，270，272，278，285，297，300，323，325，379，382f.，401ff.，407，409

Subjektivität 主体性 9，14，25f.，215，335f.，401f.，409

Subjektsurteil（Substraturteil） 主词判断（基础判断）94f.，98，101

Substantiv 名词 309，325，355ff.，362f.，385，396

Substanz 实体/实质 2，14，33，214ff.，219，221，235，258ff.，277，280，343，347f.，373，420

Subsumtionslogik 归摄逻辑 41，70

Subsumtionsurteil 归摄判断 70，74

συγκατάθεσις 同意 94

T

Tatsache 事实 8，20f.，39，85，87，108，110，133，144f.，149，163，284，294，418，429f.

Teilbarkeit 可分性 244，247f.，258f.

Transzendentalphilosophie 先验哲学 25，34，54，154，176，218，223，263，266，275，403f.

Transzendentien 超越性 216f.，220f.，229f.，232，287，375，400，402

Transzendenz 超越 199f.，252，263，404ff.，409

U

Universalia 普遍性/共相 331，350ff.，357f.

Univokation 一义性 281f.，328ff.，334ff.

Unum 一 214ff.，260，262f.，265ff.，287

Unum transcendens 超越的一 222f.，231ff.，250，252，287，368，375

Unum als Zahlprinzip 作为数目原则的一 220ff.，231ff.，250

ὑπόθεσις 前提/根据 415

Ursache 原因 13，33，256，298，334，339，396，420

Urteil 判断 8，10，30ff.，36ff.，42，47f.，52f.，55，59，64ff.，72，74ff.，82ff.，90ff.，97，99ff.，104，107f.，110ff.，116 ff.，120ff.，126f.，129f.，132f.，136ff.，140ff.，145ff.，152ff.，156，159ff.，166f.，172ff.，177ff.，185，205，268ff.，276，278，280f.，285f.，288，290ff.，298，301，307，313，339，379，382f.，401ff.，416

Urteil, aposteriorisches 后天判断 140f.

Urteil, apriorisches 先天判断 140f.，150

Urteil, formales 形式判断 135f.

Urteil, hypothetisches 假言判断 32，36f.，65，71ff.，78，102f.，132f.，138ff.，149

Urteil, impersonales 非人称判断 65，71，76f.，95，99，138，185ff.

Urteil, kognitives 认知判断 108

Urteil, materiales 质料判断 135f.

Urteil, negatives 否定判断 35f.，65，71，73ff.，78，100ff.，111，119ff.，133f.，137，149，155f.，181ff.

Urteil, positives 肯定判断 35f.，73ff.，78，100，102，111，120f.，133f.，137，155f.，181ff.

Urteil, qualitatives 质的判断 147，157f.

Urteilsakt 判断行为 73，84，91，96，98f.，104ff.，111，113ff.，136，146，151，161ff.，166ff.，176，271ff.，278，285ff.，383，416

Urteilsformen 判断形式 67，70ff.，90，99ff.，104，106，131ff.，137ff.，147ff.，186

Urteilsfunktion 判断功用 67f.，73，

92，96，106

Urteilsgrund　判断根据　140f.

Urteilssinn　判断意义　90，93，110，112ff.，125，170ff.，176，178f.，183，185，271ff.，278ff.，285，290，292，307，327，337，346，348，403，405f.

Urteilsstruktur　判断结构　31，66ff.，95ff.，129ff.，135ff.，147ff.，177，269ff.

Urteilstheorie(-lehre)　判断理论(学说)　23，29f.，34ff.，42，47，51，64ff.，75f.，78f.，85，91ff.，98，103，105f.，110f.，115ff.，118f.，122，125，144，147，153f.，157f.，160ff.，174，176f.，182，185，274，337，383f.，401，406

V

Verbum　动词　309，325，346，371，381ff.，391f.，395，397f.

Verschiedenheitsurteil　差异判断　148，156

Verum　真　216，232，265ff.，287，402

Vielheit　多　220ff.，233，238，242f.，258f.

Vollendung des Urteilsvorganges　判断进程的完成　65，125ff.

Vorstellung (Vorstellen)　表象(表象活动)　7，31，47，66ff.，76f.，79ff.，86，91，93ff.，101，103ff.，110，112，116ff.，121，128ff.，135f.，138，140，142f.，145，149，158，162ff.，172，174f.，186，268，273，324，329，350

W

Wärmelehre　热学　420

Wahrheit　真(理)　34f.，38ff.，49，51f.，93，100，107，113，121，135，137，176，182，267ff.，272f.，276，278，284f.，292，297，307，313，337，402，406，416

Wahrheitsbewuβtsein　真(理)意识　98，106，135，137，144

Wahrheitsurteil　真(理)判断　100

Wahrnehmung　感知　7，12f.，46，87，93f.，118，138，140f.，285，293，403

Wahrnehmungsinhalte　感知内容　12，67ff.，143

Wahrnehmungsurteil　感知判断　132f.

Weltanschauung　世界观　54，202，283，406ff.，415

Wert　价值　24，91，107，215，258ff.，285，291f.，316，337，404ff.，409f.，433

Wertphilosophie　价值哲学　191，230

Wesen, formales　形式本质　344f.

Wesen, materiales　质料本质　344f.

Widerstandsgefühl　阻抗感　131f.，149

Willenshandlung (Willensakt)　意志行动(意志行为)　31，47，79ff.，84f.，87f.，108ff.，128，152，286

Wirklichkeit　实际性/现实性　24，27，46，49，52f.，96f.，99，102，113，122，124，130ff.，137f.，144，147，149，152，160，162，165f.，170，199，213f.，247，251，253ff.，260ff.，269ff.，291，300f.，314ff.，318，320，343，346，351ff.，357，364，380，384，406，408f.，419

Wirklichkeit, verschiedene Formen der　不同词形的"实际性/现实性"　21，46，52，114，161f.，166，170，172，175，179，183f.，186，205，210ff.，214ff.，225，232，236，247，250ff.，256ff.，260ff.，274ff.，279ff.，285，287，290，300f.，318，334，348，385，412，428f.

Wirklichkeitsbewuβtsein　实际性/现实性意识　130ff.，142，144，149f.

Wirklichsein　实际存在/现实存在　93ff.，131，186，261，269，313，367

Wissen　知识　21，23，54，130，175，200f.，213，262，279，285，377

Wissenschaft 科学/学术 1f.，4，8，10，12，14f.，21，23，26，28ff.，37f.，41，49，61，85，108，110，115，127ff.，151f.，160，173，195，198，208ff.，217，236，252，263f.，274，318，328，353，380，415ff.，421

Wissenschaften, System der 科学体系 23，208ff.

Wissenschaftsgeschichte 科学历史 14，207

Wissenschaftstheorie(-lehre) 科学理论（学说） 19，23，47，76，176，208f.，274 f.，337，416f.，433

Wort 词语 256，263，279，288，290ff.，299ff.，322f.，328ff.，334，336，356，367，372，390，397

Z

Zahl 数 28，143，218，220，231ff.，238ff.，244f.，248ff.，254，258，262，335，368ff.，383，421f.

Zeichen 标志 52，121，129，180，271，295ff.，338

Zeit 时间 348，390，394，410，415，417，419ff.，431

Zeit als historische Kategorie 作为历史学范畴的时间 196，253

Zeitalter der Psychologie 心理学时代 63

Zeitbegriff 时间概念 53，417f.，421，423ff.，428ff.

Zeitbegriff in der Geschichtswissenschaft 历史科学的时间概念 417f.，424ff.

Zeitbegriff der Physik 物理学的时间概念 418ff.，424，431

Zeitmessung 时间测量 424

Zustand 状况/情形 68f.，71，103，129，155，185，308，421

译后记

本书记录了海德格尔思想的最初努力。在这些最初的探索中,对"有效性"、"形式化"、"存在者之存在"、"语言与存在"、"同一与差异"、"意义"等问题的思考将一直延展到海德格尔此后的思想道路上去甚至可能会成为决定性的因素,本书因而可以说为下面这句话提供了一种丰富的见证:"来源始终是未来"[①]。

同时也需要指出的是,1915年,当海德格尔在撰写教授资格论文《邓·司各脱的范畴学说和意谓理论》的第二部分即"意谓理论"时,他并不知道邓·司各脱并非《论意谓形式》(《思辨语法》)的真正作者。这在当时是情有可原的。因为在长达数百年的时间里,人们都普遍认为这是邓·司各脱的作品。直到1922年德国学者马丁·格拉布曼(Martin Grabmann)发现原作,才逐渐考证出该书乃是由中世纪另一位个知名的学者托马斯·埃尔福尔特(Thomas von Erfurt)所作,成书时间大约在公元1300—1310年间。但直到今天,我们对这位原作者的生平仍然近乎一无所知,我

[①] 海德格尔:"倘若没有这一神学来源,我就绝不会踏上思想的道路。而来源始终是未来。"参见海德格尔,《在通向语言的途中》,孙周兴译,商务印书馆,2005年,第95页。

们只知道他来自埃尔福尔特(今天德国境内的一个城市),很有可能是在巴黎大学接受了教育并在那里任教。格拉布曼在1926年的研究中以进一步的证据指出,此书著作权的混淆早在15世纪前期就已出现。因此,从今天的学术标准来看,"意谓理论"这一部分的探讨工作存有严重问题("范畴学说"部分不存在此问题,该处所涉及文本基本上是没有疑问的),即它事实上是在探讨一部"伪作"。但另一方面,从思想史角度来看,这种材料性错误却也不能作为充足根据来径直否定和取消掉既有工作的意义。这是因为:首先,从文本可以看出,埃尔福尔特所持有的这种"思辨语法"深受司各脱哲学的影响(例如标志性的"一义性"问题和"意向性"问题),或至少可以说,这种思辨语法理论是"司各脱主义"在中世纪语法理论中的一种"效应"或"应用",海德格尔在这里虽然探讨的是司各脱的伪作,但就其探讨工作的实质意义而言,却并未出现南辕北辙之局面,他终归是在和某种司各脱主义的哲学进行对话,终竟是在对司各脱主义的基本义理进行沉思。事实上,海德格尔在"意谓理论"部分的探讨也是多有引用《牛津评注》等书的文本来做参照的。其次,虽然他在"意谓理论"部分的探讨工作存在材料选择上的问题,但这些探讨工作本身对于理解海德格尔自身思想的发展(尤其是"形式问题"和"语言问题")也仍是有其意义的,此理易明,兹不赘言。

本书由张柯和马小虎共同从德文全集版第一卷译出:马小虎翻译了博士论文《心理学主义的判断理论》,其余文本皆由张柯翻译。二人对译文进行了自校和互校。张柯对全书进行了最后统校。书中部分拉丁文译文参考相应译本做了校对,主要是参照埃尔福尔特《论意谓形式》(De modis significandi)的德译本(Abhandlung über die bedeutsamen Verhaltensweisen der Sprache, übersetzt von Stephan Grotz, Grüner 1998)进行了校对。邓·司各脱的思想文本向来以精深艰涩著称,而对海德格尔早期思想文本的理解和"转渡"也并非易事(他对逻辑学的探讨、对心理学主义的批判以及对中世纪哲学的"当前化"思考都具有相当大的难度和复杂性),整体看来,这就对本书的翻译工作提出了巨大挑战。此外,在那些关键的但又具有丰富含义的概念(如"Bedeutung"、"ens"、"Einheit"、"Wirklichkeit"等)面前,译名之裁定的难度也时常凸显出来;但反过来说,由于某些概念本身就运作在多重含义之中,若为之选中一个译名来贯彻始终,也许并非适宜做法,我们因而有时会给出不同译名来顺应不同语境,相关解释已在译注中给出,还请读者明察。本书译文虽然经过认真检查和校对,但限于译者现有的学识水平,仍很有可能出现理解偏差和翻译错误,还望读者诸君能够不吝赐教。

译者

2013 年 11 月

图书在版编目(CIP)数据

海德格尔文集.早期著作/(德)海德格尔著;张柯,马小虎译.—北京:商务印书馆,2015(2016.12重印)
ISBN 978-7-100-11652-7

Ⅰ.①海… Ⅱ.①海…②张…③马… Ⅲ.①海德格尔,M.(1889~1976)—哲学思想—文集 Ⅳ.①B516.54-53

中国版本图书馆CIP数据核字(2015)第243233号

所有权利保留。
未经许可,不得以任何方式使用。

海德格尔文集

早期著作

张 柯 马小虎 译

商 务 印 书 馆 出 版
(北京王府井大街36号 邮政编码100710)
商 务 印 书 馆 发 行
北 京 冠 中 印 刷 厂 印 刷
ISBN 978-7-100-11652-7

2015年12月第1版   开本787×960 1/16
2016年12月北京第2次印刷   印张 35½
定价:138.00元